L'IDÉE DE SERVICE PUBLIC DANS LE DROIT DES ÉTATS DE L'UNION EUROPÉENNE

Collection **Logiques Juridiques**
dirigée par Gérard MARCOU

Le droit n'est pas seulement un savoir, il est d'abord un ensemble de rapports et pratiques que l'on rencontre dans presque toutes les formes de sociétés. C'est pourquoi il a toujours donné lieu à la fois à une littérature de juristes professionnels, produisant le savoir juridique, et à une littérature sur le droit, produite par des philosophes, des sociologues ou des économistes notamment.
Parce que le domaine du droit s'étend sans cesse et rend de plus en plus souvent nécessaire le recours au savoir juridique spécialisé, même dans des matières où il n'avait jadis qu'une importance secondaire, les ouvrages juridiques à caractère professionnel ou pédagogique dominent l'édition, et ils tendent à réduire la recherche en droit à sa seule dimension positive. A l'inverse de cette tendance, la collection « Logiques juridiques » des Éditions L'Harmattan est ouverte à toutes les approches du droit. Tout en publiant aussi des ouvrages à vocation professionnelle ou pédagogique, elle se fixe avant tout pour but de contribuer à la publication et à la diffusion des recherches en droit, ainsi qu'au dialogue scientifique sur le droit. Comme son nom l'indique, elle se veut plurielle.

Dernières parutions

Françoise MICHAUT (textes traduits et introduits par), *Le droit dans tous ses états à travers l'œuvre de Robert M. Cover,* 2001.
Laure BAUSINGER-GARNIER, *La loi du pays en Nouvelle-Calédonie,* 2001.
Sophie NICINSKI, *L'usager du service public industriel et commercial,* 2001.
Marc LAHMER, *La constitution américaine dans le débat français : 1795-1848*, 2001.
Alain ONDOUA, *Étude des rapports entre le droit communauté et la constitution en France*, 2001.

Franck MODERNE et Gérard MARCOU (éds)

L'IDÉE DE SERVICE PUBLIC DANS LE DROIT DES ÉTATS DE L'UNION EUROPÉENNE

L'Harmattan
5-7, rue de l'École-Polytechnique
75005 Paris
France

L'Harmattan Inc.
55, rue Saint-Jacques
Montréal (Qc) CANADA
H2Y 1K9

L'Harmattan Hongrie
Hargita u. 3
1026 Budapest
HONGRIE

L'Harmattan Italia
Via Bava, 37
10214 Torino
ITALIE

ISBN : 2-7475-0835-8

LES AUTEURS

J. BELL, professeur à l'Université de Leeds.

T. P. KENNEDY, *Law Society of Ireland*, Dublin, ancien professeur à l'Université de Leeds.

G. MARCOU, professeur à l'Université de Paris I Panthéon-Sorbonne et CNRS (Centre de recherches administratives, politiques et sociales, Lille 2, et Centre de droit public des États européens, UMR de Droit comparé, Université de Paris I).

T. MODEEN, professeur à la Faculté de droit d'Helsinki.

F. MODERNE, professeur à l'Université de Paris I Panthéon-Sorbonne, directeur du Centre de droit public comparé des États européens (UMR de Droit comparé, Université de Paris I).

P. SABBIONI, professeur de droit public à l'Université catholique de Milan (Piacenza).

E. P. SPILIOTOPOULOS, professeur émérite à l'Université d'Athènes, avocat au Conseil d'État et à la Cour de cassation.

J. ZILLER, professeur de droit public à l'Institut universitaire européen de Florence.

Cet ouvrage a été mis en page par les services techniques du Centre de recherches administratives, politiques et sociales (CRAPS CNRS-Université de Lille 2)

SOMMAIRE

LES TRANSCRIPTIONS DOCTRINALES DE L'IDÉE DE SERVICE PUBLIC

Franck Moderne

S'il est un phénomène qui frappe l'observateur désireux de suivre l'itinéraire de l'idée de service public et de sa transcription doctrinale dans les différents États de l'Union européenne, c'est la grande variété des approches qui en ont été proposées. Sans doute, au demeurant, la *Dogmengeschichte* serait-elle ici plus évocatrice que l'*Ideengeschichte* proprement dite, tant les auteurs, avec leur sensibilité personnelle (voire par leurs outrances verbales), expriment des réactions (d'acceptation ou de refus) qui révèlent, au-delà des constatations banales et des froides analyses, l'aspect idéologique de toute problématique du service public.

Il ne faut pas s'en étonner : le service public est entré dans l'arène juridique avec les théories de l'État de droit et de l'État providence, à la fin du siècle dernier, c'est-à-dire à une époque de questionnement intense de l'État, de ses fins, de ses relations ambiguës avec le droit ou avec les citoyens. Il a bénéficié (ou pâti, selon le cas) de sa connivence conceptuelle avec une certaine idée de l'État que l'on ne voulait plus définir comme détenteur du monopole de la violence mais comme « architecte de la solidarité sociale »[1], d'un État « bienveillant »[2],

[1] On se référera, par exemple, à F. LEVEQUE, « Concepts économiques et conceptions juridiques de la notion de service public », dans *Le droit dans l'action économique* (sous la direction de Th. KIRAT et E. SERVERIN), CNRS Editions, 2000, p. 179 et s., note p. 180.

[2] M. BERRY, « Les services publics entre le modèle de l'État bienveillant et le modèle du marché bienfaiteur », dans *L'idée de service public est-elle encore soutenable ?* (sous la direction de J. M. CHEVALIER, I. EKELAND et M. A. FRISON-ROCHE), PUF, 1999, p. 55 et s.

sensible aux aspirations des citoyens mais soucieux de l'harmonie du corps politique, régulant les activités collectives mais au nom d'un intérêt général qu'il situe ontologiquement au-dessus des passions et des faiblesses humaines. Les thèmes de la philosophie solidariste, amplifiés par la sociologie durkheimienne, par la critique de l'idéalisme hégélien, par la dénonciation de la souveraineté de l'État, thèmes métaphysiquement surchargés parce que tendant à justifier « la transcendance rationnelle de l'État, partant sa relative extériorité par rapport à la société civile »[3], ont accompagné le nouveau concept dans sa gestation et dans sa progression fulgurante (notamment en France) au cours des premières décennies du XXème siècle.

Ne nous étonnons pas non plus de l'allure quelque peu kaléidoscopique qu'a prise aujourd'hui, dans les États de l'Union européenne, une idée qui révélait par elle-même une profonde mutation de l'État et qui s'exposait d'elle-même à de profondes transformations puisque liée *ab origine* à un environnement politique instable[4]. Retenons seulement qu'elle comportait inéluctablement une dimension idéologique et plus spécifiquement politique en ce qu'elle visait l'État et le pouvoir : l'État, parce qu'il était devenu un symbole et un mythe, un lieu de convergence et d'émergence de valeurs sociales correspondant à une étape déterminée de son histoire singulière : celle de l'État « serviteur », faisant valoir (et éventuellement prévaloir) la primauté du social, recevant une nouvelle légitimité de la part d'une société désormais laïcisée en répondant, au-delà de l'idéologie individualiste d'essence libérale traditionnelle, au besoin de justice sociale, c'est-à-dire à la recherche d'un remède approprié aux trop nombreux dysfonctionnements sociaux ; le pouvoir, parce qu'il ne se confond pas (aux yeux des premiers théoriciens du service public) avec une conception essentialiste ou substantialiste de la nation et de la souveraineté, mais qu'il est mis au « service » des interdépendances sociales dynamiques, génératrices d'une solidarité vécue et agissante.

---

[3] G. VINCENT, « L'idée de service public : origine et enjeux », dans *Services publics, solidarité et citoyenneté*, L'Harmattan 1998, p. 23 et s., note p. 37.

[4] Voir sur ce point notre étude, « Les mutations des services publics en droit français », dans *Service public et Communauté européenne : entre l'intérêt général et le marché*, La Documentation française, 1998, T. I, p. 4 et s.

Relisons Duguit, vers qui l'on revient dès qu'il s'agit de théorie du service public, même actualisée[5]: le service public est d'abord l'affaire des gouvernants, des détenteurs du pouvoir, tenus de l'assurer, de le régler et de le contrôler parce que l'accomplissement de cette activité « est indispensable à la réalisation et au développement de l'interdépendance sociale et qu'elle est de telle nature qu'elle ne peut être réalisée complètement que par l'intervention de la force gouvernante »[6]. Dès lors, la notion de service public lave la puissance publique de son péché originel et devient, dans la construction imaginée par ses promoteurs, « une des poutres maîtresses de l'architecture étatique »[7] ; elle a vocation à remplacer le concept de souveraineté « comme fondement du droit public »[8]. L'effort visible pour ancrer la légitimité de l'État dans le tissu des interactions et des interrelations sociales et pour doubler la rationalité instrumentale des solidarités de base par une rationalité politico-étatique qui en assume et en garantit les fins les plus nobles, entend réconcilier durablement l'État et la société civile[9] ou du moins neutraliser le risque d'une exterritorialité sociale de l'État et d'une certaine dénaturation politique des liens sociaux qu'elle comporte inévitablement[10].

---

[5] *Léon Duguit et le service public aujourd'hui* (sous la direction d'A. BOCKEL), Galatasaray Universitesi Yayinlari 1999 ; sur la pensée du doyen de la Faculté de droit de Bordeaux, l'ouvrage de référence reste, pour le thème qui nous occupe, *Le service public dans la théorie de l'État de Léon Duguit* (E. PISIER-KOUCHNER), Paris, LGDJ, 1972.

[6] L. DUGUIT, *Les transformations du droit public*, A. Colin, Paris, 1913, p. 51 ; A. S. MESCHERIAKOFF, « Le service public selon Léon Duguit », dans *Léon Duguit et le service public aujourd'hui*, *op. cit.*, p. 87 et s., note p. 95 ; sur l'importance du « lien social » dans la théorie de Duguit, voir J. M. BLANQUER, « Léon Duguit et le lien social », dans *Service public et lien social* (sous la direction de S. DECRETON), Paris, L'Harmattan, 1999, p. 77 et s.

[7] J. CHEVALLIER, *Le service public*, PUF, Que sais-je ?, 3ème éd., 1994, p. 33.

[8] L. DUGUIT, *op. cit.*, p. 33.

[9] G. VINCENT, *op. cit.*, p. 43.

[10] Faut-il rappeler qu'en France la doctrine républicaine et la conception unitaire du service public se sont développées de pair au point que le service public a été présenté parfois comme l'expression d'un véritable « pacte républicain » (voir sur ce point, le Rapport public 1994 du Conseil d'État, *Service public, services publics : déclin ou renouveau*, La Documentation française, 1995, p. 15 et s. ; G. SIMON, « Les théories du service public, théories républicaines ? », dans *La République en droit français*, Economica, 1996, p. 201 et s.).

Il n'est pas faux d'avancer que, dans cette première approche du service public (celle des juristes français les plus prestigieux de l'époque : un Maurice Hauriou, un Léon Duguit)[11], la place de l'État reste « centrale »[12] et qu'il appartient d'abord aux pouvoirs publics (nationaux ou locaux) d'identifier ce qui, dans le droit objectif, relève de l'idée de service public et de lui assigner sa place dans l'ordre juridique.

De cette conception du service public, l'économie est quasiment absente, et c'est peut-être de cette indifférence que sont nés quelques uns des malentendus qui aggravent la crise contemporaine du service public. La notion d'intérêt général, telle qu'elle prévaudra dans la présentation classique qui en sera faite pendant des décennies[13], n'a pratiquement pas de connotation économique. Elle ne saurait être confondue avec la théorie utilitariste qui confère à l'intérêt commun une fonction de regroupement et de simple sommation des satisfactions individuelles. L'intérêt général des juristes transcende les intérêts particuliers dans le cadre d'une collectivité organisée en État ; il nécessite le concours actif de ce dernier pour triompher, en cas de difficulté, sur les intérêts partiels ou sectoriels susceptibles de le remettre en cause ou de contester sa prévalence. Il revêt ainsi une allure quelque peu mythique dont a bénéficié en fin de compte le service public, qui en était le vecteur officiel. Le projet politique sous-tendant la mise en place des grands services publics n'entendait pas soumettre la production et la distribution des biens à la seule logique du profit et à la loi de l'offre et de la demande solvable, nécessairement génératrice d'inégalités[14], mais insérait la puissance

[11] Sans reprendre d'inutiles querelles de paternité, on se bornera ici à rappeler que le doyen de Toulouse n'est pas resté étranger à la promotion de l'idée de service public, même si le doyen de Bordeaux en a construit la synthèse doctrinale la plus complète et la plus célèbre (voir notamment J. RIVERO, « Hauriou et l'avènement de la notion de service public », dans *L'évolution du droit public ; études offertes à Achille Mestre*, Sirey, 1956, p. 461 et s.).

[12] F. LEVEQUE, « Concepts économiques et conceptions juridiques de la notion de service public », dans *Le droit dans l'action économique* (sous la direction de Th. KIRAT et E. SERVERIN), CNRS Editions, 2000, p. 179 et s., note p. 180.

[13] J. CHEVALLIER, *Variations autour de l'idéologie de l'intérêt général*, PUF, 1978 et 1979 (2 Vol .).

[14] G. VINCENT, « Fragilité des affaires humaines et espace public », dans *Services publics, solidarité et citoyenneté*, L'Harmattan, Paris, 1998, p. 7 et s., note p. 13.

publique (atténuée, il est vrai, par l'idéologie de l'État de droit) au cœur même du dispositif[15].

Certes, depuis lors, l'économie a regagné du terrain dans la perception du service public. Selon les auteurs d'un rapport publié en 1995[16], la notion se rattacherait aux concepts de monopole naturel (qui s'applique notamment aux activités gérées en réseaux et disposant d'infrastructures logistiques que seule la collectivité publique est en mesure de financer et de réaliser à l'aide de ses prérogatives régaliennes) et de biens collectifs, accessibles à tous sans que leur consommation par l'un réduise les possibilités de consommation de l'autre. A titre résiduel, on pourrait invoquer des fins redistributives et des raisons d'équité pour justifier le service public dans une situation socio-économique déterminée. En toute hypothèse, l'état de concurrence parfaite ne correspond pas systématiquement et automatiquement à la maximisation du bien-être collectif ; il peut y avoir « défaillance » du marché et justification de l'intervention publique.

Pour d'autres[17], sur la base des deux critères jugés fondamentaux (la défaillance du marché et l'essentialité du service), il y aurait lieu de distinguer trois grandes catégories de missions de service public : celles qui permettent aux usagers menacés d'exclusion d'avoir accès à des prestations considérées comme essentielles (que le libre jeu du marché est par ailleurs en mesure d'offrir aux usagers payants ordinaires) ; celles qui contribuent à la cohésion sociale et au sentiment d'appartenance vécue à une communauté (fût-ce sur le plan

---

[15] Cette analyse est très présente dans le rapport du Conseil d'État (précité), *Service public, services publics : déclin ou renouveau ?*. Le service public y est décrit comme procédant de l'intervention de la force gouvernante (thème de la souveraineté) et comme élément fondateur du pacte républicain (thème de la citoyenneté) ; c'est donc à l'État, dépositaire de la « force gouvernante », de faire valoir au sein de la Communauté européenne les arguments susceptibles de maintenir et de conforter l'idéologie du service public ou, à tout le moins, de justifier ses évolutions et adaptations.

[16] C. MARTINAND et J. H. LORENZI, *La régulation des services publics. Concilier équité et efficacité*, Ed. Aspe, Europe-Eska, Collection des rapports officiels, Paris, 1995.

[17] E. COHEN et Cl. HENRY, *Service public et secteur public*, La Documentation française, Paris, 1997, p. 9 et s.

du symbole)[18] ; et celles qui visent à favoriser une utilisation rationnelle, efficace et équilibrée du territoire et des ressources communes[19].

Le service public, justifié par la double caractérisation d'efficacité et d'équité, serait ainsi susceptible de contribuer à la correction des externalités liées à une occupation déséquilibrée du territoire et d'amorcer la réduction des inégalités sociales imputables à l'insuffisance des revenus, aux handicaps physiques ou plus simplement aux déficiences de la solidarité au sein du groupe[20].

Sans doute les solutions concrètes proposées par les économistes sont-elles loin de converger. Les tenants de l'économie publique souhaitent un élargissement du domaine des services publics, qui comprendraient non seulement les biens collectifs purs[21] mais aussi des biens dits « de club »[22] dont la consommation collective est en principe refusée à certains usagers[23] (ils sont « excluables » mais « non-rivaux », selon la terminologie spécialisée). Les théoriciens du « choix public » (*public choice*)[24] estiment en revanche que le service public doit être strictement limité aux services collectifs purs, les seuls qui aient vocation à être offerts gratuitement à l'ensemble des usagers

---

[18] Voir à ce propos l'ouvrage collectif *Service public et lien social* (sous la direction de S. DECRETON), L'Harmattan, 1999.

[19] Voir les travaux du Colloque de Limoges, 20 novembre 1998, *La cohésion territoriale et les services publics en Europe* (ronéo) ; voir aussi V. CHAMPEIL-DESPLATS, « Services d'intérêt économique général, valeurs communes, cohésion sociale et territoriale », *AJDA*, 1999, p. 959 et s.

[20] Voir aussi Cl. HENRY, *Concurrence et services publics dans l'Union européenne*, PUF, Coll. Economie, 1997.

[21] Les biens collectifs purs regroupent les propriétés de non-exclusion (accessibilité généralisée) et de non-rivalité (la consommation des uns n'affecte pas la consommation des autres) : voir J. M. BUCHANAN et R. D. TOLLISON (ed.), *Theory of public choice : political application of Economics*, University of Michigan Press, 1972.

[22] J. M. BUCHANAN, « An economic theory of clubs », *Economica*, 1965, n°32, p. 1 et s.

[23] Par ex. les prestations offertes dans les centres de loisirs ou de sports, les parkings de supermarché, les chaînes de télévision avec abonnement, etc.

[24] Voir J. M. BUCHANAN et R. K. TOLLISON, *op. cit., eod. loc., Public choice theory* (C. K. ROWLEY, éd.), Aldershot, Elgar, 1993, 3 Vol . ; *Public choice theory and antitrust policy* (F. S. MECHESNEY et W. F. SHUGHART, éd.), Chicago University Press, 1995.

et à être financés par les prélèvements fiscaux. Les « biens de club », quant à eux, doivent être payés par les consommateurs (dès lors qu'ils sont « excluables », l'initiative privée est à même de les fournir et toute intervention de la puissance publique est source de distorsions de prix, d'inégalité et de gaspillage).

On ne saurait affirmer que la caractérisation économique des services publics a supplanté, ou menace de supplanter, le fondement idéologique d'inspiration politique qui a accompagné chez les juristes la naissance et le développement des services publics dans divers États européens. Mais ces paramètres transversaux commencent à irriguer la réflexion conduite dans les différents droits nationaux, en liaison avec la pression exercée par la législation européenne sur les services économiques d'intérêt général.

La norme économique est en effet au centre de la conception communautaire : le droit européen n'utilise pas (sauf de manière très incidente) la terminologie juridique (d'obédience française) du service public mais il a opéré immédiatement (ex-art. 90-2, devenu art. 86-2, du Traité de Rome : « les entreprises chargées de la gestion de services d'intérêt économique général... sont soumises... aux règles de la concurrence dans les limites où l'application de ces règles ne fait pas échec à l'accomplissement... de la mission particulière qui leur a été impartie »)[25] la liaison entre le caractère « d'intérêt général » et le caractère « économique » des « services » qu'il entendait prendre en considération. Au surplus, l'ensemble de ces activités est rattaché au concept d'« entreprise » qui, lui aussi, se situe d'entrée de jeu dans un contexte économique.

On sait que l'article 16 du Traité de la Communauté européenne (version adoptée par le Traité d'Amsterdam de 1997) a inscrit ultérieurement les services d'intérêt économique général au rang des « valeurs communes de l'Union » et souligné leur rôle éminent « dans la promotion de la cohésion sociale et territoriale de l'Union ». Il appartient au surplus à la Communauté et aux États membres, dans

[25] La Charte communautaire des droits fondamentaux, entérinée par le Conseil européen de Nice le 8 décembre 2000, dispose dans son article 36 : « L'Union reconnaît et respecte l'accès aux services d'intérêt économique général tel qu'il est prévu par les législations et pratiques nationales, conformément au traité instituant la Communauté européenne, afin de promouvoir la cohésion sociale et territoriale de l'Union ».

les limites de leurs compétences respectives, de veiller « à ce que ces services fonctionnent sur la base de principes et dans des conditions qui leur permettent d'accomplir leur mission »[26]. Se trouvent ainsi introduites des considérations qui excèdent le champ économique (au demeurant, le terme « entreprise » n'est pas expressément repris dans le texte de l'article 16 nouveau du Traité) et ont des résonances générales (« cohésion sociale et territoriale », « valeurs communes »), sans que l'on sache pour autant, il est vrai, quel est leur contenu concret[27].

Il n'est pas exclu, en définitive, que sous l'effet conjugué de la déréglementation conduite dans les droits nationaux (qui contraint à ouvrir davantage à la concurrence les entreprises gestionnaires d'un service public à caractère marchand) et de la lente évolution du droit

---

[26] Dans une littérature considérable, on détachera : *Service public et Communauté européenne entre l'intérêt général et le marché*, Colloque de la C.E.D.E.C.E., La Documentation française, 1998, 2 Vol . ; St. RODRIGUES, *Services publics et services d'intérêt économique général dans la Communauté européenne*, Thèse Paris I, 1999, 2 Vol . ; St. RODRIGUES, *La nouvelle régulation des services publics en Europe*, Ed. Tec et Doc, Paris, 2000 ; V. CHAMPEIL-DESPLATS, « Services d'intérêt économique général, valeurs communes, cohésion sociale et territoriale », *AJDA*, 1999, p. 959 et s. ; J. VANDAMME et F. Van der MENSBRUGGHE (dir.), *La régulation des services publics en Europe*, TEPSA, Paris, 2000 ; H. SIMONIAN-GENESTE, « Service public, service d'intérêt économique général, service universel », *Annales Université des Sciences sociales de Toulouse,* 1997, p. 161 ; St. RODRIGUES, « Les services publics et le Traité d'Amsterdam », *Revue du marché commun*, 1998, n°414, p. 37 et s. ; A. LION-CAEN et V. CHAMPEIL-DESPLATS (dir.), *Services publics et droits fondamentaux dans la construction européenne*, Dalloz, Paris, 2001. On trouvera une bibliographie détaillée et actualisée (fin 1998) dans St. RODRIGUES, thèse préc., Vol. II, p. 787 et s.

[27] La Déclaration A 36 relative à l'article 16 du Traité instituant la Communauté européenne (L. DUBOUIS et Cl. GUEYDAN, *Grands textes du droit de l'Union européenne*, Dalloz, 5ème éd., 1999, p. 167) précise que les dispositions de cet article sont mises en œuvre dans le plein respect de la jurisprudence de la Cour de justice de la Communauté européenne en ce qui concerne, entre autres, le principe d'égalité de traitement, ainsi que de qualité et de continuité de ces services. Mais l'objet même des services d'intérêt économique général n'est pas autrement spécifié. Tout au plus est-on en droit d'admettre que les trois principes d'égalité, de continuité et de qualité gouvernent le fonctionnement de ces services. N'est pas inintéressante au surplus la qualification de « services publics » qui apparaît nommément dans la Déclaration A 36 comme synonyme de « services économiques d'intérêt général » : on pourrait y voir la manifestation d'un rapprochement sémantique entre la conception classique d'inspiration française et la conception européenne.

communautaire (qui amène les instances de la Communauté européenne à prendre en compte d'autres données que les données purement économiques)[28], un certain rapprochement s'amorce autour des objectifs d'efficacité et d'équité, lesquels n'apparaissaient pas toujours clairement dans les conceptions nationales classiques du service public[29]. Ce compromis, s'il se confirmait, pourrait illustrer une nouvelle forme de coexistence pacifiée entre le « marché » et « l'intérêt général »[30] et contraindre à réviser les approches globales

---

[28] Voir déjà la communication de la Commission européenne du 11 septembre 1996 relative aux services d'intérêt général en Europe (DOC COM (96) 443 ; D. SIMON et F. LAGONDET, « Sur le service public et le droit communautaire », *Europe*, janvier 1997, p. 1 et s. ; M. BAZEX, « L'appréhension des services publics en droit communautaire », *RFDA*, 1995, p. 95 et s. ; J. Y. CHEROT, « L'article 90, § 2, du Traité de Rome et les entreprises de réseau », *RFDA*, 1996, p. 171 et s. ; R. KOVAR, « Droit communautaire et service public », *RTDE*, 1996, p. 215 et s. ; J. P. FRANCOU, « Les services publics et le critère matériel en droit français et en droit européen », *Rev. adm.*, 1997, n°300, p. 688 et s. ; R. LE MESTRE, « La notion de service public dans les systèmes juridiques des États membres de l'Union européenne », *Revue de la recherche juridique*, 2000, n°1, p. 199 et s.

[29] Voir en ce sens F. LEVEQUE, « Concepts économiques et conceptions juridiques de la notion de service public », *op. cit.*, p. 185 et p. 191.

[30] Voir CEDECE, *Service public et Communauté européenne : entre l'intérêt général et le marché*, Actes du colloque de Strasbourg (1996), La Documentation française, 1998, 2 volumes. De nombreux ouvrages ont été consacrés à ce thème, parmi lesquels : *Un service public pour les Européens ? Diversité des traditions et espaces de convergence* (sous la direction de Cl. QUIN et G. JEANNOT, La Documentation française, 1997 ; *Services publics, solidarité et citoyenneté* (sous la direction de G. VINCENT, L'Harmattan, 1998 ; *L'idée de service public est-elle encore soutenable ?* (sous la direction de J. M. CHEVALIER, T. EKELAND et M. A. FRISON-ROCHE), PUF, 1999 ; *L'Europe à l'épreuve de l'intérêt général* (sous la direction de Ch. STOFFAES), Aspe-Europe, 1994 ; *Europe, concurrence et service public* (sous la direction de Y. MOREAU et A. CASTELLANO), Masson-A. Colin, 1995 ; *Vers un service public européen* (sous la direction de L. GRARD, J. VANDAMME et F. Van der MENSBRUGGHE), Aspe-Europe, 1996 ; E. COHEN et Cl. HENRY, *Service public, secteur public*, La Documentation française, 1997 ; *Service public et lien social* (sous la direction de S. DECRETON), L'Harmattan, 1999 ; *Dictionnaire économique et juridique des services publics en Europe* (sous la direction de M. NICOLAS et St. RODRIGUES), Aspe-Europe, 1998 ; *Entre monopole et concurrence : la régulation de l'énergie en perspective historique* (sous la direction de Ch. STOFFAES), Ed. PAV, Paris, 1994 ; Y. MOREAU et B. MAQUART, *Entreprises de service public européennes et relations sociales*, Aspe 1996 ; P. BAUBY et J. C. BOUAL, *Pour une citoyenneté européenne*, Ed. de l'Atelier, Paris, 1994 ; Chr. STOFFAES, *Services publics, question d'avenir*, Ed. Odile

trop souvent centrées sur l'antagonisme, jugé irréductible, de ces concepts.

Mais nous n'en sommes pas exactement là.

C'est pourquoi il convient à notre sens, pour procéder à une analyse comparative des doctrines du service public, d'avancer que le thème s'est prêté en Europe à une approche plus juridique et politique qu'économique et qu'il a été reçu diversement dans les États membres de l'Union européenne. Certaines constructions doctrinales reflètent ainsi des conceptions idéologiques valorisantes, d'autres des conceptions banalisantes.

Toutes témoignent des interrogations suscitées tant par l'évolution de l'État (dans sa version d'État-providence, de *Welfare State*) que par l'évolution de l'Europe communautaire elle-même, soucieuse d'affirmer ses propres valeurs.

I. Les conceptions valorisantes

Elles sont fortement idéologisées. Le service public n'est pas seulement une activité prestationnelle correspondant à de nouvelles missions de l'État, par laquelle il s'efforce de répondre aux demandes sociales et au besoin de solidarité agissante, elle-même ciment de la cohésion de la collectivité ; il est devenu un mythe, un symbole, une

---

Jacob, La Documentation française, 1995 ; *Les services publics au défi de l'Europe* (sous la direction de P. BAUBY et J. C. BOUAL), Ed. ouvrières, Paris, 1993 ; Chr. STOFFAES, *L'Europe de l'utilité publique : des industries de services publics rénovées dans l'Europe libérale* (Rapport au ministre de l'économie), Aspe-Europe, 1995 ; *Les réseaux de services publics dans le monde* (sous la direction de M. WALRAVE) (Rapport du Commissariat général du Plan), Aspe-Europe, 1995 ; *La régulation des services publics* (sous la direction de Cl. MARTINAND et J. H. LORENZI) (Rapport du Commissariat général du Plan), Aspe-Europe, 1995 ; *Le service public, unité et diversité*, *AJDA*, juin 1997, numéro spécial ; *La régulation des services publics en Europe* (sous la direction de J. VANDAMME et F. Van der MENSTRUGGHE), Aspe-Europe, 2000 ; St. RODRIGUES, *Services publics et services d'intérêt économique général*, Thèse Droit, Paris I, 1999 ; St. RODRIGUES, *La nouvelle régulation des services publics en Europe*, Ed. Tec et Doc, 2000 ; *Concurrence et régulation des services publics : comparaison internationale* (sous la direction de D. ATIAS), Commissariat général du Plan, 1997 ; *Services publics : exception française, exigence européenne* (sous la direction de Ch. STOFFAES), ENA, 1996 (4 Vol ., ronéo) ; voir aussi G. CAIRE, « Services publics et construction européenne », *Droit social*, 1999, p. 176 et s.

idéologie au sens fort, c'est-à-dire un ensemble de représentations, de discours, de concepts et d'images qui informent et justifient les comportements et les pratiques des gouvernants et des citoyens.

C'est bien entendu à la conception du service public défendue par les auteurs français que l'on songe de prime abord puisque l'idée de service public y a connu une promotion immédiate, même si aujourd'hui les réactions à son égard paraissent plus réservées. Encore faut-il opérer, dans la doctrine, une distinction entre deux courants qui se sont succédé chronologiquement : celui, globalisant (le premier en date), de l'Ecole du service public et celui qui en a fait ultérieurement une présentation plus équilibrée.

Bien entendu ni la conception initiale ni la conception contemporaine ne prétendent rendre compte de la totalité des approches doctrinales, beaucoup plus diversifiées, du thème du service public.

A) Une survalorisation historique : l'école française du service public

Que l'approche française initiale du service public soit le type achevé de la conception globalisante et systématisante ne fait guère de doute. La doctrine et la jurisprudence ont, au cours des décennies, imprimé le concept dans la culture nationale et il a très vite débordé le champ du droit administratif, où il est né, pour s'infiltrer dans la réflexion juridique générale puis dans la théorie politique de l'État et, au-delà, dans le vaste domaine des représentations sociales[31]. Symbole et emblème d'un certain style de relations entre l'État et les citoyens[32], l'expression est donc entrée dans le langage courant où elle s'est épanouie, même si elle y a perdu parfois de sa consistance et

[31] L. NIZARD, « A propos de la notion de service public : mythes étatiques et représentations sociales », dans *Recueil d'études en hommage à Charles Eisenmann*, Cujas, 1975, p. 91.

[32] « Qu'est ce que le Service Public sinon l'ensemble des réseaux et des personnes qui font le trait d'union entre l'État et les citoyens ? », s'écriera à son propos un ancien Président de la République (F. MITTERRAND, « Avant-propos », dans *Le service public demain*, Economica, 1989, p. 111).

de sa rigueur[33]. Liée à la figure de l'État-providence[34], elle en a suivi l'expansion continue avant de connaître, avec lui, les doutes et les remises en cause.

La « tendance à la fétichisation »[35], qui a marqué l'histoire de ce concept singulier, explique l'abondance des études de tous genres qui lui ont été consacrées. Il n'y a pas, semble-t-il, d'autres pays au monde qui lui aient porté, depuis le siècle dernier, une attention aussi soutenue.

Une telle valorisation idéologique ne pouvait que susciter des réactions de même nature qui ont longtemps fait obstacle à une présentation sereine de la « doctrine » du service public. Celle-ci fait *ab initio* figure d'idéologie de combat.

1. Le concept de service public dans le droit public français du début du XXème siècle

Si ce concept a affichédes prétentions ouvertement impérialistes, il n'a pu les confirmer de manière décisive (sauf, peut-être, pour

---

33 « Dans la tradition française, on use indifféremment de la notion de service public pour désigner la substance d'une activité..., des impératifs sociaux ou d'aménagement du territoire..., un statut..., un mode de propriété et de gestion..., une éthique... : pluralité d'usages qui permet toutes les appropriations » (E. COHEN et Cl. HENRY, « Sur les bases et l'évolution récente des services publics industriels et commerciaux en France et dans l'Union européenne », dans *Service public, secteur public*, La Documentation française, 1997, p. 15).

34 F. X. MERRIEN, « Les figures de l'État-providence : l'État-providence entre marché et service public », dans *Service public et lien social*, S. DECRETON (dir.), L'Harmattan, 1999, p. 143 et s. ; voir aussi du même auteur, *L'État-providence*, PUF, Que sais-je ?, 1997 ; F. EWALD, *L'État-providence*, Grasset, 1986 ; S. KUHNLE (ed.), *Restructuring the Welfare States*, Routledge, Londres, 1993 ; P. PIERSON, *Dismantling the Welfare State ? Reagan, Thatcher and the politics of retrenchment*, Cambridge University Press, 1994 ; P. ROSANVALLON, *La crise de l'État-providence*, Le Seuil, 1981 ; M. CROZIER, *État modeste – État moderne*, Fayard, 1997.

35 L'expression est de J. CAILLOSSE, « Le service public est mort. Vive le service public ! », dans *Service public et lien social*, S. DECRETON (dir.), L'Harmattan, 1999, p. 399 et s., note p. 412.

de très brèves périodes). Il n'a pas pour autant quitté le devant de la scène[36].

Il a d'abord été imaginé comme un soutien bienvenu à l'affermissement du droit administratif et surtout de la compétence de la juridiction administrative.

Sur la base d'un arrêt (sans doute quelque peu sollicité mais d'illustre mémoire) rendu par le Tribunal des conflits, le 8 février 1873[37], le service public a originairement servi à délimiter un champ de compétence administrative suffisamment vaste pour être opérationnel et suffisamment imprécis pour laisser pressentir de futures conquêtes que le Conseil d'État, jeune juge administratif, se devait d'envisager, ne serait-ce que pour affirmer son autorité devant l'hostilité à peine dissimulée de la puissante Cour de cassation.

Encore que ce point d'appui ait été quelque peu fragile, une partie de la doctrine publiciste, conduite par Léon Duguit, entreprit de construire une théorie complète du service public en tant que pilier du « système administratif », critère (unique) du droit administratif regardé comme discipline autonome[38] et expression privilégiée de l'action des personnes publiques. Ce fut le temps de l'Ecole du service public, la recherche d'une adéquation étroite entre l'intervention multiforme des administrations publiques, dans le nouveau contexte

---

[36] Pour s'en tenir aux ouvrages les plus récents (outre ceux qui ont déjà été mentionnés), voir notamment, J. CHEVALLIER, *Le service public*, PUF, Que sais-je ?, 3ème éd., 1994 ; J. M. RAINAUD, *La crise du service public*, PUF, Que sais-je ?, 1999 ; P. ESPLUGAS, *Le service public*, Dalloz, Connaissance du droit, 1998 ; J. P. BOULLE, *La prérogative de service public*, Thèse droit, Nice, 1995 (ronéo) ; *Le service public* (Rapport au Premier ministre), La Documentation française, 1996, etc.

[37] Il s'agit bien entendu du célèbre *Arrêt Blanco*, (*Grands arrêts de la jurisprudence administrative*, 12ème éd., Dalloz, 1999, n°1, p. 1, obs. de MM. LONG, WEIL, BRAIBANT, DELVOLVE, GENEVOIS), qui était resté quasiment ignoré par les auteurs pendant près de trente ans jusqu'à ce qu'un commissaire du gouvernement non moins célèbre, Jean Romieu, le place sous les feux de la rampe (concl. sur CE, 6 février 1903, *Terrier*, *Grands arrêts*..., n°12, p. 69, obs. de MM. LONG, WEIL, BRAIBANT, DELVOLVE, GENEVOIS). Cela dit, on reste quand même surpris que la théorie tant louée du service public « à la française » repose historiquement sur une activité de... fabrication de tabac (l'accident qui avait donné lieu à intervention du juge des conflits était survenu dans une manufacture de tabacs de l'État).

[38] Voir la thèse de M. GUENAIRE, *La fonction unificatrice du service public dans le droit administratif*, Paris II, 1985 (ronéo).

de l'État-providence, le droit particulier que postule l'objectif général de tout service public et la compétence d'un juge spécifique, disposant, comme son homologue de l'ordre judiciaire, du pouvoir de dire le droit et d'imposer l'exécution de ses décisions[39]. Même si cette belle harmonie théorique ne s'est pas pleinement concrétisée dans les faits, elle conférait ses lettres de noblesse à la conception française fondée sur la dualité de juridiction, et l'autorisait à se présenter comme une alternative crédible à la conception britannique du *common law*. Les auteurs d'outre-Manche ne s'y étaient d'ailleurs pas trompés...

On ne s'étendra pas longuement sur l'histoire agitée et tant de fois contée de l'idée de service public. On voudrait seulement souligner ici, à l'instar du Conseil d'État[40], que le service public procède d'entrée de jeu, dans l'image qu'en offre l'école du même nom, de l'intervention de la force gouvernante, qu'il s'agit donc au premier chef d'un concept politique qui engage l'État tout entier – et le lie en même temps[41].

Il se pourrait d'ailleurs qu'au prix d'une certaine mythification, le vocable « service public » ait été quelque peu détourné de sa signification historique première[42], qui ne le situait pas sur le plan des fins, mais y voyait plutôt une expression privilégiée de la « puissance publique étatique, omniprésente au siècle dernier »[43] ; le service public n'était autre, selon certains historiens du droit, que « la puissance

---

[39] Réserve faite d'un comportement de *self-restraint* initialement et spontanément adopté par le Conseil d'État dans ses rapports avec l'administration justiciable (voir notre étude : « Etrangère au pouvoir du juge, l'injonction ? Pourquoi le serait-elle ? », *RFDA*, 1990, p. 798 et s.).

[40] Notamment dans son *Rapport public 1994*, « Service public, services publics, déclin ou renouveau ? », *Etudes et documents*, n°46, La documentation française, 1995, p. 13 et s.

[41] Cette fonction du service public a été mise en exergue par Léon Duguit lui-même : il y voyait un des instruments les mieux adaptés et les plus efficaces de limitation des gouvernants (voir E. PISIER-KOUCHNER, *Les fondements de la notion de service public dans l'œuvre de Léon Duguit*, LGDJ, 1972 ; J. CHEVALLIER, *Le service public*, *op. cit.*, p. 19 et s. ; du même auteur, « Les fondements idéologiques du droit administratif français », dans *Variations autour de l'idéologie de l'intérêt général*, Vol. 2, PUF 1979, p. 3 et s. ; « Le service public : du mythe à la réalité », *Projet*, 1984, n°188, p. 879 et s. ; C. WIENER, « Service public et autogestion : d'un mythe à l'autre », *Mélanges offerts à R.E. Charlier*, Ed. Emile Paul, Paris, 1974, p. 325 et s.).

[42] G. BIGOT, « Les mythes fondateurs du droit administratif », *RFDA*, 2000, p. 527 et s.

[43] *Ibid.*, p. 532.

publique en action » et le droit administratif « la discipline imposée par le pouvoir à la puissance en sorte qu'elle reste supportable »[44].

On comprend qu'une notion aussi proche du pouvoir politique – et instrumentalisée par celui-ci – ait eu vocation à dépasser le cadre étroit du droit administratif et à régir le droit public dans son ensemble. Elle a pu contribuer, au moins comme représentation idéologique, à relégitimer l'État, à fonctionnaliser ses interventions à partir des besoins du public et par là même à les subordonner à une finalité de « service », faisant oublier (ou accepter) le maniement éventuel des prérogatives de puissance publique[45] qui ne sont pourtant jamais très loin du service public...

C'est donc également le droit constitutionnel, le droit financier et même le droit international public qui se sont trouvés concernés par l'irruption du thème du service public, doctrinalement considéré, « du fait même de sa multifonctionnalité et de sa polyvalence, comme la pièce maîtresse, la véritable clef de voûte de la construction étatique »[46].

L'adhésion des juristes de droit public (au moins d'une partie d'entre eux) a trouvé un écho hors du champ juridique. Les sociologues et les politistes n'ont pas hésité à voir dans le service public un symbole majeur de l'identité nationale et de la cohésion sociale[47].

---

[44] *Ibid.*, *eod. loc.*

[45] J. B. GEOFFROY, « Service public et prérogative de puissance publique. Réflexions sur les déboires d'un couple célèbre », *RDP*, 1987, p. 45 et s.

[46] J. CHEVALLIER, *Le service public*, *op. cit.*, p. 4.

[47] Voir sur ce point B. STIRN, « La conception française du service public », *CJEG*, 1993, p. 299 et s. ; B. STIRN, « L'évolution juridique de la notion de service public industriel et commercial », dans *L'Europe à l'épreuve de l'intérêt général*, Ed. Aspe-Europe, 1994, p. 27 et s. ; J. M. PONTIER, « Sur la conception française du service public », *Dalloz*, 1996, chron., p. 9 et s. ; selon le premier de ces auteurs, « la conception française du service public est en effet profondément ancrée dans le consensus social » ; pour le second, « le service public est devenu l'un des éléments de l'unité nationale ». Dans un rapport présenté à l'Assemblée nationale (*Doc. Ass. nat.*, 6 octobre 1995, n°2260, p. 15), le député F. Borotra estimait que « le service public fait partie intégrante de la culture française » ; voir aussi J. CHEVALLIER, « La réforme de l'État et la conception française du service public », *RFAP*, 1996, n°77, p. 189 et s.

2. La réception du concept dans les États voisins

De la France, la conception fortement idéologisée du service public a gagné quelques États voisins.

Parmi ceux-ci, l'Espagne a sans doute été le plus réceptif. L'expression « service public » y avait d'abord été utilisée avec une acception technique neutre[48]. Mais la diffusion outre-Pyrénées des théories françaises du service public, et notamment celles de l'Ecole de Bordeaux, conduisit une partie de la doctrine administrativiste à en adopter les postulats de base. Ainsi, dès 1910, A. Posada[49] soutenait-il que « la fonction administrative se résume concrètement par des services » – et la plupart des ouvrages spécialisés ou des manuels accordèrent une place privilégiée aux thèses venues d'outre-Pyrénées[50]. Ainsi l'une des études les plus approfondies sur le thème, publiée en 1923 par C. García Oviedo[51], s'inspire nettement de la doctrine française dominante à l'époque ; mais de manière plus générale, il est admis que « la réception de la théorie juridique du service public dans notre patrie s'est caractérisée par la fidélité au modèle doctrinal français »[52] – ou encore que « le concept de service public, en tant qu'axe central du droit administratif, est une

[48] Voir SANTAMARIA de PAREDES, *Curso de derecho administrativo según sus principios generales y la legislación actual de España*, Madrid, 2ème éd., 1888, p. 806 et s.

[49] A. POSADA, « Servicio público », *Enciclopedia jurídica española*, Barcelona, Francisco Seix, 1910, p. 616 et s.

[50] M. POSADA, *Tratado de derecho administrativo según las teoría filosóficas y la legislación positiva*, 2ème ed., T. I, Madrid 1923, p. 267 et s. ; C. GARCÍA OVIEDO, *Instituciones de derecho administrativo con referencias a la legislación y jurisprudencia españolas. Introducción. Teoría general*, Sevilla, 1927, p. 163 et s. ; R. FERNANDEZ de VELASCO CALVO, *Résumen de derecho administrativo y Ciencia de la Administración*, T. 1, 2ème éd., Barcelona, 1930, p. 170 et s. ; J. GASCON y MARIN, *Tratado de derecho administrativo. Principios y legislación española*, T. 1, 6ème éd., Madrid, 1935, p. 228 et s.

[51] C. GARCÍA OVIEDO, « La teoría del servicio público », *Revista general de Legislación y Jurisprudencia*, T. 142, p. 5 et s., 118 et s., 238 et s.

[52] L. MIGUEL MACHO, *Los servicios públicos y el régimen jurídico de los usuarios*, Cedecs, Barcelona, 1999, p. 66.

construction typiquement française qui fut importée en Espagne par notre doctrine scientifique, notre législation et notre jurisprudence »[53].

On pourrait également songer à un rapprochement entre la théorie française du service public et la théorie allemande de la *Daseinsvorsorge* dans la vision initiale qu'en donnait E. Forsthoff, dont l'influence est restée marquante sur le droit administratif d'outre Rhin[54]. Certes la traduction littérale de l'expression (« ce qui pourvoit aux besoins de l'existence ») ne rend-elle compte que faiblement de l'ambition de l'auteur qui entendait combattre la dogmatique antérieure (et notamment les thèses de W. Jellinek et F. Fleiner), orientée à titre principal vers la protection des libertés individuelles dans le cadre de l'État de droit (*Rechsstaat*) à partir d'une conception des droits fondamentaux (*Grundrechte*) dont la reconnaissance imposait la soumission corrélative de l'administration au principe de légalité. Mais il s'agissait bien d'une remise en cause des postulats antérieurs au nom d'une approche d'ensemble du droit administratif qui, désormais, doit s'attacher aux missions matérielles de l'administration et aux objectifs qu'elle poursuit.

Dans la mesure où le simple jeu de l'autonomie individuelle ne permet plus dans une société de masse (*Daseinsverantwortung*) d'avoir accès à tous les biens ou ressources nécessaires à la satisfaction des besoins collectifs, c'est par l'intermédiaire de la communauté que l'individu peut espérer obtenir les prestations correspondant à ces besoins – et c'est le rôle de l'État moderne que d'organiser les services qui y pourvoiront. Comme le souligne G. Marcou, « la théorie de la *Daseinsvorsorge* n'est pas sans rappeler

---

[53] F. GARRIDO FALLA, « El concepto de servicio público en derecho español », *Revista de administración pública*, 1994, n°135, p. 7 et s. (voir une traduction française, « Le concept de service public en droit espagnol », dans *Vers un service public européen* (sous la direction de L. GRARD, J. VANDAMME, F. Van der MENSBRUGGHE), Ed. Aspe, 1996, p. 81 et s. ; voir aussi A. MARTÍNEZ MARÍN, « La evolución de la teoría del servicio público en la doctrina española », dans *Actualidad y perspectivas del derecho público a fines del siglo XX*, Homenaje al Profesor Garrido Falla, Ed. Complutense, Madrid, 1993, p. 1377 et s. ; L. MARTÍN REBOLLO, « De nuevo sobre el servicio público. Planteamientos ideológicos y funcionalidad técnica », *Revista de administración pública*, 1993, n°100-102, p. 2471 et s.

[54] Voir notamment son étude « Die Verwaltung als Leistungsträger » (1938), reproduit dans *Rechtsfragen der leistenden Verwaltung*, Kolhammer, Stuttgart, 1959.

la théorie duguiste du service public » : même inspiration dans la sociologie et l'analyse théorique du rôle de l'État, même conception matérielle d'une activité de service reposant sur la solidarité sociale, même vocation à inspirer et à expliquer le droit administratif dans sa globalité, même plasticité d'un concept forgé pour suivre l'évolution sociale.

Il est vrai que Forsthoff lui-même, entraîné par l'idéologie nouvelle national-socialiste, ne fera pas de la *Daseinsvorsorge* un instrument de limitation des pouvoirs de l'État et qu'il opposera bientôt aux libertés individuelles garanties par l'État l'idée d'une participation (*Teilhabe*) de chacun aux entreprises étatiques dès lors qu'il en tire bénéfice[55].

Il reste que la théorie de la *Daseinsvorsorge*, même relativisée dans le contexte socio-politique de l'époque, a contribué à restaurer une conception matérielle de l'administration soumise à certaines règles spécifiques du droit public – et n'est pas, en elle-même, négatrice des droits fondamentaux. Si elle n'a pas eu la même ampleur et le même impact que la théorie française du service public, elle n'a pas perdu tout intérêt dans le nouveau cadre de « l'État social de droit », constitutionnalisé par la Loi fondamentale de 1949.

La sensibilité particulière de la doctrine juridique française au thème du service public, magnifié par l'école de Bordeaux, regardé par elle comme l'instrument fédérateur des règles de fond et de compétence du droit administratif, a été alimentée par les multiples crises et contestations qui ont jalonné son histoire tourmentée. Peut-être parce que ses ambitions affichées étaient excessives (restructurer le droit public dans son ensemble), il s'est heurté rapidement à de vives oppositions théoriques en attendant les démentis apportés par une jurisprudence de plus en plus nuancée et incertaine.

Il est inutile de reprendre l'analyse des avatars du concept[56]. Rappelons toutefois que le développement des services publics

---

[55] E. FORSTHOFF, « Einleitung. Die *Daseinsvorsorge* in heutiger Sicht », dans *Rechtsfragen...*, précité, p. 20 et s. ; dans le même sens, mais avec un autre vocabulaire, voir A. KÖTTGEN, *Die deutsche Verwaltung*, Verlag Franz Vahlen, Berlin, 2ème éd., 1937, p. 14 ; Th. MAUNZ, *Neue Grundlagen des Verwaltungsrechts*, 1934.

[56] Voir notamment J. L. De CORAIL, *La crise de la notion juridique de service public en droit administratif français*, LGDJ, 1954 ; J. M. RAINAUD, *La crise du service*

industriels et commerciaux a joué un rôle majeur dans la crise d'identité qu'a connue le thème du service public à partir des années vingt et que cette crise s'est aggravée avec celle de l'État-providence qui lui servait de support politique, au lendemain de la Deuxième Guerre mondiale. Les lignes de fracture, qui menaçaient l'unité du concept et son incapacité à rendre compte d'une réalité juridique de plus en plus mouvante et difficilement saisissable, se sont accentuées sous la pression de facteurs convergents d'ordre interne et international.

Soupçonné d'incohérence (en raison de l'utilisation ambiguë des prérogatives de puissance publique), voire de duplicité (ne menaçait-il pas, par sa *vis expansiva* incontrôlable, le patrimoine des droits et des libertés légués par la Révolution et concrétisés par l'État républicain ?[57]), le concept de service public s'est trouvé affaibli par pertes de substance successives, placé sous le feu croisé d'arguments éventuellement contradictoires, invité à céder la place aux vents porteurs du libéralisme économique, de la déréglementation, de la privatisation ou de la désétatisation. Quelques uns de ses postes les plus avancés, les services publics industriels et commerciaux (notamment lorsqu'ils s'accompagnaient de monopoles), étaient devenus les cibles privilégiées des chantres de l'économie du marché ou des apôtres de l'Europe communautaire. Tout cela a été maintes fois décrit et analysé[58].

Mais c'est sans doute une des vertus des notions juridiques « fortes »[59] que de trouver en elles-mêmes des ressources suffisantes

---

public français, PUF, Que sais-je ?, 1999 ; A. SUPIOT, « La crise de l'esprit de service public », *Dr. soc.*, 1989, p. 777.

[57] On fait allusion à la controverse qui a opposé naguère P. DELVOLVE (« Service public et libertés publiques », *RFDA*, 1985, p. 1 et s.), S. REGOURD (« Le service public et la doctrine : pour un plaidoyer dans le procès en cours », *RDP*, 1987, p. 5 et s. ; « L'offensive contre le service public », *Le Monde diplomatique*, juill. 1986, n°388, p. 26) et E. PISIER-KOUCHNER (« Le service public entre libéralisme et collectivisme », *Esprit*, décembre 1983, p. 8).

[58] Voir les observations de J. CAILLOSSE, « Service public : le désespoir du juriste », *Pouvoirs locaux*, 1994, n°10, p. 27 et s. ; « Le service public est mort. Vive le service public ! », dans *Service public et lien social*, *op. cit.*, p. 413 et s. ; *L'idée de service public est-elle encore soutenable ?* (sous la direction de J. M. CHEVALIER, I. EKELAND et M. A. FRISON-ROCHE), PUF, 1999.

[59] B. STIRN, « La conception française du service public », *op. cit.*, p. 299.

pour résister à l'usure du temps et surmonter les bourrasques passagères. Durement attaquée, jugée par certains obsolète, inadaptée et contre-productive, l'idée de service public n'a jamais été vraiment terrassée. Elle nous avait accoutumés, au demeurant, à des retours en force inopinés au cours de son évolution séculaire. Dans un article souvent cité, le conseiller d'État, R. Latournerie, évoquait à son propos la figure biblique du « Lazare ressuscité »[60] : les termes de « revalorisation[61], de « renouveau »[62] ou d'« actualisation »[63] sont rituellement utilisés pour exprimer une résistance jugée exceptionnelle.

Devant les offensives croisées des théories libérales et du droit communautaire, la version contemporaine d'une théorie valorisée du service public se veut aujourd'hui moins triomphaliste et plus équilibrée.

B) Une valorisation contemporaine prudente

Les théories contemporaines du service public se sont développées notamment en France et en Italie ou (à un degré moindre) en Espagne. Bien qu'elles confèrent toujours à l'idée de service public un statut privilégié pour l'encadrement juridique de l'action administrative, elles s'efforcent de ne pas la survaloriser.

Cette relativisation du concept entend clarifier les enjeux et resituer le service public dans un contexte juridique, national et communautaire, voire international, profondément bouleversé par la globalisation ou mondialisation des échanges.

Elle prend la forme, en France même, d'une théorie du service public « à la française » – mais l'expression suscite en elle-même,

---

[60] R. LATOURNERIE, « Sur un Lazare juridique : bulletin de santé de la notion de service public ; agonie, convalescence ou jouvence », *EDCE*, 1960, p. 61 et s.

[61] A. De LAUBADERE, « Revalorisations récentes de la notion de service public », *AJDA*, 1961, p. 591 et s.

[62] « Le débat sur le renouveau du service public », *Pouvoirs locaux*, 1991, n°8, p. 101 et s. ; M. LONG, « Service public, services publics, déclin ou renouveau ? », *RFDA*, 1994, p. 497 et s. ; G. KOUBI, « La responsabilisation du fonctionnaire dans le renouveau du service public », *Petites Affiches*, 25 janvier 1995, p. 14 et s.

[63] CENTRE EUROPEEN des ENTREPRISES à PARTICIPATION PUBLIQUE, *Actualisation de la notion de service public*, 1991, ronéo.

on l'a dit, quelque réticence – et, dans d'autres pays européens, d'une théorie « objective » du service public.

Dans les deux cas, il s'agit de reprofiler le service public de manière à conserver sa valeur explicative et sa signification politique profonde tout en l'adaptant aux nouveaux enjeux économiques et sociaux.

1. La conception contemporaine du service public « à la française »

Cette conception a été synthétisée par un rapport officiel, sobrement intitulé *Le service public*[64], plus connu sous le nom de son inspirateur, R. Denoix de Saint Marc, par ailleurs vice-président du Conseil d'État.

Il s'agit bien de construire une « doctrine »[65], donc d'affirmer des convictions de nature idéologique, mais aussi de réconcilier le service public avec les théories du libéralisme dominant, dans ses versions nationale et communautaire.

Alors qu'un rapport antérieur du Conseil d'État[66] venait de rappeler avec force l'ancrage historique de l'idée française de service public, comme antidote à la souveraineté de l'État (sans qu'il y ait de différence à établir entre les services publics régaliens, les services publics sociaux et les services publics marchands, à caractère industriel et commercial) et ciment de la citoyenneté (en tant

---

[64] La Documentation française, Collection des rapports officiels, 1996.

[65] *Ibid.*, p. 45 et s. ; voir sur ce thème J. M. PONTIER, « Sur la conception française du service public », *Dalloz*, 1996, chron., p. 9 et s. ; G. VEDEL, « Service public à la française ? Oui, mais lequel ? », *Le Monde*, 22 déc. 1993, p. 13 ; B. STIRN, « La conception française du service public », *CJEG*, 1993, p. 299 et s. ; P. POUGNAUD, *Service public « à la française », une exception en Europe ?*, Ed. Institut de la gestion déléguée, Paris, 1999, préface M. LONG ; J. P. VALETTE, *Le service public à la française*, Ellipses 2000, Coll. Le droit en question ; J. CHEVALLIER, « La réforme de l'État et la conception française du service public », *RFDA*, 1996, p. 189 et s. ; J. CHEVALLIER, « Regards sur une évolution », *AJDA*, n°spécial, *Le service public*, juin 1997, p. 8 et s. ; J. CHEVALLIER, « Quel avenir pour les services publics à la française ? », dans *L'État de la France 96-97*, Paris, Ed. La Découverte, 1996, p. 30 et s. ; M. VOISSET, « Services publics et nouvelles citoyennetés », *Echange et projets*, 1995, n°74,, p. 2 et s. ; M. BAZEX, « Le concept de service public en droit national français », dans *Vers un service public européen*, Ed. Aspe, Paris, 1996, p. 117 et s.

[66] Conseil d'État, Rapport public 1994 (*Etudes et Documents du Conseil d'État*, 1995, n°46), *Secteur public-services publics : déclin ou renouveau* (rapport BELORGEY).

qu'élément fondateur du pacte républicain, au même titre que la démocratie représentative), le rapport Denoix de Saint Marc entend orienter le gouvernement dans sa stratégie européenne[67] en démythifiant d'entrée de jeu une « expression datée » qui n'est ni une doctrine, ni un modèle d'organisation entièrement français[68].

Au cœur du débat se trouvent les entreprises du secteur public, dites « de réseaux », éventuellement dotées d'un monopole, le plus souvent national, et dont les salariés bénéficient d'un statut privilégié, proche de celui de la fonction publique.

Il est pourtant clair, observait déjà le président M. Long[69], « qu'aujourd'hui le service public ne se confond pas avec le monopole de droit ou de fait, pas plus qu'il n'existe de coïncidence générale entre service public et fonction publique, service public et domaine public ou entre service public et régulation publique ».

Il convient de mieux cerner le champ du service public au regard du libre jeu du marché, étant admis que sa seule justification acceptable est la satisfaction optimale des besoins collectifs dans des secteurs qui ne sont pas seulement les secteurs de souveraineté classiques ou ceux de la protection sociale, de l'éducation, etc. mais qui peuvent être aussi des secteurs industriels et commerciaux. Il est donc « plus pertinent de parler de mission de service public que de service public dans l'absolu »[70]. La cohésion sociale reste ainsi l'une des finalités premières du service public, en ce qu'il doit rester accessible à tous et en particulier à ceux qui en seraient exclus par les lois naturelles du marché. Mais d'autres objectifs relèvent de la même approche, par exemple une utilisation rationnelle et équilibrée des ressources du territoire[71]. Se dessine ainsi la figure toujours d'actualité, mais rajeunie, d'un service public facteur de solidarité vécue (ne serait-ce que sur le plan du symbole) et de cohésion territoriale. Le thème du service public s'est longtemps nourri du « mythe de l'unicité,

---

[67] E. COHEN et Cl. HENRY, « Sur les bases et l'évolution récente des services publics industriels et commerciaux en France et dans l'Union européenne », dans *Service public, secteur public*, La Documentation française, 1997, p. 9 et s., note p. 18.

[68] Rapport, *op. cit.*, p. 21.

[69] « Service public, services publics : déclin ou renouveau ? », *op. cit.*, p. 499.

[70] Rapport DENOIX DE SAINT MARC, *op. cit.*, p. 53.

[71] *Ibid.*, p. 54.

de la singularité et de l'excellence du service public » notent les économistes[72], sans que ces postulats aient été toujours mis à l'épreuve des faits. Or le service public régalien ou le service public administratif de prestations éducatives, sanitaires, sociales, etc. n'est qu'une réponse parmi d'autres, celle que l'État français a choisi à un moment donné de son histoire[73]. Il est donc susceptible d'adaptations ; il en va de même *a fortiori* des services publics marchands qui sont nés et se sont développés dans un contexte évolutif.

Le maintien d'une certaine valorisation du service public « à la française » ne vient pas de la fiction de l'unité du service public ou de l'originalité décisive d'un mode d'organisation que l'on peut retrouver, sous d'autres appellations, dans les pays de notre entourage. La vraie spécificité française tiendrait plutôt à l'attachement à certaines valeurs dont le service public est porteur, mais qui ne sauraient ni en freiner ni en compromettre l'adaptation aux nouveaux enjeux de notre temps. Le modèle organisationnel des services publics (et notamment des services en réseaux) n'est donc pas intouchable, et il peut être amélioré pour tenir compte des besoins réactualisés des usagers (ou des impératifs de la construction communautaire)[74].

On s'explique pourquoi les tenants d'un service public « à la française » ne souhaitent pas une dérive vers une conception « substantialiste » qui le figerait malencontreusement, fût-ce à un niveau élevé de la hiérarchie des normes. Le service public rénové

---

[72] Voir le rapport d'E COHEN et Cl. HENRY, *op. cit.*, p. 18.

[73] C'est pourquoi cette réponse n'est pas figée ; il appartient en tout état de cause à l'autorité publique d'établir le « cahier des charges » qui définira les conditions du service public, indépendamment de la nature juridique du prestataire – et qui en assurera le contrôle (ou la régulation, dans l'hypothèse d'une pluralité d'opérateurs).

[74] Il est aujourd'hui admis que les grands principes classiques du service public (égalité, continuité, adaptation) doivent être complétés par d'autres principes, répondant à des exigences nouvelles de la société — principe de neutralité, principe de qualité, principe de transparence, principe de participation et quelques autres… — (voir F. MODERNE, « Les mutations des services publics en droit français », dans *Service public et Communauté européenne : entre l'intérêt général et le marché*, La Documentation française, 1998, T. 1, p. 3 et s., note p. 23 et s. ; M. VOISSET, « la reconnaissance en France, d'un droit à la qualité des services publics », *RFDA*, 1999, p. 743 et s.) ; sur une tentative doctrinale de reconstruction de la notion, voir la thèse de D. ESPAGNO, *Essai de refondation de la notion de service public en droit administratif français*, Toulouse, 1998.

« a besoin d'une certaine plasticité »[75] ; il n'est donc pas utile de le constitutionnaliser[76] (le texte constitutionnel actuel ne l'envisage qu'assez marginalement, en définitive). Le recours à la loi (pour définir le champ du service public, désigner la collectivité organisatrice et déterminer les modalités de son contrôle) – ou l'utilisation des principes généraux du droit qui régissent son fonctionnement – suffisent pour sauvegarder une armature juridique minimale, sous la double surveillance du juge constitutionnel et du juge administratif. Les contraintes communautaires qui résultent de l'article 86-2 du Traité sur la Communauté européenne (version consolidée) assurent théoriquement l'adéquation des services publics aux objectifs du Traité de Rome.

Parallèlement, comme on l'a dit, la norme économique, très présente *ab origine* dans la conception communautaire du service d'intérêt économique général, s'accompagne aujourd'hui de considérations fondées sur la cohésion sociale et la cohésion territoriale[77] qui ne sont pas sans rappeler quelques-uns des objectifs assignés au service public « à la française ». Le rapprochement entre le droit interne et le droit communautaire sur ce terrain révèle une convergence des approches théoriques, encore que l'on puisse observer que « pour l'analyse économique, la spécificité des services publics réside davantage dans leur consommation à caractère collectif et dans leur financement par le contribuable »[78], que dans les relations qu'ils entretiennent avec les usagers.

Il faut néanmoins se garder des assimilations hâtives. Si le droit communautaire fait appel à ces vocables (tel que celui de « service universel ») susceptibles d'entretenir la confusion avec le service

---

[75] M. LONG, *op. cit.*, p. 500.

[76] Le thème du service public constitutionnel a donné lieu à diverses interprétations (voir P. ESPLUGAS, *Conseil constitutionnel et service public*, LGDJ, 1994, préface G. VEDEL ; L. FAVOREU, « Service public et Constitution », dans *Le service public, unité et diversité*, *AJDA*, n°spécial, juin 1997, p. 16 et s., etc.).

[77] Il n'est pas inutile d'évoquer à cette place la Charte communautaire des droits fondamentaux, adoptée par le Conseil européen, au sommet de Nice, le 8 décembre 2000 : son article 36 évoque « l'accès aux services d'intérêt économique général... afin de promouvoir la cohésion sociale et territoriale de l'Union ».

[78] F. LEVEQUE, « Concepts économiques et conceptions juridiques de la notion de service public », dans *Le droit dans l'action économique*, Ed. CNRS, Paris, 2000, p. 179 et s., note p. 191.

public « à la française », la différence d'inspiration reste notable. Le service universel se situe dans une optique de marché, ou si l'on préfère, dans la logique marchande de la consommation ; il marque à sa manière la supériorité du marché dans la satisfaction des besoins d'intérêt général, d'autant que l'opérateur chargé du service universel pour un secteur considéré ne sera pas nécessairement un opérateur public, qu'il est susceptible de s'adapter aisément aux demandes des clients et que la délimitation de son périmètre est opérée, pour chaque secteur, par énumération précise des prestations dues par les opérateurs[79]. La même logique gouverne, au-delà des particularités de chaque secteur, le système du financement du service universel et, à partir de critères économiques, la technique des péréquations entre opérateurs, lesquelles permettent une redistribution des charges supportées par l'opérateur chargé du service universel. Il s'agit pour l'essentiel d'un service minimal, dont les prestations sont déterminées secteur par secteur en fonction des caractéristiques du secteur libéralisé, et dont bénéficie tout usager dans un délai raisonnable et un prix acceptable. Aux termes de la résolution du Conseil du 7 février 1994 sur les principes en matière de service universel dans le secteur des télécommunications, « les principes d'universalité, d'égalité et de continuité sont à la base d'un tel service pour permettre l'accès à un ensemble minimal de services définis d'une qualité donnée ainsi que la fourniture de ces services à tous les utilisateurs... et... à un prix abordable ». Il est certain que plusieurs des considérations qui sont à

---

[79] Sur ce thème, voir par ex. : H. SIMONIAN-GENESTE, « Service public, service d'intérêt économique général, service universel », *Annales de l'Université des sciences sociales de Toulouse*, 1997, p. 161 et s. ; J. M. RAINAUD, *La crise du service public français*, PUF, Que sais-je ? 1999, p. 94 et s. ; J. M. SAUSSOIS, « Négociation européenne autour du service universel : le résidu ultime », dans *La production des normes entre État et société civile* (sous la direction de E. SERVERIN et A. BERTHOUD), L'Harmattan, 2000, p. 135 et s. ; M. DEBENE et O. RAYMUNDIE, « Sur le service universel : renouveau du service public ou nouvelle mystification ? », *AJDA*, 1996, p. 183 et s. ; J. Y. CHEROT, « L'article 90, § 2, du traité de Rome et les entreprises de réseau », *AJDA*, 1996, p. 171 et s. On observera que la notion de « service de base », autre concept du droit communautaire (souvent confondu avec celui de « service universel ») s'en distingue en ce qu'il fait intervenir nécessairement des équipements lourds, ne permettant guère d'envisager la mise en place d'équipements concurrents. Quant aux services « à valeur ajoutée » ou « spécifiques », ils comportent des prestations supplémentaires par rapport au service de base, que les usagers sont prêts à payer.

la base de la notion de « service public universel » (existence d'une mission d'intérêt économique général, application des principes classiques d'égalité ou de continuité, etc.) se retrouvent, *mutatis mutandis,* dans les revendications liées au service public « à la française ». Mais cela ne saurait suffire pour substituer le service universel au service public, version française.

On ne saurait donc affirmer que la densité du concept de service universel soit comparable à celle du service public de modèle français. Ce dernier a d'autres exigences et répond à des objectifs sensiblement plus diversifiés. Au surplus, la notion de « service universel » est déterminée *a minima*, pour des prestations de base calculées en fonction de leur coût réel, sans référence aux péréquations habituellement pratiquées en matière de tarification des services publics et en dehors de toute prise en compte de la cohésion sociale ou territoriale (dont on a dit qu'elle justifiait la création de services d'intérêt économique général dans le cadre national et qu'elle en garantissait les conditions de libre accès, aux termes de l'article 36 de la Charte communautaire des droits fondamentaux).

2. La conception « objective » du service public

Défendue par une partie de la doctrine italienne ou espagnole, elle s'est développée en marge des théories françaises précédemment analysées. Mais elle comporte également une certaine valorisation de l'idée même de service public.

Il est vrai que, tant en Italie qu'en Espagne, la vision « duguiste » du service public en tant que fondement et limite des pouvoirs publics, offrant la seule légitimation acceptable de l'action des gouvernants et érigé par là-même en arme de combat contre l'idée de souveraineté étatique (ou de puissance publique), ne s'est jamais imposée comme modèle dominant.

En Italie, le législateur avait établi lui-même un critère de répartition des compétences entre la juridiction administrative et la juridiction judiciaire qui réduisait l'intérêt du recours à la notion de service public comme justification de la compétence des tribunaux administratifs. Le Conseil d'État italien n'eut donc pas à se préoccuper d'asseoir son autorité face à un juge judiciaire naturellement soupçonneux : il lui appartenait officiellement d'assurer la protection des « intérêts légitimes » des administrés, son homologue de l'ordre judiciaire étant chargé de la défense de leurs « droits subjectifs »[80].

Par ailleurs, la loi n°103 du 29 mars 1903 avait consacré le service public en tant qu'institution du droit positif italien, sans lui assigner de limites très précises[81] puisqu'elle se bornait, s'agissant de services locaux, à prévoir une prise en charge de l'activité considérée par la collectivité locale, à la suite d'un référendum. L'énumération des activités susceptibles d'être érigées en service public n'avait rien de limitatif, de sorte que l'application d'un critère organique et procédural conférait au service public des potentialités d'expansion non négligeables[82] qui le rapprochaient concrètement, à certains égards, du modèle français de l'époque mais sans lui accorder la même importance théorique.

Une des premières distinctions doctrinales séparait les buts juridiques et les buts sociaux de l'État, les seconds étant regardés comme secondaires (or les activités de prestation, dans le secteur économique et social, constituaient pour la plupart des services publics)[83]. Les auteurs italiens s'orientent alors vers une approche plutôt subjective du service public : c'est sur la base de l'élément

[80] G. ZANOBINI, « L'esercizio privato delle funzioni e dei servizi pubblici », dans *Primo tratatto completo di diritto italiano* (sous la direction de V. E. ORLANDO), Vol. II, 3ème partie, Società editrice Libraria, Milano, 1917, p. 424 ; A. De VALLES, « I servizi pubblici », dans *Primo tratatto..., op. cit.*, Vol. 7, 1ère partie, p. 411 ; F. MERUSI, « Servizio pubblico », dans *Novissimo Digesto italiano*, T. XVII, Torino, 1970, p. 217 et s.

[81] Voir les développement consacrés à ce thème par P. SABBIONI, ci-après.

[82] Voir *Legge sull'assunzione diretta dei pubblici servizi da parte dei comuni 29 marzo 1903, n°103, corredata del testo completo di tutti i lavori parlamentari*, Napoli, Ed. E. Pietrocola, 1903 ; U. BORZI, *Le funzioni del Comune italiano,* dans *Primo tratatto completo di diritto amministrativo* (sous la direction de V. E ORLANDO), Società Editrice Libraria, Milano, Vol. II, 1915, p. 297 et s.

[83] A. De VALLES, *I Servizi pubblici*, dans *Primo tratatto completo di diritto amministrativo*, *op. cit.*, Vol. VI, 1ère partie, p. 4 et s. ; Vol. VI, p. 386 et s. ; S. ROMANO (*Principi di diritto amministrativo italiano*, 3ème éd., 1913, Società Editrice Libraria, Milano, p. 3) rappelle que l'activité administrative comprend outre l'activité par laquelle l'État poursuit ses intérêts en assurant la protection et la conservation du droit (buts juridiques), l'activité de prestation visant à satisfaire les nécessités physiques, économiques et intellectuelles de la société ; voir aussi F. CAMMEO, *Corso di diritto amministrativo* (1911-1914), réimp. par G. Mièle, Cedam, Padova, 1960, p. 54 et s.

subjectif et du point de vue finaliste que les activités sociales de service public furent progressivement considérées comme relevant du droit public dès lors qu'elles étaient prises en charge par une collectivité publique[84].

Il fallut préciser davantage le concept, étant entendu qu'il n'était nullement question d'assimiler l'État à un ensemble organisé de services publics. La doctrine, soucieuse de forger une conception juridicisée du service public, élabora une séparation entre la « fonction publique » (*funzione pubblica*) et le service public (*servizio pubblico*) : les « fonctions publiques » correspondaient aux missions de la puissance publique, inhérentes à la souveraineté de l'État, indispensables à l'exercice du pouvoir politique, et dont le contenu était principalement juridique – et les « services publics » aux activités de prestations, destinées à la satisfaction des besoins collectifs et pouvant éventuellement être confiées à des personnes privées[85].

Cette nouvelle configuration du service public en réduisait quelque peu la portée : il s'agissait d'une catégorie résiduelle, dont les principales illustrations se situaient dans le domaine économique et social.

Sans doute, la théorie du service public n'abandonne-t-elle pas totalement le terrain de la subjectivité (c'est bien la prise en charge délibérée d'une tâche par une collectivité publique qui lui confère son caractère de « service public »), mais des éléments d'ordre objectif s'insèrent peu à peu dans l'approche conceptuelle. L'un des éléments du débat fut la caractérisation des activités d'intérêt général confiées à des personnes privées (sous la forme d'une concession ou d'une autre technique de dévolution)[86].

---

[84] O. RANELETTI, *Principi di diritto amministrativo*, Vol. 1, *Introduzione e nozioni fondamentali*, Napoli, Ed. Pierro, 1912, p. 117 et s.

[85] A. De VALLES, *op. cit.*, p. 411 ; G. ZANOBINI, « L'esercizio privato delle funzioni e dei servizi pubblici », dans *Primo tratatto completo…, op. cit.*, p. 424 et s.

[86] Le thème de la concession a fait l'objet d'études attentives : M. D'ALBERTI, *Le concessioni amministrative*, Napoli, ed. Liguori, 1981 ; F. TRIMARCHI, *Profili organizzativi della concessione di pubblici servizi*, Giuffrè, Milano, 1967 ; voir aussi G. MIÈLE, « La distinzione entre pubblico e privato », 1949, dans *Scritti giuridici*, Giuffrè, Milano, 1967, etc.

La pénétration des considérations objectives était déjà présente dans l'œuvre de certains auteurs, tels A. De Valles[87] qui évoque à cet égard, aux côtés des services publics relevant des entités publiques, les activités privées d'intérêt général assujetties à une réglementation et à un contrôle rigoureux des pouvoirs publics. On trouvera là l'origine de la notion de service public « virtuel » ou « impropre »[88], qui donnera lieu à d'amples controverses.

Une étape fondamentale dans l'histoire des théories du service public en Italie a été sans doute l'introduction dans le code pénal transalpin de 1930 d'un nouveau délit imputable aux personnes « chargées d'un service public » mais distinct des délits commis par les « fonctionnaires publics ». Dans la mesure où la loi pénale ne précisait pas ce qu'elle entendait par « service public » et renvoyait tacitement au droit administratif, celui-ci fut incité à reprendre le problème de la définition du service public : les opinions furent partagées, certains optant résolument pour une conception restrictive et *a contrario* du service public[89], d'autres pour une conception plus extensive[90]. Devant le risque d'une dévaluation excessive et imméritée de l'idée de service public, la réflexion d'une partie de la doctrine,

---

[87] A. De VALLES; *op. cit.*, p. 395 et s.

[88] Voir aussi G. TREVES, « L'attività commerciale delle Stato », dans *Scritti giuridici*, Giuffrè, Milano, 1934, p. 29 et s. ; P. CIRIELLO, « Servizi pubblici », dans *Enciclopedia Giuridica*, Treccani, Roma, 1990, p. 3 et s.

[89] Par ex. G. MIELE, « Pubblica funzione e servizio pubblico », *Archivio giuridico Serafini*, Vol. XXVI, 1933, p. 172 et s. A propos du service public, l'auteur souligne que « *i suai caratteri risultano per esclusione dal concetto già analizzato di pubblica funzione* », (*op. cit.*, p. 200). L'expression « fonction publique » (au sens matériel de l'expression) désignait l'activité administrative de caractère autoritaire, telle qu'elle se manifestait dans la théorie de la décision unilatérale, productrice d'effets juridiques directs (voir M. S. GIANNINI, *Istituzioni di diritto amministrativo*, Giuffrè, Milano, 1981, p. 539 ; G. MIELE, *op. cit.*, p. 172 ; G. GUARINO, « Pubblico ufficiale ed incaricato di pubblico servizio », dans *Scritti di diritto pubblico delle' economia*, 2ème série, Milano, Giuffrè, 1970, p. 207 ; voir V. CERULLI IRELLI, *Corso di diritto amministrativo*, 2ème éd., Torino, Giappichelli, 1997, p. 48 et s. ; p. 56 et s. ; B. G. MATTARELLA, « L'attività », dans *Trattato di diritto amministrativo* (sous la direction de S. CASSESE), Giuffrè, Milano, T. I, 2000, p. 627 et s., note p. 641 et s. ; S. CASSESE, *Le basi del diritto amministrativo*, Ed. Einaudi, Torino, 1919, p. 81 et s.

[90] Par exemple G. TREVES, « L'attività commerciale dello Stato », *op. cit.*, p. 72.

conduite par R. Alessi[91], propose une approche objectivisée par l'élément de « prestation administrative » offerte aux particuliers[92]. L'influence de Forsthoff et de la théorie de l'administration comme prestataire de services (*Leistungträger*) n'est vraisemblablement pas étrangère à cette évolution. Sur des bases voisines, M. S. Giannini introduisit à peu près à la même époque le concept d'« ordonnancement sectoriel »[93] pour expliquer que les services publics virtuels ou impropres ne devaient pas être maintenus dans la catégorie des services publics : ces secteurs réglementés constitueraient de véritables ordres juridiques partiels en eux-mêmes.

Mais la progression inexorable des activités administratives, liées à l'interventionnisme public, favorisait une conception « objective » du service public. Initialement rejetée en raison de son imprécision[94], elle paraissait nécessaire pour rendre compte de manière plus

---

[91] R. ALESSI, *Le prestazioni amministrative rese ai privati. Teoria generale*, Giuffrè, Milano 2ème éd., 1956 ; voir aussi C. PUCCHETTI, *L'attività commerciale e le prestazione di servizi pubblici da parte della pubblica amministrazione*, Giuffrè, Milano, 1942.

[92] « ... in relazione sopratutto al rapporto giuridico che vi si connette, è alla nozione di prestazione amministrativa che bisogna fare ricorso, dato che il contenuto intrinseco del servizio è costituito appunto da prestazione amministrativo » (R. ALESSI, *Le prestazioni amministrative rese ai privati*, *op. cit.*, p. 9 et s.).

[93] M. S. GIANNINI, « Istituti di credito e servizi di intererse pubblico », *Moneta e credito*, 1949, n°5, p. 105 et s. La théorie des « *ordinamenti settoriali* » ou « *sezionali* » constitue une illustration de la théorie de l'ordre juridique défendue par Romano SANTI (*L'ordinamento giuridico*, Ed. Sansoni, Firenze, 1977) ; voir aussi, M. S. GIANNINI, *Diritto amministrativo*, Giuffrè, Milano, 3ème éd., 1993, Vol. 1, p. 173 ; M.S. Giannini avait montré que certaines activités administratives ne pouvaient être aisément classées dans l'une ou l'autre des catégories « fonctions » ou « services », que les activités de « fonction publique » ne nécessitaient pas toujours l'utilisation de pouvoirs autoritaires (par ex. la planification, la coordination) et que les organismes chargés de ces fonctions pouvaient recourir à des techniques de prestation relevant plutôt de la notion de « service » (*Istituzione di diritto amministrativo*, Giuffrè, Milano, 1981, p. 537 et s. ; voir aussi F. S. SEVERI, « Funzione pubblica », dans *Digesto delle discipline pubblicistiche*, T. IV, Torino, p. 212 et s. ; le même auteur relevait que l'enseignement, fonction publique, était aussi producteur de services (M. S. GIANNINI, *Diritto pubblico dell' economia*, Il Mulino, Bologna, 1991, 2ème éd., p. 140 ; voir aussi M. NIGRO, « L'edilizi popolare come servizio pubblico », *Revista trimestrale de diritto pubblico*, 1957, p. 118, à propos du logement social).

[94] F. BASSI, *Natura giuridica della azienda municipalizzatta*, Giuffrè, Milano, 1957, p. 1 et s.

cohérente de l'hétérogénéité apparente des multiples prestations assumées par les diverses entités publiques. La définition subjective, axée sur la prise en charge officielle de telle ou telle activité prestationnelle, s'était avérée nominale et superficielle. Par ailleurs, l'article 43 de la Constitution du 27 décembre 1947 prévoyait que la loi pouvait réserver originairement ou transférer par expropriation à l'État, à des collectivités publiques ou à des communautés de travailleurs ou d'usagers, certaines entreprises ou catégories d'entreprises « ayant trait à des services publics essentiels » – ce qui signifiait que ces services préexistaient à leur appropriation publique[95].

La législation de l'après-guerre confortait la nouvelle sollicitude doctrinale envers la théorie du service public ; l'habitat social, le crédit populaire, la planification économique etc. constituèrent ainsi un cadre favorable à l'élaboration d'une doctrine dite « objective » du service public, dont U. Pototschnig fut le représentant le plus connu[96]. A partir des articles 41 (« L'initiative économique privée est libre. Elle ne peut s'exercer en contradiction avec l'utilité sociale... La loi détermine les programmes et les contrôles appropriés pour que l'activité économique publique et privée puisse être conduite et coordonnée vers des fins sociales ») et 43 (déjà cité) de la Constitution de 1947, l'auteur avançait que toute activité économique, qu'elle soit publique ou privée, dès lors qu'elle est soumise à une programmation et à un contrôle public, doit être qualifiée de service public. C'est la réglementation publique – et non la maîtrise publique exclusive (que les auteurs de langue espagnole désignent par *titularidad pública*) – qui caractériserait un service public. Et si ce service mérite d'être

[95] S. CASSESE, « Legge di reserva e articolo 43 della Costituzione », *Giurisprudenza costituzionale*, 1960, p. 1345 et s. ; M. NIGRO, « L'edilizia populare come servizio pubblico considerazioni generali », *Rivista trimestrale di diritto pubblico*, 1957, p. 184 et s. ; G. VIGNOCCHI, « Aspetti pubblici del servizio del credito », *ibid.*, 1961, p. 555 et s. ; voir V. SPAGNUOLO VIGORITA, *L'iniziativa economica privata nel diritto pubblico*, Jovena, Napoli, 1959, p. 307 ; *contra* F. LEVI, « Imprese pubbliche e servizi pubblici essenziali tra l'art. 23 e l'art. 43 Cost. », *Giurisprudenza costituzionale* 1969, p. 1083 et s. ; G. CAIA, « La disciplina dei servizi pubblici », dans *Diritto amministrativo* (sous la direction de L. MAZZAROLLI et autres), Ed. Monduzzi, Bologna, 1993, p. 739 ; F. MERUSI, « Servizio pubblico », *Novissimo Digesto Italiano*, T. XVII, Torino, 1970, p. 215.

[96] U. POTOTSCHNIG, *I pubblici servizi*, Cedam, Padova, 1964.

regardé comme « essentiel », son transfert à la collectivité publique peut être constitutionnellement envisagé.

L'approche objective du service public, partagée alors par divers auteurs[97], conférait à cette notion une extension potentielle considérable, que d'autres auteurs n'hésitèrent pas à trouver démesurée[98]. Il est vrai que sous le couvert des activités « objectivement publiques », l'ensemble des activités économiques et sociales soumises à une réglementation publique pouvaient prétendre à la qualification de « service public ». Ainsi, le thème revalorisé du service public redevenait l'axe central du droit public économique. Telle était au demeurant l'ambition de U. Pototschnig lui-même, qui critiquait sévèrement les thèses, jugées trop réductrices, de R. Alessi pour qui la théorie des « prestations administratives » dues aux particuliers n'était qu'un complément apporté à la théorie du service public[99], sans s'y intégrer pleinement.

Mais c'est précisément cette portée excessive d'un concept indéterminé qui suscita une réaction en faveur d'une approche plus subjective[100], en tout cas plus équilibrée.

Les mêmes analyses doctrinales connurent un certain succès en Espagne, avant la promulgation de la Constitution de 1978.

---

[97] M. S. GIANNINI, *Diritto pubblico dell' economia*, 2ème éd., Ed. Il Mulino, Bologna, 1993, p. 138 ; G. BERTI, *La pubblica amministrazione come organizzazione*, Cedam, Padova, 1968 ; G. VIGGNOCHI, *Aspetti pubbliche del servizio del credito*, *op. cit.*, p. 44, etc.

[98] M. NIGRO, « L'edilizia popolare ed economica », dans *I Lavori pubblici*, ISAP, Vicanza, 1967, p. 406 ; M. NIGRO, « L'edilizia popolare come servizio pubblico », *Rivista trimestrale di diritto pubblico*, 1957, p. 183 et s. ; M. NIGRO, *Profili pubblicistici del credito*, Giuffrè, Milano, 1969, p. 105 et s. ; F. MERUSI, *op. cit.*, *eod. loc.* ; F. ZUELLI, *Servizi pubblici e attività imprenditoriale*, Giuffrè, Milano, 1973, p. 79.

[99] D'autant que la conception doctrinale de l'obligation publique avait été soumise à une vive controverse (G. FALZONE, *La obbligazioni dello Stato*, Giuffrè, Milano, 1960, p. 249 ; M. S. GIANNINI, *Le obbligazione pubbliche*, Jandi Sapi, Roma, 1964, p. 44 et s. ; A. BARETTONI ARLERI, *Obbligazioni e obblighi pubblici e prestazioni amministrative*, Giuffrè, Milano, 1966, p. 9 et s. ; I. MARINO, *Servizi pubblici e sistema autonomistico*, Giuffrè, Milano, 1987, p. 233 et s.).

[100] Sur l'évolution du concept, voir N. RANGONE, *I Servizi pubblici*, Ed. Il Mulino, Bologna, 1999, p. 304 et s.

Certains auteurs, parmi lesquels F. Garrido Falla[101], s'étaient ralliés à la théorie des services publics virtuels ou « impropres » (selon la terminologie italienne). La formulation constitutionnelle de l'article 128-2 (« Une loi pourra réserver au secteur public des ressources ou des services essentiels, tout particulièrement en cas de monopole, et décider également le contrôle d'entreprises lorsque l'intérêt général l'exigera ») a elle-même donné lieu à des interprétations divergentes sur ce point[102]. Selon certains, la « réserve » au profit du secteur public signifierait seulement prise en charge formelle par ce secteur de l'activité économique considérée comme « service essentiel » mais n'en affecterait pas le mode de gestion, directe ou indirecte ; corrélativement, il ne serait pas possible de réserver au secteur public des services publics non essentiels puisque cela supposerait l'exclusion de l'initiative privée en matière économique, et ce sans aucune couverture constitutionnelle ; pour d'autres, la « réserve » de l'article 128-2 impliquerait non seulement la maîtrise publique du service (*publicatio*) mais aussi sa gestion publique directe ; en revanche, rien n'interdirait l'attribution au secteur public de services non essentiels pourvu que leur gestion puisse être offerte aux opérateurs privés (par exemple sous forme de concession). La difficulté résiduelle vient de ce que la gestion en monopole ne pourrait se prévaloir d'un titre constitutionnel. Par ailleurs, il deviendrait difficile de séparer les activités de service public et les activités privées réglementées (pour des motifs de police ou autres). Ne retomberait-on pas alors dans la théorie du service public « objectif » ? Ceux qui, comme L. Martín Rebollo[103], penchent en faveur d'une conception objectivisée du service public non essentiel, reconnaissent que la difficulté est réelle[104].

---

[101] F. GARRIDO FALLA, *Las tranformaciones del régimen administrativo. Estudios de administración*, Instituto de estudios políticos, Madrid, 1954, p. 135 et s.

[102] L. MARTIN REBOLLO, « De nuevo sobre el servicio público : planteamientos ideológicos y funcionalidad técnica », *Revista de administración pública*, 1983, n°100-102, Vol. III, p. 2471 et s.

[103] *Op. cit.*, p. 2523 et s.

[104] J. M. GINENO FELIU, « Sistema económico y derecho a la libertad de empresa *versus* reservas al sector público de actividades económicas », *Revista de Administración pública* 1994, n°135, p. 149 et s. ; R. GOMEZ-FERRER MORANT, « La reserva al sector público de recursos o servicios esenciales », dans *Estudios*

La théorie des services publics « virtuels », ou « d'intérêt public », ou « impropres » conduit nécessairement à une extension de la portée du concept de service public puisqu'elle permet d'analyser certaines activités privées soumises à une réglementation publique comme relevant « virtuellement » de la notion de service public. En Italie, elle avait été présentée par les partisans d'une conception objectivisée du service public, bien que certains auteurs aient tenté de la différencier de cette dernière (voir par exemple la thèse de M. S. Giannini, précédemment évoquée)[105].

Plusieurs secteurs seraient concernés par une telle analyse : la distribution de médicaments par les officines pharmaceutiques, le transport urbain par taxis, l'activité bancaire ou de crédit, l'enseignement dans les centres d'éducation privés, l'aide sociale assumée par les institutions privées, etc.[106]. La doctrine espagnole reste pourtant hésitante quant à leur qualification : certains refusent de les ranger dans la catégorie des services publics, fussent-ils « virtuels » ; d'autres estiment que les différences avec les activités déjà qualifiées de service public n'ont rien de significatif. Dans cette dernière version, le concept de service public s'enrichirait donc des multiples activités réglementées qui ont vocation à devenir service public[107] sans l'être encore tout à fait.

---

sobre la Constitución española. Homenaje al Profesor E. García de Enterría, T. V, Civitas, Madrid, 1991, p. 3803 et s.

105 M. S. GIANNINI, « Istituto di credito e servizi di interesse pubblico », *Moneda e credito* 1949, n°5, p. 105 et s.

106 Voir par ex., en droit français, l'opinion de B. CHENOT, « La notion de service public dans la jurisprudence économique du Conseil d'État », *Etudes et documents du Conseil d'État*, 1950, n°4, p. 77 et s. ; J. L'HUILLIER, « A propos de la crise de la notion de service public », *Dalloz*, 1955, chron. p. 119 et s.

107 Voir par exemple S. MARTIN RETORTILLO, « Acción administrativa sanitaria : la autorización para apertura de farmacias », *Revista de administración pública*, n°24, p. 117 et s. ; R. GOMEZ-FERRER MORANT, « El régimen general de los centros privados de enseñanza », *ibid.*, 1973, n°70, p. 7 et s. ; J. MEILAN GIL, « Régimen jurídico de las centrales lecheras », *ibid.*, n°72, p. 98 ; J. L. VILLAR PALASI, « La actividad industrial del Estado en el derecho administrativo », *ibid.*, n°3, 1950, p. 53 et s. ; J. L. VILLAR PALASI, *La intervención administrativa en la industria*, Instituto de estudios políticos, Madrid, 1964, etc. Sur la controverse, voir en dernier lieu G. ARIÑO ORTIZ et autres, *Principios de dercho público económico*, Ed. Comares, Granada, 1999, p. 503 et s.

Excessives ou modérées, les thèses valorisantes que l'on vient de présenter brièvement, ne rendent compte que partiellement de la manière dont l'idée de service public a été reçue doctrinalement dans les pays de l'Union européenne. D'autres conceptions, en revanche, peuvent être qualifiées de banalisantes.

II. Les conceptions banalisantes

Il y a plusieurs manières de banaliser l'idée de service public. La première est, bien entendu, de se servir de la notion mais sans lui accorder de valeur explicative privilégiée. La seconde, de recourir à des notions voisines mais dont le contenu concret paraît plus édulcoré ; une troisième est de s'en tenir à la description des institutions et des modes de gestion se référant concrètement à des services publics déterminés, mais sans procéder à un effort de conceptualisation jugé inutile ou décevant.

A) Une notion utilisée, mais sans valeur explicative

Il n'est pas rare, dans l'Europe contemporaine, que le thème du service public soit utilisé *expressis verbis* mais sans qu'une place de choix lui soit accordée pour autant. Les auteurs s'y réfèrent aux côtés d'autres notions qu'ils considèrent comme également significatives du droit administratif.

Ces présentations doctrinales sont, logiquement, celles que l'on rencontre dans les pays qui ont adopté un système de droit administratif, assorti d'un contentieux administratif spécifique, mais n'ont pas tenté d'en établir un critère unique. Il va sans dire par ailleurs, que la multiplication des interventions administratives dans le cadre de l'État-providence (sous les différentes appellations qu'il a pu recevoir : *Welfare State*, *Estado de bienestar*, etc.) ont favorisé en définitive la banalisation du service public, considéré comme conceptuellement incapable de rendre compte de la pénétration croissante du droit privé dans l'activité administrative. Ce sont surtout les services publics marchands, à caractère industriel et commercial, qui ont été au cœur de la discussion ; d'autant que, pour certains des pays les plus sensibles à l'influence française, la pénétration du concept de service public correspondait au début de la crise d'identité que celui-ci connaissait en France même.

Parmi les États dont la doctrine a accueilli, mais non privilégié, le thème du service public, on retiendra notamment l'Espagne, l'Italie et le Portugal, pays où la controverse a été la plus vive – mais d'autres exemples pourraient être trouvés dans l'Europe contemporaine. Encore faut-il préciser qu'il s'agit de courants qui n'ont pas nécessairement fait l'unanimité dans les États où ils se sont exprimés.

1. L'Espagne

Les allusions à la théorie du service public ont été plutôt discrètes dans les œuvres d'auteurs considérés comme classiques tels L. Jordana de Pozas[108], A. Royo Villanova[109] ou R. Fernández de Velasco[110]. Les ouvrages qui lui consacrent des développements plus substantiels s'en tiennent le plus souvent aux aspects techniques de l'institution et aux règles qui doivent en commander le fonctionnement[111]. Il est vrai que l'idéologie solidariste et l'arrière-plan idéologique constitué par la théorie démocratique issue de la Révolution française ne pouvaient que rendre le concept suspect dans l'Espagne du début du siècle. Quant à la dictature franquiste (qui dura de 1936 à 1975), elle ne s'accommodait guère d'un idéal de service ni au demeurant d'un contrôle juridictionnel très poussé de l'administration. Les auteurs

---

[108] L. JORDANA de POZAS, *Derecho administrativo*, T. II, Madrid, 1924, p. 139 et s.

[109] A. ROYO VILLANOVA, *Elementos de derecho administrativo*, 17ème éd., Valladolid, 1942, p. 138 et s.

[110] R. FERNANDEZ DE VELASCO, *Résumen de derecho administrativo y ciencia de la Administración*, T. 1, 2ème éd., Barcelona, 1930, p. 170 et s.

[111] Par ex. S. ALVAREZ-GENDIN présente dans son *Manual de derecho adminis—trativo* (Zaragoza, 1941, p. 50 et s.), le service public comme « un ensemble d'activités juridiques, financières et techniques organisées par l'État et les entités autonomes et destinées à satisfaire économiquement les besoins publics, de manière régulière et continue ». Dans une autre étude (*El servicio público. Su teoría jurídico-administrativa*, Instituto de estudios políticos, Madrid, 1944, note p. 185), le même auteur intègre la théorie du service public dans une analyse générale du système administratif espagnol mais n'en fait pas, loin s'en faut, le rouage central. On trouve des appréciations du même type dans l'œuvre de J. GASCON y MARIN (*Tratado de derecho administrativo*, 10ème éd., Madrid, 1948, p. 223 et s.).

qui restèrent fidèles au service public, tel F. Garrido Falla[112] (lequel y voyait même initialement une des idées fortes du droit administratif)[113], n'en ont adopté qu'une conception relativement réductrice[114].

D'autres s'en sont écartés plus ou moins ouvertement, lui accordant un intérêt mesuré (souvent limité aux grands principes du fonctionnement des services publics : égalité, continuité, adaptation et, éventuellement, neutralité). G. Ariño Ortiz, au terme d'une analyse de doctrine publiée à la fin de l'époque franquiste, en avait dégagé une approche étroite, liée à certaines activités de prestation[115].

Il est vrai que la nouvelle génération de spécialistes du droit administratif, J. L. Villar Palasí, E. García de Enterría, R. Entrena Cuesta, R. Martín Mateo, etc. ne s'était guère montrée intéressée, au cours des années antérieures, par une nouvelle réflexion doctrinale sur un thème qui paraissait échapper à l'analyse juridique[116]. Significatives sont les observations de J. L. Villar Palasí[117] à cet égard : « Il n'y a en

---

[112] F. GARRIDO FALLA, « El concepto de servicio público en derecho español », *Revista de administración pública* 1994, n°135, p. 7 et s. ; A. MARTINEZ-MARIN, « La evolución de la teoría del servicio público en la doctrina española, dans *Actualidad y perspectivas del derecho público a fines del siglo XX*, Homenaje al Profesor Garrido Falla, Ed. Complutense, Madrid, 1993, p. 1377 et s. ; J. L. MEILAN GIL, « El servicio público como categoría jurídica », *Cuadernos de derecho público*, 1997, n°2, p. 75 et s.

[113] F. GARRIDO FALLA, « Sobre el derecho administrativo y sus ideas cardinales », *Revista de administración pública*, 1952, n°7, p. 11 et s., note p. 38 et s.

[114] F. GARRIDO FALLA, *Les transformaciones del régimen administrativo*, Instituto de estudios políticos, Madrid, 1954.

[115] G. ARIÑO ORTIZ, « Concepto de servicio público y bases de su régimen jurídico », dans *Programa de derecho administrativo y guía para su estudios*, Universidad Complutense, Madrid, 1975, p. 7 et s.

[116] J. L. VILLAR PALASI, « La actividad industrial del Estado en el derecho administrativo », *Revista de administración pública*, 1950, n°3, p. 53 et s. ; *Derecho administrativo. Introducción y teoría de las normas*, Universidad a distancia, Madrid, 1974 ; E. GARCIA de ENTERRIA, « La actividad industrial y mercantil de los municipios », *Revista de administración pública*, n°17, 1955, p. 87 et s. ; R. ENTRENA CUESTA, *Curso de derecho administrativo*, 5ème éd., Tecnos, Madrid, 1974 ; R. MARTIN MATEO, *Manual de derecho administrativo*, Madrid, 1970. Sur l'évolution du concept, voir A. JIMENEZ-BLANCO, « Les services publics en Espagne », dans *Europe, concurrence et service public*, Masson, 1995, p. 163 et s.

[117] Préface à la thèse de J. L. VILLAR EZCURRA, *Servicio público y técnicas de conexión*, Madrid, Centro de Estudios constitucionales, 1980, p. 9 et s.

définitive ni doctrine ni thèse partagée par tous quant à ce que pourrait être, en définitive, un service public... Le service public n'a jamais trouvé d'assise véritable ».

L'une des études les plus approfondies consacrées à ce thème est sans doute la thèse de J. L. Villar Ezcurra (précitée) ; mais le constat qu'il dresse ne conduit pas vraiment à une réhabilitation doctrinale de la notion, toujours analysée comme polymorphe et dont la cohérence profonde tiendrait aux techniques adjacentes de « connexion » que les services publics savent inventer et entretenir pour nouer entre eux des relations privilégiées de collaboration ou de coordination.

Si l'on tente de trouver un fil conducteur dans les différentes analyses qui jalonnent cette période, on retiendra que les auteurs espagnols se réfèrent volontiers à une conception dite « subjective », donc étroite, du service public, caractérisée par la nécessaire mainmise de l'État (ou d'une entité subordonnée), lequel a seul un titre légitime à créer (*publicatio*) et à gérer (directement ou par voie de concession) les services publics. Cette « titularité » publique du service[118] est considérée comme un élément déterminant qui permet de séparer le service public d'autres activités administratives, telles que la police ou

[118] Le terme *titularidad* n'est pas aisément traduisible en langue française (voir E. MALARET i GARCIA, « Servicios públicos, funciones públicas, garantías de los derechos de los ciudadanos : perennidad de los necesidades, transformación del contexto », *Revista de administración pública*, 1998, n°145, p. 49 et s.). Une controverse sur la « *titularidad* » publique du service et sur ses conséquences quant à la gestion, monopolisée ou non, du service, a opposé, dans les années 50, J. L. VILLAR PALASI (« La actividad industrial del Estado en el derecho administrativo », *op. cit.*, p. 54 et s.) à F. GARRIDO FALLA (*op. cit.*, *eod. loc.*) le premier soutenant que le concept de service public impliquait attribution exclusive à l'État et exclusion corrélative de la libre initiative privée, le second estimant que la qualification de service public n'enlevait pas par elle-même toute légitimité à l'initiative privée dans le secteur considéré (voir sur ce point, A. TRONCOSO REIGADA, « Dogmática administrativa y derecho constitucional : el caso del servicio público », *Revista española de derecho constitucional*, 1999, n°57, p. 87 et s., note p. 100 et s. ; A. TRONCOSO REIGADA, *Privatización, empresa pública y Constitución*, Marcial Pons, Madrid, 1997 ; J. M. SOUVIRON MORENILLA, *La actividad de la Administración y el servicio público*, Ed. Comares S. L., Granada, 1998, etc.).

l'aide à l'initiative privée[119], mais ne lui confère aucune prééminence particulière.

L'adoption, en 1978, d'une nouvelle Constitution, correspondant à un État de droit « démocratique et social », a-t-elle modifié en profondeur les données du débat théorique ? Il semble plutôt qu'elle en ait déplacé les termes.

L'expression « services publics » a été en effet promue au rang constitutionnel mais avec des acceptions qui ne se recouvrent pas nécessairement[120]. On la trouve d'abord dans l'article 128-2 (« Une loi pourra réserver au secteur public des ressources ou des services essentiels, tout particulièrement en cas de monopole... »), dont il y a

---

[119] Le terme « *fomento* », souvent utilisé dans la présentation des tâches administratives, se réfère aux mesures d'impulsion ou d'incitation que l'administration utilise pour encourager les activités privées d'intérêt général (voir L. JORDANA de POZAS, « Ensayo de una teoría del fomento en el derecho administrativo », dans *Estudios de Administración local y general*, I.E.A.L., Madrid, 1961, p. 477 et s. ; G. ARIÑO ORTIZ et autres, *Principios de derecho público económico*, Ed. Comares, Granada, 1999, p. 287 et s.). La présentation tripartite (service public, police, *fomento*) a été adoptée par de nombreux auteurs espagnols (voir par ex. J. A. GARCIA-TREVIJANO FOS, « Aspectos de la administración económica », *Revista de Administración pública*, 1953, n°12, p. 11 et s.) et avait même trouvé une consécration dans certains textes officiels (par ex. le règlement des services locaux du 17 juillet 1955).

[120] Pour s'en tenir aux études les plus importantes, citons les ouvrages de S. MUÑOZ MACHADO, *Servicio público y mercado*, 4 Vol ., Civitas, Madrid, 1998 – voir notamment le T. I, *Los fundamentos*, p. 113 et s. ; J. M. SOUVIRON MORENILLA, *La actividad de la Administración y el servicio público*, Ed. Comares, Granada, 1998 ; G. ARIÑO, J. M. de la CUETARA et J. L. MARTINEZ LOPEZ-MUÑIZ, *El nuevo servicio público*, Marcial Pons, Madrid, 1997 ; G. ARIÑO ORTIZ, *Principios de derecho público económico*, Ed. Comares, Granada, 1999, p. 479 et s. ; L. MIGUEZ MACHO, *Los servicios públicos y el régimen jurídico de los usuarios*, Cedecs, Barcelona, 1999 ; en langue française, voir E. MALARET i GARCIA, « L'expression espagnole », dans *Le service public*, *AJDA*, n°spécial, juin 1997, p. 136 et s. et « Les activités d'utilité publique en Espagne », dans A. LION-CAEN et V. CHAMPEIL-DESPLATS (dir.), *Services publics et droits fondamentaux dans la construction européenne*, Dalloz, 2001, p. 32et s. ; F. GARRIDO FALLA, « Le concept de service public en droit espagnol », dans *Vers un service public européen*, *op. cit.*, p. 81 et s. ; A. JIMENEZ-BLANCO, « Les services publics en Espagne », dans *Europe, concurrence et service public*, Masson, 1995, p. 163 et s. ; J. BORJA et A. SERRA, « Les services publics en Espagne-Les services de l'État-providence », dans *Un service public pour les Européens ?* (sous la direction de C. QUIN et G. JEANNET), La Documentation française, 1997, p. 215 et s.

lieu de rapprocher l'article 28-2 relatif au droit de grève (« La loi réglementant l'exercice de ce droit établira les garanties nécessaires pour assurer le maintien des services essentiels de la communauté »). Elle figure également à l'article 106-3 qui évoque la responsabilité de l'administration chaque fois que le dommage allégué « sera la conséquence du fonctionnement des services publics ».

Il semble bien que cette dernière formulation soit générique et neutre ; la responsabilité de l'administration à raison du fonctionnement des services publics ne se réfère à aucun service en particulier et a vocation à être recherchée quelle que soit l'activité ou le service public considéré[121].

Plus controversée a été la rédaction de l'article 128-2[122] dans la mesure où elle mettait en cause les difficiles relations entre la liberté d'entreprendre (constitutionnellement reconnue et garantie) et l'existence de services publics placés sous la maîtrise exclusive de l'État, notamment dans le domaine économique.

Certains auteurs[123] estiment que la Constitution a ratifié une conception « subjective » du service public, reposant sur l'attribution exclusive à l'État du titre habilitant à créer et à gérer un service public (indépendamment du mode de gestion, direct ou indirect, effectivement choisi)[124]. Mais une autre partie de la doctrine avance

---

121 La formulation antérieure, issue de la loi sur l'expropriation pour cause d'utilité publique, couvrait un champ tout aussi vaste (responsabilité de l'administration engagée pour « le fonctionnement normal ou anormal des services publics »).

122 Voir sur ce point, outre les ouvrages ci-dessus mentionnés, A. TRONCOSO REIGADA, « Dogmática administrativa y derecho constitucional : el caso del servicio público », *Revista española de derecho constitucional*, 1999, n°57, p. 87 et s., note p. 101 et s.

123 Par ex. F. GARRIDO FALLA, « El modelo económico de la Constitución y la revisión del concepto de servicio público », *Revista española de derecho administrativo*, 1981, n°29, p. 225 ; P. MENENDEZ, « Una interpretación renovada de la reserva de servicios esenciales en favor de las entidades locales », *Revista española de derecho administrativo*, 1996, n°89, p. 53 ; E. MALARET i GARCIA, « Servicios públicos, funciones públicas, garantía de los derechos de los ciudadanos : perennidad de los necesidades, transformación del contexto », *Revista de administración pública*, 1998, n°145, *op. cit.*, p. 69.

124 Ce qui amenait certains auteurs, au nom d'un libéralisme bien compris, à souhaiter que le « service public » sous mainmise étatique (par l'intermédiaire de la loi) se substitue à l'entreprise publique – puisque la gestion privée d'un service public (sous forme de concession par exemple) pouvait alors être envisagée (G. ARIÑO ORTIZ,

que l'article 128-2 n'a pas une telle portée, que seuls les services « essentiels » peuvent être réservés à l'État et qu'au surplus il n'y a là pour lui qu'une simple faculté – ce qui signifie que les services non essentiels (et certains services essentiels non revendiqués à titre exclusif par la puissance publique) ne relèvent pas de la « *titularidad* » publique exclusive[125] et peuvent être assumés tant par les collectivités publiques que par des personnes privées (et, dans cette dernière hypothèse, selon les modes de gestion du droit privé).

Par ailleurs, le texte constitutionnel reconnaît et garantit certaines prestations, telles l'éducation, la sécurité sociale ou l'aide sociale (art. 5, 27-4, 41, 43, 50), qui sont prises en charge indifféremment par des personnes publiques et par des personnes privées. Ces services publics relevaient plutôt d'une approche fonctionnelle objective du service public (leur caractère d'intérêt général ne faisant aucun doute), sans que l'administration en réclame la maîtrise et en monopolise la gestion.

L'enjeu de la controverse n'était autre que la place de la libre entreprise privée dans le modèle économique proposé par la Constitution : elle serait exclue dans l'hypothèse d'une conception subjective des services publics, structurellement rattachés à la puissance publique, mais resterait possible dans une conception fonctionnelle, d'ordre objectif, des services essentiels.

« El servicio público como alternativa », *Revista española de derecho administrativo*, 1979, n°23, p. 537, et s.).

[125] A. MUÑOZ MACHADO, *op. cit.*, p. 113 et s. Selon d'autres analyses (par ex. J. M. SOUVIRON-MORENILLA, *op. cit.*), il conviendrait d'établir une gradation comportant plusieurs échelons : au sommet, se situeraient les services publics placés sous la maîtrise directe des pouvoirs publics inaccessibles en eux-mêmes à l'initiative privée (sauf concession ou autre mode de délégation librement consentie par la puissance publique) ; puis viendraient les prestations assurées indifféremment par l'administration ou par le secteur privé – éducation, assistance, aide sociale, etc. ; on trouverait en troisième lieu les services privés d'intérêt public, objet d'une réglementation adéquate et précisément édictée à cette fin ; au bas de l'échelle, les activités économiques sans finalité de service public, pouvant être assurées par des entreprises publiques dans le cadre de l'article 128-1 de la Constitution, lequel prévoit la libre initiative publique (ces activités économiques relèveraient, selon certaines analyses, d'une technique différente de celle du service public : la « dation de biens » (*dación de bienes*) ; voir en ce sens J. L. VILLAR PALASI, « La actividad industrial del Estado en el derecho administrativo », *Revista de administración pública*, 1950, n°3, p. 54 et s.).

Cette dernière conception présenterait toutefois l'inconvénient, selon certains[126], de brouiller les frontières entre les activités de service public lorsqu'elles sont assurées par les personnes publiques selon les procédés du droit privé et les activités économiques ordinaires (sans connotation de service public) entreprises par ces mêmes personnes.

La polémique est alimentée, on s'en doute, par l'irruption dans les droits nationaux du concept communautaire de « services d'intérêt économique général »[127] (art. 86-2 du Traité instituant la Communauté européenne, version consolidée – ex art. 90-2 du Traité de Rome) qui s'efforce de maintenir dans un contexte concurrentiel les activités économiques jugées d'intérêt général dans chacun des droits nationaux. Une partie de la doctrine espagnole souligne que l'approche communautaire n'est pas incompatible avec la tradition du service public[128] et même qu'elle en assume pour l'essentiel l'héritage. Une autre opinion estime au contraire qu'il y a rupture nette et que l'ouverture à la concurrence des services économiques d'intérêt général implique un abandon du principe même de la « titularité publique » comme prélude à la privatisation éventuelle de ces activités (éventuellement assortie d'obligations de service public, au sens communautaire de l'expression)[129]. Les services d'intérêt économique général se différencieraient dès lors fondamentalement des services publics (au sens subjectif) en ce qu'ils excluent tout recours à la « titularité publique » du service et postulent au contraire l'application des règles de la libre concurrence – mais ils comporteraient, le cas échéant, des obligations particulières à la charge des opérateurs, en fonction des considérations d'intérêt général propres à chaque service.

---

[126] A. TRONCOSO REIGADA, *op. cit.*, p. 110 et s.

[127] Voir notamment, parmi de nombreuses études, T. R. FERNANDEZ, « Del servicio público a la liberalización desde 1950 hasta hoy », *Revista de administración pública*, 1999, n°150, p. 57 et s., note p. 63 et s. (voir aussi, du même auteur, « Empresa pública y servicio público : el final de una época », *Revista española de derecho administrativo*, 1996, n°89, p. 41 et s.) ; A. TRONCOSO REIGADA, *op. cit.*, p. 116 et s.

[128] A. MUÑOZ MACHADO, *op. cit.*, p. 164 et s.

[129] Il ne s'agit pas pour autant du « service public universel », qui obéit à des considérations spécifiques (en tant que service de base ouvert à tous au moindre coût) ; voir A. TRONCOSO REIGADA, *op. cit.*, p. 121 et s.

L'idée de garantie due aux particuliers quant au bénéfice des prestations que doivent leur apporter les services publics est d'ailleurs souvent mise en exergue par les auteurs[130].

En toute hypothèse, le concept de service public sort manifestement affaibli de la querelle, dans le contexte nouveau de la libéralisation du secteur public, de la privatisation et de la désétatisation qui ont marqué l'Espagne comme ses voisins européens au cours de la dernière décennie. S'il n'est pas exclu de toutes les explications doctrinales, il n'y joue plus, de toute évidence, les premiers rôles.

2. L'Italie

Les appréciations que l'on peut porter sur certains courants doctrinaux en Italie relèvent de la même analyse, sous réserve de quelques nuances.

On a dit que le thème du service public n'a jamais rempli, dans l'histoire du droit public italien, une fonction globale de légitimation de l'État — celle-ci repose davantage sur la reconnaissance de la personnalité juridique et de la souveraineté de l'État, soumis par ailleurs au principe de légalité formelle — ni de délimitation des compétences de la juridiction administrative et de la juridiction judiciaire. La distinction dominante séparait naguère les « fonctions publiques » et les « services publics », cantonnés dans une fonction résiduelle de prestation ; les activités liées à l'exercice de la puissance publique (y compris lorsqu'elles sont identifiées en liaison avec une prestation matérielle de l'administration) sont incluses dans la « *pubblica funzione* » et non dans le « *servizio pubblico* »[131]. Celui-ci ne concerne guère en définitive que les activités matérielles, techniques ou économiques, au demeurant gérées pour l'essentiel selon les règles du droit privé. Au surplus, la qualification de service public n'a aucune incidence sur la détermination du juge compétent, laquelle obéit à des critères légaux — en l'occurrence, celui de l'intérêt

---

[130] E. MALARET i GARCIA, « L'expérience espagnole », dans *Le service public*, *AJDA*, juin 1997, p. 138 ; L. MIGUEL MACHO, *Los servicios públicos y el régimen jurídico de los usuarios*, Cedecs, Barcelona, 1999, p. 81.

[131] G. MIELE, « Pubblica funzione e servizio pubblico », dans *Scritti giuridici*, Giuffrè, Milano, 1987, T. II, p. 153 et s.

légitime définit, on le sait, la compétence administrative. On s'explique ainsi que la notion devienne « définitivement secondaire dans le droit administratif » italien[132]. Certes le vocable est couramment utilisé dans les présentations doctrinales de ce droit, mais il n'a pas de véritable densité théorique et sa fonction reste essentiellement descriptive[133].

Les auteurs relèvent à l'occasion que « le service public, comme notion juridique, n'a jamais eu, dans l'ordre juridique italien, l'importance capitale qu'il a acquise dans l'ordre juridique français comme instrument de répartition des compétences et point central de la théorie du droit administratif »[134].

Il semble d'ailleurs que la doctrine se soit surtout attachée à la signification objective du service public, en tant qu'activité prestationnelle d'intérêt général. Le faible intérêt pratique et l'inutilité d'une définition subjective nominaliste avaient dissuadé les auteurs

---

[132] P. SABBIONI, *infra.*

[133] Il n'est pas rare que l'énumération des services publics courants remplace la définition du service public dans les traités et manuels de droit administratif (voir par exemple S. CASSESE, « L'expérience italienne », dans *Actualité juridique, droit administratif*, n°spéc., juill. 1997, p. 143 et s. ; E. Ferrari, « Service public et activités d'utilité publique en Italie », dans A. LION-CAEN et V. CHAMPEIL-DESPLATS (dir.), *Services publics et droits fondamentaux dans la construction européenne*, Dalloz, 2001, p. 67 et s. ; N. RANGONE, *I servizi pubblici*, Ed. Il Mulino, Bologna, 1999 ; S. CASSESE, « Les services publics en Italie », dans *Europe, concurrence et service public*, Masson, 1995, p. 109 et s. ; J. MENET-GENTY, « Les services publics en Italie », dans *Un service public pour les Européens* (sous la direction de Cl. QUIN et G. JEANNOT), Doc. franç., 1997, p. 125 et s. ; G. Della CONANEA, « Continuité et changement dans la discipline des services publics en Italie », dans *Vers un service public européen*, Ed. Aspe, Paris, 1996, p. 163 et s. ; F. MERUSI, « Servizio pubblico », dans *Novissimo Digesto italiano*, 1970, p. 215 et s. ; F. MERUSI, *Servizi pubblici instabili*, Il Mulino, Bologna, 1990 ; S. CASSESE, *La nueva Costituzione economica*, Ed. Laterza, Bari, 1995 ; G. CARA, « I servizi pubblici », dans *Trattato di diritto administrativo diretto da G. Caianiello*, Padova, éd. Cedam, 1991. M. S. GIANNINI observait à cet égard (« Profili giuridici della municipalizzazione con particolare riguardo alla aziende », dans *Celebrazione del cinquantenario della municipalizzazione*, T. IV, Roma, 1954, p. 173 et s.) que le service public relève de trois disciplines : l'économie, la science de l'organisation et le droit, mais que pour chacune d'entre elles se dessine un concept qui ne correspond que très partiellement aux critères retenus par les deux autres.

[134] Sous la direction de S. CASSESE, *Trattato di diritto amministrativo*, T. I, *Diritto amministrativo generale*, p. 643, Giuffrè, Milano, 2000, p. 643 ; S. CASSESE, *Le basi del diritto amministrativo*, Einaudi, Torino, 1989, p. 82 et s.

de s'engager sur cette voie, sauf exception[135]. On a dit (voir *supra*) que, sous l'influence, notamment, de R. Alessi[136] et d'A. De Valles[137], la conception objectivisée avait permis une certaine revalorisation du service public par rapport à la « fonction administrative » (jusque là jugée plus significative parce qu'exprimant la souveraineté de l'État)[138].

L'adoption d'une nouvelle Constitution, au lendemain de la Deuxième Guerre mondiale, n'affecte pas cette interprétation : l'article 43 habilitait en effet le législateur à réserver dès l'origine ou à transférer, par expropriation et sous réserve d'indemnisation, à l'État, à des collectivités publiques, à des communautés de travailleurs ou d'usagers, certaines entreprises ou catégories d'entreprises ayant trait à des services publics essentiels, à des sources d'énergie ou à des situations de monopole et qui présentent un caractère d'intérêt général prééminent : « *riservare originariamente o trasferire... determinate imprese o categorie di imprese, che si riferiscono a servizi pubblici essenziali o a fonti di energia o a situationi di monopolio ed abbiano carattere di preminente interesse generale* » (formulation qui n'a pas été sans influencer celle de l'article 128-2 de la Constitution espagnole de 1976 : voir *supra*).

Il ne fait guère de doute en effet que la rédaction de l'article 43 de la Charte fondamentale révèle une approche de caractère objectif[139] : l'existence d'un « service essentiel » précède nécessairement

---

135 G. ZANOBINI, « L'esercizio privato delle funzioni e dei servizi pubblici », dans *Primo trattato di diritto amministrativo italiano* (sous la direction de V. ORLANDO), Sté Libraria, Milano, 1973 ; F. ZULLI, *Servizi pubblici e attività imprenditoriale*, Giuffrè, Milano, 1973.

136 R. ALESSI, *Le prestazioni amministrative rese ai privati. Teoria generale*, 2ème éd., Giuffrè, Milano, 1956.

137 A. De VALLES, *I servizi pubblici*, dans *Primo trattato…*, *op. cit.*, Vol. VI, Società Libraria, Milano, 1930.

138 Selon R. ALESSI (*Le prestazioni amministrative…*, *op. cit.*, p. 9), « le contenu intrinsèque du service est précisément constitué par la prestation administrative » ; voir aussi C. PUCCHETTI, *L'attività commerciale e le prestazioni di servizi pubblici da parte della pubblica amministrazione*, Giuffrè, Milano, 1942.

139 S. CASSESE, *Le basi del diritto amministrativo*, *op. cit.*, p. 82 ; voir aussi, sur l'article 43, G. CORSO, « Servizi pubblici e Costituzione », dans *Democrazia e amministrazione* (sous la direction de G. De MARTIN et G. MARONGIU), Giuffrè, Milano, 1990, p. 223.

(et justifie) son transfert programmé au secteur public ou au secteur « social ».

Comme en Espagne et pour les mêmes raisons, la polémique se reporta sur la notion de service « essentiel » et les conséquences qu'il y avait lieu d'en tirer. Le service public transféré à l'État pouvait-il être géré en concession, selon les règles du droit privé, ou devait-il être pris en charge directement par l'administration ? Certains plaidaient en faveur de la possibilité d'une gestion indirecte[140] ; d'autres estimaient que seule une gestion directe par une personne publique devait être envisagée[141] (mais il ne semble pas que la jurisprudence constitutionnelle ait entériné cette seconde approche).

L'apparition d'un nouveau concept venu du droit communautaire, celui de « service d'intérêt économique général » (art. 86-2 du Traité instituant la Communauté européenne), a provoqué un regain de réflexion sur le service public dans la doctrine italienne. Les éléments de la controverse ne sont pas fondamentalement différents de ceux qu'ont connu à la même époque les autres États membres de la Communauté européenne ayant adopté un système de droit administratif : différenciation du service public et de l'activité économique d'intérêt général, introduction des règles de la concurrence dans le secteur public monopolisé (ou doté de privilèges de gestion incompatibles avec les objectifs de l'espace économique unique), notion et portée du « service universel », thème de la régulation, etc.[142].

---

140 S. CASSESE, « Legge di reserva e articolo 43 della Costituzione », *Giurisprudenza costituzionale*, 1960, p. 1332 et s. ; V. SPAGNUOLO VIGORITA, « Nazionalizzazione (disciplina interna) », *Novissimo Digesto Italiano*, T. XI, Torino, 1965, p. 144 ; A. di MAJO, « L'avocazione della attività economiche alla gestione pubblica o sociale », dans *Trattato di diritto commerciale e di diritto pubblico dell' economia* (sous la direction de F. GALGANO), Vol. 1 ; S. FOIS, « Riserva origineria e riserva di legge nei principi economici della Costituzione », *Giurisprudenza costituzionale*, 1960, p. 496, note 51.

141 A. PREDIERI, « Colettivizzazione, municipalizzazione e sindicato della Corte costituzionale », *Giustizia civile*, T. III, 1960, p. 52 et s. ; A. PREDIERI, « Colettivizzazione », *Enciclopedia del diritto*, Vol. VII, Milano, 1970, p. 428 et s. ; U. POTOTSCHNIG, *I Servizi pubblici*, *op. cit.*, p. 442 et s.

142 Voir sur ce point G. M. RACCA, « I servizi pubblici nell'ordenimento comunitario », dans *La concessione di pubblico servizio* (sous la direction de G. PERICU, A. ROMANO et V. SPAGNUOLO VIGORITA), Giuffrè, Milano, 1995, p. 269 et s. ; N. RANGONE, *I servizi pubblici*, Ed. Il Mulino, Bologna, 1999, p. 18

Mais les données de l'analyse théorique ne paraissent pas avoir été bouleversées pour autant[143]. Il s'agit plutôt d'adaptations dictées par les circonstances et notamment par les politiques de « privatisation » (*lato sensu*) des entreprises du secteur public.

Dans le même ordre d'idées, l'hostilité à peine dissimulée du droit communautaire à l'égard de la vieille figure de la concession du service public a incité à repenser la gestion contractuelle des services publics lorsqu'elle était maintenue[144].

Globalement, on peut avancer que la multiplicité des opérateurs susceptibles d'intervenir dans les activités de services oblige à relativiser le point de vue organique au profit de l'approche fonctionnelle du rôle de l'État et des autres entités publiques ; d'autre part, il apparaît que le droit privé a tendance à prévaloir sur le droit public dans le secteur des services marchands, les seuls qui intéressent

---

et s. ; N. RANGONE, « Verso una carta europea dei servizi pubblici », *Regione e governo locale*, 1994, p. 384 et s. ; A. BARDUSCO, « Servizi pubblici locali e libertà di mercato », *Rivista italiana di diritto pubblico comunitario*, 1994, p. 31 et s. ; F. CIDECHELLA et M. CAMPANALE, « Prospettive per la regolamentazione europea di servizi e concessioni », *Regione e governo locale*, 1992, p. 249 ; C. CAMMELLI, « Comunità europea e servizi pubblici », dans *Diritto amministrativo comunitario* (sous la direction de L. VANDELLI, C. BOTTARI et D. DONATI), Rimini, ed. Maggioli, 1994, p. 179 et s. ; E. PICOZZA, « Attività amministrativa e diritto comunitario », *Enciclopedia giuridica Treccani*, Roma, 1997, Vol. III, p. 10 et s. ; G. CAIA, « La disciplina dei servizi pubblici », dans *Diritto amministrativo* (sous la direction de L. MAZZAROLLI et autres), Ed. Monduzzi, Bologna, 1993, p. 735 et s.

[143] Voir les observations de D. SORACE, « Continuità, mutamenti o mutazioni nel diritto amministrativo italiano di fine secolo », dans *XI Congreso italo-español de profesores de derecho administrativo*, Cedecs, Barcelona, 1998, p. 524 et s., note p. 559 et s.

[144] Voir sur ces points M. D'ALBERTI, *Le concessionni amministrative*, Napoli, 1981 ; A. ROMANO, « Profili della concessione di pubblici servizi », *Diritto amministrativo* 1994, p. 459 et s. ; G. CORSO, « La gestione locale dei servizi pubblici tra pubblico e privato », dans *Atti del XLI Convegno di studi di scienza dell' amministrazione*, Varenna 21-23 sept. 1997, Milano, 1997 ; D. SORACE, « Note sui servizi pubblici locali della prospettiva della libertà de iniziativa economica e non dei privati », dans *Studi in onore di V. Ottaviano*, Milano, 1993, Vol. II, p. 1141 et s. ; D. SORACE, « E pubblico e privato nella gestione dei servizi pubblici locali mediante società per azioni », *Rivista italiana di diritto pubblico comunale*, 1997, p. 51 et s.

la Communauté européenne. Certains souhaitent que ces changements soient inscrits dans le texte constitutionnel[145].

3. Le Portugal, la Belgique et la Grèce

Bien que la littérature juridique consacrée au thème du service public n'y ait pas — et de loin — la même ampleur qu'en Espagne ou en Italie, le Portugal, la Belgique et la Grèce n'ignorent pas le concept de service public et l'utilisent couramment comme concept de droit positif ; mais la démarche doctrinale majoritaire n'entend pas en faire un concept-clé de la discipline.

- Au Portugal, l'expression « service public » a été empruntée au droit français mais semble y avoir été accueillie principalement dans une acception organique : les services publics sont d'abord des organisations rattachées à une personne publique (*pessoa colectiva pública*) et dont la mission est de mettre en œuvre les compétences de cette personne, qui en conserve normalement le contrôle.

Telle était notamment la définition qu'en proposait M. Caetano dans son *Manual de direito administrativo*[146] qui connut plusieurs éditions. Elle n'est pas fondamentalement différente dans l'œuvre de D. Freitas do Amaral[147], lequel, au demeurant, s'y réfère expressément : « selon nous, les services publics sont des organisations humaines créées au sein de chacune des personnes publiques afin d'exercer les attributions de ces personnes, sous le contrôle de leurs organes respectifs »[148].

Il s'agit donc d'une conception essentiellement organique, que la doctrine espagnole ou italienne qualifierait de « subjective » en ce qu'elle place les services publics sous la dépendance directe et

---

[145] Voir par ex. *Costituzione e amministrazione* (sous la direction de S. CASSESE et G. ARABIA), Il Mulino, Bologna, 1993.

[146] M. CAETANO, *Manual de direito administrativo*, Lisboa, 10ème éd., T. I, 1973, p. 237 ; voir aussi, du même auteur, *Principios fundamentais do direito administrativo*, Rio de Janeiro, 1977.

[147] D. FREITAS do AMARAL, *Curso de direito administrativo*, Ed. Livraria Almedina, Coimbra, 2ème éd., 1994, p. 619 et s.

[148] *Ibid.*, p. 619.

exclusive des collectivités publiques qui les créent et qui les gèrent[149]. Le service, en tant que tel, ne dispose pas de la personnalité juridique, mais sa personnalisation n'est pas exclue[150].

L'élément fonctionnel du service public, à savoir son affectation à un intérêt général, n'est pas ignoré, mais il passe au second plan dans la mesure où il est impliqué par l'élément organique (tout service public relève d'une personne publique). Sont admis par ailleurs les grands principes du fonctionnement des services publics (égalité, continuité, adaptation), dans la ligne de l'analyse classique.

Il n'est nullement exclu que les services publics soient gérés par des personnes privées, selon le système de la concession ou d'un autre mode de délégation, et qu'ils obéissent à des règles de droit privé[151]. La mise en place des services publics économiques s'est faite au Portugal dans un contexte politique particulier : outre la longue période de dictature salazariste, marquée par les principes du corporatisme et une forte croissance du secteur public, la Constitution de 1976 (modifiée en 1982, 1989 et 1997) a conservé de son origine révolutionnaire la reconnaissance officielle du rôle particulier de l'État dans l'économie. S'y trouvent confirmées la présence d'un secteur public – dont l'existence est garantie au même titre que celle du secteur privé ou du secteur dit « coopératif et social » (art. 82) – ainsi que la « propriété

---

[149] Voir, pour une illustration de cette approche, les observations de P. GONÇALVES, *A concessão de serviços públicos*, Almedina, Coimbra, 1999, p. 35 et s. : « un service public est une activité publique. L'affirmation de la thèse subjectiviste implique le refus d'appliquer le concept de service public à des activités du secteur privé placées, quant à leur existence et à leurs résultats, sous la responsabilité de l'administration… Selon nous, un service public… est une activité dont l'administration est titulaire et pour l'exercice de laquelle elle reste responsable ».

[150] *Ibid.*, p. 621 ; voir aussi J. M. SERVULO CORREIA, *Noções de direito administrativo*, Lisboa, T. I, 1982 ; G. da FONSECA, *Direito administrativo* (sumarios desenvolvidos), Lisboa, 1993 ; M. ESTEVES de OLIVEIRA, *Direito administrativo*, T. I, Coimbra, 1980, etc.

[151] Les « services publics économiques » sont regardés comme une variété de services publics ; ils sont donc susceptibles d'une gestion directe par la collectivité de rattachement ; ils peuvent aussi être personnalisés (M. CAETANO, *Direito administrativo*, Ed. Almedina, Coimbra, 1980, p. 373 ; A. C. SANTOS, M. E. GONÇALVEZ et M. M. LEITÃO MARQUES, *Direito económico*, Almedina, Coimbra, 1998, p. 170 et s.).

publique des ressources naturelles et des moyens de production, conformément à l'intérêt collectif » (art. 80)[152].

Dans la pratique, la gestion privée des services publics est devenue la règle[153] ; elle revêt deux formes essentielles : le recours à des entreprises publiques à forme de droit privé ou la technique de la concession[154].

La promotion, dans le cadre de l'Europe communautaire, de l'expression « services d'intérêt économique général » et les controverses auxquelles ce concept indéterminé a donné lieu n'ont pas, apparemment, conduit à une remise en cause du concept de service public dans la doctrine portugaise contemporaine.

Il faut également observer que la notion de service public n'a jamais servi à définir l'ensemble des activités administratives susceptibles d'obéir à un régime juridique particulier et relevant d'un juge spécialisé. Elle coexiste avec d'autres notions également significatives de l'action de l'administration, telles que la police, le soutien à l'initiative privée (*fomento*) ou la planification[155].

- Le thème du service public est également présent dans le droit administratif belge et les auteurs s'y réfèrent volontiers. On trouve ainsi, dans les ouvrages de langue française, tout l'arsenal des expressions qui caractérisent tel ou tel aspect du concept de service public dans le pays voisin : mission de service public, service public au sens organique ou au sens matériel, principes de fonctionnement des services publics, etc.[156].

---

152 Voir sur ce point, A. C. SANTOS, M. E. Gonçalves et M. M. LEITÃO MARQUES, *Direito económico*, Ed. Almedina, Coimbra, 1998, p. 66 et s.

153 P. GONÇALVES, *A concessão de serviços públicos*, Almedina, Coimbra, 1999, p. 38 et s.

154 Sur la longue liste des services publics gérés en concession, voir P. GONÇALVES, *op. cit.*, p. 40 et s.

155 P. GONÇALVES, *op. cit.*, p. 37.

156 Voir par ex. M. A. FLAMME, *Droit administratif*, Bruylant, Bruxelles, 1989, T. 1, p. 39 et s. ; A. Buttgenbach, *Manuel de droit administratif*, Bruylant, Bruxelles, 1966, n°80 et s. ; P. P. Van GEHUCHTEN, « Le concept de service public en droit belge », dans *Vers un service public européen*, Ed. Aspe, Paris, 1996, p. 25 et s. ; C. CAMBIER, *Principes du contentieux administratif*, T. I, Bruxelles, 1961, p. 85 et s. ; C. CAMBIER, *Droit administratif*, Bruxelles, 1968, p. 227 et s. ; A. MAST, A. ALEN et J. DUJARDIN, *Précis de droit administratif belge*, Bruxelles, 1989,

Mais cela ne signifie pas que la notion bénéficie d'un traitement théorique privilégié. Le droit belge n'a pas fait siennes les grandes controverses qui, en France, ont jalonné tout au long du XXème siècle, l'histoire du service public. Le vocable « service public » n'est apparu dans le droit positif qu'assez tardivement et son utilité même a été contestée au point que certains auteurs s'interrogeaient récemment sur l'opportunité de le maintenir[157].

Il est vrai que le problème du contrôle de l'administration ne s'est pas posé dans les mêmes termes en Belgique et en France. En France, la création d'une juridiction administrative séparée de la juridiction judiciaire est la conséquence indirecte de la méfiance viscérale que le juge ordinaire inspirait aux révolutionnaires. En Belgique, au contraire, il s'agissait de soumettre l'action administrative aux cours et aux tribunaux et de lutter contre l'immunité du pouvoir exécutif, appuyée sur le principe de séparation des pouvoirs[158]. La mise en place d'un Conseil d'État, compétent pour connaître de la légalité des actes administratifs, n'a pas sensiblement affecté le principe d'unité de juridiction au profit du juge judiciaire (celui-ci conserve sa compétence en matière de contrats administratifs et de responsabilité de l'administration) et rendait moins nécessaire la recherche d'un critère unificateur susceptible de fonder l'intervention d'un juge administratif spécialisé.

Certains auteurs proposent toutefois de réintégrer le service public dans la définition du droit administratif en combinant les critères de la puissance publique et du service public[159], et à condition d'entendre l'expression « service public » dans un sens large et « fonctionnel », c'est-à-dire en regroupant sous cette appellation non

---

p. 66, etc. L'ouvrage pionnier en la matière est celui d'A. BUTTGENBACH, *Théorie générale des modes de gestion des services publics en Belgique*, Larcier, Bruxelles, 1942 ; J. SUETENS et L. P. E. SWARTENBROUX-VANDERHAEGENS, *Evolutie van overheid-stussenkomst in de onderneming*, Bruylant, Bruxelles, 1988.

[157] Voir par ex. M. A. FLAMME, *Droit administratif*, *op. cit.*, T. 1, p. 39 ; « De ce que la puissance publique apparaît comme le concept fondamental du droit administratif, faut-il conclure à l'inutilité et à l'abandon de la notion de service public ? Il semble bien que non » (voir aussi, du même auteur, « Service public et puissance publique : mythe ou réalités », dans *Miscellanea W. J. Ganshof Van der Meersch*, Bruylant, Bruxelles, 1972, p. 477 et s.).

[158] C. CAMBIER, *Précis de droit administratif*, Bruxelles, 1968, p. 227 et s.

[159] M. A. FLAMME, *op. cit.*, p. 60.

seulement les activités des organismes publics chargés es-qualités d'une mission déterminée mais aussi les activités d'intérêt général exercées par des personnes privées dans un cadre de droit privé mais dont la puissance publique assume la responsabilité. Ainsi s'atténuerait « l'antagonisme apparemment irréductible entre la théorie qui voit dans le droit administratif le droit des services publics et celle qui l'entend comme le droit de l'exercice de la puissance publique »[160].

Mais une telle position semble minoritaire et elle ne confère pas en définitive au service public la valeur d'un principe véritablement significatif de compétence et de fond[161].

- Nos observations seront analogues à propos de la réception du concept de service public en Grèce. Certes, la science du droit administratif ne s'y est développée qu'à une date relativement récente en liaison avec la création d'un Conseil d'État. Mais les grands thèmes

---

[160] *Ibid.*, p. 60 ; voir aussi D. DEOM, *Le statut juridique des entreprises publiques*, Bruxelles, 1990, n°19 ; A. MAST et autres, *op. cit.*, n°59 ; M. HERBIET, « La notion d'autorité administrative dans le service public fondamental », *Recueil de jurisprudence du droit administratif et du Conseil d'État*, 1970, p. [161] Ajoutons que la loi du 21 mars 1991 portant réforme de certaines entreprises publiques économiques a accentué la réévaluation de la conception fonctionnelle du service public en séparant, au sein des activités de ces entreprises, les missions de service public et les autres activités (Ph. QUERTAINMONT, « Les objectifs de la loi du 21 mars 1991 : du desserrement de l'emprise étatique à l'émergence de nouveaux critères de gestion des entreprises publiques », dans *Les entreprises publiques autonomes*, Bruylant, Bruxelles, 1992, p. 65 et s., note p. 74 et s.). De même la controverse sur les associations privées sans but lucratif comme gestionnaires de services publics a conforté l'approche fonctionnelle (voir M. HERBIET, « Les Asbl et la gestion privée des services publics », dans *Les Asbl, évaluation critique d'un succès, Commission droit et vie des affaires*, Liège, 1985, p. 301 et s. ; P. LEWALLE, « Les Asbl, moyen d'action des pouvoirs publics », *ibid.*, p. 249 et s. ; M. A. FLAMME, *Droit administratif*, T. II, *op. cit.*, p. 1171 et s.

[161] Ajoutons que la Constitution du 17 février 1994, modifiée, ne fournit aucune couverture constitutionnelle au concept de service public. On n'y trouve pas, notamment, la réserve expresse (qui figure dans les chartes fondamentales de l'Espagne, de l'Italie et de la France), selon laquelle les services publics « nationaux » ou « essentiels » pourraient ou devraient être attribués au seul secteur public. Par ailleurs, il ne semble pas que la formulation retenue par le droit communautaire (art. 86-2 du Traité instituant la Communauté européenne), à propos des « services d'intérêt économique général », ait renouvelé les données théoriques du débat relatif aux services publics.

du droit administratif français étaient connus et débattus et celui du service public a accompagné l'encadrement doctrinal de la discipline[162].

Le maniement du concept ne révèle toutefois pas un approfondissement théorique particulier. Le plus souvent, le service public est entendu au sens organique[163], en tant que structure administrative servant à l'exécution technique des tâches confiées aux personnes publiques. Parfois l'expression est utilisée dans son acception fonctionnelle ou matérielle ; elle désigne alors les prestations offertes aux administrés « en vue de répondre à certains de leurs besoins fondamentaux »[164].

En toute hypothèse, le concept « joue un rôle secondaire »[165]. Il intervient, aux côtés d'autres concepts (et rarement à titre principal) dans divers chapitres du droit administratif (le droit des contrats, de la fonction publique, de la responsabilité). Il est également évoqué dans la Constitution du 9 juin 1975 (art. 106-3) à propos des nationalisations éventuelles d'entreprises dont « le but principal est la prestation de services envers le corps social », mais la formulation utilisée est faiblement évocatrice et ne semble pas avoir donné lieu à une interprétation jurisprudentielle autorisée.

B) La reformulation de la notion

Dans d'autres pays, l'expression « service public » n'a pas trouvé droit de cité mais cela n'a pas empêché les auteurs – et, le cas échéant, la jurisprudence – de formuler d'une autre manière les idées auxquelles cette expression correspond.

---

162 L'influence des juristes grecs formés dans les universités françaises n'a sans doute pas été étrangère à cette reconnaissance.

163 Par exemple, M. STASSINOPOULOS y voit « un ensemble d'organes de l'État auxquels est confiée l'exécution d'affaires d'une catégorie déterminée », (cité par E. P. SPILIOTOPOULOS, voir *infra*).

164 E. P. SPILIOTOPOULOS, *Droit administratif hellénique*, LGDJ, Paris, 1991, p. 25.

165 *Ibid.*, p. 25.

1. La théorie allemande de la Daseinsvorsorge

Une des illustrations les plus célèbres de cette recherche d'un vocable de substitution se trouve dans la théorie allemande de la *Daseinsvorsorge*, dont E. Forsthoff a été le promoteur dans les années trente[166].

On sait que la traduction littérale (« ce qui pourvoit aux biens de l'existence ») n'est qu'approximative. Mais elle a pour mérite de souligner l'aspect « prestations » de services correspondant à des besoins collectifs immédiats et grâce auxquelles l'État assurera un fonctionnement optimal du système social qu'il encadre et gère juridiquement. Ainsi que le rappelle J. Schwarze[167], la notion de *Daseinsvorsorge* permet de regrouper « toutes les activités de l'État qui consistent à mettre à la disposition des citoyens des services d'utilité générale », que ces services soient constitués sous forme de sociétés régies par le droit privé ou sous forme de personnes publiques ou qu'ils soient gérés directement par l'administration selon les règles du droit public ou du droit privé[168].

---

[166] E. FORSTHOFF, *Die Verwaltung als Leistungsträger*, Ed. W. Kohl-hammer, Stuttgart, 1938 ; E. FORSTHOFF, *Lehrbuch des Verwaltungs-rechts*, Munich, 10ème éd., 1973, T. 1, p. 370 et s. ; voir aussi, en langue espagnole, L. MARTIN-RETORTILLO, « La configuración jurídica de la Administración pública y el concepto de *Daseinsvorsorge* », *Revista de administración pública*, 1962, n°38, p. 35 et s.

[167] J. SCHWARZE, « Le service public : l'expérience allemande », dans *Le service public*, *AJDA*, juin 1997, p. 150 et s., n°spécial, note p. 152 ; P. J. TETTINGER, « Les services publics dans la conception du droit allemand », dans *Vers un service public européen*, éd. Aspe, Paris, 1996, p. 55 et s. ; I. Pernice, « Les activités d'utilité publique en Allemagne », dans A. LION-CAEN et V. CHAMPEIL-DESPLATS (dir.), *Services publics et droits fondamentaux dans la construction européenne*, Dalloz, 2001, p. 9 et s.

[168] Il y a lieu de rappeler que la notion de « droit administratif privé » fait partie des concepts habituellement utilisés par les publicistes pour désigner celles des activités de l'administration qui ne nécessitent pas l'exercice de la puissance publique soit parce qu'il s'agit d'opérations de gestion ordinaire (passation de contrats courants, recrutement de personnels ouvriers ou employés, etc.) soit parce que l'administration se comporte comme une entreprise économique pour la production de biens et de services, soit parce qu'elle a choisi de soumettre à ce régime des tâches purement administratives. L'administration dite « de prestations » (*Leitungsverwaltung*) peut être par ailleurs soumise à une réglementation de droit public, mais le droit privé reste susceptible de s'appliquer lorsque cette réglementation fait défaut (voir H. MAURER,

Il n'est pas inutile de rappeler que la traduction officielle allemande de la Communication de la Commission européenne sur les « services d'intérêt économique général », en date du 11 septembre 1996[169], a choisi l'expression *Daseinsvorsorge* pour rendre compte de cette notion communautaire. Mais ce choix sémantique ne conduit pas nécessairement à assimiler les deux concepts.

Les ressemblances entre le concept de *Daseinsvorsorge* et celui de « service public » ne sont pas niables, encore que l'expression française n'ait pas de véritable correspondant dans la langue de Goethe (les termes les plus souvent utilisés, *öffentlicher Dienst*, se réfèrent plutôt à un lien de service et de fidélité propre à la fonction publique - art. 33, al. 4 Loi fondamentale - et la notion de *Leistungsverwaltung* ne couvre pas tous les éléments du service public, dans son acception française)[170]. Les prestations qui sont censées répondre aux besoins collectifs de la communauté sont sans doute, matériellement, celles-là mêmes que les services publics ont pour fonction de fournir aux administrés en France (au moins pour partie). Mais le régime juridique qui s'attache à « l'administration de prestation » ne paraît pas aussi

---

Droit administratif allemand, trad. M. Fromont, LGDJ 1992, p. 39 et s. ; H. MAURER, *Allgemeines Verwaltungsrecht*, 10ème éd., C.H. Beck, Munich, 1995, p. 38 et s. ; en langue espagnole, voir S. GONZALEZ-VARAS IBAÑEZ, *El derecho administrativo privado*, Ed. Montecorvo, Madrid, 1996). Le recours au *Verwaltungsprivatrecht* pour l'accomplissement de tâches administratives normalement régies par le droit public a fait l'objet d'abondantes analyses (D. EHERS, « Rechtstaatliche und prozessuale Probleme des Verwaltungsprivatrecht », *Die öffentliche Verwaltung*, 1983, n°98, p. 423 et s. ; K. STERN, *Das Staatsrecht der Bundesrepublik Deutschland*, T. II, C.H. Beck, Munich, 1980, p. 744 et s. ; H. KLEIN, *Die Teilnahme des Staates am wirthschaftlichen Wettbewerb*, W. Kohlhammer, Stuttgart, 1968, p. 168 et s. ; F. SCHNAPP, « Kommentar, Art. 20 », dans Ph. KUNIG et autres, *Grundgesetz Kommentar*, C.H. Beck, 4ème éd., Munich, 1992, T. 1, p. 1058 ; F. OSSENBÜHL, « Daseinsvorsorge und Verwaltunsprivatrecht », *Die öffentlich Verwaltung* 1971, n°24, p. 520 ; J. BURMEISTER, « Der Begriff des Fiskus in der heutigen Verwaltungs-rechts dogmatik », ibid., n°28, 1975, p. 695 et s. ; V. EMMERICH, « Die Fiskalgeltung der Grundrechte, namentlich bei erwerbswirtschaftlicher Betätigung der öffentlichen Hand », *Entscheidungen des Bundesgerichtshofs* dans *Zivilsachen* 1952, p. 325 ; H. D. JARASS, *Wirtschaftsverwaltungsrecht*, A. MENZER, Frankfurt-am-Main, 1980, p. 136 et s., etc.).

169 *JOCE* Com. (96) 443 final.

170 P. CELESTINE et M. FELSNER, « Öffentliche Unternehmen, privatisierung und *Service public* in Frankreich », *Recht der internationalen Wirtschaft*, 1997, p. 105.

contraignant que celui du service public, gouverné par les « lois » de la continuité, de l'égalité des usagers, de l'adaptation, de la neutralité, etc. Au surplus, la théorie allemande de la *Daseinsvorsorge* n'attribue pas à l'État la maîtrise exclusive du service dont les exploitants privés seraient des « concessionnaires » (ou, aujourd'hui, des « délégataires »).

L'application de la théorie de Forsthoff ne conduit pas nécessairement à une « publicisation » de l'ensemble des règles qui gouvernent la gestion de ces activités ; en revanche, celles-ci paraissent s'accommoder sans difficulté du « droit administratif privé » pour la fourniture des prestations ou la mise à la disposition des installations publiques[171], si tel est le choix de la personne publique concernée. Les relations entre « *Daseinsvorsorge* », et droit public (en tant que droit de la puissance publique) sont devenues, de ce fait, dans la doctrine allemande contemporaine, passablement ambiguës. Il n'est pas rare que la jurisprudence prenne en considération non seulement le but poursuivi mais aussi les moyens utilisés par « l'administration de prestations » pour attirer les litiges du côté du droit public.

Il va sans dire que la politique de privatisation (et l'impulsion communautaire constante en ce sens) ont eu une incidence directe sur l'approche théorique de la *Daseinsvorsorge*, dans un climat de tension perceptible entre la Fédération, d'une part, les *Länder* et les communes, d'autre part. La prise en compte des objectifs afférents à la *Daseinsvorsorge* a servi ainsi à moduler l'étendue et la portée des mesures prises dans les différents secteurs ouverts à la concurrence.

Le concept a toutefois souffert de son imprécision[172] et surtout de l'utilisation intensive par le juge constitutionnel d'un autre concept (constitutionnalisé), celui d'État « social » de droit, combiné avec un autre thème porteur, celui des droits fondamentaux. Partie avec de faibles ambitions, exprimant des rapports avec l'État bien moins forts que ceux que l'État français républicain entretient avec ses propres

[171] H. MAURER, *op. cit.*, p. 41.

[172] On lui a reproché de ne pas discerner entre les activités des pouvoirs publics, notamment au niveau local, et le champ d'action du secteur privé (F. OSSENBÜHL, *Die öffentliche Verwaltung* 1971, p. 514) ; les mêmes critiques s'adressent à la notion de « mission d'intérêt général » parfois utilisée par les auteurs ou par la jurisprudence (voir P. J. TETTINGER, *op. cit.*, p. 60 et s.).

services publics, n'ayant pas vocation à définir une discipline, ni même de constituer à elle seule un titre de compétence, ne justifiant pas, par elle-même, l'application de règles de droit public, la notion de *Daseinsvorsorge* n'a jamais été totalement perdue de vue par la doctrine allemande ni par la jurisprudence. Mais elle reste au second plan, relativement effacée et rarement autonome.

2. Certaines présentations du concept en Espagne

C'est à une constatation similaire, mais dans un contexte plus polémique, que l'on parvient au terme de l'analyse de certaines présentations doctrinales de l'évolution du concept de service public en Espagne.

Selon une première interprétation (que l'on trouve notamment dans les écrits de T. R. Fernández)[173] ; la crise permanente qu'a connue le service public depuis plusieurs décennies laissait mal augurer de sa survie conceptuelle. La « publicisation » des activités ainsi labellisées et tout le lourd appareillage des principes d'organisation et de gestion qui s'était développé sur cette base, y compris dans le secteur des activités économiques, ne pouvaient que se déliter sous la pression conjuguée de l'idéologie libérale, des progrès spectaculaires de la technique et des exigences communautaires imposées par la construction d'un espace économique unique. En fin de compte, le service public n'était lui-même qu'une technique, correspondant à une certaine époque, à un certain état des relations entre la société civile et le pouvoir ; il entendait répondre alors à un idéal justifié de solidarité sociale. Mais aujourd'hui, de nouveaux facteurs idéologiques, technologiques, économiques et politiques convergent pour écarter une notion vieillie et défaillante.

Les concepts de substitution doivent être recherchés du côté du droit communautaire, dans la logique de la liberté indivisible qui en est le support : les « services d'intérêt économique général » de l'article 86-2 peuvent, à cet égard, jouer le rôle d'un « supra-

[173] Voir par ex. « Del servicio público a la liberalización desde 1950 hasta hoy », *Revista de administración pública*, 1999, n°150, p. 57 et s. ; « Empresa pública y servicio público : el final de una época », *Revista española de derecho administrativo*, 1996, n°89, p. 41 et s.

concept »[174] qui remplacera avantageusement les services publics, dès lors qu'ils sont assortis d'« obligations de service public » nécessaires à l'accomplissement de leur mission, sous la surveillance vigilante des instances de régulation du marché[175]. Aux yeux de l'auteur, « le vieux concept de service public... s'identifie à la notion de service d'intérêt général, commercial ou non, et aux idées de service universel et d'obligations de service public » dans la définition et la garantie desquels se concrétise désormais l'intervention inéluctable des gouvernants[176]. La proclamation par le Traité d'Amsterdam, au titre des principes de base de la Communauté, de l'importance de ces services pour la cohésion sociale et territoriale de l'Union donne au surplus à cette substitution la garantie officielle qui lui manquait.

D'autres auteurs, tels que J. L. Villar Palasí, J. L. Meilán Gil, G. Ariño Ortiz, J. L. Martínez López-Muñiz, J. M. de la Cuétara, ne dissimulent pas leur vive hostilité à l'égard de la notion classique de service public, qu'ils entendent précisément enterrer avec les honneurs, éventuellement pour lui substituer un « nouveau service public » adapté aux temps contemporains[177]. Les « nouveaux » services publics seraient organisés autour des principes suivants : restauration de la libre concurrence et de la liberté d'entreprise (sous réserve d'autorisations préalables), maintien d'obligations de service public déterminées en fonction de l'objet de l'activité entreprise, liberté

---

[174] *Ibid.*, *Revista de administración pública*, 1999, p. 64.

[175] L'auteur souligne à cet égard le rôle du Projet de charte européenne des services publics ou services d'intérêt économique général du 14 février 1994 (*ibid.*, p. 68) et celui de la Communication de la Commission européenne sur ces mêmes services, en date du 11 septembre 1996.

[176] *Ibid.*, p. 70.

[177] Voir notamment J. L. VILLAR PALASI, *La intervención administrativa en la industria*, Madrid, 1964 ; *Apuntes de derecho administrativo*, UNED, Madrid, 1974 ; G. ARIÑO ORTIZ, « El servicio público como alternativa », *Revista española de derecho administrativo*, 1979, n°23, p. 537 et s. ; « Servicio público y libertades públicas », dans *Actualidad y perspectivas del derecho público a fines del siglo XX*, Homenaje al Profesor Garrido Falla, Ed. Complutense, Madrid, 1992, p. 1315 et s. ; G. ARIÑO ORTIZ, *Economía y Estado*, Marcial Pons, Madrid, 1993 ; G. ARIÑO ORTIZ, J. M. de la CUETARA et J. L. MARTINEZ LOPEZ-MUÑIZ, *El nuevo servicio público*, Marcial Pons, Madrid, 1995 ; G. Ariño Ortiz, *Principios de derecho público económico*, Ed. Comares, Granada, 1999, p. 549 et s. ; J. L. MEILAN GIL, « El servicio público como categoría jurídica », *Cuadernos de derecho público* 1997, n°2, p. 75 et s.

des prix, liberté des investissements, institution de mécanismes adaptés de régulation. Il n'est plus question de réserver aux entités publiques la maîtrise (*titularidad*), même partielle, de ces services.

Certains d'entre eux condamnent sévèrement (voire avec quelque véhémence) l'idée même de service public[178], lui dénient formellement toute aptitude à s'adapter à la nouvelle situation économique et sociale et récusent au surplus toute filiation entre le service public et le « service économique d'intérêt général » du droit communautaire ; il conviendrait, selon eux, de revenir aux catégories propres du droit constitutionnel et de se référer d'abord à la notion d'État « social » (en ce qu'il oblige à garantir certaines prestations sociales aux citoyens, sans nécessairement passer par le service public) ou à celle de « droits fondamentaux » (considérés dans leur double acception, subjective et objective)[179].

C) Ignorance, approche descriptive ou recours à des concepts généraux

Dans une troisième série de situations, l'idée de service public n'est ni relativisée ni relayée par une notion voisine, elle est plutôt ignorée en tant que construction doctrinale spécifique au profit soit d'une simple description des services publics existants et de leurs modes de fonctionnement soit du recours à des concepts d'ordre général dont la valeur explicative excède le champ des seuls services publics.

1. Les pays de common law

Les pays de *common law* (en particulier, la Grande-Bretagne et l'Irlande)[180] se rangeraient plutôt dans la seconde catégorie[181]. Il est

---

[178] A. TRONCOSO REIGADA, « Dogmática administrativa y derecho constitucional : el caso del servicio público », *Revista española de derecho constitucional*, 1999, n°57, p. 87 et s.

[179] « Nous ne sommes peut-être pas devant la fin de l'histoire, mais nous sommes bien devant la fin des services publics » (A. TRONCOSO REIGADA, *ibid.*, p. 164).

[180] Sous réserve, en ce qui concerne la Grande-Bretagne, des spécificités éventuelles du droit écossais et du droit nord-irlandais ; mais il ne semble pas que les différents systèmes juridiques du Royaume-Uni présentent, sur le terrain de la théorie du service

admis qu'il « n'existe pas de définition juridique du service public dans les droits du Royaume Uni »[182], de sorte que la comparaison avec les droits voisins – et notamment avec les droits continentaux inspirés par le modèle français – est illusoire si l'on s'en tient au stade des concepts ; elle ne peut être effectuée que d'un point de vue fonctionnel à partir des institutions ou des règles mises en place pour l'accomplissement de missions d'intérêt général.

La conception même de l'État (qui, en France, a joué un rôle majeur dans l'idéologie du service public, depuis la fin du XIXème siècle) ne pouvait guère orienter la réflexion dans cette direction. L'État n'est pas un concept formellement juridicisé, encore moins une entité abstraite, dépositaire du pouvoir que lui aurait remis le peuple souverain ; les agents publics sont au service de la Couronne et assument un devoir personnel de loyauté à l'égard du ministre dont ils dépendent ; ils ne sont pas au service de l'État. Les citoyens eux-mêmes ne sont pas des citoyens de l'État, mais des sujets de la Couronne[183].

L'idée d'un service public susceptible de fonder les entreprises des pouvoirs publics dans leurs relations avec la société civile est donc plutôt étrangère à la mentalité britannique. Il n'y a d'ailleurs pas de terme qui exprime, dans la langue anglaise, toutes les potentialités que comporte le « service public » dans les pays latins. L'expression

---

public, une quelconque singularité (voir J. BELL, « L'expérience britannique », dans *Le service public*, *AJDA*, juin 1997, n°spéc., p. 130, note 1 ainsi que J. Bell et P. Birkinshaw, « Le service public britannique », dans A. LION-CAEN et V. CHAMPEIL-DESPLATS (dir.), *Services publics et droits fondamentaux dans la construction européenne*, Dalloz, 2001, p. 49 et s.).

[181] Voir par ex., en langue française, R. C. AUSTIN, « Le concept de service public en droit britannique », dans *Vers un service public européen*, *op. cit.*, p. 133 et s. ; J. BELL, « L'expérience britannique », *op. cit.*, p. 130 et s. ; K. VARIN, « Les services publics au Royaume-Uni », dans *Un service public pour les Européens ?*, Doc. franç., 1995, p. 185 et s. ; F. Mc GOWAN, « La réforme des entreprises d'utilité publique au Royaume-Uni. L'impact sur les services publics », dans *Europe, concurrence et service public*, Masson, 1996, p. 94 et s. ; M. FEINTUCK, « La régulation des services publics en Grande-Bretagne. Passé, présent et avenir en Europe », dans *Europe, concurrence et service public*, *op. cit.*, p. 131 et s.

[182] J. BELL, *op. cit.*, p. 130.

[183] R. C. AUSTIN, *op. cit.*, p. 135.

« *public utilities* »[184], parfois retenue en doctrine et dans les textes officiels, désigne les services publics de proximité les plus importants (eau, gaz, électricité, téléphone, poste, chemins de fer, voies routières, ports et aéroports, etc.) mais n'a pas de véritable valeur explicative. Les services qui correspondent à cet ensemble d'activités se sont caractérisés pendant longtemps par des structures monopolistiques, l'existence d'une infrastructure de réseaux et une position stratégique dans le développement économique ; mais ces éléments sont insuffisants pour constituer un support théorique. La liste des « *public utilities* » n'a d'ailleurs jamais été dressée et elle ne ferait pas l'unanimité, selon toute vraisemblance.

Il est à peine besoin de rappeler que le système juridique britannique, fondé sur la souveraineté du Parlement et le principe de *rule of law*, récuse tout rapprochement avec le « régime administratif » français fondé sur l'existence d'un droit spécial à l'administration et d'un juge distinct du juge ordinaire. C'est le « droit commun » qui est en principe applicable à toutes les personnes physiques ou morales, qu'il s'agisse, dans cette dernière hypothèse, de sociétés commerciales, d'entreprises publiques ou de collectivités territoriales. Les dérogations au droit commun ne sont admises qu'avec parcimonie et doivent être dûment motivées. L'idée d'un service public doté de prérogatives exorbitantes, relevant normalement d'un juge spécialisé et susceptible de justifier des pans entiers de l'action administrative sous le vague couvert de la solidarité sociale, n'aurait évidemment pas séduit Lord Dicey dont les diatribes à l'égard du droit français[185], accusé de véhiculer des valeurs autoritaires et impérialistes, ont profondément marqué la doctrine britannique. Au surplus, il n'était pas question de fortifier un quelconque « pacte républicain », invoqué à l'appui de la théorie du service public lorsqu'elle commença à prendre corps en France dans les premières décennies de la IIIème République.

---

184 La traduction littérale « *public services* » est parfois utilisée (voir Ch. FOOD et G. F. SUPPERT, *Delivering public services* dans *Western Europe*, Londres, Sage, 1988).

185 Elles sont antérieures à la naissance et au développement de l'idée de service public en France.

La célèbre section 71 de la loi sur la dérégulation et la contractualisation de 1994[186] excluait de la technique contractuelle certaines activités étatiques qui devaient rester l'apanage exclusif des autorités politiques nationales : le pouvoir judiciaire, le pouvoir réglementaire et les activités susceptibles de porter atteinte aux libertés fondamentales. Ce noyau dur de l'activité gouvernementale ne fait aucune place aux « services publics » en tant que tels.

Cela ne veut pas dire que les services publics n'existent pas en Angleterre et en Irlande. La notion connaît au contraire « un grand retentissement » dans les sciences politiques et administratives, souligne J. Bell (un des meilleurs spécialistes du droit public outre-Manche)[187], et elle est au cœur des politiques publiques menées par les gouvernements qui se sont succédé à Londres au cours des vingt dernières années. Si elle n'a pas trouvé de transcription juridique adéquate, il faut en chercher la raison du côté des particularités du droit de *common law*.

Confectionner une armature théorique aux services publics ne s'imposait pas : il suffisait, tant en Angleterre qu'en Irlande, d'utiliser les moyens juridiques habituellement mis à la disposition des pouvoirs publics pour répondre aux besoins collectifs par des mesures appropriées. La nécessité d'une autorisation législative particulière à chaque service, précisant les règles de gestion à appliquer et prévoyant en tant que de besoin les dérogations souhaitables au *common law*, permettait au Parlement britannique de contrôler concrètement la création des services publics sans avoir recours à une théorie générale du service public[188]. Le système irlandais confère également au Parlement (*Oireachtas*) le droit de mettre en place les services publics indispensables et de définir leurs modes de gestion (en principe sous

[186] *Deregulation and contracting out*, 1994 ; voir sur le thème de l'État contractant, I. HARDEN, *The contracting State*, London, 1992.
[187] J. BELL, « L'expérience britannique », dans *Le service public*, *AJDA*, juin 1997, n°spécial, p. 130 et s.
[188] Ainsi que le souligne J. BELL (voir *infra*), les services publics autorisés peuvent l'être par des lois générales ou des lois particulières, spécifiques à chaque service (« *Privated Acts of Parliament* »).

l'égide d'un « *state sponsored body* »)[189]. Comme les services publics anglais, les services publics irlandais ne sont tributaires d'aucun présupposé théorique. Les choix faits par les autorités compétentes reposent sur des appréciations politiques. Un document publié à Londres, sous l'égide du *Cabinet Office*[190], observait qu'en règle générale, les raisons avancées pour offrir un service, la nature de ce service et les modalités de la prestation ne sont pas dictées par le marché ; la mise en place d'un service est en réalité déterminée « sur la base des jugements politiques quant aux priorités économiques et sociales ».

L'approche fonctionnelle des services publics en Angleterre et en Irlande permettrait sans doute d'opérer des comparaisons fructueuses avec les conceptions continentales, mais en dehors de tout appareillage théorique. Les justifications utilisées outre-Manche sont très proches (pour ne pas dire identiques) de celles que l'on trouve dans les autres pays de l'Union européenne. Il appartient au législateur de prendre la décision adéquate en fonction des circonstances.

Le degré de « privatisation » du régime auquel obéit le service sera de ce fait éminemment variable. L'identification d'un intérêt général, qui accompagne normalement toute création de service public, ne suffit pas, à elle seule, à fonder un traitement de faveur, mais on peut admettre que, sur des points particuliers, le *common law* soit écarté.

Comme le contrôle juridictionnel est opéré en tout état de cause par le juge ordinaire, qui s'appuiera sur la loi portant statut du service, il n'est pas évident que l'interprétation jurisprudentielle des règles spécifiques applicables à tel ou tel service public contribuera à accentuer leur autonomie conceptuelle, laquelle reste en définitive très relative.

Les juges de *common law* ne semblent pas en tout cas avoir éprouvé le besoin de créer, pour les services publics, les grands principes de fonctionnement, connus en France sous le nom de « lois de Rolland » et dont le Conseil d'État s'est fait le gardien sourcilleux.

---

[189] En toute hypothèse, l'État irlandais ne dispose pas de privilège particulier ou d'immunité devant les tribunaux ordinaires (G. HOGAN et D. MORGAN, *Administrative Law* dans *Ireland*, Dublin, 1991, p. 706).

[190] CABINET OFFICE, *Service to the public*, Londres, 1988, § 1.5.

La méconnaissance concrète de ces principes donne lieu aux habituelles formes de contrôle, qui peuvent varier avec le service considéré.

Les questions posées par la concurrence entre services publics et activités du secteur privé sont elles-mêmes liées aux termes utilisés par le législateur ; un monopole légal n'est donc pas impossible (c'est d'ailleurs une situation banale en République d'Irlande). Dès lors, la pression communautaire en vue d'une ouverture du secteur public à la concurrence risque de conduire à des remises en perspective délicates, à moins qu'elle ne corresponde (ce qui fut le cas en Angleterre, à l'époque des gouvernements conservateurs) à une politique libérale affichée.

De même, les nouvelles techniques d'intervention de la puissance publique (techniques de régulation, techniques contractuelles, technique dite de l'acheteur-fournisseur – par laquelle l'administration se substitue aux usagers pour négocier avec l'exploitant les prestations du service au meilleur prix), si elles ont une incidence certaine sur les relations entre les usagers et le service ou sur le respect des règles de la concurrence, ne fournissent pas une base suffisante pour l'élaboration d'une théorie originale de l'action administrative d'intérêt général.

2. Les autres pays de l'Union européenne

On n'y trouve pas davantage de construction doctrinale élaborée susceptible de servir de pendant ou de relais au concept de service public.

Dans les pays scandinaves (Suède, Danemark, Finlande), aucune tradition juridique n'a apparemment incité les auteurs à développer une approche théorique de l'interventionnisme de la puissance publique, lequel est toutefois analysé avec précision.

Ainsi que le rappelle T. Modeen[191], aucune notion correspondant au service public n'existe en Suède et en Finlande, alors que ces deux pays connaissent un système de dualité de juridiction[192], que

[191] Voir sa contribution *infra*.

[192] T. MODEEN, « Dualité des juridictions en Finlande et en Suède », *RFDA*, 1990, p. 875 et s.

les organismes ou activités de droit public y bénéficient d'un particularisme plus poussé que dans les pays anglo-saxons[193]) et que ces pays, notamment la Suède, sont considérés comme les exemples-types du *Welfare State*[194], soucieux au plus haut point de créer pour leurs populations un véritable « foyer » (*folkhemmet*), grâce à une politique sociale particulièrement active (emploi, habitat, aide sociale sous toutes ses formes, etc.).

Il est vrai que, même si le droit public a acquis une certaine autonomie en Finlande et en Suède, cette autonomie n'est que relative et liée, en principe, à l'exercice des prérogatives de la puissance publique. La compétence judiciaire réapparaît lorsque l'administration agit sur un pied d'égalité avec les citoyens, ce qui est le cas pour les services marchands ou pour certains services de prestations sociales, éducatives, culturelles, etc.[195].

Les politiques de privatisation et de libéralisation ont sans doute affaibli le poids de l'administration dans la vie économique et sociale de ces différents pays, mais elles n'ont pas véritablement affecté les modes de gestion des activités remises au secteur privé ni même, semble-t-il, leurs relations juridiques avec la puissance publique.

Quant au Danemark, s'il est lui aussi avant tout un État-providence (*Velfaerdsstat*), il ne connaît pas les mêmes problèmes de

---

193 On utilise parfois en Suède le terme « *myndighetsutövning* » pour désigner des activités qui impliquent l'exercice de l'autorité publique mais, le plus souvent, la qualification est opérée de manière très pragmatique par les tribunaux (T. MODEEN, *op. cit., eod. loc.*).

194 F. BOUCHER-HEDENSTRÖM, « Les services publics en Suède », dans *Un service public pour les Européens ?, op. cit.*, p. 235 et s. ; voir aussi S. HÄGGROTH, « Deregulation and decentralization : ten years experience with homme rule in Sweden », *International Journal of Public Administration*, 1994, p. 1853 et s. ; à propos des services locaux, voir J. GILDUNG, *Fria ämbetswerk eller självständig Kommuner. Strategier för morgondagens offentlig sektor*, Uppsala, 1986 ; STATENS OFFENTLIGA UTREDNINGAR, *Ny Kommunalag*, 1990:24, Allmänna Förlaget, Stockholm, 1990, etc.

195 Par ailleurs les questions de responsabilité des personnes publiques relèvent normalement du juge judiciaire – et il faut tenir compte des mutiples modalités de l'administration publique dite « indirecte », associant des personnes privées à l'action administrative (T. MODEEN et A. ROSAS, *L'administration publique indirecte. Les domaines de l'éducation et des pensions*, Abo Academy Press, 1990 ; T. MODEEN, *Om gränserna för det offentligas möjligheter att överlämna förvaltningsuppgifter ät enskilda*, Nordisk Administrativt Tidsskrift, Helsinki, 1988).

répartition des compétences entre le juge administratif et le juge judiciaire. Par ailleurs, en dehors des services sociaux, l'État n'est intervenu que modérément dans le domaine économique[196] et le législateur s'est efforcé de réglementer la concurrence entre opérateurs publics (État, collectivités locales) et opérateurs privés[197] ; le principe de légalité est donc regardé comme un des éléments les plus importants pour l'équilibre du système concurrentiel, placé sous la surveillance d'un Conseil de la concurrence.

Mais les différences constatées entre le Danemark et les autres États scandinaves membres de l'Union européenne ne sauraient masquer l'absence d'un concept architecturé du service public ou d'un concept équivalent. En revanche, les principes jurisprudentiels généraux qui régissent le fonctionnement des services publics locaux danois ne sont pas sans rappeler ceux qui caractérisent le service public dans les États où le concept est théorisé (par exemple, le principe de légalité, qui interdit à une collectivité territoriale de créer une activité de service public en dehors de toute considération d'intérêt général, le principe d'égal accès au service, etc.)[198].

La quête ne sera guère plus fructueuse dans un État comme la Hollande, où l'expression littéralement la plus proche de celle de « service public » – et qui est parfois utilisée dans le vocabulaire courant – « *openbar diensten* », n'a qu'une signification réduite. L'existence d'un droit administratif et d'une juridiction administrative distincte de la juridiction judiciaire ne semble pas avoir eu d'effet déterminant à cet égard. Au demeurant, les organismes publics personnalisés sont régis (notamment en ce qui concerne leurs contrats et leurs actes matériels) par le droit privé. L'application du droit public

---

[196] P. GJØRTLER, « Règles de concurrence applicables aux autorités publiques danoises exerçant des activités commerciales », *Annales de l'Université des Sciences sociales de Toulouse*, 1997, p. 221 et s. ; L. B. CHRISTENSEN, « Les activités de service public au Danemark », dans A. LION-CAEN et V. CHAMPEIL-DESPLATS (dir.), *Services publics et droits fondamentaux dans la construction européenne*, Dalloz, 2001, p. 78 et s.

[197] Voir les lois du 7 juin 1989, du 10 mars 1993, du 10 juin 1997, etc. Par ailleurs, le Danemark a expérimenté la formule de l'administration « indirecte » à l'instar des autres pays scandinaves (*verselbständigte Verwaltungseinheiten*).

[198] Un contrôle est exercé par le « comité provincial », lui même émanation du Conseil provincial, sous la présidence de l'*amtmand*; il n'est pas sans rappeler, par certains aspects, le contrôle administratif confié au préfet départemental en France.

est plutôt réservée, en définitive, aux actes qui révèlent la puissance publique.

Comme ses voisins, la Hollande a développé dans la pratique de nombreux services publics gérés par des personnes publiques (parmi lesquelles on notera la figure constitutionnelle des « corps publics », *openbare lichamen*) ou par des personnes privées. Sur le plan fonctionnel, la légitimité des tâches administratives à accomplir dans plusieurs secteurs de la vie économique et sociale pour des motifs d'intérêt général, est reconnue par la doctrine (théorie de l'*overheidstaak*), mais l'idée n'a pas véritablement nourri un concept autonome de service public. Quant aux principes généraux du service public, ils ne se retrouvent que partiellement dans la notion de « principes généraux de bonne administration » (*algemene beginselen van behoorlijk*), codifiés dans la loi générale sur le droit administratif (*Allgemen wet gestuursrecht*).

Les activités industrielles et commerciales entreprises par les personnes publiques ne paraissent pas se différencier fondamentalement des activités similaires du secteur privé, encore que la prise en compte de l'élément organique (personnalité publique de l'organe gestionnaire) puisse influer sur le droit applicable et la compétence juridictionnelle. Le droit de la concurrence, assez fortement inspiré par les exigences communautaires, se développe aux Pays Bas parallèlement au droit européen, mais les implications théoriques en sont apparemment plutôt réduites. En toute hypothèse, l'absence d'un contrôle de constitutionnalité des lois ne permet pas de poser le problème au plus haut niveau de la hiérarchie des normes.

Cette dernière observation vaut également pour le Luxembourg où l'approche théorique des services publics ne semble pas avoir dépassé l'analyse organique et où les activités économiques des entités administratives et des entreprises publiques restent assez largement soumises au droit privé (le juge administratif conservant le pouvoir d'annuler les actes administratifs illégaux).

L'existence d'une juridiction administrative autonome et la création, en Autriche, d'un important secteur public auraient pu inciter la doctrine à théoriser, d'une manière ou d'une autre, le thème des activités d'intérêt général placées sous le contrôle des pouvoirs publics. On a pourtant l'impression d'une certaine dispersion conceptuelle, qui ne permet guère de prendre la mesure des enjeux du débat.

Il convient d'observer que la notion de service public, *lato sensu*, trouve un fondement dans la loi constitutionnelle de la Fédération (*Bundesverfassungsgesetz*), notamment en ce qui concerne certains services de souveraineté. D'autre part, si la notion de « droits fondamentaux » bénéficie en Autriche d'un statut privilégié (la Convention européenne des droits de l'homme a été elle-même constitutionnalisée), le rôle de l'État dans la vie économique n'y est pas pour autant contesté : la Fédération dispose d'importantes attributions constitutionnelles dans ce domaine (art. 10 de la loi constitutionnelle fédérale) ; les États membres et la Fédération sont titulaires de « droits privés » (art. 17) et les collectivités territoriales peuvent constituer des entités autonomes pour participer aux activités économiques (*sonderrechtsfähige Verwaltungseinheiten*)[199]. Le droit privé et le droit public gèrent les interventions de l'administration selon qu'elle utilise ou non ses prérogatives de puissance publique ; cette distinction commande celle des compétences juridictionnelles, l'appréciation et l'interprétation du *Privatwirtschaftsverwaltung* relevant logiquement du juge judiciaire. Le rôle des entreprises publiques en tant qu'instruments de l'interventionnisme économique n'est pas lié à leur forme juridique (qui peut être de droit public : établissements sans autonomie, *Eigenunternehmen* ou *betrielsähnliche Einrichtungen*, ou avec autonomie, *Bundesbetriebe* – ou de droit privé), mais plutôt aux privilèges dont elles disposent et qui peuvent aller jusqu'au monopole.

Cela dit, aucune notion spécifique de service public n'a été officialisée par le droit positif. Le concept se trouve parfois dans les analyses doctrinales, notamment lorsqu'elles adoptent une approche fonctionnelle[200], mais il y est traité sans rigueur véritable.

---

[199] Voir sur ce point A. BINDER, *Wirtschaftsrecht*, 1992, p. 179 ; en langue française, A. EGGER, « Le droit communautaire et les services publics en Autriche : les télécommunications », *Revue du Marché commun et de l'Union européenne*, 1998, n°415, p. 101 et s.

[200] Par ex. J. BRÜNNER, « Aufgaben der Verwaltung », dans *Grundriss der Verwaltungslehre*, Vienne, 1983, p. 124 et s. (l'auteur distingue une fonction de prestation de services, une fonction de régulation et une fonction d'incitation financière) ; selon d'autres présentations, la fonction de prestation

*

* *

D'autres notions apparaissent éventuellement dans la littérature juridique (par exemple celle de *Gemeinnützigkeit* ou utilité publique), mais elles ne sont guère mieux explicitées et n'ont en définitive qu'une valeur symbolique.

Au terme de cette brève analyse, quel peut être l'avenir de l'idée de service public dans l'Europe communautaire ? Conservera-t-elle, dans ceux des États qui en ont fait le symbole d'un certain type de relations entre l'État et la société civile, le rôle qui lui avait été initialement assigné et qui, il faut le rappeler, entendait subordonner la puissance publique au service de la collectivité ? Ou bien est-elle « encore soutenable » (pour reprendre le titre provocateur d'un ouvrage récent)[201], au nom des vertus prêtées au libéralisme et aux lois naturelles du marché ?

Curieux destin que celui du concept de service public : il n'aurait pas dû *a priori* susciter la polémique, tant il paraissait correspondre aux exigences normales des citoyens d'un État de droit.

Et pourtant, glorifié par les uns, vilipendé par d'autres, écarté sans états d'âme par certains, il a eu du mal, tout au long de sa trajectoire singulière (et irrégulière), à trouver l'équilibre qui lui aurait permis d'affronter avec plus de sérénité les défis politiques et et socio-économiques qui jalonnèrent le XXème siècle.

Sans doute la liaison opérée à la fin du siècle précédent, entre la théorie naissante du service public et l'avènement de l'État-providence a-t-elle constitué pour un thème encore fragile une charge idéologique trop lourde. Sans doute aussi les accents triomphalistes des partisans

(*Leistungsverwaltung*) revêtirait pour l'essentiel trois formes : l'octroi de subventions publiques, la garantie de sécurité sociale (assurance, emploi, etc.) et la prestation de services d'intérêt général ou *Daseinsvorsorge*. Dans cette dernière hypothèse, la notion de *Daseinsvorsorge* paraît avoir une signification plus réduite que celle préconisée par E. FORSTHOFF dans l'Allemagne voisine ; selon certains auteurs elle pourrait correspondre à la notion communautaire d'activités d'intérêt économique général.

201 J. M. CHEVALIER, I. EKELAND et M. A. FRISON-ROCHE (dir.), *L'idée de service public est-elle encore soutenable ?*, PUF, 1999.

du service public comme concept-phare du droit public ont-elles suscité mécaniquement des réactions de méfiance et de rejet. Sans doute enfin les États n'ont-ils pas su gérer avec habileté le potentiel que leur offrait une idéologie trop souvent imprécise et indécise mais qui recélait par là-même quelque menace confuse sur certaines des libertés (économiques et sociales, notamment) fraîchement conquises par les citoyens.

Quoi qu'il en soit, il y a service public et service public. Ceux qui, dans (tous) les États membres de l'Union européenne, sont affectés à la fonction de souveraineté, voire à des fonctions éducatives, sociales et culturelles, ne sont pas ou ne sont guère contestés, sous la réserve qu'ils ne fassent pas abusivement obstacle aux initiatives privées susceptibles de poursuivre les mêmes fins. Ce sont surtout les services publics marchands, issus directement ou indirectement de l'interventionnisme économique, qui ont déclenché et alimenté les controverses les plus vives. Au demeurant, la Communauté européenne ne s'intéresse qu'à ceux-là.

Au-delà des politiques nationales et des réaménagements parfois brutaux auxquels a contraint le droit communautaire dans les pays dont le secteur public était fortement charpenté, on voit bien que le malaise est profond et général. Faut-il émasculer le service public ? Ou faut-il en préserver l'essentiel ? On a parfois du mal à cerner les avenirs incertains qui se profilent dans des programmes aux étiquettes changeantes et d'ailleurs éventuellement interchangeables. Entre le libéralisme « social », le socialisme « libéral » et les multiples « troisièmes voies » censées réconcilier les frères ennemis, les différences sont souvent dérisoires et parfois imaginaires. Certes, envisager un marché sans État n'est guère plus réaliste que prôner un État sans marché. Mais entre ces deux extrêmes, la marge est d'importance.

N'oublions pas non plus que l'Europe communautaire ne condamne pas les services publics en eux-mêmes, pas plus qu'elle n'entend se substituer aux États pour définir ce qui, dans chaque droit national, relève de la catégorie des « services d'intérêt économique général »[202]. Elle s'efforce toutefois de ramener vers le marché

[202] Ou, plus largement, des « services d'intérêt général », puisque cette expression est officialisée dans diverses communications de la Commission, par exemple dans

concurrentiel les prestations économiques qui en avaient été distraites au profit d'un secteur public dont la vocation de service prenait trop souvent l'allure d'un prétexte. Quant à la « régulation » qui, aux yeux de certains, serait la nouvelle panacée permettant un fonctionnement optimal du sytème, elle n'a pas en soi grande épaisseur et n'informe pas sur le type de société que l'on entend construire.

Nul doute à cet égard que les technologies contemporaines bouleverseront à brève échéance un paysage aux lignes déjà floues – mais qui peut d'ores et déjà en mesurer l'impact ? Constitueront-elles une réponse plus adéquate à la satisfaction des besoins collectifs, obligeant ainsi à remettre en cause des solutions que l'on croyait acquises ? Créeront-elles au contraire de nouvelles et redoutables inégalités ? Seront-elles à l'origine de nouveaux besoins et, ce faisant, de nouveaux services publics ?

Entre un déclin cycliquement annoncé et un « bel avenir »[203] encore très problématique, bien des questions accompagnent le devenir du service public. Il appartiendra à chaque État – et à la communauté internationale – de choisir entre les réponses à leur apporter, c'est-à-dire, d'une certaine manière, de repenser le service public.

Un premier témoignage de l'amorce d'un rééquilibrage conceptuel entre l'idée de marché concurrentiel et l'idée de service public pourrait être identifié dans la Communication de la Commission des Communautés européennes sur les services d'intérêt général en Europe en date du 20 septembre 2000[204]. Ce texte, qui constitue une mise à jour de la communication précédente, du 11 septembre 1996, souligne

---

la Communication du 11 septembre 1996 sur les services d'intérêt général en Europe, doc Com (96) 443 final (voir J. L. BUENDIA SIERRA, « La Communication de la Commission sur les services d'intérêt économique général en Europe et la politique communautaire de concurrence », dans *Service public et Communauté européenne : entre l'intérêt général et le marché*, La Documentation française, 1998, T. II, p. 461 et s.) – ou dans la Communication du 20 septembre 2000 sur les services d'intérêt général en Europe (voir le texte de cette communication dans *Revue des concessions et des délégations de service public*, 2000, n°10, p. 69 et les observations de Ch. BETTINGER).

[203] J. P. FITOUSSI, « Le bel avenir du service public », *Le Monde*, 28 octobre 1999, p. 1.

[204] Com (2000) 580 final.

l'importance des « services d'intérêt général »[205] dans la construction européenne et leur contribution « à la cohésion économique, sociale et territoriale » de la Communauté[206]. Il rappelle que les règles relatives au marché intérieur et à la concurrence « s'appliquent seulement dans la mesure où les activités concernées sont des activités économiques qui touchent le commerce entre les États membres ».

La neutralité du droit communautaire à l'égard de la propriété publique ou privée des entreprises est de nouveau proclamée, et en termes incisifs : « La Commission ne s'occupe pas de savoir si les entreprises responsables de la prestation de services d'intérêt général devraient être publiques ou privées. Il n'est donc pas nécessaire de privatiser les entreprises publiques » (*ibid.*, § 21) » – de même que la liberté pour les États membres de définir, selon des critères nationaux, « ce qu'ils considèrent comme étant des services d'intérêt économique général sur la base des caractéristiques spécifiques de ces activités » (*ibid.*, § 22).

Qui plus est, certains services d'intérêt général sont nommément exclus de l'application des règles communautaires relatives à la concurrence et au marché intérieur. Cela couvre de toute évidence les services classiques de souveraineté, mais aussi les services éducatifs et sociaux (*ibid.*, § 28 et s.) ainsi que les activités non économiques des syndicats, des partis politiques, des associations religieuses, des associations de consommateurs, des associations savantes, des organisations caritatives et humanitaires, etc.

Ce retour en grâce du service public ne saurait masquer que l'emprise du traité CE et du droit dérivé est maintenue chaque fois que, pour l'accomplissement de leur mission d'intérêt général, les organismes précédemment cités s'engagent dans des activités économiques. En outre, la Commission entend contrôler les erreurs manifestes commises par les États dans la détermination de leurs

---

205 On observera que la réflexion, aussi bien en 1996 qu'en 2000, porte sur l'ensemble des « services d'intérêt général » et non sur les seuls « services d'intérêt économique général ».

206 Il n'est pas sans intérêt de noter que la Commission admet désormais le rôle positif des services d'intérêt général dans la cohésion économique (et non seulement la cohésion sociale et territoriale) de l'ensemble européen. C'est marquer par là même la réhabilitation du thème du service public dans le régime de l'espace intérieur unique, jusque là dominé par l'idéologie de la concurrence.

services d'intérêt général et s'affirme prête à vérifier la proportionnalité des mesures dérogatoires à la libre concurrence au regard des objectifs affichés comme étant d'intérêt général, ou encore à encourager la coopération et la coordination des autorités nationales ou régionales pour la protection des objectifs jugés légitimes (*ibid.*, § 68).

On prendra en toute hypothèse la mesure de l'évolution de l'état d'esprit des instances communautaires quant à l'idée de service public en constatant que, pour la première fois, une définition en est proposée (dans l'annexe qui accompagne la Communication du 20 septembre 2000) : non seulement une définition organique (l'expression désignant les organismes de production du service) mais aussi et surtout une définition matérielle (« mission d'intérêt général ») que les théoriciens nationaux du service public ne désavoueraient pas.

Sans doute la Commission ne reprend-elle pas à son compte tous les éléments d'une vision maximaliste du service public ; sans doute s'attache-t-elle d'abord aux particularités de la gestion des activités économiques qui peuvent découler de leur caractère d'intérêt général (et notamment aux obligations de service public susceptibles d'être imposées à tel ou tel opérateur).

Il reste que l'idée de service public en tant que telle est aujourd'hui réintégrée dans le raisonnement communautaire, conformément aux prescriptions de l'article 16 du traité CE, au titre des valeurs communes qui sous-tendent la construction européenne. Pour l'application et l'interprétation du droit communautaire, il conviendra que les droits nationaux en tiennent désormais compte.

LES SERVICES PUBLICS EN DROIT ALLEMAND

Gérard Marcou[*]

L'objet de cette étude est de présenter au lecteur français comment le droit allemand traite des services publics. Il ne s'agit pas d'une étude de droit comparé, et il n'y sera question que du droit allemand, mais son objet même implique la comparaison, car il est propre au regard du juriste français. On ne trouve dans la doctrine allemande aucun ouvrage présentant un exposé systématique du droit des services publics. Mais il ne s'agit pas de décrire l'organisation et le régime juridique des grands services publics (ou plutôt ce que nous appelons ainsi) en Allemagne ; le résultat en serait trompeur, car une telle description laisserait le lecteur français les lire à la lumière des catégories familières du droit administratif français. Il s'agit ici au contraire d'établir comment les fonctions ou les activités qui forment le domaine du service public en droit administratif français sont pensées en droit allemand ; il faut donc identifier et comprendre les notions et les catégories juridiques, ainsi que les modes de raisonnement, par lesquels le juriste allemand aborde ces fonctions ou ces activités.

---

[*] L'auteur remercie l'Ecole supérieure allemande des Sciences administratives (Deutsche Hochschule für Verwaltungswissenschaften Speyer), où la plupart des recherches ont été effectuées, et le Centre d'études juridiques françaises de la Sarre, ainsi que les professeurs Heinrich Siedentopf et Christian Autexier.

La jurisprudence est en principe citée selon l'usage allemand : nom du recueil, numéro du volume, page du début de l'arrêt et page du passage cité ; la date n'est ajoutée que si l'information paraît utile dans le contexte, de même que l'appellation usuelle sous laquelle l'arrêt est connu. Les recueils sont cités comme suit *: BVerfGE,* recueil des arrêts de la Cour constitutionnelle fédérale ; BVerwGE, arrêts de la Cour administrative fédérale ; BGHZ, arrêts de la Cour suprême fédérale (civile). En revanche, les périodiques allemands seront cités par leur titre complet.

Bien que l'Allemagne et la France aient une forte tradition de droit administratif, connaissent la dualité de juridiction et qu'elles aient développé, au moins jusqu'aux années quatre-vingt, une conception très large des missions de l'État, si bien qu'on trouverait difficilement une activité qui, considérée en France comme un service public, ne serait pas soumise en Allemagne à un régime juridique dicté par le caractère d'intérêt général qui lui est reconnu[1], la notion française de « service public » n'a pas d'équivalent dans le droit administratif allemand, et on ne peut la traduire sans contresens ; il en irait de même de certaines des notions du droit public allemand qui forment le cadre juridique des activités de service public, si on voulait les traduire en français. Cette observation explique le choix du titre : les services publics sont entendus ici au sens matériel et descriptif, par opposition à la notion juridique de « service public » qui caractérise le droit administratif français.

En effet, le droit administratif allemand s'est fondé sur la théorie de l'État de droit (*Rechtsstaat*), et comme la branche du droit qui avait pour objet d'imposer à l'exercice de la puissance publique par le pouvoir exécutif le respect des droits subjectifs reconnus aux individus dans le cadre de l'État de droit. Centré sur la garantie des droits individuels, il n'attache pas de conséquence juridique à la matière de l'activité administrative ni aux buts qu'elle poursuit ; plus précisément les conséquences que l'on identifiera ne trouvent pas place dans la systématisation du droit administratif, et elles se rattachent parfois à d'autres branches du droit. Il est d'ailleurs traditionnellement admis que l'administration pouvait aussi choisir d'agir dans le cadre du droit privé, à moins que la loi ne le lui interdise. La question du domaine du droit administratif s'est ainsi trouvée dissociée de celle des finalités de l'État ou de l'action publique. Les différences que l'on observe entre le droit allemand et le droit français sur la question des services publics reflètent donc toujours des différences structurelles profondes entre les deux systèmes de droit administratif.

Pourtant, il existe des convergences et des évolutions parfois parallèles, que l'on peut déceler surtout dans la période de formation

[1] Voir G. MARCOU, « L'administration publique en Allemagne et en France. Des systèmes différents, des valeur communes », *RFAP*, n°78, avril-juin 1996, p. 357 et s.

du droit administratif allemand, en raison de l'importance que les auteurs allemands attachaient au droit français. De plus, des convergences peuvent être relevées aussi au niveau des règles juridiques pratiques et des valeurs sous-jacentes aux principes qui sont mis en œuvre, surtout depuis la Loi fondamentale et la mise en place en RFA d'une véritable juridiction administrative. Tout d'abord, en Allemagne comme en France, c'est un libéralisme interventionniste qui s'est imposé ; la doctrine et le droit positif en sont le reflet. De plus, la notion de service public elle-même a influencé, quoique de manière limitée et avant Duguit, la doctrine juridique allemande ; la notion de *Daseinsvorsorge*[2], introduite par Forsthoff, a été une tentative de donner au droit administratif allemand un concept unificateur capable de réunir les branches publiques et privées de l'action publique et d'étendre le champ du droit administratif, comme la notion de service public avait pu le faire en France. Mais surtout, après 1949 la notion d'« État social » a renouvelé le fondement de l'intervention de l'État, dont les droits fondamentaux ont posé à la fois le cadre et les limites. Il en est résulté une synthèse originale de l'État de droit et du principe de l'État social. Cette nouvelle base constitutionnelle et la mise en place de la juridiction administrative ont favorisé une évolution et une adaptation du droit administratif aux nouvelles missions de l'État, et une extension de son champ d'application, même si celui-ci reste beaucoup moins vaste que celui du droit administratif français. Il n'en reste pas moins que le droit administratif allemand demeure fondé sur la philosophie de l'État de droit et non sur la qualification attribuée aux activités de l'administration. La question du régime juridique applicable est donc comme par le passé dissociée de celle des finalités.

[2] Il n'y a pas de traduction française satisfaisante : littéralement, ce serait à peu près « pourvoir aux besoins de l'existence ».

I. Le droit administratif allemand avant 1949 : aux origines du droit des services publics en Allemagne

Les activités de l'administration peuvent relever, selon les cas, du droit civil ou du droit administratif. L'origine de cette dualité en Allemagne remonte à l'« État de police » et à la théorie du « domaine » (*Fiskus*) ; l'importation de la distinction entre les actes d'autorité et les actes de gestion a permis son maintien (***A***). L'évolution de l'État de police à l'État de droit dans les États allemands au cours du XIXème siècle, conçue par la doctrine plutôt que réalisée, a déterminé la formation du droit administratif comme une branche du droit au service de la réalisation de l'État de droit (***B***). La science du droit administratif a été sensible, sous la République de Weimar, à la difficulté d'intégrer dans son système l'évolution des missions de service de plus en plus nombreuses assumées par la puissance publique ; cet effort de renouvellement trouvera des prolongements sous le régime de la Loi fondamentale, bien qu'il se soit trouvé associé à la contestation globale du libéralisme dans les années trente (***C***).

A) A l'origine de la dualité du droit applicable aux activités de l'administration

La dualité droit public - droit privé est commune à la France et à l'Allemagne, mais en Allemagne ses conséquences sur le droit applicable à l'administration sont différentes. En Allemagne, le contentieux de la responsabilité délictuelle et le contentieux de la plupart des contrats que passe l'administration relèvent du droit civil et des juridictions ordinaires et le principe est admis qu'en général l'administration a la possibilité de choisir de se placer sur le terrain du droit administratif ou sur le terrain du droit civil dans son action. Il en résulte qu'une partie beaucoup plus grande qu'en France du droit de l'administration reste du droit privé, ce que l'on appelle en fait le « droit privé de l'administration » (*Verwaltungsprivatrecht*). Cette expression moderne, introduite par Hans-Julius Wolff[3], est

[3] H. J. WOLFF, *Verwaltungsrecht*, Ière éd., 1974, C. H. BECK, Munich, § 23 II b.

cependant déjà le reflet de l'expansion du domaine du droit administratif après la Deuxième Guerre mondiale puisqu'elle implique une certaine subordination au droit public.

Cela explique la dualité du droit applicable à l'administration en droit allemand. Celle-ci remonte à l'« État de police » et à la théorie du *Fiskus* ; la distinction entre les actes d'autorité et les actes de gestion en a renouvelé le fondement.

1. La théorie du domaine (Fiskus), son évolution et son abandon

L'origine de cette notion a été très bien présentée au public français par Michel Fromont : « Dans l'ancien droit allemand, l'administration impériale chargée de percevoir les droits fiscaux et domaniaux de l'Empereur du Saint Empire romain germanique s'appelait le Domaine (*Fiskus*) et jouissait d'une personnalité morale propre »[4]. L'institution était reprise du droit romain qui reconnaissait à côté de l'empereur une autre personne chargée des intérêts patrimoniaux qui étaient au service de l'État et régis par le droit civil[5]. Tandis qu'avec le déclin de l'Empire les princes parvenaient à s'emparer de ces ressources, les administrations qui en étaient chargées conservèrent leur personnalité propre, qui demeura distincte de celle plus tard reconnue à l'État lui-même. On se trouva donc en présence de deux êtres juridiques séparés, véritable division juridique, fictive, de l'État. Mais alors que la soumission du prince ou de l'État au contrôle du juge était à l'époque impensable, les litiges intéressant ces administrations purent être soumis aux juridictions civiles et au droit civil.

Or, dans l'État de police, l'administration n'est pas soumise au droit. Comme le rappelait Otto Mayer, l'État de police connaît bien un droit civil et un droit pénal mais il n'a pas de droit public car « il n'existe pour l'administration aucun règlement qui obligerait l'autorité envers le sujet (*Unterthan*) »[6] ; le prince porte seul la responsabilité de

[4] M. FROMONT, *La répartition des compétences entre les tribunaux civils et administratifs en droit allemand*, LGDJ, Bibl. de Droit public, n°XXXIII, 1960, p. 68.
[5] O. MAYER, *Deutsches Verwaltungsrecht*, Duncker et Humblot, Leipzig, 1ère éd., 1895, Vol. 1, p. 48. Sauf indication contraire, les citations sont traduites de l'allemand par l'auteur.
[6] *Ibid.*, p. 45.

l'accomplissement des buts de l'État et aucune parcelle de l'administration étatique n'échappe à son autorité[7]. Au contraire, expliquait Otto Mayer en se référant à Frédéric II de Prusse, la justice est assurée par l'indépendance des tribunaux dans les affaires privées ; si le prince fait la loi, le bien de l'État interdit qu'il s'immisce dans les arrêts qui sont rendus en son nom[8]. Mais, sous la forme du *Fiskus*, l'État agit comme un homme ordinaire ; il est alors soumis au droit civil. Dans tous ses actes qui ont un caractère patrimonial ou économique, l'État se présente sous la forme d'un sujet de droit civil, dépouillé des attributs de la puissance publique[9].

L'artifice ne faisait de doute pour personne, mais l'idée de soumettre à des régimes différents l'exercice de l'autorité et les activités de l'État qui ne faisaient pas appel à l'exercice de l'autorité était d'un grand intérêt, puisque celles-ci étaient alors soumises à un juge. Il en résultait une conséquence importante : selon qu'une mesure ou une activité relevait ou non de l'exercice de la puissance publique, elle se trouvait en dehors du droit et n'était régie que par l'opportunité ou était soumise au contrôle du juge civil[10]. Cela explique l'essor du contentieux civil de l'administration ; l'État est unique, mais lorsqu'il se présente comme l'« homme ordinaire » dans les rapports juridiques, il est soumis à la même loi que celui-ci. Ce qui devient déterminant, c'est la forme sous laquelle l'État agit. Là où s'exercent le commandement et la contrainte est l'État, sinon c'est toujours le Domaine. Le droit civil reçoit ainsi une extension considérable »[11]. On ne pouvait, certes, contester par cette voie les actes de l'administration mais on pouvait obtenir une compensation.

Il en résulte qu'il fut admis très tôt en Allemagne que l'administration pouvait être régie tantôt par le droit public tantôt par le droit civil, et qu'un intérêt ou un enjeu patrimonial justifiait l'application du droit civil, c'est pourquoi c'est surtout sous la forme du droit civil que s'est développé le contrôle de l'administration pendant les deux premiers tiers du XIXème siècle, puisque c'est

[7] *Ibid.*, p. 38.
[8] *Ibid.*, p. 41.
[9] *Ibid.*, p. 48-49.
[10] *Ibid.*, p. 48.
[11] *Ibid.*, p. 51.

seulement par cette voie que l'on avait accès à un juge[12]. Cette situation ne commença à changer que vers la fin du XIXème siècle avec le développement, encore limité, de la juridiction administrative. Mais le Tribunal d'Empire (*Reichsgericht*) n'a abandonné qu'en 1918 la théorie du *Fiskus,* pour déterminer si un litige devait être porté devant les tribunaux civils, et lui a substitué la distinction entre les actes d'autorité et les rapports de droit privé[13].

2. *La distinction des actes d'autorité et des actes de gestion*

La substitution de cette distinction nouvelle à la théorie du *Fiskus* pour fonder la compétence des juridictions ordinaires a été défendue par Otto Mayer bien avant d'être admise par la jurisprudence.

Pour Otto Mayer, cette évolution se justifiait non seulement par l'artifice de la théorie du *Fiskus*, mais surtout parce qu'il se plaçait dans la perspective de l'établissement de l'État de droit. L'application du droit civil à l'activité de l'administration ne se justifie plus par la nécessité de soumettre l'administration au droit, puisque cette tâche est assurée dans le cadre de l'État de droit par le droit administratif, mais par celle de tenir compte de la nature des rapports juridiques qui naissent de l'activité de l'administration. La distinction des actes d'autorité et des actes de gestion répondait à ce besoin.

Si cette doctrine a trouvé son expression la plus achevée dans le « Traité de la juridiction administrative » d'Edouard Laferrière, elle était familière à ses prédécesseurs et c'est à eux qu'Otto Mayer l'a empruntée. Dans sa « Théorie du droit administratif français », il caractérise ainsi le droit applicable aux relations que les services publics conduisent l'État à établir avec les citoyens. « Là où l'État, par exception, le veut expressément et se soumet, comme l'on dit, au droit privé, ces relations sont régies par le droit privé. Partout où cette soumission n'est pas présente, l'État conserve aussi en cette qualité sa nature de puissance publique, son rapport aux individus se détermine par le droit administratif, unilatéralement par le genre de son

[12] M. FROMONT, *op. cit.*, p. 68.
[13] Arrêt du 12 mars 1918, cité par M. FROMONT, *op. cit.*, p. 159.

activité »[14]. Il cite à l'appui Aucoc, selon lequel l'administration ne cesse pas d'exercer son autorité parce qu'elle fait des actes de gestion, mais dans ces actes elle peut décider de se placer sous le régime du droit privé[15].

Cette analyse est développée et approfondie dans son « Droit administratif allemand ». Ce n'est pas le caractère patrimonial de la matière qui justifie la soumission au droit civil ; de nombreuses institutions du droit civil ont leur pendant dans le droit administratif, ainsi le régime des biens peut-il être de droit civil ou de droit administratif ; plus précisément les institutions juridiques sont uniques mais peuvent prendre la forme de droit public ou la forme de droit privé[16]. C'est la nature des rapports juridiques qui doit déterminer leur appartenance au droit privé ou au contraire au droit public. Ce qui doit déterminer l'application du droit civil c'est la nature égalitaire du rapport juridique : en effet « il correspond au bon ordre et doit être considéré comme allant de soi que ce qui est égal par nature soit aussi réglé sur une base égalitaire », et le droit civil doit s'appliquer à l'État quand de tels rapports sont en cause[17]. Ce n'est pas un critère sûr pour déterminer si le droit public ou le droit privé est applicable, mais un moyen de le déterminer à partir des caractères du rapport juridique en cause que l'on peut identifier[18]. Pourtant, l'administration agit dans l'intérêt public, quelle que soit la forme sous laquelle elle le fait ; c'était déjà la remarque de Aucoc, retenue par Otto Mayer. Il convient toutefois d'en distinguer le cas dans lequel la collectivité s'engage dans une entreprise dans les mêmes conditions que le ferait une entreprise privée ; elle n'agit plus alors dans l'intérêt public mais dans son propre intérêt ; c'est le sens nouveau qu'O. Mayer reconnaît à l'« administration du domaine » (*fiskalische Verwaltung*)[19].

D'autres auteurs ont par la suite adopté et développé cette nouvelle approche, comme Fleiner, selon lequel l'administration fait appel aux procédés de droit civil pour une grande partie de ses tâches,

---

[14] O. MAYER, *Theorie des französischen Verwaltungsrechts*, Verlag Karl Trübner, Strasbourg, 1886, p. 225

[15] *Ibid.*

[16] *Deutsches Verwaltungsrecht*, I, *op. cit.*, p. 145-147.

[17] *Ibid.*, p. 138.

[18] *Ibid.*, p. 139-140.

[19] *Ibid.*, p. 141.

et se place alors dans un rapport d'égal à égal avec les citoyens, tandis que lorsqu'elle fait appel aux procédés d'autorité le droit privé est inapplicable, en raison de l'inégalité entre les sujets de droit qui nécessite l'application d'un droit particulier, le droit public[20].

Le domaine d'élection de l'application de cette théorie est celui des services publics, dans lesquels il est fréquent que l'usager ne soit pas placé dans un rapport d'autorité, mais plutôt dans un rapport analogue à un rapport commercial. La doctrine allemande n'ignorait pas la notion de service public, au moins dans la formulation qu'elle a initialement reçue. Mais alors qu'en France elle a représenté d'abord, avec l'arrêt « Blanco », un élargissement de la notion de puissance publique permettant un élargissement de la compétence de la juridiction administrative, elle n'a donné lieu en Allemagne à aucune interprétation de cette nature ni eu aucune conséquence sur le partage droit public - droit privé.

La notion de *öffentliche Anstalt* dérive directement, chez Otto Mayer, de la notion française de service public mais avant qu'elle n'ait pris son sens doctrinal fort. Michel Fromont traduit *öffentliche Anstalt* par « établissement public »[21]. Mais la comparaison des deux ouvrages majeurs d'Otto Mayer permet de discuter ce choix. En effet, la définition de l'*öffentliche Anstalt* donnée par Otto Mayer dans son « Droit administratif allemand » est, dans son contenu, sinon mot pour mot, celle qui figure dans la « Théorie du droit administratif français », et dans laquelle *öffentliche Anstalt* est donné comme la traduction de « service public », l'expression française étant placée entre parenthèses. De plus, Otto Mayer a traduit lui-même en français son « Droit administratif allemand », publié à Paris en 1903, avec le concours de Gaston Jèze : *öffentliche Anstalt* y est traduit par « service public ». La définition peut en être formulée de la manière suivante : le service public (*öffentliche Anstalt*) est un ensemble de moyens matériels et humains, affectés durablement à un but déterminé d'intérêt public, et placés entre les mains d'une personne de droit

---

[20] *Institutionen des deutschen Verwaltungsrechts*, 1ère éd. 1911, p. 45-45, trad. Eisenmann 1933.

[21] *Op. cit.*, p. 200-201. Voir aussi sa traduction de E. FORSTHOFF, *Traité de droit administratif allemand*, Bruylant, Bruxelles, 1969, notamment p. 588 et s. et 708 et s.

public[22]. De plus, O. Mayer critique lui-même la traduction de l'expression française « établissement public » par *öffentliche Anstalt* car elle implique la personnalité morale, à la différence de la notion allemande[23]. Celle-ci comporte bien l'idée de l'affectation d'un ensemble de moyens organisés à un but d'intérêt public, mais elle existe sous deux formes, l'une consiste simplement à individualiser les moyens du service, tandis que l'autre consiste à doter le service de la personnalité juridique[24]. Quoi qu'il en soit, O. Mayer entend le service public dans un sens où se confondent sa définition matérielle et sa définition organique, mais qui implique toujours l'autonomie de gestion.

C'était aussi en France, à cette époque, la conception dominante. O. Mayer écrit que, lorsqu'on parle d'*öffentlliche Anstalt*, on pense naturellement à des activités répondant à un but d'intérêt public et fournissant au public en général un service dont chacun profite individuellement, telles que les écoles, les caisses d'épargne, les hôpitaux, la poste, le chemin de fer[25]. En revanche, lorsqu'il décrit les conditions dans lesquelles une « entreprise publique » (*öffentliches Unternehmen* - au sens matériel du mot entreprise) peut être concédée

---

[22] *Theorie des französischen Verwaltungsrechts* : « Zwischen diesem Standpunkt [der Fiskus] und der reinen obrigkeitlichen Gewalt liegt aber noch das weite Gebiet, auf welchem der staatliche Zweck unmittelbar an seinen Mitteln erscheint, wo sächliche Güter und Arbeitskräfte mit ihrer Beschaffenheit der Befriedigung eines öffentlichen Interesses gewidmet werden. Dieselben gruppieren sich nach den einzelnen öffentlichen Interessen, denen sie dienen. Staatliche Mittel, sächliche wie persönliche, welche zur Erfüllung je eines gewissen öffentlichen Zweckes bestimmt und vereinigt sind, bilden je eine öffentliche Anstalt (*service public*). (...) Neben den öffentlichen Anstalten, welche dem Staat unmittelbar gehören, finden wir dagegen zahlreiche öffentliche Anstalten der Departements, der Gemeinden u.s.w. von der gleichen rechtlichen Natur im Verhältnisse nach aussen » (p. 225). *Deutsches Verwaltungsrech* : « Die öffentliche Anstalt ist ein Bestand von Mitteln, sachlichen wie persönlichen, welche in der Hand eines Subjektes der öffentlichen Verwaltung einem bestimmten öffentlichen Zwecke dauernd zu dienen bestimmt sind » (II, p. 318). Dans la version française, le même passage est traduit de la manière suivante : « Par service public, nous entendons un ensemble de moyens tant personnels que réels, réunis sous la main d'un sujet d'administration publique, pour servir de manière permanente à un intérêt public » (*Le droit administratif allemand*, Paris, Giard & Brière, 1903, 4 volumes, Vol. 4, p. 230).

[23] *Theorie..., op. cit.*, p. 433.

[24] *Deutsches VerwR., op. cit.*, II, p. 318, note 1 et § 56.

[25] *Deutsches VerwR.*, II, p. 319.

(*Verleihung* ou *Konzession*) à une personne privée en droit administratif allemand, il n'emploie pas la notion d'*öffentliche Anstalt*, alors même qu'il définit cette situation comme celle dans laquelle un « morceau de l'administration publique » est assuré par une personne privée en son nom et pour son propre compte[26]. La notion, en effet, est bien liée à un statut de droit public, qui peut comporter ou non la personnalité morale.

O. Mayer semble avoir ignoré l'arrêt « Blanco » (1873), qu'il ne cite jamais dans sa *Théorie du droit administratif français* (1886) ; cela ne doit pas surprendre si l'on veut bien se rappeler que l'importance reconnue à cet arrêt est liée à des évolutions jurisprudentielles qui ont eu lieu seulement au tournant du siècle[27]. A partir de l'arrêt « Blanco », la notion de service public s'est développée dans le droit français dans deux directions : elle s'est imposée comme critère de la compétence de la juridiction administrative, et elle l'est restée bien qu'elle n'y suffise pas, et comme expression d'un régime juridique particulier auquel sont plus ou moins largement soumises des activités pour lesquelles l'État estime que l'intérêt général l'exige. Dans le droit administratif allemand, au contraire, la notion de *öffentliche Anstalt* a conservé un sens plutôt instrumental, celui d'un mode d'organisation d'un service offert au public ; c'est pourquoi le droit administratif s'est particulièrement attaché[28] à étudier les rapports entre le service et l'usager, dans lesquels, curieusement, semblait se perpétuer le dualisme de l'État de police. Si le service était placé sous le régime du droit public, l'usager se trouvait dans un rapport de sujétion ; s'il était placé sous un régime de droit privé, l'usager était alors protégé par l'application du droit civil.

Une évolution comparable à celle engagée par l'arrêt « Blanco » en ce qui concerne le domaine administratif s'est cependant produite en Allemagne, mais un peu plus tard : c'est l'élargissement de la notion d'administration de puissance publique (*hoheitliche Verwaltung*), qui justifiait une extension de la compétence de la

---

[26] *Ibid.*, p. 294s. Dans l'édition française il emploie presque les mêmes mots pour définir l'entreprise publique et le service public (Vol. 4, p. 184).

[27] A. S. MESCHERIAKOFF, *Droit des services publics,* PUF, Droit fondamental, 1991, p. 36 et s.

[28] O. MAYER, *Deutsches VerwR.*, *op. cit.*, II, p. 318-333.

juridiction administrative. Un arrêt du Tribunal d'Empire du 24 mai 1927 jugeait ainsi : « Même s'il n'y pas maniement de la contrainte étatique (*Betätigung des staatlichen Zwangs*) mais seulement exercice des fonctions d'assistance de l'État (*Ausübung staatlicher Fürsorge*), il y a exercice de la puissance publique (*Ausübung öffentlicher Gewalt*) dans toutes les activités que l'État prend en charge autoritairement (*obrigkeitlich*) »[29]. On est alors sous la République de Weimar, et cette évolution ne manifestera des effets importants qu'après la généralisation de la juridiction administrative en RFA, mais sans remettre en cause l'opposition sous-jacente entre puissance publique et rapports de droit privé comme fondement de l'application du régime de droit public.

La notion d'*öffentliche Anstalt* fait encore partie du droit administratif moderne, avec le sens que lui avait déjà donné Otto Mayer à la fin du siècle dernier. Christian Autexier la traduit aujourd'hui par « établissement de droit public ». Cette traduction est sans doute la plus proche du droit positif. Ch. Autexier, après avoir rappelé la définition d'Otto Mayer, en définit lui-même le contenu de la façon suivante : « Un objet, un ensemble de moyens, des utilisateurs : la notion n'implique ni de pousser le démembrement jusqu'à l'attribution de la personnalité morale, ni de mettre l'accent sur une autonomie de gestion, qui peut être techniquement souhaitable, mais qui n'est pas structurellement indispensable à la satisfaction des besoins des usagers »[30]. De même, le service public du droit français peut être personnalisé ou non personnalisé. Mais l'*öffentliche Anstalt* conserve aujourd'hui une définition organique ; il est considéré en droit allemand comme une des modalités de l'organisation administrative, non comme l'expression des missions, ou de l'une des missions, de l'administration.

B) De l'État de police à l'État de droit

Otto Mayer présente le droit administratif comme une manifestation caractéristique de l'État de droit, qui le distingue de

---

[29] Cité par M. FROMONT, *La répartition des compétences...*, *op. cit.*, p. 167.

[30] *Introduction au droit public allemand*, PUF , « Droit fondamental », Paris, 1997, p. 201.

l'État de police qui l'a précédé. Alors que dans l'État de police il ne peut y avoir de droit public car l'administration est souveraine, l'État de droit se caractérise par le fait qu'il reconnaît aussi dans le domaine de l'administration un ordre juridique et des droits aux sujets, et qu'il les fait respecter[31].

Cependant, l'opposition entre État de droit et État de police que décrit Otto Mayer est surtout une prise de position. Dans la réalité, l'État de droit ne s'oppose pas vraiment à l'État de police dans la définition des missions de l'État, et l'établissement de l'État de droit a été beaucoup plus lent que ne le suggère Otto Mayer. Ce qu'il convient de retenir ici, c'est l'étendue des missions reconnue à l'État[32], et d'un autre côté, une élaboration du droit administratif autour de la notion de puissance publique et fondée sur l'exigence de protection des individus.

1. Permanence et adaptation de l'État protecteur

Rappelons que la théorie de l'État de droit est apparue au début du XIXème siècle dans les États rhénans. C'est une doctrine de limitation du pouvoir royal dans un contexte marqué à la fois par la restauration monarchique et l'héritage idéologique des Lumières et de la Révolution française, mais elle assimile l'idée du rôle protecteur de l'État. Robert von Mohl est l'auteur le plus représentatif de cette doctrine, dont la première expression se trouve dans son « Droit public du royaume de Wurtemberg (*Staatsrecht des Königsreichs Württemberg*) » de 1829. E.-W.Böckenförde lui associe deux précurseurs, Welcker et le baron von Aretin. Il ramène la théorie de l'État de droit, telle qu'elle est alors apparue, à trois idées essentielles.
- 1) Le point de départ et le but de l'ordre étatique sont les individus, qui sont libres et égaux.
- 2) Les buts et les missions de l'État sont d'assurer la sécurité et la liberté de la personne et de la propriété, mais ils ne se limitent pas à la

---

31 *Deutsches VerwR.*, I, p. 64-65.

32 On trouvera un exposé général des doctrines qui en sont l'expression dans K. P. SOMMERMANN, *Staatsziele und Staatszielbestimmungen*, Mohr Siebeck, Tübingen, 1997, chapitres 1 et 2.

protection juridique, ils incluent aussi la promotion du bien être à titre subsidiaire.

- 3) L'organisation de l'État et de son activité sont fondées sur les principes de la raisons[33].

Les écrits de Robert von Mohl sont ici particulièrement significatifs de l'assimilation par la théorie de l'État de droit de la notion de police, comme expression générale des missions intérieures de l'État, et ils ont développé cette conception jusqu'au début de l'Empire allemand, notamment dans ses livres sur la « science de la police » (*Polizeiwissenschaft*). Dans l'exposé qu'en donne R. von Mohl, l'État de droit exprime une limitation des buts de l'État dans une organisation sociale qui repose sur les différents « cercles », ou collectivités (*Kreise*) dans lesquels s'inscrit la vie de tout individu pour la poursuite des buts qu'il se fixe, et qu'il ne pourrait atteindre isolément ou sans sa participation à des collectivités plus larges correspondant à un but commun. L'État est l'une de ces collectivités, regroupant une partie du genre humain et ses multiples composantes - famille, lignée, commune, et sociétés particulières - à l'égard desquelles il joue un rôle modérateur et compensateur. La finalité de l'État est la réalisation des buts humains ; il a vocation, non pas à se substituer aux cercles plus restreints mais à les compléter (*Ergänzung*) et à les soutenir dans la poursuite de leurs buts[34]. L'État de droit est ainsi un type d'État qui correspond à une « idée de la vie » (*Lebensansicht*)[35] dont le principe suprême est la liberté du citoyen, lequel agit librement « dans les limites de la raison et du droit » et bénéficie du soutien de l'État. Ce soutien peut seulement être négatif car l'État ne peut se substituer à la vie du peuple, dans ce qui fait sa raison de vivre (*Lebenszweck*) ; il consiste à écarter les obstacles à la liberté qui naissent des agissements hostiles d'autres hommes (cette activité est la justice) ou de circonstances extérieures insurmontables

---

33 « Entstehung und Wandel des Rechtsstaatsbegriffs », p. 145-146, notamment dans E. W. BÖCKENFÖRDE, *Recht, Staat, Freiheit. Studien zur Rechtsphilosophie, Staatstheorie und Verfassungsgeschichte,* Suhrkamp Taschenbuch, Francfort, 1991.

34 *Enzyclopädie der Staatswissenschaften*, Tübingen, Verlag der h. Laupp'schen Buchhandlung, 2ème éd., 1872, p. 10 et s. et 38-41.

35 G. Burdeau aurait dit une « idée de droit ».

(cette activité de l'État est la police)[36]. Cette activité de police peut cependant prendre une extension assez importante. L'État de droit, pour von Mohl, ce ne sont pas seulement des lois, ce sont aussi des institutions (*Einrichtungen*) au service des missions de l'État. En effet, l'État est l'institution (*Anstalt*) qui doit répondre aux « besoins effectifs » du peuple en suivant les évolutions auxquelles celui-ci est soumis. Il doit apporter aux individus comme aux différents groupes de la population le soutien qui est nécessaire à la réalisation de leurs buts, mais les prestations (*Leistungen*) de l'État varient en fonction de leur capacité spontanée de socialisation et leur degré d'évolution. Même les « cercles » les plus importants de l'organisation sociale, et les conditions de culture les plus élevées, ne permettent pas de s'en passer, car non seulement les besoins des individus pris isolément, mais les besoins de la société elle-même doivent être satisfaits. R. von Mohl souligne, toutefois, que si le soutien (*Förderung*) de l'État est nécessaire, il ne doit pas déboucher sur une prise en main des activités qui forment les « raisons de vivre du peuple » ; l'État doit se limiter à l'assistance de ceux qui en ont besoin et à couvrir les besoins collectifs (*gemeinschaftliches Bedürfnis*)[37]. Mais dans l'État de droit, ce sont les individus et les collectivités qu'ils composent, non la communauté comme dans les sociétés anciennes, qui forment le but de l'État, et les actions de tous comme celles des gouvernants s'inscrivent dans un ordre juridique, dont l'État assure le respect[38]. Le respect du droit dans tous les domaines où l'État exerce sa puissance est à la fois « un besoin, un bien en soi et la condition de tout le reste »[39]. Les individus et les collectivités existantes qu'ils composent ont certains droits dans l'État ; ces droits sont l'égalité devant la loi, le droit au soutien de l'État dans les cas appropriés et les grandes libertés[40].

On voit que l'État de droit ainsi entendu va bien au-delà de la conception habituelle de l'État libéral, telle qu'elle s'est imposée à la fin du XIXème siècle. Il fait une place importante aux collectivités

---

36 *Polizeiwissenschaft nach den Grundsätzen des Rechtsstaates,* Tübingen, Verlag der h. Laupp'schen Buchhandlung, 2ème éd., 1844, T. 1, p. 6-11.

37 *Enzyclopädie..., op. cit.*, p. 76-77.

38 *Ibid.*, p. 106-107.

39 *Ibid.*, p. 325.

40 *Ibid.*, p. 327-329.

intermédiaires que forment les individus entre eux, et reconnaît à l'État le devoir d'agir pour soutenir le développement des individus et de leurs collectivités. C'est cette idée de l'État qui caractérise le libéralisme allemand, bien plus que la vision minimaliste. Elle a été reprise et approfondie par Lorenz von Stein, notamment dans sa « Science de l'Administration » (*Verwaltungslehre*), dans laquelle les auteurs modernes voient une anticipation de l'État social[41].

Lorenz von Stein (1815-1890), d'abord professeur à Kiel en 1846, puis à Vienne à partir de 1854, ayant dû quitter Kiel après l'échec du soulèvement du duché contre le Danemark, auquel il avait pris part, est l'un des derniers représentants de l'encyclopédisme dans les sciences sociales. En son temps, il était aussi connu comme économiste que comme théoricien de l'État, comme sociologue que comme professeur de droit public[42]. Formé à l'école de la philosophie hégélienne, son œuvre peut dans une certaine mesure être lue comme une application de la dialectique hégélienne à la science de l'État. Il s'est d'abord fait connaître par une importante « Histoire du mouvement social en France de 1789 à nos jours »[43], dans laquelle il livre sa conception de l'État et des rapports entre l'État et la société. Deux points essentiels de la pensée de L. von Stein méritent ici de retenir notre attention : sa vision des rapports entre l'État et la société et sa conception de la place de l'administration dans l'État.

---

[41] E. R HUBER., « Lorenz von Stein un die Grundlegung der Idee des Sozialstaats », p. 495-512 et E. W BÖCKENFÖRDE, « Lorenz von Stein als Theoretiker der Bewegung von Staat und Gesellschaft zum Sozialstaat », p. 513-547, dans L. von STEIN, *Gesellschaft - Staat - Recht*, édité et introduit par Ernst FORSTHOFF, avec des contributions de D. BLASIUS, E. W. BÖCKENFÖRDE et E. R. HUBER, Propyläen Verlag, Francfort / Berlin / Vienne, 1972.

[42] E. R. HUBER, *op. cit.*, p. 495-496

[43] L. von STEIN, *Geschichte der sozialen Bewegung* dans *Frankreich von 1789 bis auf unsere Tage*, d'abord publiée en 1842 sous le titre *Der Sozialismus und Kommunismus des heutigen Frankreichs,* puis augmentée et rééditée sous le titre précité en 1850. Dès l'édition de 1842, L. von Stein soutient qu'avec la formation de la société industrielle le mouvement social détermine l'évolution politique ; le conflit essentiel se trouve au sein de la société elle-même, il oppose le prolétariat à la bourgeoisie. L'œuvre de L. von Stein était connue de Marx et certains y ont vu une source essentielle du *Manifeste du parti communiste*, paru quelques années plus tard ; mais L. von Stein ne concluait pas à la nécessité ni l'inéluctabilité de la révolution. Voir E. W. BÖCKENFÖRDE., « Lorenz von Stein als Theoretiker der Bewegung von Staat und Gesellschaft zum Sozialstaat », *op. cit.*, notamment p. 531-533.

Pour L. von Stein, l'État est une « personne », nous dirions aujourd'hui plutôt un corps, dont l'unité résulte de la communauté de volonté des individus. Il en résulte que le développement de l'État dépend du développement des individus qui le composent, d'où il suit que pour atteindre son plein développement l'État doit promouvoir le développement des individus. Cet objectif est, pour L. von Stein, inhérent au concept même de l'État ; il en est en d'autres termes le "principe". Comme corps autonome, l'État est aussi un « organisme » à la vie duquel participent tous ses membres (communes, provinces...), mais qui peut aussi imposer l'obéissance à sa volonté. Pour assurer la réalisation de son « principe », l'État doit s'appuyer sur la participation des citoyens à sa volonté, et cette participation est en même temps la condition du développement de la personnalité de chacun. La constitution (*Verfassung*) de l'État désigne cet « organisme », et elle suppose la liberté de chacun. Mais la volonté de l'État ne devient réalité que par son objet, l'activité de l'État. Cette activité, mise en œuvre par les organes de l'État, est l'administration (*Verwaltung*). L'administration atteint sa forme idéale, telle que l'impose le principe même de l'État, lorsqu'elle se consacre entièrement à la vie des citoyens de l'État. La constitution et l'administration forment le contenu du principe de l'État [44]. En résumé, la constitution doit favoriser l'identité de l'individu et de l'État, et l'administration doit promouvoir le bien-être des citoyens, puisque la richesse et la puissance de l'État dépendent de leur prospérité.

Mais à cet idéal s'oppose la société, qui est le règne des intérêts et où chacun dépend de chacun. Alors que l'État repose sur la liberté, la société engendre de la dépendance ; alors que l'État tend à promouvoir l'épanouissement de chacun, la société tend à produire la soumission de l'individu à d'autres individus. La société industrielle aggrave cette opposition par celle du capital et du travail ; un nombre grandissant d'individus, qui ne possèdent rien, sont ainsi dans la dépendance des possédants ; de plus, les possédant des différentes sortes ne veulent pas dépendre des autres possédants. Il en résulte une opposition entre

---

[44] L. von STEIN, « Der Begriff der Gesellschaft und die Gesetze ihrer Bewegung. Einleitung zur Geschichte der sozialen Bewegung Frankreichs seit 1789 », p. 21-111 (notamment p. 38-41), dans L. von STEIN, *Gesellschaft - Staat - Recht*, *op. cit.*

la société et l'État. Cette opposition ne peut être surmontée que par la révolution ou la réforme sociale. Pour L. von Stein, la révolution n'est qu'une fausse solution, puisqu'elle remettrait tout le pouvoir d'État à une classe seulement de la société ; le rapport de dépendance serait seulement inversé. De plus l'idée de révolution est incompatible avec le concept de l'État. C'est au contraire à l'État, conformément à son concept, de surmonter cette opposition par la réforme sociale. Cette réforme sociale, toutefois, ne peut venir ni de la classe dominée, qui ne pourra pas l'imposer, ni de la classe dominante qui y fera obstacle. Seul l'État peut donc la promouvoir, et à l'époque de L. von Stein l'État monarchique ; la crainte de la révolution sociale devrait y pousser. La réforme ne saurait toutefois avoir pour objectif d'abolir l'opposition entre le capital et le travail, ou à plus forte raison les contradictions au sein de la société, mais la pauvreté appelle l'assistance et le prolétariat l'accès au capital[45].

On ne peut manquer de voir dans cette conception de la réforme sociale une anticipation du socialisme lassalien dans la Prusse de Bismarck. Mais le projet de L. von Stein va bien plus loin. D'une part, il associe la réforme sociale avec des réformes politiques telles que le suffrage universel et direct et la responsabilité parlementaire des ministres. D'autre part, il associe la légitimation de l'État à la promotion du bien-être et à une participation équitable de chacun au produit social, comme moyens d'assurer la liberté[46]. Sous ces deux aspects, L. von Stein peut en effet être considéré comme un précurseur de l'État social et il a donné une justification sociale et philosophique au développement des missions de l'État dans le cadre même du libéralisme.

La « Science de l'administration » (*Verwaltungslehre*) s'inscrit dans le prolongement de cette philosophie de l'État et de son rôle. L'administration est l'activité matérielle de l'État. Elle seule permet à l'État de rendre à l'individu ce qu'il doit lui abandonner d'autonomie et de ressources. C'est par sa médiation que s'opère la réciprocité de la relation entre l'État et l'individu[47] ; dans l'administration intérieure

[45] *Ibid.*, notamment p. 42-46 et p. 100-111.
[46] Voir aussi le commentaire de E. W. BÖCKENFÖRDE, *op. cit.*, p. 514.
[47] L. von STEIN, « Inhalt und Wesen der innern Verwaltung », extrait de *Die Verwaltungslehre*, 1866, 2ème partie, p. 26 dans *Verwaltungswissenschaft*, grands

s'incarnent les conditions du développement individuel[48]. C'est de cette fonction que L. von Stein tire son analyse du contenu de l'administration. Le « système » de l'administration ne peut en effet être déterminée que par son objet, qui n'est autre que le contenu de la vie personnelle des individus[49]. Or, la vie personnelle se décompose en trois catégories de rapports fondamentaux ou trois mondes : le monde personnel proprement dit, le monde économique et le monde social. A chacun de ces mondes correspondent des objets particuliers de l'administration. Ainsi distingue-t-on dans le monde personnel d'une part le domaine physique auquel correspondent dans l'administration les missions relatives à la santé et aux soins, à la population, à la police de la sécurité, et d'autre part le domaine de l'esprit, auquel correspondent, dans les missions de l'administration, l'enseignement, la formation, la culture. Dans le monde économique, où les biens ne prennent leur valeur que lorsqu'ils sont appropriés par les individus, ceux-ci ne peuvent atteindre ce but que si l'État crée des conditions favorables : il s'agit de créer les lois mais aussi les services (*Anstalten*) dont le but est de favoriser les activités économiques, en général, mais aussi des dispositions propres à certains secteurs[50]. Enfin, le monde social se rapporte à l'ordre social qui résulte de la répartition des biens et des professions ; le noyau en est la famille. En ce domaine l'administration veille à la stabilité de l'institution familiale, elle attribue des aides aux moins fortunés, elle protège une classe moyenne agraire.

On le voit, l'administration selon L. von Stein est chargée de missions nombreuses et variées, et celles-ci comportent dans certains domaines l'offre de prestations précises comme dans les domaines de la santé et de l'enseignement. L. von Stein retrouve ici tout l'éventail des missions de l'État que décrivait la « science de la police », et que l'on trouvait encore à la même époque exposée dans l'« Encyclopédie des sciences de la police » de Robert von Mohl[51]. Mais L. von Stein en

---

textes recueillis par Heinrich SIEDENTOPF, Wissenschaftliche Buchgesellschaft, Darmstadt, 1976.

48 « In der innern Verwaltung wird er [der Staat] zur persönlichen Form der allgemeinen Bedingungen der individuellen Enwicklung », *ibid.*, p. 30).

49 *Ibid.*, p. 31.

50 *Ibid.*, p. 34.

51 Voir *supra* note 11.

renouvelle complètement le fondement en en donnant une présentation systématique qui est déduite d'une philosophie de l'État. Cela le conduit aussi à remettre en cause l'usage de l'ancienne notion de police, et avec elle l'ancienne science de la police (*Polizeiwissenschaft*). En effet, la notion de police est immanente à la notion d'administration, mais elle n'exprime que l'activité de protection (*schützende Tätigkeit*) de l'administration, celle qui consiste à écarter les dangers qui menacent les activités des individus, même si on y inclut ceux qui résultent des imperfections de l'ordre social. Mais avec le développement de l'administration intérieure, selon la systématique proposée par L. von Stein, et, ajouterons-nous, la réforme sociale prise en charge par l'État, les activités de l'administration ne peuvent plus être décrites sur le mode négatif ou subsidiaire ; il convient donc de distinguer l'activité de promotion (*fördernde Tätigkeit*) de l'activité de protection. La police entre certes dans les missions de l'administration intérieure, mais la science de la police ne suffit plus à rendre compte de l'activité de l'administration[52].

Alors que la pensée de L. von Stein s'inscrit dans le prolongement de la théorie de l'État de droit, le droit tient relativement peu de place dans son œuvre. En ce sens, elle est encore liée à la philosophie de l'État de police, dans lequel la puissance publique est souveraine et se situe en dehors du monde de la justice et des rapports civils, et donc en dehors du droit. Cela explique qu'à la fin du XIXème siècle la « science de l'administration » ait été supplantée par la science naissante du droit administratif, puisque le programme politique du libéralisme était de soumettre le pouvoir exécutif à la loi, et impliquait une vision plus restrictive des missions de l'État et de l'administration. On a pu voir aussi dans son déclin un épisode de la concurrence entre les juristes et les techniciens au sein de l'administration[53]. Mais elle est restée représentative d'une idée de l'État largement répandue, que l'on pouvait reconnaître dans les réformes sociales, l'organisation rigoureuse de la fonction publique de

[52] L von STEIN, *ibid.*, p. 43-56.

[53] F. SCHMID, 1909, « Über die Bedeutung der Verwaltungslehre als selbständiger Wissenschaft », reproduit dans *Verwaltungswissenschaft, op. cit.*, p. 87-118 (voir notamment p. 90-91, 94-95 et 117-118).

carrière et les initiatives économiques de la Prusse et de l'Empire allemand pendant le dernier tiers, au moins, du XIXème siècle.

Cependant l'essor du droit administratif lui-même reflète l'influence de L. von Stein dans la façon de présenter l'administration, au moins jusqu'à ce que s'impose la systématisation d'Otto Mayer. Ainsi le « Droit administratif général » d'Otto von Sarwey (1884) distingue-t-il le « droit de l'administration intérieure » du « droit administratif au sens restreint ». Le droit de l'administration intérieure est présenté en distinguant encore les « missions de l'administration intérieure » et l' « organisation » de l'administration. La présentation des missions de l'administration intérieure s'inspire de la classification de L. von Stein. Il distingue ainsi parmi les activités de l'État pour « la promotion du bien-être du peuple et des individus » :

-1) les activités de protection contre les dangers résultant de la violation des lois,

- 2) les activités ayant pour objet de combattre les risques d'origine naturelle,

- 3) les activités qui visent directement à promouvoir le bien des personnes (ex. : santé, assistance...),

- 4) les activités qui contribuent au bien-être général par l'intermédiaire des individus, tels que l'enseignement, mais aussi des services destinés à favoriser l'économie, tels que la poste, le télégraphe, les transports (chemins de fer, les poids et mesures, la monnaie et le crédit[54]. Le droit administratif « au sens restreint » (*das Verwaltungsrecht im engern Sinn*) concerne les conditions d'exercice de la puissance publique vis-à-vis des individus dans la poursuite de l'intérêt public ; ces conditions sont fondées sur les « droits fondamentaux » (*Grundrechte*), qui définissent le domaine des droits et de la volonté de l'individu[55]. Mais surtout, Sarwey souligne que si l'État de droit a mis au premier plan la création par l'État des conditions du plein développement des individus, ce qui impliquait un repli des interventions de l'État, l'évolution de l'État réel n'a jamais obéi aux principes de l'« Ecole de Manchester » ; l'État ne peut pas

[54] O. von SARWEY, *Allgemeines Verwaltungsrecht*, notamment p. 73-93, Marquardsen Handbuch des öffentlichen Rechts, J.C.B. Mohr, Fribourg (B) et Heidelberg, 1884.

[55] *Ibid.*, p. 119.

renoncer à promouvoir le bien-être du peuple et des individus et à mettre en œuvre les moyens nécessaires là où l'appelle la réalisation de ce but, car en soutenant la prospérité des individus il soutient aussi sa propre prospérité[56]. Il souligne aussi que si la prise en considération des intérêts individuels par rapport à l'intérêt public implique une réduction des missions d'assistance (*Wohlfahrtsaufgaben*) de l'État, le développement de l'industrie et des moyens de transport modernes entraîne au contraire une extension de ces missions à de nouveaux domaines. Enfin, il oppose sur ce point l'Allemagne à l'Angleterre, où ces missions ont été laissées à l'initiative des classes sociales dominantes[57]. Cette approche se retrouve chez de nombreux autres auteurs de cette époque, tel Hermann Schulze dans son « Droit public du royaume de Prusse »(1884) qui distingue, dans un esprit plus descriptif que Sarwey, l'étude de l'administration intérieure de celle du contrôle juridictionnel de l'administration, mais attache une importance particulière aux missions intéressant le développement économique[58].

Cette orientation se retrouve dans la formation de la théorie de l'« économie collective » (*gemeinwirtschaftliche Theorie*) élaborée dans le dernier tiers du XIXème siècle par les continuateurs du caméralisme, notamment Adolph Wagner, Albert Schäffle et Emil Sax. Selon ces auteurs, dont certains, comme Wagner, ont été les théoriciens du « socialisme d'État » de l'ère bismarckienne, le secteur économique d'État ou collectif est une composante nécessaire de l'ordre économique et Wagner soutenait même que ce secteur allait s'accroître avec le développement social (la fameuse « loi de Wagner »), une thèse que critiquait Schäffle, selon lequel l'économie privée pourrait au contraire prendre le relais du secteur public ou collectif. Mais ils sont aussi la source d'une doctrine, qui s'est aussi perpétuée comme discipline académique, l'« "économie collective » (*Gemeinwirtschaft*), laquelle a continué à se nourrir de l'existence d'un secteur public important, sous la République de Weimar, et après la guerrre dans la République fédérale, notamment au niveau

[56] C'était, on l'a vu, la thèse de L. von Stein.

[57] *Ibid.*, p. 61, 73 et 62.

[58] H. SCHULZE, *Das Staatsrecht des Königsreichs Preußen*, Marquardsen Handbuch des öffentlichen Rechts, J.C.B. Mohr, Fribourg (B) et Heidelberg, 1884., notamment p. 113-165.

communal et au niveau des Länder[59]. Les règles qui gouvernent encore les tarifs publics en Allemagne sont directement issues de la loi prussienne de 1893 sur les contributions communales (*Kommunalabgabengesetz*), qui se retrouve aujourd'hui encore dans les lois des Länder[60].

2. Le droit administratif comme expression de l'État de droit

C'est avec Otto Mayer que le droit administratif acquiert son autonomie sur le plan scientifique et son contenu moderne. Il abandonne la description des missions de l'État et la présentation de la législation correspondante pour se concentrer sur les rapports juridiques propres au droit public, tels qu'ils apparaissent avec la formation de l'État de droit. Le point de départ reste donc le même, la théorie de l'État de droit, mais l'objet de la discipline est l'analyse de l'administration en termes de rapports de droit. La systématisation du droit administratif, comme science, s'opère en dehors de la définition des missions de l'administration et indépendamment de la qualification juridique des activités correspondantes. De là vient en partie l'évolution divergente du droit administratif allemand par rapport au droit administratif français.

Cette orientation n'est sans doute pas l'effet du hasard. Elle est cohérente avec une théorie de l'État et un contexte politique particulier. En France, la théorie de la souveraineté nationale a constitué un puissant facteur de légitimation du rôle de l'État, adapté au cadre démocratique. A la fin du XIXème siècle, le développement du droit administratif avait pour fonction d'assurer la subordination de l'administration à la loi, ce qui conditionnait la légitimité de son

[59] Cette doctrine mériterait à elle seule de plus amples développements, pour comprendre comment elle a structuré la conception de la gestion publique. Cf. Th. THIEMEYER, « Öffentliche und gemeinwirtschaftliche Unter-nehmen in der politischen und wissenschaftlichen Diskussion », notamment p. 84s, dans H. BREDE et A. von LOESCH (Hrsg), *Die Unternehmen der öffentlichen Wirtschaft* dans *der Bundesrepublik Deutschland*, Nomos, Baden-Baden, 1986. Sur un plan plus général, voir K. CHMIELEWICZ et P. EICHHORN, *Handwörterbuch der öffentlichen Betriebswirtschaftslehre*, Kohlhammer, Stuttgart, 1989.
[60] M. F. MATSCHKE et T. HERING, *Kommunale Finanzierung*, Oldenbourg, Munich / Vienne, 1998, p. 19s.

action comme interprète et garant de l'intérêt général. La notion de service public a donné au droit administratif un critère qui légitimait l'administration par le but de son activité matérielle. D'une certaine manière, le développement du recours pour excès de pouvoir s'inscrivait dans une longue évolution qui a adapté au nouveau cadre politique du parlementarisme démocratique le système administratif forgé, pour l'essentiel, par le Premier Empire. Conformément à l'idéal révolutionnaire, repris par les juristes de la IIIème République, c'est en assurant le respect de la loi que l'on assurait la protection des droits des administrés.

Dans les États allemands du début du XIXème siècle où elle s'est d'abord diffusée (les États rhénans et du sud de l'Allemagne, la Prusse), au contraire, la théorie de l'État de droit (*Rechtsstaat*) justifiait la limitation du pouvoir royal par une constitution dans des régimes qui ne reposaient pas sur un principe de légitimité démocratique. On devait ainsi surmonter l'opposition entre la société et l'État, décrite dans les premiers temps du libéralisme[61], et donner corps au concept juridique de l'État[62] ; pour Gneist, le droit doit aussi protéger l'individu contre l'autorité et on ne saurait admettre une subordination inconditionnée de l'individu au bien commun[63]. L'État de droit se caractérise par la soumission de la puissance publique au droit, ce qui nécessite la séparation du pouvoir législatif et du pouvoir exécutif, respectivement investis de propriétés juridiques distinctes. Mais, comme le soulignait Otto Mayer, à la fin du XIXème siècle, à propos des constitutions des États de l'Empire allemand, la séparation des pouvoirs n'est pas liée au principe de la souveraineté du peuple, qu'aucune d'elles à cette époque ne reconnaissait[64]. Alors que le pouvoir exécutif est en principe libre de son action dans le cadre de la Constitution, il ne peut agir en certains domaines que sur la base de la loi ; les interventions dans les domaines de la justice et les droits fondamentaux (*Grundrechte*) des individus sont alors *réservées* à la compétence de la loi (*Vorbehalt des Gesetzes* - théorie de la réserve de

---

[61] O. von SARWEY, *op. cit.*, p. 16 et 52.
[62] R. GNEIST, *Der Rechtsstaat und die Verwaltungsgeschichte* dans *Deutschland*, Verlag Julius Springer, Berlin, 2ème éd. 1879, p. 27-29.
[63] *Ibid.*, p. 31.
[64] *Deutsches Verwaltungsrecht, op. cit.*, Vol. 1, p. 69.

la loi)[65]. Soustraits à la compétence du pouvoir exécutif, les droits fondamentaux sont ainsi la source de droits subjectifs pour les administrés.

Otto Mayer, toutefois, connaissait bien le droit français. Professeur à Strasbourg, il a publié sa « Théorie du droit administratif français » (1886)[66] presque dix ans avant son « Droit administratif allemand » (1895)[67]. A la différence de Gneist, il ne considérait pas la notion d'État de droit comme une idée spécifiquement allemande, mais commune, au contraire, aux nations européennes et en particulier à la France, qu'il pensait plus avancée dans sa réalisation, alors que l'Allemagne était encore marquée par les particularismes provinciaux des différents Länder et les anciennes conceptions et institutions de l'« État de police »[68]. O. Mayer s'est inspiré du droit administratif français pour élaborer certaines notions essentielles de son système du droit administratif allemand : la notion d'acte administratif (*Verwaltungsakt*)[69], la notion de concession (*Konzession*) [70], la notion de service ou d'établissement public (*öffentliche Anstalt*)[71]. Mais il s'agit du droit administratif français à la veille des mutations et des grandes synthèses doctrinales de la IIIème République ; les auteurs les plus souvent cités par O. Mayer sont Aucoc et Ducrocq. En particulier ; comme on l'a vu, la notion de service public est prise dans son sens matériel et O. Mayer s'intéresse beaucoup moins à la qualification de « *öffentliche Anstalt* » qu'au régime juridique des relations entre le service et l'usager. Il n'en fait pas le critère de

---

[65] *Ibid.*, p. 74-75.

[66] *Theorie des französischen Verwaltungsrechts*, Verlag Karl J. Trübner, Strasbourg, 1886.

[67] *Deutsches Verwaltungsrecht, op. cit.*

[68] *Theorie..., op. cit.*, « Avant-propos », p. VIII-IX ; *Deutsches VerwR..., op. cit.*, p. 55 et s. et 65 et s. Toutefois, quelques années plus tôt, Rudolf GNEIST voyait au contraire dans la France le contraire de l'État de droit ; le système de justice retenue en était donné comme une illustration (*Der Rechtsstaat und die Verwaltungsgerichte* dans *Deutschland*, J. Springer, Berlin, 2ème éd. 1879, p. 158s. et notamment p. 182 ; la première édition était de 1872).

[69] *Deutsches VerwR.*, I, *op. cit.*, p. 64 : « le nom d'acte administratif est repris de la langue juridique française, pour désigner cette disposition d'autorité juridiquement importante d'un cas particulier ».

[70] *Ibid.*, p. 308.

[71] *Ibid.*, p. 318s. et *Theorie..., op. cit.*, p. 224s.

l'application du droit administratif ; ce n'était d'ailleurs pas le cas non plus dans le droit administratif français à cette époque. Mais, d'une certaine manière, l'influence considérable exercée par l'œuvre d'Otto Mayer a figé, pour longtemps, la perception du droit administratif français par la doctrine allemande, qui a ensuite évolué de manière autonome.

Surtout, on doit le rappeler, la juridiction administrative était peu développée en Allemagne, et elle l'est restée jusqu'aux réformes introduites en RFA après 1949 qui ont établi des tribunaux administratifs sur le modèle des juridictions judiciaires. A la fin du XIXème siècle, les litiges administratifs étaient jugés par des autorités administratives et, selon des modalités variables selon les Länder, les décisions de ces autorités pouvaient faire l'objet d'un recours juridictionnel devant un tribunal administratif du Land, mais seulement dans les cas ou les matières prévus par la loi, qui pouvait donc être restrictive. Ainsi, en Prusse, la compétence des tribunaux administratifs était limitée aux recours en matière de police et de taxes. A la fin de la République de Weimar, la juridiction administrative n'avait une compétence générale, en matière de recours en annulation contre des actes administratifs, que dans quelques Länder (Wurtemberg, Thuringe, Lübeck, Hambourg, Brême), ainsi qu'en Autriche[72]. Dans ce cadre, le problème de la répartition des compétences entre les juridictions civiles et les juridictions administratives, lorsqu'elles existaient, ne pouvait se poser dans les mêmes termes qu'en France ; en fait, la loi impériale (fédérale) de 1877 sur l'organisation judiciaire fut interprétée, jusqu'à la fin de la République de Weimar,[73] comme réservant aux tribunaux civils de se prononcer sur leur compétence ou leur incompétence[74].

Le système d'Otto Mayer repose essentiellement sur les notions d'acte administratif, de rapports de droit public (*öffentliche Rechtsverhältnisse*) et droits publics subjectifs (*subjektive öffentliche Rechte*). Ce sont ces notions qui fondent l'autonomie du droit administratif par rapport au droit civil comme par rapport au droit

---

[72] W. JELLINEK, *Verwaltungsrecht*, Verlag Julius Springer, Berlin, 3ème éd. 1931, p. 313-314.

[73] *Ibid.*, p. 55.

[74] Voir M. FROMONT, *op. cit.*, p. 47s.

constitutionnel à ses yeux, même si l'auteur s'inspire des distinctions du droit civil. Elles trouvent leurs racines dans le droit allemand, notamment la théorie de l'État de droit, et non dans le droit français. En revanche, la notion de service public (*öffentliche Anstalt*) n'occupe qu'une place secondaire dans le système, même si pour nous elle présente ici un intérêt particulier.

Georg Jellinek a développé une théorie des droits publics subjectifs[75] dans laquelle il a tenté de réinterpréter l'ensemble du droit public sur la base de la notion de droit public subjectif. Il critiquait l'influence du droit français, qui niait « l'existence de droits individualisés de l'individu envers l'État », sur le droit administratif allemand, qui n'accordait aux « droits publics subjectifs » qu'une place trop réduite[76]. Le droit public subjectif, selon G. Jellinek, n'oppose pas l'individu à l'État mais découle au contraire de son appartenance à l'État et des multiples situations juridiques particulières qui découlent pour l'individu de cette appartenance[77]. C'est un droit individuel envers l'État (*Anspruch*), qui se réalise par l'existence de recours juridiques. En particulier, parmi les quatre dimensions que distingue Jellinek dans les rapports entre l'individu et l'État, le « statut positif » (ou *status civitatis*) correspond au droit pour l'individu d'utiliser les institutions de l'État pour la satisfaction de son intérêt personnel conformément à leur objet[78]. Alors que dans l'État de police, explique Jellinek, l'État poursuit le bien commun sans que les individus aient des droits sur l'activité étatique, dans l'État moderne est de plus en plus fréquemment reconnu le droit de l'individu à obtenir de l'administration les prestations que le « bien commun » garantit à celui-ci (comme en matière de santé, de sécurité...) ; ce sont les recours qui permettent à l'individu de réaliser ces droits qui en font des droits publics subjectifs, par opposition à ceux qui ont seulement

---

[75] G. JELLINEK, *System der subjektiven öffentlichen Rechte*, J.C.B. Mohr, Fribourg-en-B., 1892.

[76] *Ibid.*, p. 3 et 5.

[77] *Ibid.*, p. 81.

[78] *Ibid.*, p. 82. Les trois autres dimensions sont le statut passif, ou de sujétion, le statut négatif, qui protège la sphère privée de l'individu envers l'État, et le statut actif par lequel s'exprime la contribution de l'individu à la vie de l'État.

pour objet de faire respecter le droit objectif[79]. La théorie des droits publics subjectifs a exercé une influence importante sur le droit administratif moderne et la consécration des droits fondamentaux en a renouvelé l'intérêt ; mais elle a joué un rôle plutôt restrictif, dans la mesure où, dans le droit moderne, la recevabilité d'un recours suppose en général que le requérant puisse fonder son recours sur son droit subjectif[80].

Pour Otto Mayer, l'État de droit commence quand l'administration est soumise à la loi. En deçà de ce stade, l'administration produit des règles qui lient les administrés[81] mais par lesquelles elle n'est pas liée elle-même puisqu'elle peut librement les modifier ; elle est alors placée en dehors du droit. De même que dans le domaine civil ou pénal, la loi lie à la fois le juge et le justiciable, dans le domaine de l'administration, la loi de l'administration (*Verwaltungsgesetz*) lie à la fois l'administration elle-même et l'administré[82] ; le rapport entre l'administration et l'administré devient alors un rapport de droit[83]. Ce que la loi prescrit à l'administré d'accomplir, de faire ou de ne pas faire (*Leisten, Thun und Unterlassen*) devient une obligation juridique, et inversement ce que la loi prescrit au nom de l'État et en faveur de l'administré devient un droit de celui-ci envers l'État (*ein rechtlicher Anspruch*). Ces relations prennent alors la forme de « rapports de droit public » qui peuvent faire naître des « droits publics subjectifs »[84]. De même qu'en matière civile ou pénale la loi ne s'applique que par l'intermédiaire du jugement qui détermine ce qui est de droit, de même la loi de l'administration ne s'applique-t-elle que par l'intermédiaire d'un acte qui en détermine l'application, l'acte administratif : « l'acte administratif est une expression de l'autorité propre à l'administration,

---

[79] *Ibid.*, p. 109s. C'est ce qui fait que le droit public subjectif ne se confond pas avec la simple réflexion du droit objectif sur l'individu (« droit réflexe »).

[80] H. P. BULL, *Allgemeines Verwaltungsrecht*, C.F. Müller, Heidelberg, 5ème éd. 1997, p. 105-106.

[81] O. MAYER ne parle pas d'« administré », mais de « sujet » (*Unterthan* ou *Untertan* en allemand moderne), mais il nous semble que le passif inclus dans le substantif « administré » suffit à rendre l'idée.

[82] *Deutsches VerwR., op. cit.*, p. 82-83.

[83] *Ibid.*, p. 86.

[84] *Ibid.*, p. 90.

qui détermine vis-à-vis de l'administré dans le cas particulier ce qui doit être de droit »[85]. Les autorités administratives (*Verwaltungsbehörden*) sont les services ou les bureaux qui ont le pouvoir de faire des actes administratifs ; elles sont l'équivalent dans l'ordre de l'administration des autorités judiciaires dans le domaine de la justice. Toutefois, le fondement de l'acte administratif ne relève pas toujours de la loi ; il n'en est ainsi que lorsque cet acte est l'instrument d'une atteinte à la liberté ou à la propriété de l'administré. Lorsqu'au contraire l'acte administratif accorde un avantage à l'administré, qu'il s'agisse d'un droit de propriété, d'un usage ou d'une prestation en argent, il peut ne pas trouver son fondement dans l'exécution d'une loi, même si une loi peut avoir pour objet de régler l'octroi de tels avantages[86].

Mais, dans tous les cas, l'acte administratif est le mode caractéristique d'exercice de la puissance publique dans l'État de droit. Il fait naître un rapport de droit public. « Est de droit public le rapport juridique qui a pour contenu l'exercice de la puissance publique »[87]. Un droit public subjectif ne peut naître que d'une prescription juridique (*Rechtssatz*) ou d'un acte administratif qui l'établit ; un tel droit peut donc être établi par un acte administratif. Il se caractérise alors par le fait que l'administré en dispose librement, que son droit est protégé envers l'autorité administrative et qu'à l'inverse l'acte administratif qui a pour contenu d'établir un droit public subjectif ne peut être librement retiré[88].

Cette conception, sommairement ramenée ici à quelques caractères essentiels, a plusieurs conséquences, par comparaison à la formation du droit administratif français moderne à la même époque. Elle fait du droit administratif exclusivement un droit de la puissance publique. Comme le note ailleurs Otto Mayer, l'administration n'agit pas toujours dans le cadre du droit administratif, ce n'est pas l'objet de son action qui détermine quand elle peut faire usage des institutions du droit civil, mais seulement la question de savoir s'il convient d'établir des rapports égalitaires avec les intéressés ou non[89]. Ensuite,

[85] *Ibid.*, p. 95.
[86] *Ibid.*, p. 97.
[87] *Ibid.*, p. 107.
[88] *Ibid.*, p. 116-118.
[89] *Ibid.*, p. 138-140.

le lien qui est établi entre les recours et la protection des droits publics subjectifs tend à limiter les recours aux actes administratifs proprement dits. Ceux-ci reçoivent une définition étroite, en droit allemand, à la différence de celle qui s'est progressivement imposée en France en admettant le recours pour excès de pouvoir contre les règlements gouvernementaux[90]. En droit français, cependant, le recours pour excès de pouvoir ne s'est pas développé comme un moyen de protection des droits subjectifs mais au contraire comme un recours de droit objectif.

On a vu que cette systématisation n'ignorait pas les services publics, mais elle est indépendante des missions et des finalités auxquelles ils correspondent et s'intéresse essentiellement aux rapports entre l'usager et le service public. Mais d'une part, ces rapports ne sont pas nécessairement de droit public, pour des raisons historiques, pratiques ou matérielles ; ils peuvent être soumis au droit privé, notamment s'ils prennent la forme d'un contrat. D'autre part, lorsqu'il s'agit de rapports de droit public, la loi et le règlement pénètrent peu dans le service public, qui est régi essentiellement par des dispositions d'ordre intérieur. Seul l'accès au service public, qui est en principe universel et égal, est soumis au droit. Mais l'accès au service ne détermine pas un droit aux prestations du service, ni par conséquent à réparation d'un préjudice si l'usager est privé du bénéfice de la prestation ; l'usager n'est que l'« objet » du service public. C'est seulement lorsque son rapport avec le service prend fin que l'usager retrouve des droits qu'il peut mettre en œuvre à l'égard de faits résultant de l'usage du service public : droit à restitution, par exemple si l'usager a payé une somme d'argent qui est restée entre les mains de l'administration, droit à réparation en cas de préjudice matériel direct résultant de la défaillance du service public[91].

---

[90] Cf. CE 6 déc. 1907, « Compagnie des Chemins de Fer de l'Est et autres », dans LONG, WEIL, BRAIBANT, DELVOLVE et GENEVOIS, *Les grands arrêts de la jurisprudence administrative*, Sirey, Paris, 11ème éd., 1996, n°19, et le commentaire.

[91] O. MAYER, *Deutsches VerwR*, *op. cit.*, II, p. 318-332.

C) Le droit administratif face à l'extension des missions de l'administration

En raison de ses fondements mêmes, le droit administratif de l'État de droit intégrait difficilement dans son système le développement des missions de l'administration. Mais la critique dont il a été l'objet a été associée à la remise en cause globale du libéralisme. Cependant, la période de l'entre-deux guerres a connu certaines avancées doctrinales qui ont trouvé leur postérité après la guerre.

1. La doctrine du droit administratif de l'État de droit face au développement des missions de l'administration

Après Otto Mayer, le droit administratif allemand a évolué sous l'influence de deux facteurs déterminants. D'une part, la constitution de Weimar a établi une république parlementaire ; pour la première fois, l'État de droit et la démocratie politique se rejoignaient. D'autre part, il s'est produit, sous l'Empire allemand et sous la République de Weimar, une extension considérable de l'intervention publique en matière économique et sociale, sous l'effet de l'urbanisation et de l'industrialisation, ainsi que de la Première Guerre mondiale et de ses suites. Cet interventionnisme s'est développé particulièrement au niveau communal dans tous les Länder. De grands services publics à caractère économique, tels la poste, le télégraphe et le téléphone, les chemins de fer, qui étaient déjà apparus au XIXème siècle dans les différents États allemands, ont été réorganisés au niveau de l'Empire, sous la forme de services publics (*öffentliche Anstalten*) non personnalisés, mais dotés d'une autonomie de gestion et de l'autonomie financière. Au niveau local, se sont développés les grands services urbains (distribution d'eau, de gaz, d'électricité, transports publics) sous la forme d'entreprises publiques locales, parfois sous la forme de sociétés de droit privé dont les communes contrôlaient le capital, éventuellement avec des participations privées, parfois sous la forme de concessions à des entreprises privées[92]. La constitution de

[92] G. HIMMELMANN, « Geschichtliche Entwicklung der öffentlichen Wirtschaft », dans H. BREDE et A. von LOESCH (Hrsg.), *op. cit.*, p. 39-40.

Weimar avait étendu considérablement au domaine social le champ des droits fondamentaux, et le titre qui leur était consacré (« Droits et devoirs fondamentaux des Allemands »), prévoyait, au-delà de la protection des libertés fondamentales, des institutions d'assistance (*Fürsorge*) pour la protection de la famille, de l'enfance et de la jeunesse (art. 119 et 122, notamment), le développement de l'instruction publique (art. 146), la protection des œuvres d'art, des monuments et des sites (art. 150). Dans le domaine économique, la Constitution permettait expressément aux Länder et aux communes de prendre des participations dans des entreprises économiques ou de s'assurer sur elles une « influence déterminante » d'une autre façon (art. 156). Dans le domaine social, elle donnait un fondement constitutionnel à un système général de sécurité sociale organisé dans le cadre national (art. 161).

Face à ces changements, l'évolution du droit administratif s'est faite dans deux directions. D'une part, on l'a déjà signalé, il s'est produit un développement de la juridiction administrative et la doctrine et la jurisprudence ont favorisé l'extension du domaine du droit administratif, comme expression de la soumission de l'administration au droit. D'autre part, la doctrine et dans une certaine mesure la jurisprudence ont essayé de prendre en compte l'évolution des missions de l'administration vers les missions de service. Trois auteurs ont particulièrement contribué à ces tentatives de renouvellement doctrinal : Walter Jellinek, Fritz Fleiner et Ernst Forsthoff. A partir de 1933, le régime national-socialiste a mis fin à l'État de droit, mais l'adaptation du droit positif à l'extension des missions de l'administration publique s'est poursuivie, sous certains aspects, dans la législation.

On ne s'étendra pas ici sur les aspects qui concernent spécifiquement les institutions de l'État de droit. Relevons seulement au passage l'évolution de la théorie de l'acte administratif, due à Walter Jellinek, et en particulier les points suivants : l'acte administratif ne se réduit plus à l'acte d'autorité[93] ; l'élaboration d'une classification des actes administratifs, qui distingue notamment les actes bilatéraux, c'est-à-dire ceux pour lesquels la participation de

[93] W. JELLINEK, *Verwaltungsrecht*, *op. cit.*, p. 246.

l'individu est nécessaire à leur validité[94] ; ou encore la distinction entre les actes qui imposent une charge et ceux qui apportent un avantage à leur destinataire (*belastende und begünstigende Verwaltungsakte*)[95] ; le rattachement de la distinction droit public-droit privé à la notion d'acte administratif[96]. W. Jellinek a également perfectionné la théorie des droits publics subjectifs et proposé une classification de ces droits selon leur force ou leurs garanties envers l'État[97]. Ces développements méritent d'être signalés ici car ils témoignent à la fois de la continuité de la doctrine et de la solidité du socle conceptuel sur lequel elle évolue ; malgré les bouleversements que l'Allemagne a connus, les notions fondamentales élaborées entre la fin du XIXème siècle et la fin de la République de Weimar restent aujourd'hui à la base du droit administratif moderne.

La difficulté que les auteurs ont essayée de surmonter était la suivante : alors que le droit administratif est l'expression de l'État de droit, le développement des missions de service prises en charge par l'administration s'accompagne d'une « fuite vers le droit privé »[98]. Comment la science du droit administratif peut-elle rendre compte de cette évolution et comment les impératifs supérieurs du droit public peuvent-ils s'imposer malgré l'application d'un régime de droit privé ? En effet, avec la diversification des modes d'action de l'administration et le recours aux formes du droit privé, notamment par les collectivités locales comme on l'a signalé, la notion classique de puissance publique est mise en cause comme seul fondement du droit administratif et la distinction entre activités de puissance publique et activités domaniales (*fiskalische Tätigkeiten*) perd sa netteté. Les auteurs ont proposé des solutions qui ont eu une certaine postérité.

Walter Jellinek reprend la distinction traditionnelle entre administration de puissance publique (*hoheitliche Verwaltung*) et administration du domaine (*fiskalische Verwaltung*), mais de telle manière que cela le conduit en fait à distinguer trois formes selon

---

[94] *Ibid.*, p. 249s.
[95] *Ibid.*, p. 254s.
[96] *Ibid.*, p. 47s.
[97] *Ibid.*, p. 200s. On reviendra sur cet apport dans la IIème partie.
[98] Fr. FLEINER, *Institutionen des deutschen Verwaltungsrechts*, J.C.B. Mohr, Tübingen, 2ème éd. 1928, p. 326.

lesquelles l'administration peut agir. On voit déjà par la terminologie employée qu'il s'agit toujours pour Jellinek de l'administration publique, sous des visages différents, et non de sujets différents ; l'idée d'une double personnalité de l'État est complètement abandonnée. Mais, au sein de l'administration de puissance publique, il distingue encore entre l'administration d'autorité (*obrigkeitliche Verwaltung*) et l'administration de « simple puissance publique » (*schlichte Hoheitsverwaltung*)[99]. Globalement, l'administration de puissance publique est soustraite au droit commun car elle est liée aux missions de l'État. Sous la forme de l'administration d'autorité, elle agit par l'exercice des prérogatives de puissance publique qui lui sont propres et établissent sa supériorité sur les individus, et l'acte administratif bénéficie toujours d'une présomption de légalité. Mais ce n'est ni la seule, ni même peut-être la principale forme de l'administration publique. L'administration de « simple puissance publique », se rencontre quand l'administration ne fait pas usage de ses prérogatives de puissance publique pour remplir sa mission, c'est-à-dire quand les fonctionnaires « administrent » avec les autres moyens à leur disposition, tels que des moyens techniques ou financiers, par exemple pour l'entretien des voies publiques ou l'élimination des déchets ménagers, des incitations en vue d'orienter le comportement des administrés dans un sens déterminé, l'information et l'explication, par exemple pour réduire le nombre des accidents de la route. Ce dernier exemple montre que ce mode d'action peut se combiner avec l'exercice des prérogatives de puissance publique. Jellinek en montre les conséquences juridiques : les actes de l'administration ne peuvent alors faire l'objet d'aucun recours en annulation devant une juridiction administrative, puisqu'il ne s'agit pas d'actes faits dans l'exercice de la puissance publique ; l'administration n'a pas à répondre des dommages causés par ses agents, puisque cette garantie ne vaut qu'en cas de violation par ceux-ci de leurs obligations dans l'exercice de la puissance publique, à moins d'une interprétation plus large de la notion de puissance publique, ce que la jurisprudence avait admis dans une certaine

[99] *Op. cit.*, p. 20-22.

mesure[100]. Enfin, l'administration peut se placer complètement sur le terrain du droit privé ; elle apparaît alors sous la forme de l'« administration du domaine » (*fiskalische Verwaltung*), une appellation qui s'impose, faute de mieux, pour caractériser l'intervention sous cette forme des collectivités locales aussi bien que de l'État. Elle est alors entièrement soumise au droit civil et à la juridiction des tribunaux ordinaires. Cependant l'administration n'est pas entièrement assimilable dans ce cas aux personnes privées, car il demeure quelques privilèges, et surtout elle ne peut pas tout faire « en civil » ; elle ne peut se lier envers un tiers en ce qui concerne l'exercice de prérogatives de puissance publique (*obrigkeitliche Verwaltung*)[101]. En revanche, selon Jellinek, sous la forme du Domaine (*Fiskus*) l'administration n'était pas tenue par les droits fondamentaux[102].

Il n'en reste pas moins que sous ces trois visages l'administration publique forme une unité et le choix de la forme sous laquelle elle agit relève de l'« art d'administrer » et non du droit[103]. Pour Jellinek, les services publics (*öffentliche Anstalten*) peuvent être administrés aussi bien sous un régime de droit privé que sous un régime de droit public ; le choix de l'une ou l'autre formule dépend de la personne publique compétente[104]. Cependant, le service public a toujours pour support une personne publique, qu'il soit géré au sein de la collectivité publique compétente, ce qui est à l'époque le cas le plus général, ou qu'il soit lui-même érigé en personne publique[105]. Pour Jellinek, la collectivité publique qui forme une société commerciale, ou entre dans le capital d'une société commerciale pour exercer une mission de sa compétence (par ex. la distribution de gaz ou les transports en commun) se place sur le terrain de l'administration domaniale (*fiskalische Verwaltung*), et donc en dehors du droit public[106]. Mais d'une autre côté la puissance publique peut être déléguée à une

---

[100] Sur ce point particulier, *op. cit.*, p. 328s.; sur l'exclusion du recours devant la juridiction administrative, voir p. 23.
[101] W. JELLINEK, *op. cit.*, p. 24-26.
[102] *Ibid.*, p. 25.
[103] *Ibid.*, p. 27.
[104] *Ibid.*, p. 513s.
[105] *Ibid.*, p. 514 et 513.
[106] *Ibid.*, p. 26-27.

personne privée, ce que Jellinek rapproche de la concession de service public du droit français[107] ; et cette forme de concession peut être appliquée aussi bien à une pure société privée qu'à une société dont le capital est contrôlé par la collectivité publique, situation fréquente au niveau communal[108]. Il en résulte, bien que l'auteur ne s'étende pas sur ce point, que sous la forme du *Fiskus* aussi l'administration peut poursuivre un but d'intérêt général. Dès lors, si la distinction entre l'exercice des prérogatives de puissance publique et les autres manifestations de l'administration est assez claire dans son principe, la distinction entre l'administration de « simple puissance publique » et l'administration « domaniale » devient en pratique beaucoup plus subtile et peut se réduire à un choix d'organisation.

Ce dernier problème est plus longuement analysé par Fritz Fleiner, professeur suisse qui enseigna à Heidelberg, mais qui connaissait très bien aussi la doctrine française du droit administratif. Particulièrement frappé par l'essor des entreprises économiques des collectivités locales après la Première Guerre mondiale, il souligne la différenciation croissante qui s'opère entre l'administration de puissance publique (*Handhabung obrigkeitlicher Gewalt*) et l'« administration publique d'affaires économiques », qu'il appelle aussi « administration d'entreprise » (*Betriebsverwaltung*), et qui a de plus en plus souvent recours aux formes et aux principes de l'économie privée, ce que l'on justifie à la fois par un objectif de « débureaucratisation » (acquérir la même souplesse de gestion que l'entreprise privée) et un objectif de « dépolitisation » (protéger la gestion de entreprises des influences partisanes)[109]. On voit qu'il s'agit d'un argumentaire très proche des termes des débats actuels sur la privatisation (*infra*, II.C). Cette « administration d'entreprise » peut être mise en œuvre sous la forme d'entreprises publiques soumises au droit public ou sous la forme de sociétés commerciales créées pour assurer certaines missions à caractère économique de l'administration publique. Ce développement intéresse aussi bien le Reich que les Länder et les collectivités locales, et il est caractérisé par l'auteur

---

107 *Ibid.*, p. 526. Jellinek écrit que « la France est le pays classique de l'entreprise publique concédée » (*Das klassiche Land der verliehenen öfffentlichen Unternehmungen aber ist wohl Frankreich...*).

108 *Ibid.*, p. 528.

109 *Institutionen des deutschen Verwaltungsrechts*, *op. cit.*, p. 120-122.

comme l'« administration publique avec les moyens et dans les formes du droit privé »[110]. Cela a pris la forme de sociétés à capitaux mixtes, publics et privés et de sociétés dont tout le capital appartient aux collectivités publiques ; Fleiner cite la distribution d'électricité et les caisses d'épargne communales comme domaines d'application particuliers de cette dernière formule. On va ainsi, écrit Fleiner, vers « le service public sous la forme du droit privé » (*die öffentliche Anstalt in Privatrechtsform*)[111]. On voit que Fleiner renonce tout à fait, dans son analyse, à l'ancienne notion d'« administration domaniale » et adopte une distinction directement fondée sur la nature des missions de l'administration publique. La base sur laquelle est créé un service public (*öffentliche Anstalt*) est toujours de droit public, mais cela ne signifie pas que le service lui-même soit organisé et régi par le droit public ; au contraire, l'État ou les communes ont souvent repris des entreprises, qui étaient exploitées par le secteur privé, ou en ont créé sur le modèle de l'entreprise privée. « Il n'existe aucun doute, écrit Fleiner, que l'État et les communes peuvent aussi établir une entreprise et l'exploiter, et apparaître comme des commerçants »[112]. Dans tous les cas, précise-t-il, avec l'exploitation de ces services, l'État et les communes « cherchent à fournir à leurs ressortissants certaines utilités ». Ce faisant, l'administration publique n'exerce pas une activité différente de celle qu'exercerait une entreprise privée comparable, mais elle s'en distingue par le but qu'elle poursuit : tandis que pour l'entrepreneur privé l'activité est exploitée pour réaliser un profit, pour l'administration elle l'est pour satisfaire un besoin public[113]. Mais c'est seulement au cas par cas que l'on peut s'assurer que l'État ou la commune exploite une activité industrielle ou commerciale dans un tel but ou, au contraire, pour dégager des ressources pour leur budget ; le critère est pour Fleiner de savoir si l'entreprise est exploitée dans le but de produire des bénéfices, c'est alors l'exercice d'une « profession » (*Gewerbe*), ou si elle l'est « pour offrir les prestations produites à tous les citoyens sur une base

---

[110] *Ibid.*, p. 124.

[111] *Ibid.*, p. 125.

[112] *Ibid.*, p. 323. FLEINER ajoute entre parenthèses : « *fiskalische Unternehmen, Betriebsverwaltungen* ».

[113] FLEINER écrit : « *die öffentliche Verwaltung dagegen nimmt damit öffentliche Fürsorge wahr* » (p. 324).

égalitaire et à des conditions égales et bon marché »[114]. Avec la notion de « service public en forme de droit privé », Fleiner propose l'abandon du critère organique ; non seulement le service public peut être géré, en ce qui concerne les rapports avec les usagers, selon les formes du droit privé, mais son organisation elle-même peut emprunter les formes du droit privé ; la notion d'*öffentliche Anstalt* n'est plus liée à la personnalité juridique de droit public. Fleiner arrive ici à une position qui est très proche de celle à laquelle parviennent la doctrine et la jurisprudence françaises dans les années trente et quarante, et qui correspond matériellement au domaine du service public industriel et commercial.

Cette évolution du droit positif et de la pratique administrative, ainsi que la position doctrinale de Fleiner a rencontré aussi certaines critiques. La plus importante a été développée par Arnold Köttgen[115]. Celui-ci admet que la définition classique de la notion d'*öffentliche Anstalt*, qui place celui-ci « dans les mains » de la puissance publique[116], ne dit rien sur la nature du lien entre la puissance publique et le service, de sorte qu'une société de droit privé placée « dans la main d'une collectivité publique » pourrait aussi être considérée comme un service public[117]. Cette extension de la notion d'*öffentliche Anstalt* au-delà des limites du droit public est la conséquence du fait qu'en droit allemand les collectivités publiques peuvent avoir recours aussi bien au droit public qu'au droit privé dans la poursuite de leurs buts[118]. C'est ce que Köttgen critique. Cette extension ne laisse pas d'autre critère du service public que le but poursuivi, ce qui est impropre à une formalisation juridique de la notion[119] ; quant au critère

---

[114] *Ibid.*, p. 325.

[115] A. KÖTTGEN, « Verwaltungsrecht der öffentlichen Anstalt », p. 105-143, dans *Veröffentlichungen der Vereinigung der deutschen Staatsrechtslehrer*, Vol. 6, 1929, Duncker & Humblot, Berlin.

[116] Voir *supra*, d'après Otto MAYER, note 23.

[117] A. KÖTTGEN, *op. cit.*, p. 110, « So muß daher eine in der Hand einer öffentlichen Körperschaft befindliche privatrechtliche Gesellschaft ceteris paribus als öffentliche Anstalt anerkannt werden... ». Rappelons qu'en allemand, la puissance publique se dit aussi « die öffentliche Hand », lorsque l'on vise l'intervention de la puissance publique plutôt que ses prérogatives.

[118] *Ibid.*, p. 110.

[119] *Ibid.*, p. 115s.

du profit, il lui paraît trop incertain dans son utilisation[120]. C'est pourquoi l'auteur propose d'en revenir à une définition plus restrictive de l'*öffentliche Anstalt* et de distinguer plus nettement l'administration publique proprement dite du secteur public industriel et commercial (*Erwerbwirtschaft der öffentlichen Hand*)[121]. Il distingue deux formes de l'organisation administrative, celle de l'autorité (*Behörde*), par laquelle l'action de l'administration publique s'exprime par la manifestation de volonté (l'acte administratif), et le service public (*öffentliche Anstalt*), par lequel l'action de l'administration publique se caractérise par des actes matériels, tels que des prestations offertes au public. Les rapports entre l'usager et le service devraient être alors soumis au droit public. La « fuite » vers le droit privé ne permettrait plus de soustraire à la protection du droit public les activités pour lesquelles elle est particulièrement nécessaire[122].

Ce retour au critère organique, si on applique ici la terminologie française puisqu'on retrouve ici les termes d'un débat qui eut lieu en France aussi, ne s'est pas produit et la doctrine a dû affronter une situation rendue plus confuse par la multiplication des situations hybrides. A la différence de Köttgen, Ernst Forsthoff a admis comme point de départ la diversification des missions comme des modes d'action de l'administration, et proposé une approche qui permettait de concevoir une application graduée du droit public.

2. *La critique du droit administratif de l'État de droit et la contestation du libéralisme*

Ernst Forsthoff a exercé une influence marquante par la critique du droit administratif allemand à laquelle il s'est livré dans un article célèbre, « L'administration comme prestataire » (*Die Verwaltungs als*

[120] *Ibid.*, p. 122. Il est vrai que sous la République de Weimar les chemins de fer, qui étaient gérés par l'État fédéral, étaient très rentables et l'Allemagne a même utilisé leurs bénéfices pour payer les réparations qui lui ont été imposées par le traité de Versailles (cf. G. HIMMELMANN, *op. cit.*, p. 43).
[121] *Ibid.*, p. 124.
[122] *Ibid.*, p. 125-130.

Leistungsträger) paru en 1938[123], et par les nouvelles notions autour desquelles il propose ensuite d'en renouveler le fondement, les notions de *Daseinsvorsorge* (littéralement : « ce qui pourvoit aux besoins de l'existence ») et de *Teilhabe* (« avoir une part à », en tant que membre de la communauté).

Alors que W. Jellinek et F. Fleiner développaient la science du droit administratif telle que Otto Mayer l'avait fondée, et comme manifestation de l'État de droit, mais cherchaient à en adapter les notions essentielles à l'évolution des missions de l'administration ou à déterminer la part du droit administratif dans la soumission de celles-ci au droit, Forsthoff procède à une remise en cause fondamentale et s'appuie sur la sociologie de Max Weber pour élaborer de nouvelles notions. Pour Forsthoff, l'impuissance de la dogmatique du droit administratif à rendre compte de l'évolution des missions de l'administration dans l'État moderne découle de son origine même. Consacrée à la protection des libertés individuelles dans le cadre de l'État de droit, en prenant appui sur les droits fondamentaux (*Grundrechte*) et la soumission de l'administration au principe de légalité, elle est en revanche indifférente au contenu même des missions de l'administration : « Nulle part on ne trouve dans la littérature du droit administratif une indication sur l'importance et la mission qui reviennent à l'administration dans les États modernes », ou tout au moins cette mission, et donc le champ d'action de l'administration, ne sont pas pris en compte dans la dogmatique du droit administratif[124]. Les enseignements de la « science de l'administration » de Lorenz von Stein ont été oubliés et les enseignements de la sociologie de Max Weber ignorés[125]. Mais une pensée fondée sur la protection de la liberté individuelle et la propriété, et donc de l'autonomie de l'individu, ne rend plus compte de la réalité de la société moderne. La sphère d'autonomie de l'individu ne lui permet plus de satisfaire, par l'exploitation de ses propres biens ou ressources, les besoins de son existence ; celle-ci ne

[123] L'essentiel de ce texte est reproduit (p. 22-46), avec d'autres textes de FORSTHOFF et une introduction, dans E. FORSTHOFF, *Rechtsfragen der leistenden Verwaltung*, Kohlhammer, Stuttgart, 1959.
[124] *Die Verwaltung als Leistungsträger*, *op. cit.*, p. 22-23, dans le texte publié dans E. FORSTHOFF, *Rechtsfragen...*, *op. cit.*
[125] *Ibid.*, p. 23.

peut au contraire être assurée que par l'« appropriation », c'est-à-dire par des droits sur des biens ou des ressources de la communauté auxquels un accès lui est garanti[126]. La *Daseinsvorsorge* désigne alors les activités organisées en vue de répondre aux « besoins d'appropriation » (*Appropriationsbedürfnisse*) des individus ; ces besoins augmentent à mesure que se rétrécit l'espace vital que chaque individu est capable de dominer et que s'étend le domaine dans lequel sa vie se développe[127]. Cette notion permet de rendre compte du fait que les « possibilités d'existence » de l'individu ne peuvent être assurées que "par la solidarité du groupe social"[128]. La responsabilité des gouvernants est alors d'organiser la *Daseinsvorsorge*, c'est-à-dire les services qui sont nécessaires à la vie de l'homme moderne dans la société de masse (*Daseinsverantwortung*), et tous les États modernes sont caractérisés, poursuit Forsthoff, par la nécessité d'organiser les services qui doivent pourvoir à l'existence des membres de la société (*Daseinsvorsorge*), ce qui, précise-t-il, rend impossible l'objectif révolutionnaire d'une destruction de l'État. La notion de *Daseinsvorsorge* est donc très large par la diversité des activités qu'elle peut embrasser ; elle ne se réduit pas à l'assistance, et désigne plutôt les services qui sont destinés au public en général.

Sous cette forme la théorie de la *Daseinsvorsorge* n'est pas sans rappeler la théorie duguiste du service public. Dans les deux cas, la pensée juridique trouve son inspiration dans la sociologie et la philosophie, et les missions de l'État se déduisent de la solidarité sociale. Pour Forsthoff, la notion de *Daseinsvorsorge* pouvait être le nouveau principe unificateur du droit administratif, comme la notion

---

[126] Selon Max WEBER, en effet, la notion d'appropriation caractérise les relations sociales « closes », c'est-à-dire celles qui excluent les individus n'appartenant pas à la communauté. « La fermeture rationnelle (...) l'est par le fait qu'une relation peut offrir à ses membres des chances de satisfaire leurs intérêts intimes ou externes, soit d'après leur but ou le résultat, soit par une action solidaire, soit par un compromis entre leurs intérêts ». Selon Max WEBER, « une relation sociale close peut garantir des chances monopolisées à ses membres » notamment par « appropriation » ; « les chances appropriées (*approprierte*), nous les appelons des droits (*Rechte*) », et « celui qui participe à une relation close, nous l'appelons un associé (*Genosse*) », celui qui tient ses chances appropriées d'une réglementation est un « associé de droit (*Rechtsgenosse*) » (*Economie et Société*, Plon, Paris, 1971, p. 44).

[127] *Ibid.*, p. 26.

[128] *Ibid.*, p. 27.

de service public avait vocation à l'être pour le droit administratif français ; après la guerre, il en relativisera cependant la portée[129]. Cette une notion matérielle (*sachbezogen*)[130] et non formelle comme celle sur lesquelles reposait le droit administratif allemand ; de même, la notion de service public exprime le contenu matériel et la finalité de l'action administrative.

Là cependant s'arrête la comparaison. En 1938 la critique de la doctrine de l'État de droit comme fondement du droit administratif, et du « formalisme » de la doctrine, ne relève pas seulement du débat académique[131]. Forsthoff apporte sa contribution à une nouvelle théorie du droit administratif compatible avec la conception de l'État imposée par le régime national-socialiste. Il avait lui-même publié en 1933 une théorie de l'« État total »[132]. La théorie sociale sur laquelle s'appuie Forsthoff, inspirée de Max Weber, lui permet de rejeter les droits fondamentaux comme dépassés[133], avec l'individualisme sur lequel ils reposent, et de relativiser le principe de légalité[134]. A la liberté individuelle dont la protection était le but du droit administratif classique, il oppose la notion de « participation » (*Teilhabe*), comme une notion nouvelle pouvant permettre de concevoir les rapports de droit public qui naissent du bénéfice des services assurés par l'État. Il écrit ainsi :

> *Dans l'État moderne, l'homme ne s'affirme pas par la liberté individuelle qui lui est garantie, mais par la participation. Comme l'extension du domaine de la puissance publique n'admet plus une affirmation de soi en dehors de celui-ci, la question de l'affirmation devient celle de la participation, la question de l'affirmation sous la*

---

[129] E. FORSTHOFF, « Einleitung. Die Daseinsvorsorge in heutiger Sicht », dans E. FORSTHOFF, *Rechtsfragen...*, *op. cit.*, p. 20-21,

[130] *Ibid.*, p. 11.

[131] Sur la doctrine allemande du droit public sous le régime national-socialiste, et les différents auteurs qui y ont contribué, voir W. KOHL et M. STOLLEIS, « Zur Staats- und Verwaltungslehre im National-sozialismus », *Neue Juristische Wochenschrift*, 9 novembre 1988, n°45, p. 2849-2856.

[132] *Der totale Staat*, Hambourg, 1933, où il écrit : « L'État total doit être un État de totale responsabilité. Il représente l'engagement de chaque individu pour la nation » (cité par K. P. SOMMERMANN, *op. cit.* p. 145, note 168).

[133] *Die Verwaltung als Leistungsträger, op. cit.*, p. 22., « Die Grundrechte gehören der Geschichte an », p. 42 : « ... die Feststellung, daß die Grundrechte der Vergangenheit angehören ».

[134] *Ibid.*, p. 22.

> *forme de la participation dans le domaine très structuré de la puissance publique .*
> *Une évolution semblable s'est produite dans le domaine des services nécessaires à la satisfaction des besoins de l'existence. (...)Il devient clair qu'une participation garantie par le droit aux services nécessaires à la satisfaction des besoins de l'existence offre, considérée du point de vue fonctionnel, une sorte de succédané aux garanties dépassées que les droits fondamentaux constituaient en eux-mêmes*[135].

Le rapprochement avec d'autres écrits académiques de cette époque confirment le poids du contexte idéologique. On retrouve des thèses voisines dans le livre d'Arnold Köttgen, « L'administration allemande », d'inspiration ouvertement national-socialiste, paru en 1937. On y retrouve la critique du « formalisme » du droit administratif, auquel il oppose la prise en compte des « nécessités concrètes particulières de la situation concrète » dans l'ordre juridique qui s'applique à l'administration[136]. L'analyse des missions de l'administration le conduit à distinguer l'« administration de distribution » (*Versorgungsverwaltung*), qui, bien au-delà des missions traditionnelles d'assistance, s'étend à la satisfaction de besoins universels, auxquels l'économie privée ne répond pas ; il donne en exemple l'école, mais aussi la distribution d'eau, de gaz d'électricité, les transports publics et plus généralement toutes les activités qui sont assurées par des « services publics » (*öffentliche*

---

[135] Le texte allemand est le suivant (*Die Verwaltung als Leistungsträger, op. cit.*, p. 42) :

> *Im modernen Staate behauptet sich der Mensch nicht durch eine ihm garantierte individuelle Freiheit sondern durch die Teilhabe. Da die Ausdehnung der hoheitlichen Sphäre eine Behauptung außerhalb derselben nicht mehr zuläßt, wird die Behauptungsfrage zur Teilhabefrage, zur Frage nach der Behauptung innerhalb der reichgegliederten hoheitlichen Sphäre in der Form der Teilhabe.*
> *Eine gleiche Entwicklung hat sich innerhalb der Daseinsvorsorge vollzogen. (...) wird klar, daß eine rechtlich gesicherte Teilhabe an der Daseinsvorsorge, funktionell betrachtet, eine Art Ersatz für jene überholten Sicherungen bietet, welche die Grundrechte in sich beschlossen.*

[136] A. KÖTTGEN, *Die deutsche Verwaltung*, Verlag Franz Vahlen, Berlin, 2ème éd., p. 14-15.

Anstalten), ou même par des « entreprises de distribution » (*Versorgungsbetriebe*) sous la forme de sociétés privées contrôlées par les communes. La confusion qui en résulte en ce qui concerne le régime juridique de ces activités est mise sur le compte du droit administratif classique, qui s'est attaché unilatéralement au régime de l'administration d'autorité[137]. Le développement de l'« administration de distribution » est expliqué par le fait que dans la société moderne l'homme ne maîtrise plus la satisfaction de ses besoins, ce qui impose souvent l'intervention de l'administration[138]. Aux droits fondamentaux et aux libertés qui en découlent pour l'individu est opposée la « situation juridique » qui est déterminée par l'appartenance à la « communauté »[139], d'où procèdent les droits reconnus par la loi[140]. Moins élaborée, cette présentation n'est pas très éloignée du couple *Daseinsvorsorge-Teilhabe* proposé par Forsthoff[141].

La position de Forsthoff à cette époque ne rend pas pour autant ses thèses sans intérêt et la notion de *Daseinsvorsorge* n'implique pas, en elle-même, le rejet des droits fondamentaux. Comme le relèvent Kohl et Stolleis, le rejet du droit administratif libéral a accéléré une évolution devenue nécessaire pour que la doctrine puisse rendre compte des changements qui s'étaient produits dans les rapports entre l'administration et la société depuis le début du siècle, ce qui explique la pérennité de certaines innovations doctrinales de cette période, dont celles de Forsthoff sont les plus notables[142]. Forsthoff a posé un problème essentiel : savoir dans quelle mesure une activité publique exercée sous le régime du droit privé reste soumise à certaines des règles du droit public. Réévaluant lui-même la portée de sa thèse après la guerre, Forsthoff, la ramenait à deux points : 1) les services publics

---

137 *Ibid.*, p. 172-174.

138 *Ibid.*, p. 171.

139 *Ibid.*, p. 192-193.

140 *Ibid.*, p. 195.

141 On pourrait citer d'autres auteurs, tels que Th. MAUNZ, *Neue Grundlagen des Verwaltungsrechts*, 1934 ; HÖHN, « Das subjektive öffentliche Recht und der neue Staat », *Zeitschrift für Deutsche Rechtswissenschaft*, Vol. 1, p. 49; et surtout Carl SCHMITT, notamment: «Nationalsozialismus und Rechtsstaat», *Juristische Wochenschrift*, 1934, pp.713-718, et: «Was bedeutet der Streit um den "Rechtsstaat"»?, *Zeitschrift für die gesamte Staatswissenschaft*, 1935, Vol. 95, p. 189-201.

142 W. KOHL et M. STOLLEIS, *op. cit.*, p. 2854.

conservent en toute hypothèse une empreinte de droit public, dès lors que leur exploitation n'est pas purement domaniale ; 2) il est nécessaire de protéger la situation de l'individu dans ses rapports avec ces services publics, à l'égard desquels les règles qui visent à protéger les libertés individuelles sont inadéquates, et la notion de *Daseinsvorsorge* permet de leur accorder la protection du droit public, par exemple en imposant une obligation de desserte. Sa fonction est donc d'assurer en droit la « participation » (*Teilhabe*) de l'individu aux prestations des services publics[143]. Mais la société a changé, elle est devenue après la guerre indépendante de l'État ; la notion de *Daseinsvorsorge* permet de renforcer la situation des consommateurs vis-à-vis des grands services publics, mais elle n'est plus qu'une fonction de l'État complémentaire du jeu des forces sociales[144].

Entre les deux guerres, le droit positif a également développé ses propres réponses à ces questions. La jurisprudence a, pendant la République de Weimar, admis largement les activités économiques des collectivités locales, en se fondant sur la distinction entre l'« intérêt public » et la « recherche exclusive du gain ». Le *Reichsgericht* avait jugé en 1931 que les usines de production d'électricité ou de traitement des eaux répondaient à un besoin public, dans la mesure où ces entreprises n'avaient pas le profit pour but exclusif ou même principal[145]. La jurisprudence reflétait ici l'influence de la doctrine de l'économie collective, qui a d'ailleurs connu de nouveaux développements à partir des années vingt[146]. Elle a aussi respecté la liberté de choix des collectivités publiques quant au mode d'organisation et de gestion des activités correspondant à des services de nature économique.

Cette évolution du droit positif se manifeste encore, dans une certaine mesure, dans la législation du régime national-socialiste. La loi communale du 30 janvier 1935 (*Deutsche Gemeindeordnung*)[147]

---

143 « Einleitung... », *op. cit.*, p. 9 et 11.
144 *Ibid.*, p. 21.
145 Cité par J. HIDIEN, *Gemeindliche Betätigungen rein erwerbschaftlicher Art und öffentlicher Zweck kommunaler wirtschaftlicher Unternehmen*, Duncker et Humblot, Berlin, 1981, p. 55.
146 Th. THIEMEYER, *op. cit.*, p. 87.
147 Sur cette loi, voir LÖW, *Kommunalgesetzgebung im NS-Staat am Beispiel der DGO 1935*, Nomos, Baden-Baden, 1993.

mettait fin à l'autonomie communale en fondant l'organisation communale sur le *Führerprinzip*. Désormais le maire et le conseil municipal étaient nommés par le parti et l'État. Mais les dispositions du paragraphe 67 sur les interventions des communes en matière économique, ainsi que la loi de 1938 sur les entreprises propres, qui avaient pour objectif de contenir les interventions économiques des communes, leur ont donné pour la première fois une base juridique et leurs dispositions ont été reprises après la guerre dans les lois des Länder. Selon ce texte, une commune ne pouvait créer ou étendre une entreprise que si un intérêt public le justifiait, et à condition que cette entreprise fût en rapport avec les capacités de la commune, répondît à un besoin prévisible, et que cet intérêt public ne pût pas être mieux satisfait et de manière plus économique par une autre entreprise[148]. La loi sur l'énergie du 13 décembre 1935 (*Gesetz zur Förderung der Energiewirtschaft*), qui visait d'abord à assurer la sécurité des approvisionnements, a aussi jeté les bases du régime moderne de distribution de l'énergie, en établissant une obligation de raccordement à l'exploitant, et consacré le rôle des communes dans ce domaine ; elle est restée en vigueur jusqu'en 1998. Les transports publics firent également l'objet d'une législation spéciale fixant les obligations des entreprises de service public. Ces évolutions ont permis à la notion de *Daseinsvorsorge* de s'imposer après la guerre, mais dans un contexte tout différent.

II. L'« État social de droit » et les services publics

La Loi fondamentale de 1949 a été le point de départ d'une transformation profonde de l'administration publique et du droit administratif[149]. Mais elle est aussi l'aboutissement d'une idée politique, celle de l'État de droit (*Rechtsstaat*), qui est à l'origine de la

[148] J. BURMEISTER, « Selbstverwaltungsgarantie und wirtschaftliche Betätigung der Kommunen », p. 10, dans G. PÜTTNER (dir.), *Handbuch der kommunalen Wissenschaft und Praxis*, Springer Verlag, Berlin, Vol. V, 1985.

[149] A. BLECKMANN, « La transformation du droit administratif général en Allemagne sous l'influence du droit européen », notamment p. 247-248 dans G. MARCOU (dir.), *Les mutations du droit de l'administration en Europe. Pluralisme et convergences*, 1995, L'Harmattan, Paris.

formation du droit administratif moderne, bien que sa portée fût beaucoup plus large. C'est pourquoi, malgré la profondeur des changements qui se sont opérés dans l'ordre politique et social comme dans l'ordre juridique, on peut relever la permanence de notions et de structures fondamentales du droit administratif allemand qui ont été élaborées depuis le XIXème siècle sur ce fondement.

La Loi fondamentale ne consacre pas seulement la restauration de l'État de droit après sa négation par le régime nazi ; elle l'établit véritablement et l'adapte à l'évolution de la société en se démarquant également de la République de Weimar. Elle actualise les droits fondamentaux et en font le fondement du nouvel ordre juridique ; elle les inscrit dans l'ordre du droit positif en déclarant qu'ils s'imposent directement au législateur, au pouvoir exécutif comme aux juridictions (art. 1.3) ; enfin, elle fait du Tribunal constitutionnel fédéral (*Bundesverfassungsgericht*) le garant explicite de leur respect. D'une certaine manière, en assurant la soumission de tous les pouvoirs publics aux droits fondamentaux établis par la Constitution, la Loi fondamentale réalise l'idéal des premiers théoriciens de l'État de droit au début du XIXème siècle. Elle s'éloigne toutefois des présupposés individualistes de cette doctrine : alors que les droits fondamentaux, selon la conception libérale classique, avaient pour fonction de protéger la sphère privée et d'assurer la liberté des individus par rapport à l'État, certains des droits fondamentaux reconnus par la Loi fondamentale appellent une action positive de l'État et l'introduction de la qualification d'« État social » consacre l'extension des missions de l'État, déjà engagée sous l'Empire et la République de Weimar.

La notion de service public n'est pas inconnue du vocabulaire allemand moderne, mais elle désigne un type d'activité, au sens matériel et économique du terme, elle n'est pas une notion juridique. L'expression allemande, habituellement employée au pluriel, est alors : *öffentliche Dienstleistungen*, les services publics. On la rencontre dans la littérature économique ou sociologique, non dans la littérature juridique. Ainsi, pour Dieter Grünow, un service public est une activité de service qui est exécutée comme une « mission publique » (*öffentliche Aufgabe*), c'est-à-dire que « la production du service s'inscrit dans les formes d'organisation du droit public, sur la base de définitions légales des compétences et/ou par leur financement par les budgets publics »[150]. Cette définition vise en fait les services rendus dans le cadre du secteur public *stricto sensu*, mais laisse de côté tous ceux qui sont assurés par des organismes de droit privé bien qu'ils relèvent de la *Daseinsvorsorge* .

Une autre expression est parfois à l'origine de confusions : l'expression « *öffentlicher Dienst* » se traduit littéralement par « service public », mais elle signifie en fait la « fonction publique ». Elle se rencontre à l'article 33 de la Loi fondamentale, qui se rapporte précisément à la fonction publique de carrière (*Berufsbeamtentum*), et précise que le droit de la fonction publique doit tenir compte de ses principes traditionnels. La Loi fondamentale réserve aux fonctionnaires les missions qui comportent l'exercice de la puissance publique (art. 33.4). Deux faits accentuent la confusion entre fonction publique (personnels) et le service public (fonction). D'une part, les fonctions réservées aux fonctionnaires ne sont pas seulement les fonctions d'autorité, mais toutes celles qui correspondent à la conception moderne élargie de la puissance publique, même si elles sont exercées selon les forme du droit privé, si bien que n'y échappent que les activités purement économiques ou domaniales[151]. D'autre part, les rares occurrences de la notion de service public en droit communautaire sont traduites en allemand par « *öffentlicher Dienst* »[152]. Il n'en reste pas moins que l'on est en présence de deux notions distinctes et, dans ce qui suit, on ne traitera pas des aspects intéressant la fonction publique.

Cela étant dit, le droit allemand moderne n'ignore pas les services publics proprement dits. Ils correspondent à ce que la doctrine et la jurisprudence appellent en général, à la suite de Forsthoff, la *Daseinsvorsorge*. Cette notion n'est pas l'équivalent de la notion juridique de service public du droit français, car elle n'occupe pas une place semblable dans la systématisation du droit administratif. C'est

---

[150] D. GRÜNOW, « Öffentliche Dienstleistungen », notamment p. 327, dans Kl. KÖNIG et H. SIEDENTOPF (Hrsg.), *Öffentliche Verwaltung* dans *Deutschland*, Nomos, Baden-Baden, 1997. En ce sens, voir également Fr. NASCHOLD et M. PRÖHL (Hrsg.), *Produktivität öffentlicher Dienstleistungen*, Gütersloh, 1994.

[151] H.-D. JARASS et B. PIEROTH, *Grundgesetz für die Bundesrepublik Deutschland. Kommentar,* C.H. Beck, Munich, 4ème éd., 1997, p. 573.

[152] Ainsi la version allemande de l'article 77 du traité CE, et les règlements sur les obligations de service public en ce domaine (voir *infra*, C).

plutôt la constitutionnalisation de la notion d'État social qui a assuré la postérité de la notion de *Daseinvorsorge*, bien qu'elle demeure discutée, en l'inscrivant dans le cadre de l'État de droit, et qui permet en même temps de surmonter la contradiction entre son objet et les limites que lui opposent les structures fondamentales du droit administratif allemand (***A***). En second lieu, les droits fondamentaux fixent le cadre juridique à l'intérieur duquel les services publics sont assurés : selon les cas, ils les prescrivent, en fixent les limites ou même permettent de délimiter de manière négative la sphère des services publics (***B***). En revanche le droit administratif ne saisit les services publics qu'à travers ses propres catégories ; le régime des services publics ne relève du droit administratif que dans la mesure où il comporte des rapports de droit public, mais la qualification de *Daseinsvorsorge* entraîne certaines conséquences juridiques, intéressant aussi bien les compétences que les règles de fond ; les politiques de privatisation ou de déréglementation peuvent en réduire la portée mais elles ne la remettent pas globalement en cause (***C***).

A) ***La constitutionnalisation de l'État social***

La Loi fondamentale de 1949 et la jurisprudence du Tribunal constitutionnel fédéral ont doté toutes les branches du droit allemand d'un corps de principes de nature constitutionnelle. Mais il faut aussi tenir compte des constitutions des Länder et de la jurisprudence constitutionnelle qui s'y rapporte. Les services publics y ont trouvé un cadre plutôt favorable à leur développement. On peut l'observer en analysant la portée juridique acquise par la notion d'État social et sa conciliation avec l'État de droit ; on verra ensuite que la *Daseinsvorsorge* désigne dans l'ordre administratif certaines des activités caractéristiques de l'État social.

1. La portée juridique de la notion d'État social pour les services publics

La notion d'État social a d'abord été consacrée par les articles 20 et 28 de la Loi fondamentale ; elle a été réitérée à l'article 23 lors de la révision constitutionnelle consécutive à la signature du traité de Maastricht. Selon l'article 20 (§ 1), la RFA est « un État fédéral démocratique et social » et, selon l'article 28 (§ 1), « l'ordre constitutionnel des Länder doit être conforme aux principes d'un État de droit républicain, démocratique et social au sens de la présente Loi fondamentale ». Mais le nouvel article 23 (§ 1) ajoute que la RFA œuvre à la construction d'une Union européenne « qui est tenue de respecter les principes de l'État de droit, de l'État social et fédératif ainsi que le principe de subsidiarité et qui garantit une protection des droits fondamentaux substantiellement comparable à celle de la Loi fondamentale »[153]. Cette adjonction montre l'actualité du principe de l'État social, et l'attachement de l'Allemagne à ce principe. Le principe de l'État social est repris dans les constitutions de tous les Länder, à l'exception du Schleswig-Holstein ; les constitutions de Berlin, de Brême, de Hesse et de Rhénanie du Nord-Westphalie ne reprennent pas l'expression mais comportent des catalogues de droits économiques et sociaux étendus, comme c'est aussi le cas des autres Länder ; seul le Schleswig-Holstein fait dans une certaine mesure exception[154].

Il n'en reste pas moins que le contenu et la portée réels de cette formule prêtent à discussion, même si aujourd'hui sa valeur en droit positif n'est plus contestée. Elle le fut pourtant dans les années cinquante par une partie de la doctrine. Les premiers commentateurs de la Loi fondamentale n'ont voulu y voir qu'une formule programmatique dépourvue de portée juridique effective, comme on l'avait pensé sous la République de Weimar des dispositions de la Constitution sur les droits économiques et sociaux (notamment Grewe, Klein). On pouvait faire valoir que si la notion d'État de droit se trouvait concrétisée par l'ensemble des dispositions de la Loi fondamentale, il n'en allait pas de même de la notion d'État social en dehors de certaines dispositions sur les droits fondamentaux qui pouvaient lui être rattachées. Seule une minorité d'auteurs voulait reconnaître à la formule une valeur en droit positif. Si on laisse de côté

---

[153] Traduction de Chr. AUTEXIER et al., en collaboration avec les ministères fédéraux compétents et l'Office de presse et d'information du gouvernement fédéral, reproduite dans *Les constitutions de l'Europe des douze,* textes rassemblés et présentés par H. OBERDORFF, La Documentation Française, 1994.

[154] Les constitutions des Länder sont publiées dans *Verfassungen der deutschen Bundesländer*, avec une introduction de Ch. PESTALOZZA, Beck-Texte im dtv, Munich, 5ème éd. 1994.

Abendroth, qui y voyait un moyen d'interpréter la constitution en fonction d'un objectif de transformation sociale, Hans-Peter Ipsen est le premier qui ait proposé de voir dans le principe de l'État social une source de droit positif, dans la mesure où il constituerait un objectif de nature constitutionnelle pour l'État (*Staatszielbestimmung*), c'est-à-dire qu'il ne s'agirait pas seulement d'un impératif pour le législateur, donc d'une obligation programmatique, mais aussi d'un impératif qui s'imposerait à l'application comme à l'interprétation de la loi, par la jurisprudence comme par l'administration[155].

Forsthoff considérait aussi qu'on ne pouvait contester la portée juridique de la notion, qui se trouvait énoncée à l'article 20, lequel faisait partie du noyau non révisable de la Loi fondamentale (art. 79), et à l'article 28, dont la portée juridique directe n'était pas contestée ; mais il existait selon lui une contradiction entre les principes de l'État de droit, sur lesquels repose l'ensemble de la Loi fondamentale, et le principe de l'État social[156]. Il lui paraissait impossible de donner à la notion d'État social un sens juridique précis compatible avec les principes de l'État de droit. Ou bien on l'entendait comme appelant à une réforme sociale d'ensemble fondée sur une autre répartition des richesses, et ce n'était pas compatible avec les principes de l'État de droit qui garantissent au contraire les droits existants ; ou bien on y voyait une référence aux institutions et aux normes sociales déjà réalisées par le droit, et le principe n'était pas susceptible d'être mis en œuvre. Le principe de l'État social ne pouvait donc être en lui-même une notion juridique, mais seulement un objectif impératif de valeur constitutionnelle, auquel seules la loi et l'administration pouvaient donner un contenu[157].

Otto Bachof en a, en revanche, proposé une interprétation qui s'appuie sur le changement de contenu de l'État de droit, et qui permet au principe de l'État social de déployer ses conséquences juridiques

---

[155] *Über das Grundgesetz*, 1950, réédité dans H. P. IPSEN, *Über das Gundgesetz. Gesammelte Beiträge seit 1949*, J.C.B. Mohr, Tübingen, p. 1-37, en particulier p. 10-15.

[156] « Begriff und Wesen des sozialen Rechtsstaats », *Veröffentlichungen der Vereinigung der deutschen Staatsrechtslehrer*, Vol. 12, 1954, p. 8-33.

[157] R. FORSTHOFF, *ibid.*, en particulier p. 24-33.

dans le domaine du droit administratif[158]. Il donne ainsi toute sa portée à la formule de la Loi fondamentale : « État social de droit » (art. 28.1). Selon Bachof, la Loi fondamentale ne restaure pas l'État de droit au sens « bourgeois » du terme, c'est-à-dire de garantie des libertés considérées uniquement sous l'angle de l'individu dans ses rapports avec les autres ou avec l'État. Son point de départ n'est pas l'autonomie de l'individu mais la « dignité » de la personne humaine (Loi fondamentale, art. 1er), et elle donne pour mission à l'État d'organiser l'ordre social de manière à réaliser la justice. Il en résulte que la notion d'État de droit de la Loi fondamentale incorpore un contenu matériel, et que ses éléments formels sont orientés vers la réalisation de celui-ci. La notion d'État social de droit n'a donc pas pour objet d'exprimer la nature des garanties que la constitution assure, mais d'orienter l'action de l'État en fonction de la réalité sociale à laquelle l'État moderne, l'« État des masses », doit faire face. Pour Bachof, la qualification d'État social a un double sens : elle donne mission à l'État d'organiser l'ordre social (et non plus de le garantir) (*Sozialordnungsgestaltung*), et elle lui ordonne de le faire, d'une part en réalisant la justice sociale, et d'autre part en répondant aux besoins sociaux qui résultent de l'industrialisation, de la division du travail et de la société de masse et qui lui imposent de « pourvoir aux besoins de l'existence les plus variés »[159]. Les services publics se rattachent aisément à cette définition de l'État social. Celui-ci n'est pas antinomique de l'État de droit, mais la recherche d'un équilibre s'impose : la réalisation de l'État social ne peut conduire à la mise en cause de droits fondamentaux tels que le droit de propriété (art. 14) et le droit d'exercer librement l'activité professionnelle de son choix (art. 12), mais, inversement, le principe de l'État social exclut une interprétation de ces droits fondée sur le seul primat de la liberté individuelle[160]. La réalisation de l'État social de droit n'est pas seulement une question constitutionnelle ; selon Bachof, les principes de l'État social comme les principes de l'État de droit ne sauraient se

[158] « Begriff und Wesen des sozialen Rechtsstaats. Der soziale Rechtsstaat in verwaltungsrechtlicher Sicht », *Veröffentlichungen der Vereinigung der deutschen Staatsrechtslehrer*, Vol. 12, 1954, p. 37-79.
[159] *Ibid.*, p. 39-40. Bachof reprend ici l'expression de « *staatliche Daseinsvorsorge* » introduite par Forsthoff, auquel il se réfère.
[160] *Ibid.*, p. 44.

passer de l'intervention du législateur et intéressent, en fait, toutes les branches du droit ; le respect de l'État de droit s'impose dans le fonctionnement des services et dans l'administration des prestations prévues par la loi, comme dans l'exercice des fonctions d'autorité traditionnelles, car cela correspond simplement à un élargissement de l'objet de la puissance publique[161].

Cette interprétation est en fin de compte celle qui a prévalu, même si l'idée que l'on se fait de l'étendue des missions de l'État social et de l'équilibre à assurer dans la réalisation de l'État social de droit peuvent varier. La doctrine admet aujourd'hui de manière générale que le principe de l'État social consacre la transformation du rôle de l'État. K. Hesse, comme Bachof, donne une portée très large à la notion d'État social. « Les missions de l'État ne se réduisent plus à protéger, conserver et à n'intervenir que de manière occasionnelle. L'État de la Loi fondamentale planifie, dirige, délivre des prestations, répartit, et d'abord il rend possible la vie individuelle comme la vie sociale ». Le principe de l'État social constitue bien en lui-même un « principe constitutionnel », qui « oblige et légitime le législateur et le pouvoir exécutif à assurer les missions de l'État social », de telle sorte que la remise en cause des institutions caractéristiques de l'État social de droit est exclue par la constitution[162]. On trouve la même idée chez Klaus Stern : l'État social, c'est à la fois permettre à toutes les couches de la population d'assurer leur existence et leur activité, et protéger les individus contre les risques de l'existence[163]. On remarquera que ces interprétations rappellent la conception de l'État de droit qui était exposée par Robert von Mohl au début du XIXème siècle (voir *supra* **I**.***B***.*1*).

Cependant, d'autres auteurs privilégient la dimension proprement sociale de la notion, c'est-à-dire la protection des plus faibles : prévenir ou corriger les situations de domination économique ou culturelle (Maunz)[164], assurer aux plus faibles sur le plan économique une protection contre la misère et une participation adéquate à la

---

[161] *Ibid.*, p. 63s.

[162] K. HESSE, *Grundzüge des Verfassungsrechts der Bundesrepublik Deutschland*, C. F. Müller, Heidelberg, 20ème éd., 1995, § 6.III, p. 91 et s., notamment p. 94.

[163] K. STERN, *Staatsrecht*, Vol. 1, p. 911.

[164] Th. MAUNZ et F. ZIPPELIUS, *Staatsrecht*, 1985, § 13.I.2.

prospérité générale (Seifert et Hömig)[165], l'obligation pour l'État d'assurer l'égalité des « chances », c'est-à-dire les conditions de fait préalables nécessaires à l'exercice des libertés (H.-P. Bull[166], R. Herzog[167]). Selon Jaraß et Pieroth, le principe de l'État social a un triple objet : des prestations sociales (aide sociale, sécurité sociale...) ; la réalisation de l'égalité des chances, ce qui comporte la création d'emplois, la formation, une offre de logements suffisante ; le maintien d'un ordre social juste[168].

La jurisprudence ne tranche pas entre ces conceptions, mais consacre la valeur juridique du principe de l'État social. La Cour constitutionnelle fédérale a reconnu dès la première année de son existence qu'il s'agissait bien d'une norme juridique (*Rechtssatz*), et non d'un simple énoncé programmatique[169]. Par la suite d'assez nombreuses décisions, non seulement de la Cour constitutionnelle fédérale, mais également des cours suprêmes fédérales, se sont appuyées sur la clause de l'État social, bien qu'aucune n'en fasse son fondement exclusif[170]. La jurisprudence peut aujourd'hui se résumer ainsi.

- 1) La clause sur l'État social est la source d'obligations juridiques pour l'État, et ces obligations pèsent avant tout sur le législateur à qui il incombe en premier lieu de réaliser l'État social[171].
- 2) Elle n'est cependant la source d'aucun droit subjectif pour les individus : des droits subjectifs supposent l'intervention préalable du législateur[172]. Mais il a été jugé que le droit fondamental à la dignité humaine (art. 1er) et le principe de l'État social (art. 20) impliquaient

---

[165] K. H. SEIFERT et D. HÖMIG (Hrsg), *Grundgesetz für die Bundes-republik Deutschland. Taschenkommentar,* Nomos, 4ème éd., 1991 (mise à jour 1994), p. 181.

[166] H. P. BULL, *Die Staatsaufgaben nach dem Grundgesetz,* Athenäum Verlag, Francfort, 1973, p. 176s.

[167] R. HERZOG, comm. sous art. 20 (VIII, 40) dans MAUNZ, DÜRIG, HERZOG et SCHOLZ, *Grundgesetz.Kommentar*, C.H. Beck, Munich (éd. à feuillets mobiles).

[168] *Grundgesetz für die Bundesrepublik Deutschland. Kommentar,* C.H. Beck, Munich, 4ème éd. 1997, p. 465-466.

[169] BverfGE 1, 97, 105 (Hinterbliebenenrenten).

[170] I. RICHTER et G. F. SCHUPPERT, *Casebook Verfassungsrecht,* C.H. Beck, Munich, 2ème éd. p. 346.

[171] BverfGE 1, 97, 105; - 9, 124, 131 (la Cour parle du « devoir social de l'État » en se référant à l'article 20 de la Loi fondamentale).

[172] BVerfGE 27, 253, 283 (Besatzungsschäden).

que l'État assure à chacun le minimum nécessaire pour une existence digne[173].

- 3) L'interprétation de la constitution et des lois par l'administration et par les juridictions doit tenir compte du principe de l'État social, de même que l'exercice par l'administration de son pouvoir discrétionnaire[174].

Il en résulte qu'un grand nombre de services publics à vocation sociale peuvent se rattacher au principe de l'État social, tels que les assurances sociales[175] ou l'aide sociale[176], mais que ce principe sert de fondement à beaucoup d'autres interventions sociales de l'État. De nombreuses dispositions de la Loi fondamentale peuvent et doivent être interprétées comme la « concrétisation » du principe de l'État social ; il s'agit en particulier de dispositions sur les droits fondamentaux, de normes constitutionnelles attributives de compétences à la Fédération ou aux Länder, ainsi que de la norme qu'impose la Loi fondamentale à l'ordre constitutionnel interne des Länder[177] - sans cependant que cela retire à la notion d'État social son caractère de notion « ouverte » pour le législateur[178]. La notion d'État social désigne donc à la fois le champ dans lequel s'inscrivent les services publics et le but de leur création ; en revanche, les activités de l'État et des collectivités publiques qui ne se rattachent pas au principe de l'État social, comme la police, la défense ou la perception des recettes publiques ne s'analysent que dans les termes de la puissance

[173] BVerfGE 82, 60, 85 (Steuerfreies Existenzminimum), 29 mai 1990.

[174] Voir en particulier à propos du premier point: BVerfGE 33, 303, 331-332 (*numerus clausus*). S'il appartient au législateur dans l'État social de définir la participation de chacun aux prestations qu'il établit, « cependant des droits d'accès (*Ansprüche auf Zutritt*) à des institutions d'enseignement, quand l'État en a créé, peuvent résulter du principe d'égalité combiné avec l'article 12 § 1 LF et le principe de l'État social. Cela vaut en particulier quand l'État, comme dans le domaine de l'enseignement supérieur, s'est assuré un monopole de fait et quand l'accès aux prestations assurées par l'État (*die Beteilignung an staatlichen Leistungen*) est en ême temps la condition de l'exercice de droits fondamentaux » (ici le libre choix de sa profession : art. 12 - NdlA)..

[175] BVerfGE 28, 348.

[176] BVerfGE 40, 133.

[177] H. P. BULL, *Die Staatsaufgaben nach dem Grundgesetz*, Athenäum Verlag, Francfort, 1973, p. 167.

[178] *Ibid.*, p. 177.

publique, et en droit relèvent seulement de la catégorie de l'administration d'autorité (*Eingriffsverwaltung*) (voir *infra*).

2. État social de droit et Daseinsvorsorge

Apparue dans le cadre d'une offensive contre le droit administratif d'inspiration libérale, opposant aux droits de l'individu les droits des membres de la communauté aux prestations que celle-ci leur assure, la notion de *Daseinsvorsorge* réapparaît dans le droit moderne dans un tout autre contexte, non plus comme un principe fondateur alternatif du droit administratif, mais comme un principe auxiliaire et de second rang, subordonné à l'État social de droit.

La doctrine du droit constitutionnel n'est certes pas unanime en ce qui concerne le rapport entre le principe de l'État social et la notion de *Daseinsvorsorge.* Comme cela ressort de ce qui précède, certains auteurs hésitent à inclure la *Daseinsvorsorge* dans la notion juridique d'État social, soit qu'ils y voient une notion triviale qui désigne des fonctions que même un État « non social » devrait assurer[179], soit qu'ils n'y reconnaissent qu'un objectif ou une maxime politique mais non un élément de définition du contenu juridique de l'État social[180], tandis que d'autres donnent à la notion d'État social un contenu assez large pour l'intégrer et en déterminer les objectifs[181].

Selon Peter Badura, cependant, les deux notions ne se situent pas au même niveau. La notion de *Daseinsvorsorge* permet de concrétiser au niveau du droit administratif la portée juridique de la notion d'État social, et de rompre avec l'indifférence de la doctrine classique du droit administratif envers les buts de l'action administrative[182]. Elle donne un fondement à l'application de certaines règles de droit administratif à des prestations pourtant placées par l'administration sous un régime de droit privé ; elle tire ainsi les conséquences en droit administratif de la mutation que représente le développement de

[179] Ainsi D. SUHR, « Rechtsstaatlichkeit und Sozialstaatlichkeit », *Der Staat,* 1970, p. 77. Selon cet auteur, le contenu de l'État social est plutôt la « *Daseinsnach*sorge », c'est-à-dire réparer les maux qui résultent de l'évolution économique.
[180] Cf. K. H. SEIFERT et D. HÖMIG, *op. cit.*, p. 181.
[181] Voir ci-dessus O. BACHOF et K. HESSE, précités.
[182] P. BADURA, « Daseinsvorsorge als Verwaltungszweck der Leistungsverwaltung », *Die öffentliche Verwaltung*, sept. 1966, n°17-18, notamment p. 625 et s.

l'« État social de droit » sur la base de la Loi fondamentale, et ce sont ces conséquences qui permettent de répondre à la critique selon laquelle des activités telles que celles que l'on range dans la *Daseinsvorsorge* ont toujours existé dans le cadre d'une société fondée sur la division du travail[183]. Si P. Badura adopte une définition large des activités qui peuvent relever de la *Daseinsvorsorge*, il précise aussi le champ d'application de la notion. Celle-ci n'inclut pas l'ensemble des prestations assurées par l'État ou les collectivités publiques ; les prestations monétaires, de plus en plus nombreuses, y compris des prêts ou des bonifications d'intérêt, relèvent du dirigisme ou de la fonction sociale de l'État au sens large, mais pas de la *Daseinsvorsorge* ; il distingue ainsi l'administration de prestation proprement dite (*Leistungsverwaltung*), qui produit des prestations matérielles, serait-ce selon les modalités du droit privé, du dirigisme (*lenkende Verwaltung*), qui laisse à l'économie privée la satisfaction des besoins. Au contraire, la *Daseinsvorsorge* correspond à la prise en charge par l'État ou les collectivités publiques, sous diverses formes, des fonctions correspondant à des besoins qui ne peuvent être couverts de manière satisfaisante par le seul moyen d'aides monétaires ou par le fonctionnement du marché[184]. Pour Badura, l'essentiel n'est pas l'**objet** de l'activité en cause, mais le **but** poursuivi, et le fait que l'administration l'assume en vue de ce but ; ce n'est pas non plus que l'administration assure elle-même cette activité, mais qu'elle en détermine le contenu. « La *Daseinsvorsorge* désigne un certain contenu, non une forme juridique de l'action administrative »[185]. P. Badura prolonge ainsi dans la théorie du droit administratif la concrétisation de l'État social de droit par Otto Bachof (voir *supra* 1) ; il parvient à une conception de la *Daseinsvorsorge* qui est très proche de la notion de service public du droit administratif français, mais qui est plus restrictive dans la mesure où la distinction entre *Leistungsverwaltung* et *lenkende Verwaltung* la ramène à une extension de la notion d'*öffentliche Anstalt* : un objet, un ensemble de moyens et des utilisateurs.

[183] *Ibid.*, p. 627 et 628.
[184] *Ibid.*, p. 630.
[185] *Ibid.*, p. 631.

Plus près de nous, Wolfgang Rüfner défend une conception plus large de la *Daseinsvorsorge* en renonçant à la distinction défendue par P. Badura, mais il distingue lui-même plus nettement les activités qui s'y rattachent de celles qui correspondent à des prestations sociales. Il distingue le « bien-être général », qui est une fonction traditionnelle de l'État (*Wohlfahrtspflege*)[186], l'État social, qui est une institution moderne, et la *Daseinsvorsorge*, qui relève à la fois de la *Wohlfahrtspflege* et de l'État social, mais sans se confondre ni avec l'une ni avec l'autre[187]. En ce qui concerne la *Daseinsvorsorge*, W. Rüfner part de la conception exposée autrefois par Forsthoff, à laquelle il donne un sens élargi : « l'ensemble des prestations de l'État et des institutions privées pour la satisfaction des besoins des citoyens pour mener une vie normale (*i.e.* correspondant à son niveau de vie) », c'est-à-dire ce qui correspond au niveau actuel de civilisation, et non pas seulement ce qui relèverait du minimum vital. Elle ne s'applique qu'à des prestations dont le citoyen est le destinataire direct, et non aux missions plus générales de l'État, même si ces dernières contribuent au bien-être général (comme par exemple la régulation macroéconomique, ou l'ordre public, ou la politique de l'emploi)[188]. Si l'État social ne se confond pas avec la *Daseinvorsorge*, il en conditionne néanmoins le contenu, les buts et parfois les formes. Rüfner distingue trois formes principales de la *Daseinsvorsorge* : la détermination du cadre normatif des activités qui doivent « pourvoir aux besoins de l'existence »[189], dans la mesure où celles-ci relèvent normalement de la sphère privée ; les prestations directement offertes par la puissance publique (équipements et services au sens matériel du terme : *Sach- und Dienstleistungen*), ou *Daseinsvorsorge* au sens strict, et les prestations monétaires (*Geldleistungen*), telles que celles qui sont assurées par la sécurité sociale[190]. Les prestations qui relèvent de la *Daseinsvorsorge* s'adressent à tous les citoyens, et non pas en

[186] Voir ci-dessus, Ière partie, sur l'« État de police ».
[187] W. RÜFNER, « § 80. Daseinsvorsorge und soziale Sicherheit », p. 1038 et s., dans ISENSEE et KIRCHHOF (Hrsg), *Handbuch des Staatsrechts,* Vol. III, *Das Handeln des Staates*, C.F. Müller Juristischer Verlag, Heidelberg, 1988.
[188] *Ibid.*, p. 1039.
[189] Voir Première partie (I,*C*,2) pour cette traduction de l'expression allemande *Daseinsvorsorge.*
[190] W. RÜFNER, *op. cit.*, p. 1040-1046.

particulier à ceux dont la situation appelle des aides fondées sur l'idée de solidarité[191] ; le principe en est l'universalité des droits et l'égalité de traitement. Les impératifs constitutionnels de l'État social peuvent conduire à régler le régime des prestations en fonction des différences de situation des citoyens (par exemple par des tarifs différenciés ou la gratuité de certaines prestations), ou à l'assortir de prestations sociales. La distinction entre celles-ci et ce qui relève de la simple *Daseinsvorsorge* n'est pas toujours évidente : tandis que la seconde comporte l'offre de biens et de services, les premières se traduisent par l'allocation de moyens monétaires d'existence ou de moyens nécessaires au financement de la seconde[192]. Mais, d'une part, dans le secteur social, l'application en est difficile et d'autre part, si l'on considère l'enseignement, par exemple, l'analyse de Rüfner, conduit à dire que le rôle de l'État en matière d'enseignement relève de la *Daseinsvorsorge*, mais que les mesures destinées à assurer l'égalité des chances répondent aux impératifs de l'État social, sans que cependant ces dernières prennent nécessairement la forme de prestations sociales.

Ces distinctions ont-elles cependant une portée autre que doctrinale et analytique ? Sans doute, mais assez limitée. La *Daseinsvorsorge* désigne le champ des activités de production de biens ou de services offerts au public en général que l'État ou d'autres collectivités publiques prennent en charge ou placent sous leur contrôle en raison du but qui doit orienter leur exercice, sous réserve de ne pas porter atteinte à des droits fondamentaux, comme on le verra. Dans la mesure où des prestations se rattachent à l'impératif constitutionnel de l'État social, il en résulte que l'État ou d'autres collectivités publiques doivent agir en sorte que tous les citoyens puissent en bénéficier, au besoin en prenant en charge directement leur organisation. Toutefois, cela ne vaut que dans les limites étroites dans lesquelles le principe de l'État social produit des effets en droit positif. Quant à la notion de *Daseinsvorsorge*, W. Rüfner estime qu'il ne s'agit pas « d'un concept juridique au sens étroit du mot, et c'est

[191] *Ibid.*, p. 1044.
[192] *Ibid.*, p. 1045.

pourquoi des suites juridiques ne s'y rattachent que dans de très étroites limites »[193].

Cette affirmation est certainement un peu trop modeste ; en tout cas elle ne se vérifie que si l'on s'en tient à une approche essentialiste des concepts juridiques. La jurisprudence faisant application de la notion n'est pas très abondante (rien de commun avec la notion de service public dans la jurisprudence française), mais elle est régulière et permet d'en dégager certaines conséquences juridiques, qui sont surtout de l'ordre du droit administratif, tandis que les implications des droits fondamentaux pour les services publics en développent le cadre constitutionnel.

B) Les droits fondamentaux et les services publics

Les droits fondamentaux ont une triple influence sur les activités de service public en Allemagne. En premier lieu, ils donnent une valeur constitutionnelle aux services publics qui ont pour objet d'en assurer la garantie. Deuxièmement, toutefois, certains droits fondamentaux, essentiellement la liberté d'exercer la profession de son choix et le droit de propriété, viennent limiter les initiatives de l'État et des collectivités publiques ; mais les attributions constitutionnelles de compétences peuvent à leur tour atténuer cette limite. Enfin, le bénéfice de la protection des droits fondamentaux joue le rôle de critère discriminant entre les activités de service public et les activités purement privées.

1. Les droits fondamentaux, base constitutionnelle de certains services publics

L'importance des droits fondamentaux garantis par la Loi fondamentale pour les services publics résulte du changement de perspective opéré par la Loi fondamentale elle-même en ce qui concerne les rapports entre l'État et l'individu : il ne s'agit plus seulement de protéger les libertés individuelles, mais aussi de promouvoir le développement de l'individu. Cette formule de la Cour constitutionnelle fédérale illustre bien ce changement : « Plus l'État

[193] *Ibid.*, p. 1055.

moderne se tourne vers la protection sociale et le développement culturel des citoyens, plus apparaît dans le rapport entre le citoyen et l'État, à côté du postulat initial de la protection des libertés fondamentales envers l'État, l'exigence complémentaire de la consécration par les droits fondamentaux de la participation (*Teilhabe*) aux prestations de l'État »[194].

Cependant, si la Loi fondamentale fait obligation à l'État d'assurer le respect et l'effectivité des droits fondamentaux, elle ne lui impose pas d'établir et de gérer lui-même les services qui leur sont indispensables, elle lui ouvre seulement la faculté de le faire. Sur ce point, les constitutions des Länder peuvent apporter des précisions et renforcer les obligations de l'État. Il en va de même des obligations qui découlent pour l'État du principe de l'État social. Autrement dit, la mission est de nature constitutionnelle, ses modalités de mise en œuvre ne le sont pas. Ainsi a-t-il été jugé par la Cour constitutionnelle fédérale, à propos d'une loi sur l'aide à la jeunesse selon laquelle les offices de la jeunesse, administrations qui relèvent des collectivités locales, doivent prévoir les équipements et les services nécessaires au fonctionnement de l'aide sociale à l'enfance et à la jeunesse, mais ne doivent les réaliser et les gérer que dans la mesure où l'offre du secteur privé en ce domaine reste insuffisante par rapport aux besoins locaux malgré les incitations publiques ; si la Loi fondamentale fait obligation à l'État de corriger les inégalités sociales et d'établir un ordre social juste (art. 20 : principe de l'État social), elle lui laisse le choix des moyens pour y parvenir, et le législateur peut donc prévoir de faire appel au concours d'organismes privés d'assistance. Mais il résulte aussi des termes de l'arrêt que la Loi fondamentale n'exprime ni n'implique aucun principe de subsidiarité au bénéfice des organismes privés, notamment en matière sociale, et que l'introduction d'un tel principe est de la seule compétence du législateur. Bien au contraire, la Cour exclut qu'une disposition de la loi puisse conduire les offices de la jeunesse à fermer certains de leurs établissements en faveur du développement des organismes privés[195]. En 1991, la Cour constitutionnelle fédérale a jugé conformes à la Loi fondamentale des dispositions législatives selon lesquelles, si le

[194] *Ibid.*, p. 330.
[195] BVerfGE 22, 180, 200-204 (« Jugendhilfe », 18 juillet 1967).

service public hospitalier est une compétence obligatoire des arrondissements (*Kreise*), y compris les villes à statut d'arrondissement (*kreisfreie Städte*), qui doit être assurée par des établissements hospitaliers communaux et par des aides financières, l'obligation d'assurer le service public par des établissements hospitaliers communaux est suspendue aussi longtemps que, et dans la mesure où, d'autres institutions exploitent des hôpitaux ; en effet, « il est dans l'intérêt public de libérer et d'associer l'initiative privée ; l'accomplissement des missions publiques par des forces de la société se rattache à la tradition de la participation civile à l'offre de services publics (*an der öffentlichen Daseinsvorsorge*) au niveau local »[196]. Ce second arrêt est plus favorable à l'initiative privée que le premier, mais il laisse à la collectivité publique compétente la responsabilité de s'assurer que les besoins hospitaliers au niveau local soient satisfaits.

Cela étant dit, les services publics dont la mission peut sans aucun doute trouver sa source dans les droits fondamentaux sont les suivants : l'enseignement scolaire (art. 7), les assurances sociales (art. 1er et 2), les services d'aide sociale (art. 1er et 2) et la protection de la famille et de l'enfance (art. 6). En ce qui concerne l'enseignement scolaire, l'article 7 énonce, sans établir un véritable droit à l'éducation pouvant être le support de droits subjectifs[197], que « l'ensemble de l'enseignement scolaire est placé sous le contrôle de l'État » (§ 1) ; il consacre la liberté de l'enseignement (§ 4), mais il fait de l'enseignement public la norme en fonction de laquelle, sous différents aspects, les établissements privés peuvent être autorisés par l'État (§ 4). L'enseignement scolaire au sens de la Loi fondamentale englobe toutes les formes d'enseignement, y compris la formation continue et la formation professionnelle ; dans le domaine de l'enseignement élémentaire, l'enseignement public est la règle et des établissements privés ne peuvent être créés que s'ils présentent un intérêt pédagogique particulier ou s'il s'agit d'écoles communautaires ou confessionnelles dont aucune de sa catégorie n'existe déjà dans la commune (§ 5)[198]. L'enseignement supérieur n'entre pas dans les

[196] BVerfGE 83, 363, 384-385 (7 février 1991).

[197] H. D. JARASS, « Zum Grundrecht auf Bildung und Ausbildung », *Die öffentliche Verwaltung*, août 1995, n°16, p. 674s.

[198] Voir le commentaire sous l'article 7 dans K. H SEIFERT et D. HÖMIG (Hrsg), *op. cit.*, p. 95-97 notamment, et la jurisprudence citée de la Cour administrative fédérale.

prévisions de l'article 7, mais la liberté de choisir sa profession, garantie par l'article 12, implique la liberté de choisir l'établissement dans lequel on pourra acquérir la formation nécessaire et le droit d'accès aux établissements qui dispensent la formation recherchée, notamment lorsque l'État dispose d'un monopole de fait, comme c'est le cas dans le domaine de l'enseignement supérieur, ce qui conduit en fait au développement par l'État de l'enseignement supérieur public, même si la Cour ne va pas jusqu'à reconnaître à la charge de l'État une obligation de développement des capacités en fonction du niveau des demandes (mais elle écarte cette question comme ne lui étant pas posée), et si elle ne consacre formellement le droit d'accès que dans la limite des capacités existantes. En effet, la Cour relève que le rejet d'un trop grand nombre de demandes mettrait en cause le droit d'accès garanti par la constitution et qu'en raison de l'atteinte qu'il porte à ce droit un *numerus clausus* ne peut être introduit que par une loi et ne peut être fondé que sur l'insuffisance des capacités d'accueil[199].

Les assurances sociales[200] et les services d'assistance[201] trouvent également un fondement constitutionnel dans les articles 1 (droit à une existence digne), et 20 (principe de l'État social).

L'article 5 (liberté d'expression et liberté de la presse) a également donné lieu à une jurisprudence de la Cour constitutionnelle fédérale qui aboutit, au travers d'une série d'arrêts, à définir ce que l'on pourrait appeler un service public de la radio et de la télévision. La Cour a d'abord jugé en 1961 que l'article 5 ne prescrit ni n'interdit le monopole pour la gestion, et qu'il n'impose ni la forme de l'établissement public ni celle d'une personne de droit privé, à condition que dans tous les cas toutes les forces sociales y aient accès et que la liberté de l'information y soit assurée ; elle approuvait la forme d'un établissement public doté d'un statut d'autonomie, et déclarait contraire à la constitution l'organisation sous la forme d'une société à responsabilité limitée dont la Fédération serait l'unique sociétaire, de sorte que le gouvernement fédéral exercerait un contrôle

---

199 BVerGE 33, 331-338 (arrêt cité); également BVerwGE 54, 173, 191; 66, 155, 179; 102, 142, 146-147.

200 BVerfGE 28, 348 (« Sozialversicherung »).

201 BVerfGE 40, 133 (« Fürsorge für Hilfsbedürftige »).

entier sur cette société[202]. Dans un autre arrêt, la Cour a jugé que dans un système qui repose à la fois sur le secteur privé et sur le secteur public, comme l'est la radio-télévision en Allemagne, la mission du secteur public, dont les programmes touchent l'ensemble de la population et présentent un caractère général, est d'assurer un « service de base » (*Grundversorgung*), qui peut être exécuté par une administration publique, ce qui justifie un financement par des taxes et la limitation des ressources publicitaires[203]. Cette jurisprudence a été confirmée et précisée en 1993 : quand le législateur opte pour un régime mixte, il doit s'assurer que l'offre globale répond bien aux exigences constitutionnelles de diversité et d'équilibre dans les émissions ; le service de base assuré par le secteur public fait obligation au Land d'en assurer le financement ; le lien entre les établissements publics de radiodiffusion et la liberté d'opinion interdit d'appliquer une procédure de liquidation à un tel établissement[204]. Le régime de l'audiovisuel a évolué depuis en Allemagne comme dans les autres pays, mais on retiendra ici le raisonnement qui fonde le contrôle par l'État sur cette activité et la définition d'une mission que l'on peut qualifier de service public ; ce raisonnement peut trouver à s'appliquer le cas échéant à d'autres activités.

La Loi fondamentale autorise ainsi une interprétation institutionnelle, et non pas seulement normative, des droits fondamentaux et des objectifs constitutionnels. Les institutions qui sont nécessaires à leur réalisation appartiennent à l'ordre des garanties. Ces garanties institutionnelles correspondent, sur le plan matériel aux services publics français, mais du point de vue juridique elles impliquent un certain degré d'obligation pour les pouvoirs publics eux-mêmes, qu'il s'agisse du pouvoir législatif, du pouvoir exécutif ou même des juridictions, variable cependant en fonction du caractère plus ou moins ouvert des formulations institutionnelles et des rapports que la constitution entre ces pouvoirs publics[205].

Les constitutions des Länder peuvent, dans le respect de la Loi fondamentale, ajouter aux prescriptions de celle-ci. Par exemple, la

[202] BVerfGE 12, 225, 259-264 (« Rundfunkurteil »), 28 février 1961.
[203] BVerfGE 73, 118 ; voir également BVerfGE 74, 325s.
[204] BVerfGE 89, 144, 152-153 (5 octobre 1993).
[205] Cf K.-P. SOMMERMANN, *op. cit.*, p. 366 et s. et 383 et s.

constitution de Rhénanie du Nord-Westphalie reconnaît à chaque enfant un « droit » à l'éducation et à la formation, et énonce que la « collectivité étatique doit veiller à ce que l'enseignement scolaire répondent aux besoins culturels et sociaux du Land » (art. 8, § 1) ; le Land et les communes ont le devoir d'établir et de soutenir les écoles (art. 8, § 2), les écoles privées autorisées ont les mêmes droits que les écoles publiques correspondantes (art. 8, § 4) ; la constitution garantit la gratuité de l'enseignement élémentaire et professionnel (art. 9) ; les universités ont un régime d'autonomie de gestion (*Selbstverwaltung*), ce qui implique que la constitution vise les universités publiques (art. 16). La constitution de Brême garantit un droit au logement que l'État (c'est-à-dire en fait le Land) a le devoir de satisfaire (art. 14, § 1). La constitution de la Bavière prévoit que la radio (et depuis la télévision) est gérée sous une responsabilité publique et sous un statut de droit public (art. 111a, § 2) ; elle prévoit aussi que l'État et les communes doivent coopérer pour établir les établissements publics d'enseignement nécessaires à la formation de la jeunesse (art. 133) ; l'État doit assurer la distribution d'énergie électrique sur tout le territoire (art. 152) ; enfin, la constitution énonce un droit à la protection sociale (art. 171). Les constitutions les plus anciennes (celle de la Bavière date de 1946, elle a connu plusieurs révisions) sont celles qui contiennent les dispositions les plus nombreuses en ce domaine ; c'est également le cas des nouveaux Länder. Par exemple la constitution de Mecklembourg-Poméranie antérieure prévoit que l'État et les collectivités locales s'emploient à ce que l'on dispose des institutions nécessaires à l'accueil et à l'encadrement des enfants (*Betreuungseinrichtungen*, art. 14, § 2), et à ce que chacun ait un logement convenable (art. 17, § 3) ; les universités sont en règle générale des personnes de droit public (art. 7, § 3). Enfin, on notera que la constitution de la Saxe-Anhalt ne range sous le chapitre des droits fondamentaux que les libertés (art. 4 à 23), tandis que les « garanties institutionnelles » (*Einrichtungsgarantien*) ont pour objet les fonctions qui doivent assurer par l'État et les collectivités locales au bénéfice des citoyens (art. 24 à 33), et que les objectifs constitutionnels (les « buts de l'État » : *Staatsziele*) (art. 34 à 40) obligent seulement l'État et les collectivités locales à engager leur action dans le sens des orientations qu'ils fixent[206].

De manière générale, cependant on peut relever :

- 1) que c'est l'enseignement qui bénéficient des dispositions constitutionnelles les plus nombreuses et les plus précises ;
- 2) que les dispositions constitutionnelles pouvant servir de base directement à la création de services à caractère économique sont exceptionnelles ;
- 3) que la réalisation des droits fondamentaux réserve toujours la participation du secteur privé, en matière éducative et sociale notamment, à côté du secteur public et en principe à égalité de droits.

2. Les droits fondamentaux, limite au développement des services publics

C'est l'article 12 de la Loi fondamentale qui joue ici le rôle le plus important, un rôle comparable, en schématisant, à celui de la liberté du commerce et de l'industrie dans le droit administratif français. Selon l'article 12 (§ 1) : « Tous les Allemands ont le droit de choisir librement leur profession, leur emploi et leur établissement de formation. L'exercice de la profession peut être réglementé par la loi ou en vertu d'une loi ». Ce texte a été interprété comme bénéficiant aux personnes morales ; il inclut la liberté d'entreprendre (*Unternehmerfreiheit*)[207]. Il ne peut être porté atteinte à l'exercice de cette liberté que sur le fondement d'une loi[208]. C'est ainsi que le pouvoir réglementaire communal ne peut imposer des obligations portant atteinte au libre exercice d'une activité professionnelle sans y avoir été précisément habilité par le législateur[209]. L'article 12

[206] Par exemple : les parents ont à la fois un droit naturel et une obligation d'assurer l'éducation de leurs enfants dans le respect de leur personnalité (art. 11), mais l'enseignement public fait partie des garanties institutionnelles (art. 26), tandis que le travail et le logement font partie des « buts de l'État » (art. 39 et 40).

[207] BVerGE 50, 290, 363 (« Mitbestimmungsgesetz »).

[208] BVerfGE 86, 28, 40 (« Öffentliche Bestellung zum Sachverständigen »), 25 mars 1992.

[209] BVerwGE 90, 359, 362-363 : illégalité d'un règlement communal qui interdisait les produits d'usage unique et imposait aux commerces de détail de reprendre les déchets, dans le but de protéger l'environnement (7 septembre 1992).

n'interdit en revanche ni à l'État (au Land) ni aux collectivités locales d'exercer une activité économique mais celle-ci doit trouver son fondement dans une compétence légale, ce qui est le cas pour les activités qui répondent aux besoins généraux de l'existence (*Daseinsvorsorge*), sous réserve que l'intervention publique soit nécessaire et ne soit pas disproportionnée, et sous réserve des conditions particulières résultant des lois communales des Länder (voir *infra*). C'est ainsi que l'établissement d'un monopole peut être justifié par un avantage important et incontestable pour la collectivité, ce qui a été admis pour certains monopoles communaux qui comportent une obligation d'usage ou de branchement (ex. : distribution d'eau, assainissement, enlèvement des ordures ménagères) et qui correspondent à une compétence obligatoire pour les communes[210]. Mais la protection assurée par les articles 12 et 14 (droit de propriété) de la Loi fondamentale permet à une entreprise de contester une initiative économique d'une collectivité locale qui lui ferait une concurrence préjudiciable : c'est le cas par exemple lorsqu'une ville ouvre à côté des bureaux chargés de l'immatriculation des véhicules automobiles un magasin de vente de plaques d'immatriculation[211].

Bien entendu le principe du libre choix et du libre exercice de la profession ne limite pas seulement la création de services publics ou les activités économiques des collectivités publiques ; il permet aussi de contrôler des mesures de police économique[212].

---

[210] Voir dans MAUNZ, DÜRIG, HERZOG et SCHOLZ, *Grundgesetz. Kommentar*, C.H. Beck, Munich, édition à feuillets mobiles, comm. 98-100 et 402-406 sous l'article 12.

[211] A von MUTIUS, *Kommunalrecht*, C.H. Beck, Munich, 1996, p. 277 notamment.

[212] Par exemple : contrôle par rapport à l'article 12 du refus d'autoriser une entreprise de paris sportifs sur la base d'une loi du Land qui restreint ce type d'activité (BVerwGE 96, 293, 298-299 - 23 août 1994) ; de même, contrôle d'une déclaration de l'administration mettant en garde le public contre la vente de vins frelatés, et dont les termes étaient de nature à causer un préjudice à une entreprise dont les produits n'étaient pas visés (BVerwGE 87, 37, 43-44 - 18 oct. 1990) : cette dernière décision élargit le champ du contrôle en posant qu'il peut être porté atteinte au droit garanti par l'article 12 non seulement par un acte de puissance publique, mais par un acte prenant appui sur l'autorité de l'État qui, sans avoir cet objectif, porte préjudice à la liberté d'une personne d'exercer librement son activité professionnelle.

Le système de répartition des compétences établi par la Loi fondamentale doit également être concilié avec les droits fondamentaux garantis par les articles 12 et 14, dans la mesure où la Loi fondamentale habilite la Fédération, ou le Land, ou indirectement les collectivités locales, à intervenir dans des matières où ces droits peuvent être mis en cause. Mais la répartition des compétences est aussi une habilitation constitutionnelle à agir, dans les formes que la loi décide, et elle implique donc dans les domaines visés, au profit de l'organisation des services publics correspondants, une atténuation des limites que représentent ces droits fondamentaux.

La Loi fondamentale fixe dans les articles 72 à 75 la répartition des compétences en matière législative entre la Fédération et les Länder, mais l'exécution des lois fédérales est une compétence propre des Länder, à moins que la Loi fondamentale ne prévoie ou n'autorise d'autres dispositions (art. 83). Certaines des compétences exclusives de la Fédération sont prolongées par une compétence fédérale d'exécution, qui s'applique précisément à certains services publics nationaux. Toutefois, les mesures de dérégulation récemment introduites pour transposer certaines directives communautaires ont réduit la portée de la compétence fédérale en matière de gestion. Mais les dispositions constitutionnelles relatives à certaines compétences fédérales contiennent des garanties en ce qui concerne la protection de l'intérêt général. Ainsi, le nouvel article 87e relatif à l'administration fédérale du transport ferroviaire, issu de la révision constitutionnelle de 1993, précise que la Fédération assure qu'il sera tenu compte de l'intérêt général, et en particulier des besoins de transport, dans le développement et l'entretien du réseau ferroviaire ainsi que dans l'offre de transport, sauf en ce qui concerne les transports locaux de voyageurs qui relèvent d'un régime distinct, à plus forte densité de service public, comme on le verra. De même, la Fédération doit assurer sur l'ensemble du territoire des services de poste et de télécommunications « suffisants et adaptés » (art. 87f, issu de la révision constitutionnelle de 1994).

La Fédération exerce une compétence législative exclusive (art. 73) en ce qui concerne le trafic aérien (6), les chemins de fer fédéraux (6a), la poste et les télécommunications (7). Relèvent, en revanche, des compétences concurrentes de la Fédération et des Länder, l'aide sociale (*öffentliche Fürsorge*) (7), la production et l'utilisation de l'énergie nucléaire (11a), la navigation maritime et fluviale ainsi que les voies navigables et le service météorologique (21), les chemins de fer autres que les chemins de fer fédéraux (23), l'élimination des déchets (24).

D'autre part, la garantie constitutionnelle de la libre administration territoriale (art. 28) s'impose aux législateurs des Länder, seuls compétents pour légiférer en ce qui concerne les compétences des collectivités locales, sous réserve des obligations qui peuvent résulter pour celles-ci de lois fédérales. Les constitutions des Länder précisent le statut des collectivités locales et consacrent, à la suite de l'article 28, leur compétence générale pour le règlement des affaires locales. C'est toutefois dans les lois communales des Länder que l'on trouve des dispositions spéciales qui forment la base juridique de certains services publics. Toutes ces dispositions, constitutionnelles ou législatives, ont en commun de laisser en général à la collectivité compétente le choix du mode d'organisation et de gestion de ces activités[213].

3. La jouissance des droits fondamentaux comme fondement et comme critère de la distinction des services publics et des activités privées

Les droits fondamentaux semblent aussi fournir à la fois le fondement et le critère de la distinction entre les services publics et les activités privées, bien que la doctrine allemande n'envisage pas sous cet angle les rapports entre les services publics et les droits fondamentaux. Qu'on les rattache au principe constitutionnel de l'État social, ou à des prescriptions constitutionnelles particulières, ou encore à la *Daseinsvorsorge*, les services publics peuvent être soumis à une gestion publique ou à une gestion privée. Mais quel que soit le mode gestion choisi, l'autorité publique qui en assure la gestion ou la personne morale de droit privé à laquelle elle est confiée ne peut invoquer la protection des droits fondamentaux à son bénéfice au titre de cette mission publique.

---

[213] Pour plus de détails à ce sujet voir G. MARCOU, « Les modes de gestion des services publics locaux en Allemagne et le problème de l'ouverture à la concurrence », *RFDA*, 1995, n°3, p. 464-496.

En effet, en droit allemand, la protection de droits fondamentaux, telle qu'elle résulte de l'article 19 (par. 3 et 4) de la Loi fondamentale, ne vise en principe que les personnes physiques, considérées comme les sujets naturels des droits fondamentaux, et les personnes morales seulement dans la mesure où ils leur sont applicables (§ 3). En revanche, les personnes morales de droit public ne peuvent invoquer la protection des droits fondamentaux à leur bénéfice, car « elles agissent sur la base de compétences et non pour affirmer leur liberté »[214], ou comme le dit la Cour constitutionnelle fédérale : « l'accomplissement de missions publiques par les personnes de droit public s'opère en général non par la défense de libertés premières, originelles, mais sur la base de compétences qui relèvent du droit positif, et dont le contenu est mesuré et limité par lui »[215]. La jurisprudence admet seulement deux exceptions : d'une part, les articles de la Loi fondamentale qui garantissent le droit fondamental à une justice équitable bénéficient aussi aux personnes publiques (art. 101 et 103)[216] ; d'autre part, l'autonomie de certaines institutions de droit public est interprétée comme un droit subjectif nécessaire à l'exercice d'un droit fondamental, la liberté d'opinion (art. 5), et cette exception bénéficie aux organismes publics de radiodiffusion[217], et par extension aux institutions artistiques et aux universités, ainsi qu'aux communautés religieuses qui sont placées sous un régime de droit public[218]. Bien que la Loi fondamentale (art. 28.2) garantisse le principe de libre administration des collectivités territoriales (*Selbstverwaltung*), celles-ci ne sont pas non plus sujets de droits fondamentaux. Elles disposent certes d'une protection qui se rapproche de celle établie par l'article 19.3 et 4 de la Loi

---

214 H. D. JARASS et B. PIEROTH, *op. cit.*, p. 407

215 BVerfGE 68, 193, 206 (30 oct. 1984, « Innungen »).

216 On peut les résumer ainsi : Nul ne peut être soustrait à son juge (art. 101) ; chacun a le droit d'être entendu devant le tribunal, principe de la légalité des crimes et délits et des peines, *non bis in idem* (art. 103).

217 BVerfGE 12, 205, 259-262 (28 févr. 1961) sur le rattachement à l'article 5, et BVerfGE 89, 144, 152-153 (5 oct. 1993) pour l'exception d'inconstitutionnalité soulevée par un organisme public de radiodiffusion (Süddeutscher Rundfunk) et invoquant avec succès l'article 5 contre une disposition législative sur les droits des salariés dans le cadre d'une procédure de liquidation.

218 BVerfGE 61, 82, 102 (8 juil.1982, « Sasbach ») qui résume cette jurisprudence dans un énoncé de principe.

fondamentale, notamment le droit d'introduire un recours constitutionnel direct (art. 93.1, 4b)[219] afin de faire échec aux atteintes qui pourraient être portées à leur autonomie, mais le principe de libre administration n'est pas considéré comme un droit fondamental et au contraire les collectivités territoriales ont le pouvoir d'exercer les prérogatives de puissance publique contre lesquelles l'article 19.4 a justement pour objet de protéger les titulaires de droits fondamentaux. Bien plus, la Cour constitutionnelle fédérale juge que même lorsqu'il s'agit du domaine privé de la commune, celle-ci ne peut invoquer l'article 14 relatif à la garantie du droit de propriété ; même dans ce cas, elle n'est pas dans une situation comparable à celle d'une personne privée dont les droits seraient menacés par un acte de puissance publique d'une autorité supérieure, et même lorsque les collectivités publiques agissent en dehors de leurs missions publique, en matière économique ou purement patrimoniale, elles bénéficient encore de certains « privilèges » qui interdisent de les placer sur le même pied que les personnes privées[220].

Or cette restriction relative aux personnes publiques est étendue par la jurisprudence aux personnes morales de droit privé dans la mesure où elles sont chargées d'une mission publique, qu'elles exercent donc sous le contrôle d'une personne publique. En effet, la Cour constitutionnelle fédérale estime que le fondement de cette restriction n'est pas en soi seulement le statut de personne publique ; c'est la situation juridique et matérielle de la personne de droit public qui est déterminante, et dans quelle mesure elle s'oppose à ce qu'elle bénéficie de la protection des droits fondamentaux. Cela pourrait permettre à certains organismes corporatifs à statut de droit public d'être considérés comme partiellement sujets des droits fondamentaux, mais certainement pas lorsque sont en cause les missions d'administration publique qui leur sont confiées par la loi[221]. A l'inverse, une personne de droit privé qui exerce une mission publique, en application de la loi, ou qui se trouve sous le contrôle

219 Ce recours est exercé devant la Cour constitutionnelle fédérale seulement si la loi du Land ne permet pas qu'il soit exercé devant le tribunal constitutionnel du Land.

220 BVerfGE 61, 82, 105-106 (8 juillet 1982, « Sasbach ») : à propos de l'autorisation de la construction de la première tranche d'une centrale nucléaire sur une terrain agricole appartenant à la commune de Sasbach (Bade-Wurtemberg).

221 BVerfGE 68, 193, 207-209 (31 oct. 1984, « Innungen »).

d'une collectivité publique, n'est pas un sujet de droits fondamentaux. La Cour refuse ainsi de reconnaître comme sujet de droits fondamentaux une société de droit privé, dont 72% du capital appartient à la ville de Hambourg, et qui exerce son activité de distribution d'électricité sous l'empire de la loi sur l'énergie de 1935 et du décret sur les conditions de tarification de la consommation d'électricité (dispositions alors encore en vigueur), au motif que dans la mesure où la distribution d'électricité, qui est « une compétence typique des communes intéressant la *Daseinsvorgorge* », représente une « mission publique » (*öffentliche Aufgabe*), la ville de Hambourg ne s'en décharge pas lorsqu'elle l'exerce par l'intermédiaire d'une société dont elle détient une telle majorité du capital, et de plus cette société et soumise par la loi précitée à de « si fortes obligations » qu'« il ne lui reste dans ce contexte presque plus rien de l'autonomie du droit privé »[222]. De plus la rédaction de l'arrêt permet de penser que ces deux conditions, réunies en l'espèce, ne sont pas cumulatives. Enfin, la Cour réserve le cas, qui ne se posait pas dans le recours dont elle était saisie, où la société auteur du recours se trouverait dans le cadre d'une activité différente, telle que la livraison de chaleur à des entreprises industrielles, et pouvant justifier une autre appréciation.

Cette jurisprudence a été vivement critiquée par la doctrine. Auparavant, la Cour n'avait dénié la qualité de sujet de droits fondamentaux à une société de droit privé que dans la mesure où le service public (*öffentliche Daseinsvorsorge*) était son activité exclusive et où la collectivité publique en était l'unique actionnaire (affaire « Stadtwerke Hamel »). Dans ce dernier cas, la Cour avait bien posé clairement le principe que... : « Il importe peu que la distribution d'eau soit assurée sous les formes du droit privé (de l'administration) ou du droit public, mais seulement que la prestation nécessaire aux besoins de l'existence (*daseinsfürsorgende Leistung*) soit, en raison de sa nature juridique, produite dans l'exercice d'une mission publique ». Mais elle relevait aussi qu'« une entreprise qui est entièrement consacrée à la *Daseinsvorsorge* communale et qui se trouve sous le contrôle d'une institution de l'administration publique, représente seulement une manifestation particulière de l'exercice de

---

222 BVerfG, arrêt de la 3ème Chambre du 1er Sénat du 16 mai 1989, *Juristenzeitung* 1990, n°7, p. 335, note Günther KÜHNE.

l'administration publique », et ne peut être traitée différemment de l'administration publique du point de vue de la jouissance des droits fondamentaux[223].

La critique adressée à cette jurisprudence, telle qu'elle est développée par le professeur Schmidt-Aßmann retient trois arguments essentiels[224]. D'abord un argument général : l'application restrictive de la garantie des droits fondamentaux aux personnes morales, seulement lorsque les personnes physiques sont indirectement atteintes, néglige la place réelle qu'occupent les personnes morales dans l'ordre juridique. En second lieu, le critère matériel qui est retenu est un facteur d'insécurité juridique, car la ligne de partage peut être malaisée ; le concept de *Daseinsvorsorge*, comme celui de « mission publique », est trop imprécis pour servir de base à la définition du champ d'application de la garantie des droits fondamentaux. Mais surtout, cette jurisprudence peut porter préjudice aux partenaires privés de la puissance publique au sein d'une société d'économie mixte, comme c'est le cas dans l'arrêt de 1989, alors que la puissance publique dispose déjà de suffisamment de moyens juridiques pour faire prévaloir l'intérêt public.

Quelle que soit la valeur de ces critiques, il n'en reste pas moins que, dans son état actuel, la jurisprudence de la Cour constitutionnelle fédérale aboutit ainsi à définir plus nettement, et en y attachant des conséquences juridiques, le domaine des services publics. Les personnes publiques en général, et sous réserve des exceptions mentionnées qui tiennent elles-mêmes au régime des droits fondamentaux, ainsi que les personnes morales de droit privé qui sont placées sous le contrôle prépondérant d'une personne publique, ou qui exercent en tant que mission publique (donc dans un cadre juridique spécifique établi par la loi) une activité relevant de la *Daseinsvorsorge*, ne sont pas sujets des droits fondamentaux garantis par la constitution et ne peuvent en invoquer la protection. Cela n'est pas sans conséquences dans la perspective des privatisations.

---

[223] BVerfGE 45, 63, 78s.

[224] E. SCHMIDT-AßMANN, « Der Grundrechtsschutz gemischtwirtschaftlicher Unternehmen nach Art.19 Abs.3 GG », *Betriebsberater*, supplément 34 au n°27/1990, p. 1-14. Tout aussi critique la note de KÜHNE précitée.

La jurisprudence constitutionnelle sur le droits fondamentaux relativise ainsi le rôle du droit administratif dans le droit des services publics en Allemagne.

C) *Les services publics dans le droit administratif allemand aujourd'hui*

La Loi fondamentale et la jurisprudence constitutionnelle ont renouvelé les fondements du droit administratif général. Mais, malgré l'élargissement du champ des missions de l'État consacré par la Loi fondamentale, le droit administratif allemand a conservé ses caractéristiques d'un droit orienté vers la protection des droits individuels ; ce sont les prérogatives de puissance publique, et non les finalités d'intérêt général qu'elle poursuit qui justifient le régime juridique particulier auquel l'administration publique est soumise. Dans le droit allemand c'est plutôt au niveau constitutionnel qu'il faut rechercher la finalité de l'action publique.

Il en résulte que l'évolution du droit administratif général ne peut être imputée que dans une faible mesure au développement des services publics, qui se reflète davantage dans la jurisprudence constitutionnelle, comme on vient de le voir, et dans le recours de plus en plus fréquent aux institutions du droit privé. Il n'en reste pas moins que la notion de *Daseinsvorsorge* a introduit dans le droit administratif un critère finaliste qui, sans être en cohérence avec la systématisation du droit administratif, affecte parfois l'application de certaines de ses notions essentielles. On l'observera à propos de la définition des missions publiques et des modes d'organisation de l'action publique (1), à propos de l'application de la notion de rapports de droit public qui forme le critère de base de la compétence du juge administratif (2) et à propos des politiques de privatisation (3). La notion de *Daseinsvorsorge* est retenue par la jurisprudence comme un facteur de légitimation de l'intervention publique et pouvant faire présumer l'application d'un régime de droit public ; enfin, elle est susceptible de limiter la portée de certaines mesures de privatisation.

1. La Daseinsvorsorge *dans la définition des missions publiques et des modes d'organisation de l'action publique*

La doctrine allemande a été très sensible à l'extension des fonctions de l'État et de l'administration publique qui s'est manifestée après la Seconde Guerre mondiale, comme en témoigne le grand nombre de travaux consacrés à ce sujet jusque dans les années soixante-dix et depuis[225]. Les auteurs ont ainsi dressé différentes typologies des fonctions de l'administration afin de déterminer de quelle manière ou dans quelle mesure ces fonctions devaient être soumises au droit administratif. Aucune d'entre elles n'accorde une place centrale, ou seulement importante, à la *Daseinsvorsorge*.

La première distinction qui s'est imposée est celle de l'« administration d'autorité » (*Eingriffsverwaltung*) et de l'« administration de prestation » (*Leistungsverwaltung*). La notion d'administration de prestation a été introduite par Forsthoff dans son article de 1938 comme la base qui justifiait l'introduction d'une conceptualisation nouvelle du droit administratif, fondée sur la *Daseinsvorsorge* et le droit de participation (*Teilhaberecht*) des individus aux prestations que leur fournit la collectivité (voir *supra* **I.***C*.2). Alors que l'« administration d'autorité » repose sur l'édiction d'actes administratifs pouvant imposer des contraintes aux individus sur la base de la loi dans leurs propriétés ou leurs libertés, l'administration de prestation désigne l'ensemble des services et des bénéfices que l'administration moderne apporte aux individus. Cette distinction portait en elle-même une faiblesse majeure, celle d'opposer une notion fondée sur un mode d'action de l'administration à une notion fondée sur l'objet de son action, alors que l'administration de

---

[225] Voir en particulier M. KRAUTZBERGER, *Die Erfüllung öffentlicher Aufgaben durch Private. Zum Begriff des staatllichen Bereichs*, Duncker & Humblot, Berlin, 1971 ; H. P. BULL, *Die Staatsaufgaben nach dem Grundgesetz*, *op. cit.* ; W. von SIMON et H. U. GALWAS, « Die Erfüllung von Verwaltungsaufgaben durch Private », *Veröffentlichungen der Vereinigung des Deutschen Staatsrechtslehrer*, 29, W. de Gruyter, Berlin, 1971, ainsi que les grands traités de *Staatsrecht* déjà cités, dirigés par ISENSEE et KIRCHHOF ou par STERN. Depuis le début des années 90, la littérature sur le sujet est dominée par la problématique de la privatisation, mais, comme on le verra, les conditions juridiques de l'intervention du secteur privé n'en sont pas bouleversées pour autant.

prestation a aussi recours à l'acte administratif[226]. Il reste cependant que le domaine de cette dernière est beaucoup plus étendu et qu'elle a recours à des instruments beaucoup plus variés ; en dépit de sa faiblesse conceptuelle, cette distinction est la plus répandue et se retrouve en fait dans des typologies plus élaborées.

Wolff et Bachof utilisent plusieurs principes de classification, et dans leur classification selon le contenu de l'action de l'administration, ils distinguent les missions relatives à l'ordre de la collectivité (*ordnende Verwaltung*), les missions de prestation (qui reprennent l'essentiel de ce qui relève de la *Daseinsvorsorge* mais les auteurs ne reprennent pas cette expression), les missions de planification, les missions de protection, les missions liées au fonctionnement matériel de l'administration elle-même, les missions poursuivant un but purement économique, et les missions de répartition. A cette classification ils ajoutent une classification fondée sur les moyens d'action, qui distingue en particulier les modes d'action du droit public et ceux du droit privé[227]. H. Maurer suit à peu près cette présentation en distinguant les fonctions d'ordre public, l'administration de prestations, les fonctions du dirigisme (*Lenkungsverwaltung*), les fonctions fiscales et financières, et l'administration des moyens de l'administration publique elle-même[228].

I. von Münch présente une définition élargie de l'administration de puissance publique (*hoheitliche Verwaltung*), qu'il oppose, conformément à la conception classique du droit administratif allemand, à l'administration domaniale (*fiskalische Verwaltung*)[229]. Mais avec l'évolution des fonctions de l'État, l'administration de puissance publique réunit des fonctions variées qui ne se réduisent plus à l'exercice de l'autorité, et parmi lesquelles il distingue : l'administration d'autorité (*Eingriffsverwaltung*), qui se caractérise par les sujétions qu'elle impose aux citoyens sur la base de la loi ;

---

[226] Cette critique est formulée notamment par P. BADURA, *op. cit.*, p. 629.

[227] WOLFF, BACHOF et STOBER, *Verwaltungsrecht I*, C.H. Beck, Munich, 10ème éd. 1994, p. 42-47.

[228] H. MAURER, *Allgemeines Verwaltungsrecht*, C.H. Beck, Munich, 10ème éd. 1995, § 1 n°14 à 19.

[229] I. von MÜNCH, § 2 II et III dans H. U. ERICHSENet W. MARTENS (Hrsg), *Allgemeines Verwaltungsrecht*, De Gruyter, Berlin, 10ème éd. 1995.

l'administration de prestation ; et l'« administration de planification » (*planende Verwaltung*) qui désigne la fonction de l'administration pour prévoir et adapter l'évolution du secteur dont elle a la charge en tenant compte des divers intérêts en présence.

H. Faber critique l'absence de renouvellement de la théorie du droit administratif en dépit des transformations qui se sont produites dans les fonctions de l'administration, et souligne que la doctrine a procédé par addition sans souci de la cohérence de l'ensemble. Cependant sa propre classification ne s'écarte guère de cette voie : il distingue en effet, l'administration d'autorité, l'administration de prestation et l'« administration de l'infrastructure » (*Infrastrukturverwaltung*). Cette dernière catégorie, par laquelle il innove, regroupe les activités de la *Daseinsvorsorge*, mais en incluant tout ce qui touche à la réalisation des équipements et qui ne peut se résoudre ni dans les seuls rapports juridiques avec les intéressés, ni dans les seules limites du droit administratif[230].

On pourrait poursuivre cette revue de la doctrine. Aucun de ces auteurs n'ignore la *Daseinsvorsorge*, même ceux qui ne font guère usage de cette expression, mais aucun ne lui accorde un rôle propre dans son analyse des fonctions de l'administration, et pas davantage dans le système du droit administratif.

Pourtant, la qualification d'une activité comme relevant de la *Daseinsvorsorge* entraîne ici deux sortes de conséquences. D'une part, elle légitime l'intervention de l'administration ; d'autre part, elle ouvre à celle-ci la liberté de choisir de la placer sous un régime de droit public ou sous un régime de droit privé.

L'effet de légitimation est particulièrement important lorsque la matière en cause se rattache à la compétence communale. En effet, les lois communales des différents Länder prévoient, reprenant avec quelques variantes les termes de la loi communale de 1935 (*Reichsgemeindeordnung*), que les communes ne peuvent créer des « entreprises économiques » (ou prendre une participation dans une société) que si « l'intérêt public » (*der öffentliche Zweck*) le justifie, et si cette entreprise n'est pas disproportionnée par rapport à la capacité et aux « besoins prévisibles » de la commune ; certaines lois ajoutent une troisième condition, celle que cet intérêt public ne puisse pas être

[230] H. FABER, *Verwaltungsrecht*, J.C.B. Mohr, Tubingen, 3ème éd., 1992, § 5 II.

mieux ou plus efficacement atteint par une autre entreprise[231]. Toutefois, ne sont pas des « entreprises économiques » de manière générale les entreprises ou institutions que la loi impose aux communes de créer, celles qui sont créées en matière éducative, sanitaire et sociale, les entreprises auxiliaires qui ne fonctionnent que pour les besoins propres de la commune, et dans certains Länder les établissements créés en matière d'assainissement et d'élimination des déchets et parfois dans quelques autres domaines[232], ce qui les soustrait aux conditions restrictives susmentionnées. Dans des lois plus récentes cette protection pour certaines entreprises communales disparaît[233] ; en réalité la différence peut-être minime, car le silence de la loi communale peut être compensé par une disposition d'une loi spéciale du Land. On trouve des dispositions analogues dans la loi fédérale sur le budget (§ 65) pour des entreprises appartenant à la Fédération, ou des participations de la Fédération, ainsi que dans les lois des Länder sur le budget du Land.

Quoi qu'il en soit si une activité relève au niveau local de la *Daseinsvorsorge* cette qualification est de nature à fonder la compétence communale pour l'organiser ou pour l'exercer, ce qui peut avoir aussi des implications institutionnelles. On lit ainsi dans un arrêt de la Cour constitutionnelle fédérale de 1974, qui conclut des compétences propres de l'exécutif communal au Schleswig-Holstein (le Magistrat, à cette époque) que ses membres doivent être élus :

> *[le renforcement du poids du Magistrat est] la conséquence nécessaire d'une évolution au cours de laquelle la puissance publique prend en charge de manière croissante des fonctions du domaine de la Daseinsvorsorge, qui directement ou indirectement permettent à chaque citoyen d'avoir la maîtrise de sa vie personnelle. La plus grande partie de ces fonctions sont assurées*

---

[231] Par exemple les lois communales de Basse-Saxe (§ 108.1.3), de Bavière (§ 89.1) et de Rhénanie du Nord-Westphalie (§ 88.1.1). Pour une analyse actuelle plus détaillée de ces conditions, voir E. SCHMIDT-AẞMANN, « Kommunalrecht », p. 79 et s. dans *Ibid.*, (Hrsg), *Besonderes Verwaltungs-recht*, W. de Gruyter, Berlin, 10ème éd., 1995 ; O. SEEWALD, *op. cit.* ; F. L. KNEMEYER, « Kommunales Wirstschaftrecht », dans N. ACHTERBERG et G. PÜTTNER (Hrsg), *Besonderes Verwaltungsrecht*, C.F. Müller, Heidelberg ; A. GERN, *Deutsches Kommunalrecht,* Nomos, Baden-Baden, 2ème éd., 1997, p. 444 et s.

[232] Par exemple les lois communales de Rhénanie du Nord-Westphalie et de Hesse.

[233] Voir ainsi la loi communale de Saxe, § 97.

par les collectivités locales (et leurs groupements) comme des affaires propres.

La Cour énumère :

Cela vaut aussi bien pour les institutions de la distribution d'énergie et d'eau, les transports urbains, l'élimination des déchets, les hôpitaux, les maisons de retraite et les jardins d'enfants, que pour les diverses mesures intéressant la construction des infrastructures locales[234].

De même la Cour administrative fédérale voit-elle dans la distribution communale d'électricité « une matière de la *Daseinsvorsorge* qui s'enracine dans la communauté locale et [qui] tombe dans le domaine constitutionnellement protégé des affaires de la libre administration communale »[235]. La *Daseinsvorsorge* désigne donc des activités qui, à raison de leur caractère d'intérêt général, légitiment et justifient l'intervention publique, mais ne l'imposent pas nécessairement, comme le montre cette formule de la Cour constitutionnelle fédérale qui reprend à sa manière la métaphore de la boulangerie : « L'intérêt qui s'attache à la distribution d'électricité est aujourd'hui aussi général que celui qui s'attache au pain quotidien »[236].

Il est non moins important de distinguer les activités qui relèvent de la *Daseinsvorsorge* des activités domaniales, d'une part, et de l'exercice des fonctions d'autorité de l'autre. C'est en effet en ce qui les concerne que l'administration dispose de la plus grande liberté quant aux modalités de leur organisation. La question ne se pose en fait que pour les services publics à caractère économique.

Tout d'abord, il est acquis que les activités domaniales de l'administration ne relèvent que du droit privé, et que l'administration peut toujours participer au commerce juridique sur la base du droit commun[237]. Tel est le cas pour l'exploitation d'hôtels ou de brasseries, ou même d'entreprises industrielles ou de participations que détiennent les Länder ou des collectivités locales, comme dans le domaine de l'énergie[238]. Les marchés publics qui sont passés pour les

---

[234] BVerfGE 38, 258,270-271 (10 décembre1974).

[235] BverwGE 98, 273, 275 (18 mai 1995).

[236] BVerfGE 91, 186, 206 (« Kohlenpfennigurteil », 11 oct. 1994).

[237] BGHZ 20, 102, 104 (23 févr. 1956: transports publics assurés par la poste).

[238] H. P. BULL, *Allgemeines VerwR. op. cit.*, § 1 n°36. On peut douter que les collectivités publiques puissent aujourd'hui créer de telles entreprises, compte tenu

propres besoins de l'administration sont traditionnellement assimilés à l'activité domaniale (*fiskalische Verwaltung*) et sont donc soumis au droit privé[239].

D'un autre côté, dans le domaine de l'« administration de prestation » ou de la *Daseinsvorsorge*, selon les formules employées par la jurisprudence, il est également acquis que l'administration dispose d'une liberté de choix[240] : elle peut donc agir aussi bien dans les formes du droit privé que dans les formes du droit administratif. La jurisprudence est ancienne et abondante. Par exemple, la Cour fédérale (civile), « a reconnu selon une jurisprudence constante qu'en règle générale les pouvoirs publics ont le choix d'exécuter une mission par les moyens du droit privé ou par la puissance publique, pour autant que la nature de la mission publique en cause ne s'y oppose pas »[241]. La juridiction administrative adopte la même position, et la liberté de choix s'exerce en fait à deux niveaux : sur l'organisation et sur les modalités des relations avec les usagers. Une commune peut ainsi décider d'établir une usine de traitement des eaux sous un statut de droit public ou sous celui d'une société commerciale qu'elle crée ; dans le second cas les relations des usagers avec le service seront des relations de droit privé, mais dans le premier cas, la commune a encore la possibilité de choisir entre deux solutions : elle peut établir ses rapports avec les usagers sur la base du droit administratif ou sur la basse du droit privé[242]. Il en est ainsi même s'il existe une obligation légale (de droit public) de branchement au bénéfice des usagers (par exemple en matière de distribution d'électricité ou d'assainis-

---

des dispositions précitées, mais beaucoup de ces entreprises locales sont un legs de l'histoire.

239 BverwGE 7, 180, 182 : « Car les commandes publiques attribuées à une entreprise privée ne répondent pas en général à l'accomplissement des obligations de la puissance publique, mais à la satisfaction de ses besoins domaniaux (*fiskalische Bedürfnisse*) ».

240 Voir ainsi H. W. ARNDT, « Wirtschaftsverwaltungsrecht », p. 769 s. dans U. STEINER, *Besonderes Verwaltungsrecht*, C.F. Müller, Heidelberg, 4ème éd., 1992.

241 BGHZ 60, 54, 59 (18 décembre 1972: à propos de l'entretien des voies publiques, lequel fait partie de la *Daseinsvorsorge* - p. 59) et 91, 84 (notamment 86, 95 et s.) (5 avril 1984, bornes d'incendie).

242 Cf. H. MAURER, *op. cit.*, § 3, n°9, qui donne cet exemple.

sement)[243]. Cela n'intéresse pas seulement les services présentant le caractère d'une entreprise, et il existe en particulier une jurisprudence abondante sur les jardins d'enfants[244]. La qualification juridique des rapports entre les usagers et le service peut être délicate, et suppose souvent une interprétation par le juge de ces rapports ; mais en l'absence d'indices clairs en faveur du droit privé, la jurisprudence applique un régime de droit public[245].

Cet arrêt de la Cour administrative fédérale de 1973 résume bien les ambiguïtés qui peuvent naître de ces solutions :

> *Reviennent aujourd'hui à l'État, avec la légitimité qui leur est conférée par la Loi fondamentale (art. 20.1, art. 28.1, 1ère phrase), dans le domaine de l'exécutif non seulement les fonctions de puissance publique, mais de maîtriser de plus en plus de missions de l'administration dispensatrice (**gewährende Verwaltung**), d'exploiter de plus en plus de services publics (**Daseinsvorsorge**) (...).La délimitation des activités d'entreprise (**erwerbwirtschaftliche Tätigkeiten**) de l'État et d'autres institutions de droit public avec les services publics (**Daseinsvorsorge**) exploités par la puissance publique peut ne pas être toujours simple. Il n'existe aucun critère décisif pour déterminer si l'État ou la collectivité doit intervenir vis-à-vis du citoyen dans les formes du droit privé ou dans celles du droit public. L'activité de l'État selon les formes du droit privé aussi doit dans tous les cas, être imputée en tant qu'elle pourvoit aux besoins de l'existence (**Daseinsvorsorge**) à l'administration, c'est-à-dire au pouvoir exécutif (...) si elle sert principalement l'objectif constitutionnel de l'État social (**Sozialstaatlichkeit**), et est organisée dans les formes du droit public*[246].

Il existe en effet trois problèmes :

- 1) il convient de distinguer parmi les activités à caractère économique celles qui relèvent de la *Daseinsvorsorge* : ainsi, les caisses d'épargne, rattachées aux communes depuis le début du XIXème siècle,

---

243 BGH 10 octobre 1991, *Neue Juristische Wochenschrift,* 1992, p. 171 et 172 (à propos du raccordement d'un camping au réseau d'assainissement).

244 Voir les jugements administratifs et civils reproduits dans RICHTER et SCHUPPERT, *Casebook Verwaltungsrecht*, C.H. Beck, Munich, 2ème éd., 1995, p. 63 et s.

245 Cf. sur ce point A. GERN, *Deutsches Kommunalrecht,* Nomos, Baden-Baden, 1994, p. 296.

246 BVerwG 29 novembre 1972, *Deutsches Verwaltungsblatt* 1973, n°15, p. 571- 572.

et personnes juridiques de droit public depuis 1931[247], mais pas une brasserie ;

- 2) la Cour administrative fédérale ne distingue pas clairement cette question de celle du choix des formes juridiques de l'action publique, qui ne se pose pourtant que si l'activité en cause relève de la *Daseinsvorsorge* ;

- 3) l'identification de la *Daseinsvorsorge* s'opère, selon la Cour, par la caractérisation du but poursuivi, qui détermine l'imputation de l'activité à la puissance publique, et par une organisation de droit public, alors que la liberté de choix reconnue à l'administration lui permet de recourir à une organisation de droit privé. Par exemple, il a été jugé à propos d'une caisse d'épargne communale, que l'imputation de l'activité en cause, assimilée à la *Daseinsvorsorge*,[248] à l'administration, conduisait à juger que la fonction de membres du conseil d'administration de la caisse était incompatible avec celle de juge, puisqu'elle appartient à la sphère exécutive de l'administration communale.

Toutefois, cette liberté de choix est aujourd'hui contestée par une partie de la doctrine, selon laquelle l'administration doit employer les institutions du droit public qui lui sont destinées, si la loi ne permet ou ne prévoit pas qu'elle puisse les écarter. Selon Dirk Ehlers, il est même contraire au principe de l'État de droit que l'administration puisse disposer du régime juridique applicable à ses interventions[249].Cette liberté ne pourrait s'appliquer qu'aux services publics à caractère économique des collectivités locales, comme l'interprétation des dispositions des lois communales des Länder l'autorise ; elle serait exclue en revanche pour les autres services publics, tels que les établissements scolaires et l'aide sociale, ou

---

247 K. STERN, « Die institutionellen Grundlagen der Sparkassen-organisation », *Archiv für Kommunalwissenschaften*, 1er semestre 2000, p. 2.

248 Car, selon la Cour administrative fédérale, les caisses d'épargne sont des institutions de droit public, rattachées aux communes qui les garantissent, et dont la mission est de développer l'esprit d'épargne et la formation d'un capital dans toutes les couches de la population (BVerwGE 28 décembre 1972, *Die öffentliche Verwaltung*, 1972, p. 350). Cf également K. STERN, *op. cit.* La même solution vaut pour les banques des Länder (*Landesbanken*), qui en gèrent les dépôts. Cette organisation est aujourd'hui menacée par le droit communautaire.

249 D. EHLERS, *Verwaltung in Privarechtsform*, Duncker & Humblot, Berlin, 1984, p. 86 et s.

encore l'assainissement ou l'enlèvement des déchets[250]. Mais l'exemple précité des jardins d'enfants est là pour montrer qu'en droit positif cette distinction n'est pas si nette. De plus, la tendance actuelle, au niveau des collectivités locales, à préférer la forme de la société commerciale au régime de droit public pour la gestion des services publics locaux[251] montre que la pratique est peu sensible aux préoccupations de la doctrine du droit public.

Même si elle décide de se placer sous le régime du droit privé, l'administration ne peut prétendre échapper complètement aux principes de droit public qui la régissent. La liberté qui lui est reconnue ne peut la dégager de sa responsabilité dès lors que sa compétence est acquise : « Il importe peu que la distribution d'eau soit exécutée dans les formes du droit privé (de l'administration)[252] ou du droit public, mais au contraire seulement que la prestation répondant aux besoins de l'existence (*daseinsvorsorgende Leistung*) soit, en raison de sa nature juridique, fournie en exécution d'une mission publique (*öffentliche Aufgabe*) »[253].

Dès lors qu'une activité relève de la *Daseinsvorsorge* un certain nombre de principes de droit public, lui sont donc applicables, quelles que soient les conditions ou les formes dans lesquelles elle est exécutée.

Elle est d'abord soumise au respect du principe d'égalité et des règles qui découlent des droits fondamentaux, qui s'imposent dans les rapports entre l'usager et le service. Le respect des droits fondamentaux s'impose aux organismes privés qui en sont chargés, dès lors que son appartenance à la *Daseinsvorsorge* est reconnue, comme c'est le cas à propos de l'accès à une institution communale gérée par une société à responsabilité limitée de la ville[254] ; il s'impose

---

[250] Voir notamment D. EHLERS, *op. cit.*, p. 368s.; H. P. BULL, *Allgemeines VerwR.*, *op. cit.*, p. 143 ; F. J. PEINE, « Grenzen der Privatisierung - verwaltungsrechtliche Aspekte », *Die öffentliche Verwaltung,* 1997, n°9, p. 363 ; P. UNRUH, « Kritik des privatrechtlichen Verwaltungshandelns. Ein Problemaufriß », *Die öffentliche Verwaltung*, août 1997, n°16, p. 653 et s.

[251] G. MARCOU, « Les modes de gestion... », *op. cit.*, notamment p. 476-477.

[252] Expression qui désigne le recours à des institutions de droit privé dont l'administration a le contrôle.

[253] BVerfGE 45, 63, 78-79 (7 juin 1977).

[254] BVerwG 29 mai 1990, *Neue Zeitschrift für Verwaltungsrecht,* 1991, n°1, p. 59. C'est aussi la position de la jurisprudence civile: BGHZ 91, 84, 96-97 : « Dans le

d'ailleurs aussi à l'État agissant en qualité d'administration domaniale[255]. Le droit des usagers à l'égalité de traitement s'entend dans la limite des capacités d'accueil des services publics, les usagers n'ayant pas un droit à la création ou à l'extension des services publics[256]. La jurisprudence administrative et la jurisprudence civile sont ici relativement abondantes. Selon la jurisprudence administrative, l'accès au service échappe ainsi à la liberté de choix de l'administration et ne relève que du droit public, qui interdit toute forme de discrimination, quel que soit le régime choisi pour les rapports entre les usagers et le service (à propos de l'admission au jardin d'enfants)[257]. Selon le Tribunal constitutionnel de Bavière, tous les résidents ont, selon la loi, un droit d'accès aux institutions qui sont destinées au public, et qui constitue « un droit public subjectif », à la différence des non résidents, qui y ont accès sans que cela constitue un droit garanti[258].

La jurisprudence civile est dans le même sens : on doit distinguer entre l'acte créant une institution destinée à pourvoir à des besoins de l'existence, et son organisation ; l'acte de création, notamment en matière sanitaire ou sociale, est un acte de puissance publique, sans que cela préjuge du régime qui sera choisi pour les rapports avec les usagers[259].

Ces solutions valent à l'égard d'un service à caractère économique géré sous la forme d'une société commerciale : une entreprise de transports publics urbains organisée sous la forme d'une société anonyme dont la totalité du capital appartient à la ville est tenue au respect du principe d'égalité dans la détermination du tarif (à

---

domaine du droit privé de l'administration, l'administration ne doit pas seulement respecter les droits fondamentaux... » (5 avril 1984 : à propos du service de distribution d'eau exploité par la commune sous la forme d'une société de droit privé, et de la prise en charge des bornes d'incendie par la commune).

[255] Sur l'administration domaniale, voir la communication de JARASS et PIEROTH, *op. cit.*, sous l'article 1 de la Loi fondamentale, n°18, p. 45-46.

[256] BVerfGE 33, 303, 332 (« Numerus clausus », 18 juillet 1972).

[257] Trib. adm. de Kassel, *Neue Juristische Wochenschrift,* 1977, p. 452.

[258] BayVGH, 31 août 1999 (retrait d'une place en jardin d'enfants pour un non résident), *Die öffentliche Verwaltung*, août 2000, n°15, p. 646.

[259] A propos de la création d'un hôpital : BGHZ 9, 145s, 1953 ; à propos de la création d'un jardin d'enfants : Oberlandesgericht de Celle (tribunal de grande instance), *Neue Juristische Wochenschrift*, 1977, p. 1295.

propos des tarifs réduits pour les élèves des établissements scolaires, et de règles différentes selon les catégories d'élèves). La Cour fédérale se montre très catégorique : « le principe d'égalité lie l'administration publique aussi lorsqu'elle a recours aux formes du droit privé pour accomplir sa mission » ; elle déclare, en se référant expressément à Forsthoff, que « tout ce qui appartient fonctionnellement à la *Daseinsvorsorge*, doit être apprécié d'après les principes du droit public et non du droit privé », et que « la détermination des tarifs (...) appartient à la mission publique de la *Daseinsvorsorge* »[260].

Non seulement les droits fondamentaux mais divers principes de droit public peuvent être à l'occasion appliqués par les juridictions civiles et par les juridictions administratives, y compris le régime financier d'une activité lorsqu'elle relève de la *Daseinsvorsorge*. La commune étant tenue par la loi d'assurer à titre gratuit le service de secours contre l'incendie et, à ce titre, de garantir une pression suffisante dans le réseau de distribution d'eau, la société de distribution d'eau, dont la commune est d'ailleurs l'actionnaire majoritaire, ne peut imposer à un riverain de payer le coût des installations de sécurité dont la charge lui incombe ; la Cour fédérale précise qu'en ayant recours aux formes du droit privé dans l'exécution de ses missions l'administration n'a pas pour autant accès "aux libertés et aux possibilités de l'autonomie privée", et qu'elle reste soumise non seulement aux droits fondamentaux mais aussi à d'autres principes de droit public et en particulier aux « principes de la gestion financière publique (*öffentliche Finanzgebarung*) », de sorte qu'elle ne peut modifier dans son intérêt le régime financier d'une activité tel qu'il résulte de la loi en l'organisant sous les formes du droit privé[261].

Le juge administratif contrôle de même le respect des règles relatives à la tarification des services publics : même si le service est assuré par une personne de droit privé ou si les relations entre le service et l'usager sont placées sous le régime du droit privé, la redevance doit être fixée en fonction de la prestation fournie ; elle ne peut s'en écarter que de manière limitée, en cas de gestion par une personne de droit privé seulement si l'état du marché laisse un choix à l'usager, ou dans un but de politique sociale si l'objet du service

[260] BGHZ 52, 325, 328-329 (23 sept. 1969).

[261] Cour fédérale (civile) : BGHZ 91, 84, 86s. et 96-97 (5 avril 1984), précité.

l'autorise (légalité d'un tarif dégressif selon les revenus des familles le jardin d'enfants)[262]. Le principe d'équivalence est l'expression, en matière de tarification, du principe constitutionnel de proportionnalité ; ce principe est violé si la redevance est manifestement disproportionnée par rapport à la valeur de la prestation[263]. Au contraire, dans le cadre de l'administration domaniale l'administration est libre d'agir dans son seul intérêt financier[264]. Il en résulte que si l'administration a la liberté de recourir aux formes du droit privé, elle n'a pas accès dans son action à l'autonomie qui caractérise les sujets de droit privé ; c'est ce régime mixte qui est à l'origine de l'expression « droit privé de l'administration », due à Wolff et aujourd'hui souvent utilisée en Allemagne.

Enfin, la jurisprudence fait prévaloir l'intérêt collectif autant que le but d'intérêt public poursuivi le justifie. Un propriétaire ne peut que dans des cas exceptionnels contester l'obligation de branchement au réseau public d'assainissement, qui serait pour lui plus coûteux qu'une installation individuelle, car la satisfaction d'un « besoin public urgent », selon la loi en la matière, impose de considéer que la contribution de chaque propriétaire sera d'autant plus faible qu'ils seront nombreux à être branchés sur le réseau ; c'est ainsi l'intérêt financier de la collectivité qui prime[265]. Des entreprises habilitées par les collectivités locales pour l'élimination des épaves automobiles ne

---

262 Tribunal administratif supérieur de Lüneburg, *Neue Zeitschrift für Verwaltungsrecht*, 1990, n°1, p. 91. La tarification en fonction des revenus des familles est très controversée: le problème s'est posé de manière plus aiguë à propos des jardins d'enfants après la loi du 5 août 1992 qui prévoit qu'à compter du 1er janvier 1996 tout enfant âgé de trois ans a droit à une place au jardin d'enfants, ce qui a imposé brutalement une charge supplémentaire importante aux communes des anciens Länder, la prise en compte des revenus des familles est aussi présentée comme répondant aux principes de l'État social. Voir sur le problème des jardins d'enfants : J. ISENSEE., « Der Rechtsanspruch auf einen Kindergartenplatz. Ein Verfassungsproblem des Bundetaats und der kommunalen Selbstverwaltung », *Deutsches Verwaltungsblatt,* 1995, n°1, p. 1 et s., en particulier p. 8.

263 BVerwGE 80, 36, 39 (15 juillet 1988) : à propos d'une permission de voirie ; BVerwG 16 septembre 1981, *Die öffentliche Verwaltung*, 1982, p. 154-155 : à propos de redevances d'assainissement.

264 Voir notamment A. von MUTIUS, *Kommunalrecht*, C.H. Beck, Munich, 1996, p. 231.

265 Tribunal administratif supérieur de Basse-Saxe : NdsOVG, 14 juin 1999, *Die öffentliche Verwaltung*, août 2000, n°15, p. 643.

peuvent se plaindre de la concurrence que leur ferait l'extension des activités d'une entreprise propre à trois communes dans ce domaine, dès lors qu'elles tirent elles-mêmes un avantage de leur situation, qu'il n'est pas prouvé que les communes se livreraient à des pratiques déloyales, et que les capacités supplémentaires créées par les communes ont pour but de leur permettre de remplir de manière appropriée leur mission dr'élimination des déchets[266]. Dans la mesure où elles relèvent de la *Daseinsvorsorge*, par leur but d'intérêt public et par leur base légale, les activités des collectivités locales en matière économique sont assimilées à une activité administrative, et non à une activité d'entreprise[267].

On voit donc que la qualification de *Daseinsvorsorge* déclenche l'application d'un certain nombre de règles de fond, même si l'application de ces règles n'est pas déterminée exclusivement par cette qualification.

2. Daseinsvorsorge *et rapports de droit public*

Rappelons que la formation de la République fédérale s'est accompagnée de la mise en place d'une véritable juridiction administrative indépendante, dotée d'une compétence générale, qui a favorisé une certaine extension du champ du droit administratif, sans cependant en modifier le critère. A la fin de la République de Weimar la juridiction administrative n'existait qu'au niveau des Länder, avec une compétence d'attribution limitée, et avec un système de règlement des conflits qui privilégiait la juridiction ordinaire (voir *supra* I).

La compétence générale de la juridiction administrative est exprimée ainsi au § 40 I 1 de la loi fédérale sur la juridiction administrative : « La voie du contentieux administratif est ouverte pour tous les litiges de droit public qui ne sont pas de nature constitutionnelle, dans la mesure où la connaissance de ces litiges n'est pas expressément attribuée par une loi fédérale à une autre

[266] Tribunal de grande instance (OLG) de Düsseldorf, 28 octobre 1999, *Die öffentliche Verwaltung*, février 2000, n°4, p. 157.

[267] U. HÖSCH, « Öffentlicher Zweck und wirtschaftliche Betätigung von Kommunen », *Die öffentliche Verwaltung*, mai 2000, n°10, p. 393-406. Cette position est de nature à provoquer des difficultés avec le droit communautaire.

juridiction »[268]. Cette formule fait de la notion de « litige de droit public » le fondement de la compétence du juge administratif, mais en outre elle range le juge administratif à côté du juge constitutionnel, l'un et l'autre chargés du contrôle de la puissance publique et du respect des droits des individus[269]. La généralisation de la juridiction administrative, la constitutionnalisation des droits fondamentaux et l'introduction d'une garantie juridictionnelle de leur respect par l'article 19.4 de la Loi fondamentale procèdent donc de la même inspiration, qui puise sa source dans l'ancienne théorie de l'État de droit.

La distinction entre litiges de droit public et litiges de droit privé, qui gouverne la répartition des compétences, est complexe et dépasse le cadre de cet article ; elle a donné lieu à la formulation de nombreuses théories (*Abgrenzungstheorien*), qui peuvent se ramener aujourd'hui à trois[270] :

- la théorie des intérêts (*Interessentheorie*), tirée de l'opposition entre intérêt public et intérêt privé du droit romain, et qui débouche sur la notion de « mission publique » (*öffentliche Aufgabe*) ;
- la théorie de la subordination (*Subordinationstheorie,* ou *Subjektionstheorie*), fondée sur le caractère inégalitaire des rapports de droit public ;
- la théorie du sujet (*Subjektstheorie*, ou *Sonderrechtstheorie*, ou *Zuordnungstheorie*), selon laquelle un rapport de droit public est fondé sur des règles qui s'appliquent exclusivement à l'État ou aux institutions dépositaires de la puissance publique.

Aucune de ces théories ne rend compte du droit positif dans son ensemble, certaines attributions de compétence ne peuvent s'expliquer que par la tradition et le souci de sécurité juridique ; mais ces théories indiquent les critères qui peuvent être utilisés et combinés. Il est

---

268 Verwaltungsgerichtsordnung-VwGO, trad. française par Ch. AUTEXIER et A. CATHALY, *Etudes et Documents du CEJF*, n°7, Université de la Sarre, Sarrebruck, 1995.

269 Bien que cela n'épuise pas la compétence du juge constitutionnel.

270 Voir notamment H. P. BULL, *Allgemeines Verwaltungsrecht,* C.F. Müller, Heidelberg, 5ème éd., 1997, p. 46-52 ; Fr. HUFEN, *Verwaltungs-prozeßrecht*, C. H. Beck, Munich, 1994, p. 176-181 ; pour un exposé plus complet et un peu différent en français, voir H. RABAULT, « La notion de droit public en droit administratif allemand », *RDP*, 1997, n°1, en particulier p. 126-141.

tentant de rapprocher la théorie des intérêts de celle du service public, comme l'un des fondements de la compétence de la juridiction administrative, mais cela serait artificiel[271]. Elle n'apparaît que de manière occasionnelle dans la jurisprudence et à titre d'argument confortant. Même dans la jurisprudence sur les contrats, qui se réfère, à défaut de dispositions législatives, à l' « objet » du contrat pour déterminer s'il s'agit d'un contrat de droit public ou de droit privé, on peut relever que l'objet du contrat se caractérise en fait non par le contenu de l'action administrative, mais par son contexte ou ses moyens[272]. En paraphrasant le droit français on pourrait dire que l'on ne rencontre pas de contrats dont le caractère de droit public résulterait du fait qu'ils ont pour objet l'exécution même du service public, mais ce caractère peut être déterminé par le fait que le contrat est le moyen d'exécution d'une action caractérisée par la mise en œuvre de moyens de puissance publique. Il en résulte que c'est toujours le critère de la puissance publique qui domine, comme en réalité dans les autres théories. Les nuances apportées par la doctrine moderne ne font que confirmer cette orientation, dans la mesure où les auteurs mettent l'accent sur le fait que les rapports de droit public ne peuvent naître que si la personne publique agit en tant que dépositaire de la puissance publique et non en tant que sujet de droit privé. Cela peut résulter cependant d'une présomption, qui fait alors une place à la théorie des intérêts. Selon Bachof, si une règle de droit oblige un dépositaire de la puissance publique, mais ne permet pas de dire si elle l'oblige en cette qualité, on doit se demander si un intérêt public prédominant s'attache aux effets juridiques de cette règle ; si tel est le cas, celle-ci appartient

---

[271] Voir cependant en sens contraire H. RABAULT, *op. cit.*, p. 132.

[272] BVerwG, *Neue Juristische Wochenschrift*, 1976, p. 2359 et s. : il s'agissait d'un contrat portant sur l'échanges de deux terrains, mais le contrat a été jugé de droit public car il se rattachait à une cause qui devait être jugée par le tribunal administratif ; BVerwG 1981, *Die Öffentliche Verwaltung*, 1981, p. 878 : le contrat de mise en valeur d'un terrain passé entre la commune et le maître d'ouvrage sur la base du code de l'urbanisme est un contrat de droit public ; Tribunal administratif supérieur (OVG) de Münster, 1984 : le contrat par lequel une ville accorde à une entreprise des aides pour favoriser son développement est un contrat de droit public (à propos d'un hôtel) (reproduit dans RICHTER et SCHUPPERT, *Casebook Verwaltungsrecht*, C.H. Beck, Munich, 1991, p. 206).

au droit public[273]. Cette présomption détermine alors le droit applicable.

Alors que ni l'objet ni le but de l'action de l'administration ne jouent donc un rôle dans la détermination de la compétence juridictionnelle et du droit applicable, c'est par l'élargissement de la notion de puissance publique que la qualification de *Daseinsvorsorge* peut exercer une influence en faveur de l'application du droit public, dans la mesure où elle est assimilée à une manifestation de la puissance publique au sens moderne, si bien qu'elle peut déclencher la présomption que la personne publique en cause est bien engagée en sa qualité de dépositaire de la puissance publique, et qu'un intérêt public s'attache à l'application du droit public.

Dans son principe, cet élargissement de la notion de puissance publique n'est pas nouveau. Walter Jellinek, on l'a vu, avait montré la voie en introduisant la notion de « simple puissance publique » pour désigner les missions que remplit l'administration publique avec ses moyens sans avoir recours à ses pouvoirs, et la jurisprudence de la République de Weimar avait introduit la distinction entre les missions de puissance publique au sens général (*hoheitlich*) et les fonctions d'autorité (*obrigkeitlich*) (voir *supra* **I**.*C.1.*). Aujourd'hui, la jurisprudence considère couramment que des litiges de droit public peuvent naître aussi de la « simple puissance publique », c'est-à-dire des moyens mis en œuvre par l'administration en dehors de l'édiction d'un acte administratif ou d'une autre manifestation juridique de la puissance publique. Parmi les manifestations de la « simple puissance publique », on range la gestion interne de l'administration, la préparation et l'exécution matérielle des actes administratifs, les activités de communication qui visent à influencer le comportement des citoyens et surtout les activités relevant de la *Daseinsvorsorge*[274]. L'administration de simple puissance publique englobe donc les activités de service public que l'administration assure elle-même selon les modalités du droit public[275] : en dehors de l'accès au service ou de l'exclusion du service, elle n'a pas recours à l'acte administratif, et les

---

[273] O. BACHOF, « Über öffentliches Recht », 1978, cité par H. P. BULL, *Allgemeines Verwaltungsrecht*, *op. cit.*, p. 52.
[274] RICHTER et SCHUPPERT, *op. cit.*, p. 230.
[275] *Ibid.*, p. 234.

rapports avec les usagers sont de « simple puissance publique ». La jurisprudence civile qualifie de même en ce cas la *Daseinsvorsorge* d'« administration de simple puissance publique », lorsqu'elle a à en connaître sur le terrain de la responsabilité délictuelle[276]. La tendance générale de la jurisprudence comme de la doctrine aujourd'hui est de considérer que les administrations agissent dans le cadre du droit public, et que les rapports juridiques qu'elles établissent avec les individus sont des rapports de droit public, à moins que la loi n'en dispose autrement ou qu'il existe des raisons particulières de penser qu'elles ont entendu se placer sur le terrain du droit privé[277]. Ainsi, comme l'écrit le professeur Bull, la puissance publique (*Hoheitlichkeit*) ne correspond-elle plus à un rapport d'autorité (*Obrigkeit*), mais « définit plutôt aujourd'hui le champ d'application du droit public, si bien que dans de nombreux contextes ''puissance publique'' et ''droit public'' sont équivalents »[278].

Quelques exemples permettront de préciser la portée de cette évolution. En principe ce ne sont ni l'objet ni le but de l'action de l'administration qui déterminent l'application du droit administratif. La Cour fédérale (civile) l'a jugé en 1956 à propos des lignes d'autobus exploitées par la poste : il est admis par la doctrine et la jurisprudence que « la distinction entre les activités de droit privé [de l'administration] et l'exercice de la puissance publique ne s'oriente pas en fonction du but visé par chacune d'elles, mais en fonction de la façon dont sont réglés les rapports entre l'entreprise et ses usagers (...) et s'il apparaît que la volonté de la personne publique est d'accomplir sa mission non dans le cadre du droit privé mais comme une mission publique »[279]. En fonction de ces critères, la Cour concluait que les autobus de la poste se rattachaient à l'exercice de la puissance publique pour deux motifs essentiels : d'une part, la poste fait partie

---

276 Cour suprême fédérale - BGH 1977, *Neue Juristische Wochenschrift*, 1977, à propos d'installations communales d'assainissement.

277 H. P. BULL, *op. cit.*, p. 53-54. L'espèce citée à la note précédente le montre : l'existence d'un règlement fait présumer que la commune a entendu placer le service d'assainissement sous un régime de droit public, mais l'absence d'un tel règlement ne suffirait pas à faire présumer qu'elle a entendu le placer sous un régime de droit privé (*ibid.*, p. 198).

278 *Allgemeines Verwaltungsrecht*, *op. cit.*, p. 19.

279 BGHZ 20, 102, 104 (23 février 1956, précité).

de l'administration fédérale, et d'autre part le mode d'exploitation des autobus, qui n'est pas de nature commerciale (en particulier, elle dessert des lieux reculés, sans égard pour la rentabilité de chaque ligne, « au nom de la mission d'assistance générale de l'État »[280].

La même position était affirmée à la même époque par la Cour administrative fédérale : « Pour la question de savoir si la puissance publique (*die öffentliche Hand*) intervient dans le cadre de l'administration dispensatrice (*gewährende Verwaltung*) en droit public ou en droit privé, il importe seulement de savoir si elle se présente comme institution dépositaire de droits et d'obligations de puissance publique, ou comme un participant ordinaire au commerce juridique »[281]. Cette position était déjà celle exprimée par Otto Mayer. Dans un arrêt antérieur, à propos d'une affaire intéressant des aides publiques à la construction de logements, la Cour déclarait, après avoir constaté que n'étaient pas en cause des rapports d'autorité : « l'attribution de moyens publics en vue de favoriser la construction de logements comme le prévoit la loi... n'est pas seulement un acte juridique du droit civil, car ces moyens n'ont pas pour objet de satisfaire des besoins de nature domaniale (*fiskalische Bedürfnissse*), mais ils sont employés pour remplir des obligations de l'État social. En fait, la déclaration de la Loi fondamentale sur l'État social (...) donne en tout état de cause mission à l'État, en tant que dépositaire de la puissance publique (*der Staat als Hoheitsträger*), de réaliser et de garantir la justice sociale, et de porter remède aux besoins sociaux, et elle exige que pour dispenser ou refuser des prestations qui répondent à ces buts soient étendus les moyens par lesquels s'exprime la puissance de l'État »[282].

Enfin, dans un arrêt de 1974 intéressant une station d'épuration, la Cour administrative fédérale a jugé recevable un recours de droit public en se fondant sur l'existence d'un « contexte » de droit public. La station construite par la commune empiétait par erreur sur une propriété privée ; en droit allemand, il était concevable que la

---

[280] *Ibid.*, p. 104 et 107. Texte allemand de la citation : « aus allgemeiner staatlicher Fürsorge ».

[281] BVerwGE 7, 180, 181 (23 juillet 1958) : l'attribution aux réfugiés de subventions ou de prêts à des conditions préférentielles relève de la puissance publique, par analogie avec l'attribution des aides au logement (voir note suivante).

[282] BVerwGE 1, 308 (12 janvier 1955).

réclamation soit fondée sur les dispositions du code civil. Cependant, la Cour administrative fédérale a jugé que le droit de propriété est protégé aussi par le droit public, et que c'est la nature juridique de l'atteinte à la propriété qui devait déterminer la nature du recours à exercer. Elle relève aussi, et c'est ce qui doit le plus retenir notre attention ici, que la station d'épuration n'est pas seulement une manifestation de la *Daseinsvorsorge*, mais qu'elle se trouve dans le contexte d'une fonction et d'un plan relevant du droit public (*einem öffentlich-rechtlichen Planungs- und Funktionszusammenhang*), rendant impossible de considérer l'atteinte à la propriété indépendamment de ce contexte[283].

On voit, avec ces deux exemples, que si la qualification de *Daseinsvorsorge* est retenue, non seulement les moyens, mais également le but et le contexte de l'action de l'administration, peuvent être pris en compte pour déterminer l'existence de rapports de droit public et la compétence contentieuse du juge administratif.

A partir du moment où la qualité de droit public du litige est reconnue, les voies de recours prévues par la loi fédérale sur la juridiction administrative peuvent être exercées, non seulement pour contester un acte administratif, mais aussi, car un acte administratif fait souvent défaut, pour contester le contenu ou les modalités du service. C'est ce que permet, dans le système d'actions établi par la loi, l'action tendant à l'obtention d'une prestation (*Leistungsklage*). Cette action, mentionnée au § 43.2 de la loi, permet au justiciable de réclamer à l'administration un acte matériel ou plus généralement un certain comportement, ce que l'on résume ainsi : « faire, souffrir ou s'abstenir » (*tun, dulden, unterlassen*)[284]. Les actes de « simple puissance publique » en sont donc le domaine d'élection. Selon F. Hufen[285], des prestations de la *Daseinsvorsorge* peuvent donner matière à ce type d'action, comme par exemple le contenu de

[283] BVerwG 2 novembre 1973, *Die öffentliche Verwaltung*, 1974, p. 132-133 (« Kläranlage »).

[284] Pour un exposé des actions qui peuvent être exercées devant la juridiction administrative, voir Ch. AUTEXIER, *op. cit.*, p. 314s. et en particulier p. 329-331 pour l'action générale tendant à l'obtention d'une prestation.

[285] Fr. HUFEN, *Verwaltungsprozeßrecht,* C.H. Beck, Munich, 1994, § 17, n°5.

l'enseignement scolaire[286], les soins à une personne handicapée, la réparation d'une rue. Toutefois, les applications en sont rares, car l'exercice de cette action est subordonné, comme pour toutes les actions prévues par la loi sur la juridiction administrative, à l'existence d'un droit lésé, ce qu'il est le plus souvent difficile d'établir à propos du fonctionnement d'un service public, ou bien parce que le justiciable peut obtenir satisfaction par une autre voie, comme celle de la mise en jeu de la responsabilité de l'administration[287]. La référence au droit public subjectif limite ici les possibilités de recours.

Cependant, et c'est peut-être le plus caractéristique, le juge administratif n'a pas le monopole de l'application du droit public ; on a vu en analysant la jurisprudence que le juge civil est souvent mené à le faire. Dans certains cas le justiciable dispose même de deux voies de droit concurrentes. En rejetant un recours dirigé contre une société à responsabilité limitée de la ville (Land) de Berlin à propos du droit d'accès à une institution communale, la Cour administrative fédérale a précisé qu'elle n'était pas compétente parce que le recours était dirigé contre une personne de droit privé, dépourvue de prérogatives de puissance publique, mais que d'une part elle aurait jugé le recours s'il avait visé l'administration, et que dans ce cas, si le recours avait été accueilli, celle-ci aurait dû ensuite intervenir auprès de l'organisme privé placé sous son contrôle pour exécuter le jugement, et que d'autre part, le demandeur pourrait saisir le juge civil contre cet organisme pour qu'il assure le respect par celui-ci des droits fondamentaux, les deux voies de droit ayant la même valeur pour en assurer la protection juridictionnelle effective réclamée par l'article 19.IV de la Loi fondamentale[288]. C'est ce qui explique que l'on peut citer une jurisprudence civile qui assure le respect des règles de droit public par

[286] Ainsi le recours contre l'éducation sexuelle à l'école (BVerfGE 47, 46) ou contre l'« éducation à la paix (Trib. adm. de Mannheim - VGH 1987), cités par RICHTER et SCHUPPERT, *op. cit.*, p. 234.

[287] Voir notamment pour l'administration communale : A. GERN, *op. cit.*, p. 301 et s. Rappelons qu'en droit allemand la responsabilité de l'administration relève de la compétence de la juridiction civile.

[288] BVerwG, 29 mai 1990, précité, *Neue Zeitschrift für Verwaltungsrecht*, 1991, n°1, p. 59.

les organismes privés dont l'activité constitue une mission publique de la *Daseinsvorsorge*.

3. Daseinsvorsorge *et privatisations*

Si la *Daseinsvorsorge* représente la prise en charge par les pouvoirs publics de la responsabilité que soient satisfaits les besoins vitaux auxquels les revenus individuels et le marché ne suffisent pas à répondre, les privatisations impliquent, en première analyse, un rétrécissement de son domaine. Dans les domaines les plus caractéristiques de la *Daseinsvorsorge* en matière économique, les privatisations et les directives communautaires tendant à la réalisation du marché unique visent au contraire à accroître le rôle du marché dans le fonctionnement des secteurs concernés.

Il ne saurait être question ici d'analyser les diverses réformes qui ont eu lieu au cours des dernières années en Allemagne dans ces secteurs, en particulier à la suite des directives communautaires[289]. Il s'agit plutôt de rechercher dans quelle mesure les services publics conservent ou non des caractéristiques, dans le régime juridique qui leur est applicable, qui les distinguent des activités économiques banales. On retrouve en effet la *Daseinsvorsorge* dans les politiques de privatisation et les débats qui les ont accompagnées, dans les limites qui s'imposent à la privatisation des missions publiques et dans les dispositions des lois fédérales les plus récentes qui ont eu pour objet d'ouvrir à la concurrence les secteurs jusqu'ici monopolisés.

La privatisation a fait l'objet en Allemagne depuis le début des années 90, en particulier dans les nouveaux Länder, d'une politique du gouvernement fédéral qui s'est appuyée sur la conviction largement répandue qu'elle assurerait une plus grande efficacité dans l'exécution des missions publiques, et même des secteurs dans lesquels l'État laisserait se développer l'initiative privée et le libre jeu du marché.

---

[289] Il existe déjà en ce domaine une littérature abondante. On renverra ici seulement à l'article de J. SCHWARZE, « Le service public : l'expérience allemande », *AJDA*, numéro spécial *Le service public. Unité et diversité*, juin 1997, p. 150-158 et, en langue allemande, à P. EICHHORN (Vol.1) et H. COX (Vol.2) (Hrsg), *Perspektiven öffentlicher Unternehmen* dans *der Wirtschafts- und Rechtsordnung der Europäischen Union*, Nomos, coll. « Schriftenreihe der Gesellschaft für öffentliche Wirtschaft », n°36 et 37, Baden-Baden, 1995 (Vol.1) et 1996 (Vol.2).

Cette politique a été élaborée et défendue principalement par le ministère fédéral de l'économie. En 1991, une commission indépendante composée d'experts, la « commission de déréglementation » remettait un rapport qui faisait la critique du rôle économique de l'État et soulignait que la densité de la réglementation avait augmenté avec le poids croissant des services dans l'économie, dont justement les principaux secteurs sont particulièrement réglementés. Le rapport est en fait une application des théories néolibérales de l'école du *Public choice*, à la formulation d'une stratégie de déréglementation visant en particulier les transports, l'énergie, les assurances, le marché du travail[290]. En mars 1991, la conférence des ministres de l'Economie des Länder adoptait des décisions politiques en faveur du « financement et de l'organisation des services publics (*öffentliche Dienstleistungen*) par le secteur privé », tandis qu'un groupe de travail du ministère fédéral des finances publiait un rapport évaluant les différentes techniques pouvant permettre le financement privé des infrastructures, aussi bien de compétence étatique (Fédération et Länder) que de compétence locale[291]. En 1994, un rapport du Conseil scientifique consultatif auprès du ministère fédéral de l'économie entendait proposer les bases d'une politique qui établirait un ordre économique libéral dans l'Union européenne[292]. Ce rapport recommandait la limitation des politiques industrielles et des aides publiques dans le cadre d'un « système de marchés ouverts et orientés vers la concurrence »[293] et dénonçait le poids des régulations nationales qui, dans les secteurs du transport aérien, des télécommunications et de la distribution d'énergie faisaient obstacle au développement d'un véritable marché

290 Deregulierungskommission Unhabhängige Expertenkommission zum Abbau marktwidriger Regulierungen, *Marktöffnung und Wettbewerb*, C.E. Poeschel Verlag, Stuttgart, 1991.
291 *Private finanzierung öffentlicher Infrastruktur,* Rapport du Groupe de Travail, Schriftenreihe des Bundesministeriums der Finanzen, n°44, Stollfuß Verlag Bonn, 1991.
292 Bundesministerium für Wirtschaft, « Ordnungspolitische Orientierung für die Europäische Union », Gutachten des Wisssenschaftlichen Beirats beim Bundesministerium für Wirtschaft, *BMWi Dokumentation*, n°356, Bonn, octobre 1994.
293 *Ibid.*, p. 34.

intérieur[294] ; il préconisait la concentration de l'action de la Commission en matière de réseaux trans-européens sur la suppression des obstacles à l'intégration par le marché dans ces secteurs[295].

Enfin, cette orientation a trouvé une consécration législative au niveau fédéral dans les modifications apportées en 1993 et en 1994 à la loi fédérale sur le budget (*Bundeshaushaltsordnung*). Le § 7.1, selon lequel l'établissement et l'exécution du budget obéissent aux principes d'efficacité (*Wirtschaftlichkeit*) et d'économie des moyens (*Sparsamkeit*), a été complété par deux prescriptions nouvelles : d'une part, ces principes font obligation de vérifier si certaines missions étatiques ou activités économiques d'intérêt public ne pourraient pas être débudgétisées ou privatisées ; d'autre part, il convient de rechercher, dans les cas appropriés, dans quelle mesure et à quelles conditions « des solutions privées » seraient possibles. En outre, le nouveau § 91 précise que désormais des missions publiques peuvent être transférées à des personnes morales de droit privé comportant la participation de la Fédération[296].

Cependant, ce programme s'est heurté aux résistances des Länder (en dépit des décisions de 1991) et des collectivités locales, indépendamment de leurs orientations politiques partisanes. Ce conflit surprend, mais il peut s'expliquer par le fait que la plupart des compétences qui correspondent à la *Daseinsvorsorge* appartiennent aux Länder et aux collectivités locales, et que les solutions qui peuvent paraître les meilleures sur le plan macroéconomique peuvent aussi mettre en difficulté la satisfaction des besoins sociaux dont ils ont la charge, ainsi que les intérêts structurés autour des modalités actuelles d'organisation. Lors de la réforme des chemins de fer de 1993, ce sont les Länder qui ont fait inscrire dans le nouvel article 87e de la Loi fondamentale que la Fédération conserve la propriété des

---

294 *Ibid.*, p. 38.

295 *Ibid.*, p. 43-44.

296 E. HEUER, « Privatwirtschaftliche Wege und Modelle zu einem modernen (anderen ?) Staat. Kritische überlegungen zu Veränderungen in den staatlichen Strukturen aus der Sicht der Finanzkontrolle », *Die öffentliche Verwaltung*, février 1995, n°3, p. 86 notamment. Ces modifications ont été introduites par le loi sur le programme de croissance, de consolidation et d'économies de 1993 (*BGBl.* I. 1993, p. 2353), et par la 5ème loi modificative de la loi fédérale sur le budget de 1994, *BGBl.* I. 1994, p. 2605.

infrastructures et qu'elle « assure qu'il est tenu compte du bien de la collectivité (*dem Wohl der Allgemeinheit*) dans le développement et l'entretien du réseau ferroviaire » (al.4), alors que le projet du gouvernement autorisait une privatisation plus radicale[297]. Pendant la longue négociation de la directive 96/92 sur le marché intérieur de l'électricité du 19 décembre 1996, au cours de laquelle se sont opposés notamment le gouvernement allemand et le gouvernement français, le gouvernement fédéral était favorable à la libéralisation la plus large du secteur, tandis que les collectivités locales, qui ont conservé en Allemagne la responsabilité de la distribution d'électricité et auxquelles le gouvernement fédéral faisait porter la responsabilité des prix trop élevés supportés par l'industrie, souhaitaient pouvoir maintenir le monopole de leurs entreprises de distribution, et rappelaient que la distribution d'énergie faisait partie des missions de la *Daseinsvorsorge* dont les communes ont la charge[298]. Enfin, et de manière générale, l'influent Conseil allemand des villes (*Deutscher Städtetag*), tout en favorisant la modernisation de la gestion, a mis en garde les communes contre l'« euphorie de la privatisation ». Tandis que le gouvernement fédéral les invitait à suivre son exemple, le Conseil allemand des villes leur recommande d'examiner les implications de chaque décision au cas par cas, et les met en garde contre le risque de perdre le contrôle de missions qui leur appartiennent, d'affaiblir le contrôle démocratique et de ruiner l'unité de la politique communale par le démembrement de différentes fonctions essentielles[299].

Il faut toutefois s'entendre sur ce qu'on appelle la privatisation et on doit reconnaître à la doctrine allemande le mérite d'avoir essayé de distinguer et de définir les différents sens ou les différentes formes qu'elle peut prendre. On distingue ainsi couramment la privatisation formelle (ou d'organisation) et la privatisation matérielle. La

---

297 E. SCHMIDT-AßMANN et H. Ch. RÖHL, « Grundpositionen des neuen Eisenbahnverfassungsrechts (art. 87e GG) », *Die öffentliche Verwaltung*, juillet 1994, n°14, p. 577 et s.

298 H. DECKER, « Die Organisation des Energiebinnenmarkts-Auwirkungen auf die kommunale Versorgungswirtschaft », notamment p. 24s., dans H. COX (Hrsg), *op. cit.*

299 G. WITTE, « Der Deutsche Städtetag warnt vor Privatisierungseuphorie », *Frankfurter Allgemeine Zeitung*, 29 novembre 1996, p. 47.

privatisation formelle désigne toutes les variantes de l'action des pouvoirs publics par lesquelles une mission qui demeure publique est confiée à une personne privée[300], et permet de séparer les responsabilités administratives des responsabilités économiques[301], tandis que par la privatisation matérielle l'administration se désengage d'une activité, qui cesse donc d'être publique et est abandonnée à l'initiative privée et au marché[302]. En fait, ce qu'on appelle la privatisation formelle correspond seulement à l'exercice de liberté de choix qui est traditionnellement reconnue à l'administration d'organiser ses missions de la *Daseinsvorsorge* selon les modalités du droit public ou celles du droit privé, et avec les limites que l'on a déjà mentionnées.

On peut pousser dans le détail l'analyse des différentes formes que peut prendre la privatisation. Avec d'autres auteurs, on peut ainsi distinguer[303] :

- la privatisation de l'organisation, qui vise l'organisation d'une mission de la *Daseinsvorsorge* sous la forme d'une société dont la totalité, ou parfois seulement la majorité du capital, appartient à l'administration, mais ce n'est pas la seule forme possible de « partenariat public-privé;
- la privatisation par cession de capital, qui conduit une collectivité publique à vendre des biens immobiliers ou des participations dans des entreprises, intéressant la *Daseinsvorsorge* ou seulement l'administration domaniale selon les cas ;
- la privatisation fonctionnelle ou d'exécution (*funktionelle Privatisierung* ou *Durchführungprivatisierung*), qui consiste pour l'administration à déléguer à une personne privée une mission publique de sa compétence et qui demeure sous son contrôle : c'est à peu près l'équivalent des délégations de service public du droit

---

300 Fr. J. PEINE., « Grenzen der Privatisierung. Verwaltungsrechtliche Aspekte », *Die öffentliche Verwaltung*, mai 1997, n°9, p. 354.

301 L. OSTERLOH, « Privatisierung von Verwaltungsaufgaben », p. 215, dans *Veröffentlichungen der Vereinigung der Deutschen Staatsrechtslehrer*, n°54, W. de Gruyter, Berlin, 1995.

302 Fr. J. PEINE, *ibid.* ; L. OSTERLOH, *ibid.*, p. 217.

303 D'après G. F. SCHUPPERT, « Rückzug des Staates ? Zur rolle des Staates zwischen Legitimationskrise und politischer Neubestimmung », *Die öffentliche Verwaltung*, septembre 1995, n°18, p. 766-767 et G. WITTE, *op. cit.*

français, mais elle demeure beaucoup moins développée qu'en France malgré la multiplication des contrats de ce type au cours des dernières années ;
- la privatisation du financement (*Finanzierungsprivatisierung*), qui vise les modes de réalisation et de gestion comportant un financement par des péages des usagers ;
- la privatisation matérielle ou « privatisation des missions » (*Aufgabenprivatisierung*), la « vraie » privatisation, qui correspond à l'abandon au profit du secteur privé par l'administration de missions qu'elle assumait.

En réalité, la privatisation matérielle, celle qui correspond à la sortie d'une mission, ou d'une activité, du champ des responsabilités, ou des compétences, de l'administration est rare dans le domaine de la *Daseinsvorsorge*, et elle est même le plus souvent juridiquement impossible, à moins d'une modification préalable de la constitution (pour la Fédération et les Länder) ou de la loi (pour les communes). D'une part, les activités des communes qui sont qualifiées par les lois communales des Länder d'« entreprises... non économiques » ne peuvent pas être en principe exercées sous la forme de sociétés de droit privé[304] ; la privatisation de l'organisation est donc exclue. Toutefois, la privatisation de l'exécution est possible, selon l'une des formes compatibles avec les lois communales des Länder, et qui sont comparables à des délégations de service public au sens du droit français[305] : une entreprise privée peut alors réaliser et exploiter un équipement pour le compte de la commune, mais celle-ci reste responsable en droit, vis-à-vis de l'État comme des citoyens et usagers de l'accomplissement de la mission publique que la loi lui confie. C'est dans le domaine de l'enlèvement et de l'élimination des déchets, ainsi que dans celui de l'assainissement, généralement qualifiés d'« entreprises non économiques » que le recours à ces formules est le plus fréquent, mais il est encore exceptionnel, surtout dans les Länder de l'ouest[306]. D'autre part, s'il s'agit d'activités de la *Daseinsvorsorge*,

---

304 Fr. J. PEINE, *op. cit.*, p. 363.

305 Pour une présentation de ces différentes formes de délégation de service public dans le droit allemand, voir G. MARCOU, « Les modes de gestion des services publics locaux en Allemagne... », *op. cit.*, p. 478-483.

306 *Ibid.*, p. 479 ; B. GILLMANN, « Im Westdeutschland sind die Strukturen festgeklopft », *Handelsblatt*, 11 mai 1995, p. 7 : sur environ 10.000 stations

à caractère économique, qui correspondent à des compétences légales des communes, telles que les transports urbains, la distribution d'énergie ou la distribution d'eau, leur organisation sous la forme d'une société de droit privé ne les décharge pas de leur responsabilité. Les lois communales des Länder précisent, on l'a vu, que les entreprises publiques ne se justifient que par l'intérêt public auquel elles répondent ; il en résulte que la commune est légalement tenue de s'assurer dans le cadre de telles sociétés un pouvoir de contrôle prépondérant, afin d'assurer la primauté de ce but d'intérêt public, ce que permet d'ailleurs de différentes manières la législation sur les sociétés[307]. Il n'en reste pas moins que ces évolutions qui touchent au mode d'exercice et de gestion des activités de la *Daseinsvorsorge* rend plus flous les contours de celle-ci, et notamment ce qui la sépare de la simple activité d'entreprise dans le domaine économique[308].

En fin de compte, au niveau communal, la privatisation matérielle ne peut réellement concerner que des entreprises à caractère domanial, ou des entreprises créées dans le domaine de compétence propres facultatives des communes, et elle présente donc un caractère résiduel. Elle ne serait pas impossible, cependant, en matière de distribution d'électricité, sur base de certaines interprétations de la loi sur l'énergie de 1935[309], et encore davantage sur la base de la loi du 24 avril 1998, mais la protection constitutionnelle de l'autonomie communale et des missions de la *Daseinsvorsorge* qui s'y rattachent, ne permet pas au législateur d'y obliger les communes[310]. Le champ ouvert à la privatisation sous ses différentes formes pourrait aussi être élargi, mais cela nécessiterait, au niveau des Länder, des modifications législatives importantes qui ne paraissent pas être à l'ordre du jour ; il n'y aurait pas, en revanche, d'obstacles constitutionnels, les missions qui se rattachent au principe de l'État social ne devant pas

d'épuration dans l'ensemble de l'Allemagne, 130 étaient exploitées par des entreprises privées délégataires, dont près de la moitié dans les nouveaux Länder.

307 Pour plus de détails sur ce point, voir G. MARCOU, « Les modes de gestion des services publics locaux en Allemagne... », *op. cit.*, p. 473-476.

308 Cf. E. SCHMIDT-AßMANN, « Kommunalrecht », *op. cit.*, p. 79.

309 Selon L. OSTERLOH, *op. cit.*, p. 226s.

310 Cf. G. MARCOU, *ibid.*, p. 466-467 ; D. DECKER, *op. cit.*, p. 26-27.

nécessairement être exécutées directement par les pouvoirs publics eux-mêmes[311].

Autre chose est en revanche l'ouverture à la concurrence de secteurs jusqu'alors monopolisés. Si la privatisation ne s'impose pas, le secteur public peut être exposé à la concurrence. C'est ce que les réformes récentes des télécommunications, de la poste, des chemins de fer, de l'énergie ainsi que du traitement des déchets ont voulu lorsqu'elles n'ont pas conduit à la privatisation effective des entreprises publiques du secteur. Mais cela ne veut pas dire que les objectifs de la *Daseinsvorsorge* ont disparu. On retrouve au contraire dans ces lois, dans un cadre nouveau, des dispositions qui permettent de l'identifier, même si l'introduction du secteur privé et de la concurrence en réduit la prépondérance dans le fonctionnement d'ensemble du secteur. On se limitera ici aux cas de la réforme des chemins de fer, et de la réforme du secteur de l'énergie, sans entrer cependant dans une étude d'ensemble de ces réformes.

La réforme des chemins de fer se compose d'une révision de la Loi fondamentale (art. 73, 87e, 106a et 143a), de la loi fédérale sur les chemins de fer du 27 décembre 1993[312] et des lois des Länder sur les transports ferroviaires régionaux de voyageurs. Jusqu'alors, les chemins de fer étaient restés organisés en Allemagne sous la forme d'un établissement de droit public dépourvu de la personnalité morale, dont l'autonomie financière était assurée par un compte spécial du trésor (*Sondervermögen*) et dont le personnel comprenait toujours des fonctionnaires. Le chemin de fer a toujours été considéré comme une manifestation typique de la *Daseinsvorsorge*. La réforme avait pour objet de transformer les chemins de fer selon une logique d'entreprise et de les préparer à l'ouverture du transport ferroviaire à la concurrence dans le cadre du marché unique ; elle opère à ce titre une restructuration complète qui substitue à l'établissement de droit public plusieurs entreprises publiques organisées sous la forme de sociétés commerciales dont la privatisation totale ou partielle est possible, qui sépare la gestion des infrastructures de l'exploitation des services de transport, et qui attribue aux Länder la responsabilité des transports

311 Fr. J. PEINE , *op. cit.*, p. 356.

312 Gesetz zur Neuordnung des Eisenbahnswesens (ENeuOG), *BGBl.* I. 1993, p. 2378, modifiée depuis sur quelques points.

ferroviaires régionaux de voyageurs. Toutes les lois que nécessite la mise en œuvre de la réforme sont soumises à l'approbation du Bundesrat, ce qui donne aux gouvernements des Länder un contrôle décisif sur leur contenu (Loi fondamentale : art. 87e.5). La cession de parties du capital détenu par la Fédération dans les nouvelles sociétés de chemin de fer est soumise à l'intervention d'une loi, mais la Fédération doit conserver la majorité du capital de la société chargée de la construction, de l'entretien et de la gestion des infrastructures (art. 87e.3). Surtout, la privatisation est une option ouverte par la Loi fondamentale, mais celle-ci ne l'impose pas.

Du point de vue qui nous intéresse ici, seuls les transports régionaux de voyageurs sont explicitement encore rangés dans la *Daseinsvorsorge*. Selon l'article 4, § 1 de la loi du 27 décembre 1993, en effet, « c'est une mission de la *Daseinsvorsorge* d'assurer à la population un service suffisant de transports publics régionaux de voyageurs (*öffentliche Personennahverkehr*) ». La loi donne une définition précise de ces services de transport, qui se caractérisent notamment par le fait que la plupart des liaisons n'excèdent pas cinquante kilomètres ou une heure de trajet (§ 2), et elle prévoit que pour assurer une offre suffisante des contrats de « service public » tels que prévus par le règlement communautaire 1191/69 du 26 juin 1969 sur les obligations de « service public » peuvent être passés avec les entreprises de transport (§ 4)[313]. Les lois des Länder exercent différemment cette nouvelle compétence qui leur est attribuée ; la plupart d'entre eux la délèguent aux collectivités locales, qui auront donc à passer les contrats de service public avec les compagnies de chemin de fer. La loi reprend ici la terminologie adoptée dans la version allemande des règlements communautaires en matière de transport, qui traduit « service public » par *öffentlicher Dienst*. Cependant, les chemins de fer fédéraux conservent certaines caractéristiques de la *Daseinsvorsorge*. L'article 87e.4 de La loi fondamentale prévoit que, en dehors des liaisons régionales au sens donné ci-dessus, la Fédération doit assurer que les infrastructures et

---

[313] Ce règlement communautaire a été modifié en dernier lieu par le règlement 1893/91 du 20 juin 1991. Sur l'application de ce règlement aux transports ferroviaires, voir S. PIAM BOBDA, *Les réseaux ferroviaires face à la construction des services publics monopolisés en Europe*, Thèse, Université de Lille 2, 1998, p. 437-464 (non publiée).

l'offre de services de transport ferroviaire « tiennent compte » du « bien de la collectivité, en particulier des besoins de transport », et la loi du 27 décembre 1993 prévoit aussi la possibilité de passer des contrats de service public relatifs aux « prestations d'intérêt collectif » (*gemeinswirtschaftliche Leistungen*) des chemins de fer fédéraux (art. 3, § 15)[314].

On peut faire des observations du même ordre à propos de la réforme du régime de l'énergie[315]. La loi du 24 avril 1998[316] assure la transposition de la directive communautaire sur le marché intérieur de l'électricité du 19 décembre 1996, mais elle a un objet qui la dépasse et englobe le gaz. Cette loi engage une libéralisation du secteur de l'électricité qui est plus radicale que celle du secteur des chemins de fer. On n'y retrouve pas la référence à la *Daseinsvorsorge*, et elle impose des règles contraignantes aux collectivités locales, qui sont compétentes pour la distribution d'électricité. La loi veut introduire la concurrence dans la fourniture d'électricité et de gaz ; elle abroge les dérogations à la loi sur les restrictions à la concurrence qui permettaient aux entreprises de distribution d'électricité et de gaz de passer entre elles des accords de délimitation de leurs zones de desserte ; désormais, de telles ententes sont illicites et les entreprises de distribution pourront se concurrencer, si bien que les entreprises locales pourront acheter librement de l'électricité à d'autres fournisseurs (art. 2). Tout exploitant d'un réseau de distribution a l'obligation de distribuer l'électricité achetée à un autre fournisseur, aux conditions qu'il applique à l'électricité qu'il fournit lui-même (§ 6), et toute entreprise de distribution peut obtenir une licence pour établir un nouveau réseau, sous certaines conditions (§ 7) ; cette disposition a été la plus critiquée tant en raison du coût des surcapacités qui peuvent en résulter que des conséquences négatives probables sur l'environnement. Elle impose aussi à toutes les

[314] Pour plus de détails sur la réforme allemande, en langue française, voir S. PIAM BOBDA, *op. cit.*, p. 311-318 et p. 345-350.

[315] Pour un aperçu plus complet de la réforme, voir H. H. LINDEMANN et Kr. KÖSTER, « Energiewirtschaft auf dem Weg zu mehr Wettbewerb. Zum Regierungsentwurf für ein neues Energiegesetz », *Die öffentliche Verwaltung*, avril 1997, p. 527 ; P. M. MOMBAUR, « Energiewirtschaft im Wettbewerb. Vom Vormund zum Treuhänder », *Die öffentliche Verwaltung*, juillet 1997, n°14, p. 571.

[316] Gesetz zur Neuregelung des Energiewirtschaftsrechts, *BGBl.* I. 1998, p. 730.

entreprises de distribution générale quel que soit leur statut (société commerciale ou entreprise propre communale) d'appliquer les mêmes règles dans la présentation de leurs comptes, de tenir des comptes séparés pour la production, le transport et la distribution d'électricité, ainsi que le cas échéant pour les autres activités qu'elles exercent en dehors du domaine de l'électricité (§ 9.1 et 2). Cette dernière obligation vise en particulier les *Stadtwerke*, les entreprises intégrées des collectivités locales qui procèdent à la compensation des pertes et des bénéfices entre leurs différentes activités.

Néanmoins, « le but de la loi, précise-t-elle, est la distribution d'électricité et de gaz la plus sûre, au meilleur prix et la plus respectueuse de l'environnement dans l'intérêt général » (art. 1, § 1). L'autorisation d'entreprendre la distribution d'électricité peut être refusée par l'autorité administrative (d'État) si elle est de nature à conduire à des conditions de desserte globalement moins favorables pour l'ensemble des acheteurs concernés, ou à entraîner des inconvénients graves pour la zone de desserte restante du distributeur précédent (§ 3.2, n°2) ; la loi reprend la définition des buts de la loi comme critères d'appréciation. La loi impose aussi aux entreprises de distribution générale d'appliquer des conditions et des tarifs uniformes pour l'ensemble du territoire qu'elles desservent, ainsi qu'une obligation de branchement ; des tarifs différenciés entre différentes zones d'une commune sont exclus, à moins qu'un motif précis ne le justifie et n'implique pas de hausse de tarif pour d'autres usagers. Le ministre de l'économie peut réglementer, sous réserve de l'approbation du Bundesrat, les conditions générales et la structure des tarifs et les conditions contractuelles (§ 11). Enfin, les communes conservent, par le contrôle des voies publiques dont l'utilisation par les entreprises de distribution est conditionnée par un contrat et le paiement d'une redevance d'utilisation, un moyen d'agir sur les conditions de desserte, dans la limite des critères d'appréciation définis par la loi (§ 13 et 14).

De l'ensemble de ces observations, il ressort que la privatisation des activités de la *Daseinsvorsorge* reste plus limitée qu'on aurait pu l'attendre, plus limitée même que ne l'est en France la participation du secteur privé à l'exploitation des services publics locaux, et que l'ouverture à la concurrence s'accompagne d'un encadrement juridique visant à préserver les garanties que comporte traditionnellement pour le public la *Daseinsvorsorge*. Il n'en reste pas moins que ces réformes vont au-delà d'un changement de mode de gestion ; elles introduisent un changement de perspective. Alors que l'intervention de l'État, pour que soient assurés à tous les services désormais indispensables à l'existence, était justifiée par l'incapacité des mécanismes du marché à y parvenir, les réformes récentes partent au contraire du postulat que seuls le marché et la concurrence permettent de répondre efficacement à ces besoins, sous réserve que certaines règles soient posées. Il en résulte que la *Daseinsvorsorge*, sans disparaître pourrait devenir résiduelle dans certains secteurs désormais régis par le marché. Un jugement récent intéressant le secteur des télécommunications donne une idée des évolutions que l'on peut attendre[317] : sur la base de la loi de 1992 sur les télécommunications, le juge civil contrôle le respect du principe de l'égalité de traitement des "clients" qui est posé par la loi, mais à propos du contrat d'abonnement il se réfère au principe de l'« autonomie privée » (*Privatautonomie*) du droit civil, qui permet aux parties de fixer librement leurs obligations réciproques, mais qui était justement exclu du régime de activités de la *Daseinsvorsorge* lorsque celles-ci étaient soumises au droit privé.

Mais à l'inverse des applications traditionnelles demeurent. Selon un arrêt récent de la Cour suprême fédérale, l'enlèvement des cadavres d'animaux est une mission publique de la *Daseinsvorsorge*, d'où il résulte que les entreprise qui souffrent de la prise en charge directe de cette mission par la collectivité publique ne peuvent prétendre à aucune indemnisation et leurs pertes ne peuvent être assimilées à une atteinte au droit de propriété[318]. Enfin, c'est parce que la suppression des redevances pour l'utilisation des voies publiques par les réseaux de télécommunications ne porte atteinte à aucune des compétences communales de la *Daseinsvorsorge* que le recours constitutionnel contre cette disposition de la loi sur les télécommunications est rejeté par la Cour constitutionnelle fédérale[319].

---

[317] Tribunal de grande instance (Oberlandesgericht) de Munich, 22 juillet 1997, *Neue Juristische Wochenschrift*, 1997, n°48, p. 3246 et 3248.

[318] BGH 19 sept. 1996, *Neue Juristische Wochenschrift*, 1997, n°6, p. 391-392.

[319] BverfG, 2BvR 929/97, 7 janvier 1999 (par. 34 et 35).

*

* *

L'instabilité, le changement incessant et la complexité de la règle de droit aujourd'hui font trop souvent oublier que, malgré ce foisonnement, les systèmes juridiques évoluent lentement et que les notions essentielles sur lesquelles ils reposent font preuve au contraire d'une grande stabilité. C'est à ce contraste qu'on doit un minimum de sécurité juridique et d'intelligibilité du droit.

En surface, le droit des services publics présente en Allemagne de nombreuses analogies avec le droit français. Quand l'administration assure elle-même l'exécution du service public, celui-ci est pour l'essentiel soumis à un régime de droit public, et les litiges qui naissent de son fonctionnement sont des litiges de droit public qui sont jugés par la juridiction administrative ; si en revanche le service public est organisé selon des formes empruntées au droit privé, le contentieux sera porté devant la juridiction civile, mais il peut arriver aussi qu'une personne de droit privé agisse au nom de la puissance publique, ce qui justifie que le contentieux qui naît de ses actes soit porté devant le juge administratif. En même temps, il est admis qu'un certain nombre de règles minimales s'appliquent à tous les services publics, quel que soit leur mode de gestion : principe d'égalité et de non discrimination entre les usagers, respect des droits fondamentaux qui découlent de la constitution, diverses autres règles propres au droit public et, pour les services à caractère économique, confrontation avec les règles du marché. Bien entendu, ceci est schématique et on relèverait aussi beaucoup de différences avec le droit français des services publics, mais à ce niveau il s'agirait de différences de détail.

Pourtant, si on replace les services publics dans le cadre du système juridique auquel ils appartiennent les différences sont profondes. Or c'est le système qui commande l'application des règles. On ne peut comprendre la notion d'État social de la Loi fondamentale, ni l'importance prise par les normes constitutionnelles et les droits fondamentaux sans se référer à la théorie de l'État de droit, telle qu'elle a été élaborée au début du XIXème siècle. Bien que certains auteurs aient cru déceler une contradiction, l'État social est en fait une actualisation de l'État de droit, comme le reflète la formule syncrétique de l'article 28, l'« État social de droit », et comme Bachof l'a très bien mis en lumière. Or les dispositions les plus importantes du cadre juridique des services publics, dans le domaine du droit public, sont d'origine constitutionnelle et se rattachent aux droits fondamentaux. Le droit administratif allemand s'est constitué comme une nécessité pour établir l'État de droit ; ce n'est pas à l'origine un droit au service de l'intérêt général, porté par le mythe de la souveraineté nationale, comme le droit administratif français, mais un droit destiné à assurer la protection des droits des individus face au pouvoir exécutif ; ce droit a longtemps été, de plus, une œuvre de doctrine si l'on songe à la faiblesse de la juridiction administrative sous la République de Weimar.

Le droit administratif allemand a certes beaucoup changé depuis Otto Mayer ; il a dû prendre en compte l'évolution du rôle de l'État et des missions de l'administration et il s'est développé après la guerre dans le cadre juridique nouveau établi par la Loi fondamentale. La notion de *Daseinsvorsorge*, et la participation (*Teilhabe*) aux prestations qu'elle comporte ont été élaborés par Forsthoff, comme Otto Mayer avait conceptualisé l'acte administratif pour soumettre la puissance publique au droit, afin de rendre compte de la transformation du rôle de l'État. La notion de *Daseinsvorsorge* s'est largement popularisée après la guerre en raison de sa valeur descriptive. Elle a été invoquée comme moyen de légitimation de l'intervention publique par la jurisprudence, mais aussi par la doctrine et parfois par le législateur, et elle a souvent été rattachée à l'État social de droit, la Loi fondamentale venant alors lui assurer indirectement une base constitutionnelle.

Pourtant, malgré ce succès la *Daseinsvorsorge* ne s'est pas imposée comme un concept central du droit administratif. En effet, alors que le droit administratif allemand s'est constitué sur la base de notions formelles[320], la *Daseinsvorsorge* est une notion purement matérielle, ce qui la fait échapper aux systématisations caractéristiques des notions et des formes du droit public, ce que Forsthoff avait d'ailleurs maintes fois souligné[321] ; elle ne pouvait donc aisément s'y

[320] Ce qui n'est pas le cas du droit administratif français, puisqu'il s'est formé à partir de l'interdiction faite aux juges de s'immiscer dans les activités de l'administration.

[321] Notamment « Die Daseinsvorsorge in heutiger Sicht », p. 11-12, dans E. FORSTHOFF, *Rechtsfragen der leistenden Verwaltung*, *op. cit.*

intégrer et il n'est pas inutile de rappeler ici qu'elle est apparue dans le cadre d'une remise en cause globale du droit administratif de l'État libéral. Les auteurs actuels font tous référence à la *Daseinsvorsorge* dans leurs ouvrages généraux mais ne lui accordent qu'une place secondaire. Leur systématisation de la matière demeure fondée sur les acquis de la doctrine classique. Bien que l'on puisse relever dans la jurisprudence (administrative, mais aussi constitutionnelle et civile) d'assez nombreuses occurrences de la notion, très peu de littérature académique lui est consacrée et aucune étude systématique de l'usage qui en est fait par la jurisprudence ne semble avoir été réalisée.

En fait, la notion de *Daseinsvorsorge* joue bien un rôle dans la jurisprudence, plus important sans doute que celui que laisse supposer la lecture des ouvrages, mais secondaire en effet et jamais autonome. En accordant cette qualification à une activité exercée par une personne publique ou sous son contrôle, le juge justifie l'application d'un certain nombre de règles de droit public, qu'il ne pourrait peut-être pas appliquer sans cela. Il ôte à celui qui l'exerce la protection des droits fondamentaux mais l'accorde à ceux qui en sont les bénéficiaires. Il reconnaît le plus souvent à la personne publique la liberté de choisir le régime juridique sous lequel elle sera exercée. Dans le doute, il est plus facilement enclin à reconnaître des rapports de droit public, dont le contentieux relève alors du juge administratif.

Forsthoff a explicitement comparé la notion de *Daseinsvorsorge* à la notion française de service public, dont la « crise », expliquait-il, est née de son éclatement entre le droit public et le droit privé avec l'apparition, notamment, des services publics et commerciaux[322]. Du point de vue de son contenu matériel, la *Daseinsvorsorge* est la notion du droit allemand qui est la plus proche de la notion française de service public et les éléments de régime juridique que l'on a identifiés ne sont pas non plus sans analogie. Mais du point de vue fonctionnel, elle en est, dans le système du droit administratif allemand, très éloignée. La notion française de service public correspond à une autre vision des rapports entre l'État et l'individu que celle reflétée dans la théorie du droit administratif de l'État de droit en Allemagne[323] ; elle

[322] *Traité de droit administratif allemand*, traduction de M. FROMONT, Bruylant, Bruxelles, 1969, p. 534-535.
[323] G. MARCOU, *L'administration publique en Allemagne et en France*, *op. cit.*

exprime la finalité de l'action administrative, elle joue toujours un rôle essentiel dans la répartition des contentieux, elle permet de systématiser le droit applicable aux services publics, ce que personne n'a jamais tenté de faire en Allemagne avec la *Daseinsvorsorge*.

La notion d'État social permet de faire une comparaison symétrique. Du point de vue du texte, la constitution française est très proche de la Loi fondamentale : le principe de l'État social y est également inscrit à son article 1er, selon lequel « la France est une République... sociale » ; cependant la jurisprudence constitutionnelle sur les services publics n'y fait jamais référence. Au contraire, la notion de service public a reçu une consécration constitutionnelle du 9ème alinéa du préambule de la Constitution de 1946 et de la jurisprudence du Conseil constitutionnel. Le service public est en effet devenu, comme le note J. Chevallier, « une composante essentielle de l'image de l'État »[324]. Dans le droit public allemand, les services publics, au sens matériel du terme, peuvent se rattacher au principe de l'État social et aux droits fondamentaux, qui permettent en même temps d'en fixer les limites.

[324] J. CHEVALLIER, « Regards sur une évolution », *AJDA*, mai 1997, n°spécial « Le service public », p. 11.

ABSENCE ET PRÉSENCES DE LA NOTION DE SERVICE PUBLIC DANS LE DROIT DES ÉTATS MEMBRES DU BENELUX

Jacques Ziller

Les Pays-Bas, la Belgique et le Luxembourg ont eu un rôle fondamental dans la conception et la mise en place de la Communauté économique européenne, non seulement en tant que membres fondateurs - à côté de la France, de l'Allemagne et de l'Italie - mais bien plus de par l'expérience d'intégration économique qui était déjà la leur au moment de la rédaction du traité de Rome en 1956-1957.

La Convention de Bruxelles de 1921 avait créé l'Union économique belgo-luxembourgeoise : une union douanière et monétaire qui peut être partiellement considérée comme le précurseur de l'Union économique et monétaire européenne qui allait être mise en place à partir de 1999. Début 1948, la plupart des droits de douanes furent abolis entre l'Union belgo-luxembourgeoise et les Pays-Bas et un tarif extérieur commun fut mis en place. Pourtant les responsables des trois pays comprirent rapidement qu'une simple union douanière était inadaptée à leurs besoins, et signèrent, le 15 octobre 1949, un traité fixant comme objectif la libéralisation progressive mais complète du commerce et la coordination systématique de leurs politiques monétaires et de commerce international. Ces développements, qui ne furent pas toujours faciles, furent par la suite codifiés dans le traité BENELUX d'Union économique signé à la Haye le 3 février 1958. Entre-temps, le traité CECA était en vigueur depuis six ans et le traité CEE depuis un mois. L'expérience de l'Union économique du BENELUX, basée sur la liberté de circulation (non seulement des produits, mais également des facteurs de production) fut une source d'inspiration fondamentale pour le traité de Rome.

On ne s'étonnera pas de constater que le traité de La Haye, pas plus que le traité de Rome, ne se préoccupe de la notion de service public, une notion qui est ignorée ou minorée - par rapport à la place qu'elle tient en France - dans le droit de ces pays.

I. Un concept largement ignoré par le droit des Pays Bas

A la recherche du concept de service public dans le droit néerlandais, le juriste formé à l'aune du droit administratif français ne peut que constater une absence. La traduction littérale de « service public », *openbare dienst*, se retrouve certes, mais cette expression, comme en droit allemand (*öffentlicher Dienst*) ne doit être entendue que comme synonyme exclusif de « fonction publique ». Quant à l'expression « services publics » au pluriel (*openbare diensten*), on la retrouve certes dans le langage courant, comme en allemand (*öffentliche Dienste*) ou en anglais (*public services*), mais pas dans le langage juridique. Faut-il s'arrêter là et en déduire une absence de compatibilité entre la pensée juridique des Pays-Bas et celle de la France, qui expliquerait le peu d'enthousiasme de plusieurs de nos partenaires dans la Communauté européenne à intégrer la notion de service public ? Ce serait aller trop vite, alors que le droit administratif néerlandais a repris les notions de *détournement* de pouvoir ou d'ordre public – en français dans le texte[1], comme disent les traducteurs. Si le développement même du droit administratif et du contentieux administratif aux Pays-Bas expliquent, par contraste avec la France, que l'on n'y ait pas éprouvé le besoin de développer ni même d'utiliser la notion de service public, des équivalents partiels à cette notion se retrouvent à travers l'existence de services publics au sens organique et au sens fonctionnel. Par contre il est difficile dans ce contexte de dégager l'équivalent de lois du service public[2].

[1] Jusqu'en 1966, l'étude du français était obligatoire dès l'avant-dernière année de l'école primaire.

[2] A. M. DONNER et C. W. VAN DER POT, *Handboek van het nerder landsche staatsrecht*, Tjeek Willink, Zwolle, 1977 ; D. C. FOKKEMA, J. M. J. CHORUS, E. H. HONDIUS et E. Ch. LISSER, *Introduction to Dutch Law for Foreign Lawyers,*

A) Le développement du droit administratif et l'inutilité de la notion de service public

Aux Pays-Bas, le droit administratif (*bestuursrecht* ou - expression moins fréquente - *administratief recht*) n'a guère été considéré comme une discipline autonome, mais plutôt comme une branche du droit de l'État (*staatsrecht*) synonyme de droit constitutionnel (*constitutioneel recht*). Si les droits civil et pénal français ont eu une influence prépondérante aux Pays-Bas, où les codes napoléoniens ont continué de s'appliquer après la disparition de l'Empire, le droit public français y a joué un rôle à première vue moins important : la doctrine française en particulier n'a que très peu influencé une doctrine du droit public plus facilement séduite au début du siècle par les conceptualisations allemandes, et la jurisprudence du Conseil d'État n'avait guère l'occasion d'influencer son homologue néerlandais (*Raad van State*), pourtant largement inspiré dans sa structure et ses fonctions du modèle français.

Une conception peut-être moins rigide qu'en France, mais offrant moins de potentialités de développement, de la séparation des autorités administratives et judiciaires a eu une double conséquence qui explique l'inutilité de la notion de service public pour la jurisprudence. Dans un sens il s'agit d'une conception moins rigide, puisque les organismes publics ont eu très tôt un statut juridique de personne morale reconnu par le droit privé, qui a permis de soumettre leurs contrats et leurs actes matériels aux règles du code civil, sous le contrôle des juridictions ordinaires. D'un autre côté, le principe de la séparation des pouvoirs a conduit à une très forte réticence à admettre le contrôle juridictionnel de la légalité des actes de l'administration. Dans une première période, qui va pour l'essentiel jusqu'à la deuxième guerre mondiale, le contrôle de la légalité des actes administratifs se limite à un contrôle interne de l'administration d'État par le biais du pouvoir hiérarchique et à un contrôle de tutelle des administrations

---

Kluwer, Deventer, 1978 ; Th. L BELLEKOM, A. W. HERINGA, T. KOOPMANS et R. E. de WINTER, *Compendium van het staatsrecht*, 6ème édition, Kluwer, Deventer, 1992 ; N. VERHEIJ, *Het systeem van de Algemene wet besturrsrecht, Ars*, Aequi, Nimègue, 1993.

provinciales et locales par le gouvernement et son représentant (*Commissaire de la Reine*), des juridictions administratives spéciales étant par ailleurs installées pour la solution de litiges spécifiques, comme par exemple les tribunaux de la fonction publique (*ambtenarengerechten*) par la loi sur la fonction publique (*Ambtenarenwet*) de 1929. Progressivement, le Conseil d'État développe son rôle juridictionnel à partir de ses fonctions de conseil. Une deuxième période voit consacrer le développement du contrôle des actes de l'administration par le Conseil d'État, avec la loi de 1976 sur le contrôle juridictionnel des décisions administratives (*Wet administratieve rechtspraak overheidsbeschikkingen*), qui transforme sa division judiciaire en cour administrative à compétence générale. Une troisième période s'ouvre avec la révision constitutionnelle de 1983, qui prévoit que les règles générales du droit administratif doivent être établies par la loi. Cela a conduit à l'adoption en 1992 d'une première loi générale sur le droit administratif (*Algemene wet bestuursrecht*) qui codifie les principes du droit administratif et réintègre par ailleurs les juridictions spéciales en matière administrative dans le système des juridictions ordinaires[3].

Cette évolution explique largement que la jurisprudence administrative, la doctrine et le législateur aient concentré leurs efforts de conceptualisation sur la notion d'acte administratif, qu'ils s'appuient sur un concept de puissance publique (*overheid*) et n'aient pas vu la nécessité de développer une théorie du service public. Quant à la jurisprudence des juridictions ordinaires, elle a été encore plus logiquement poussée à distinguer entre l'application du droit public aux manifestations de la puissance publique et l'application du droit privé à ce qui relève des rapports avec les particuliers dans la simple gestion.

B) L'existence de services publics au sens organique et fonctionnel

L'absence d'un concept du service public en droit administratif néerlandais n'empêche évidemment pas l'existence dans ce pays de

---

[3] B.W.N. De WAARD et A. J. C. De MOOR-VAN VUGT, « Les changements récents dans le droit administratif néerlandais », dans *Les mutations du droit de l'administration en Europe,* G. MARCOU (dir.), L'Harmattan, Paris, 1995.

services publics au sens organique, qui peuvent prendre plusieurs formes juridiques.

Les Pays-Bas sont peut-être même le premier pays à avoir développé des formes spécifiques de services publics avec les *waterschappen* (expression que l'on peut traduire par "autorités aquatiques"). Ces institutions, qui ont le statut de collectivités publiques à caractère mi-territorial mi-personnel, remontent à la fin du Moyen Âge. Elles sont chargées de gérer les systèmes de régulation des polders. Leur nombre et leur organisation institutionnelle varient selon les provinces, qui les avaient instituées bien avant la création d'un État néerlandais. Elles regroupent ceux qui ont un intérêt à la régulation du système et y cotisent : eux seuls sont représentés dans une assemblée qui choisit son exécutif.

La Constitution consacre à la fois l'existence d'un certain nombre de « corps publics » (*openbare lichamen*) qui peuvent être considérés comme des services publics au sens organique, à côté des ministères (*ministeries*). Elle se limite toutefois à prévoir une répartition des compétences en matière de création, ce qui, en l'absence d'un système de contrôle de constitutionnalité des lois, n'a pas eu l'occasion de se développer en un corps de règles d'organisation. La Constitution prévoit essentiellement la compétence du législateur pour la création de collectivités territoriales (communes et provinces), de corporations professionnelles (*beroepslichamen*) ou de représentations des entreprises (*bedrijfslichamen*) ou, depuis la révision de 1922, d'« autres corps publics » (*andere openbare lichamen*), formule peu utilisée, qui a surtout servi à donner une autonomie à des ports ou à de nouveaux polders non encore transformés en provinces. Pour la création et l'organisation des *waterschappen*, ce sont par contre les provinces qui restent compétentes[4].

La loi générale sur le droit administratif (*Algemene wet bestuursrecht*) s'applique, quant à elle, à toute décision (*besluit*) d'un organe administratif (*bestuursorgaan*), ainsi qu'aux décisions d'organes de personnes privées auxquelles a été confiée une tâche

[4] On trouvera des informations générales, pour les trois pays étudiés dans Ch. HOOD et G. F. SCHUPPERT, *Delivering Public Services in Western Europe,* Londres, Sage, 1988 et dans J. BIANCARELLI (coord.), « Les collectivités locales dans l'Europe des Douze - une puissance économique et financière ? », *Revue française d'administration publique,* n°60, Paris, 1991.

publique (article 1er). Par personne publique, il faut entendre l'État, les provinces, les communes, *waterschappen* et autres corps publics, ainsi que d'autres organes auxquels la loi confère la personnalité morale et délègue une part de tâche publique (comme les universités publiques ou le conseil du fonds d'assurance maladie).

La théorie juridique de ces « corps publics » et organes administratifs est toutefois peu développée, notamment parce qu'au contentieux, ils n'ont que peu d'intérêt. Si d'autres personnes que le Royaume, les collectivités territoriales et les corps publics peuvent être l'auteur de décisions unilatérales, ce pouvoir doit leur être conféré directement ou indirectement par la loi (ou dans des cas très rares par la coutume).

Quant à la notion fonctionnelle de service public, il est possible d'en chercher l'équivalent dans la notion de « tâches » publiques (*overheidstaak* : littéralement « tâche de la puissance publique »). Dans l'ensemble la doctrine reconnaît comme « tâches publiques » traditionnelles, en particulier, la défense, la police, les travaux publics (*waterstaat,* terme qui met l'accent sur l'importance de l'aménagement des polders et canaux, mais qui inclut un *waterstaat* « sec » que l'on pourrait traduire par ponts et chaussées), l'aide sociale et, depuis 1900, l'enseignement.

En l'absence d'un système de contrôle de constitutionnalité des lois, aucune conceptualisation des limites de ce qui peut être ou ne pas être un service public n'a été entreprise. Le législateur garde toute liberté pour ériger de nouveaux services publics ou en supprimer d'anciens. Les collectivités territoriales, quant à elles, sont relativement libres, dans le cadre des dispositions législatives qui précisent leurs « tâches », de choisir la forme qui leur convient : régie directe par les services administratifs, création d'entreprises communales (*stadsverken*) disposant d'une certaine autonomie de gestion mais pas de la personnalité morale, ou utilisation des formes juridiques du droit commercial pour renforcer cette autonomie, voire délégation à des entreprises à capitaux privés.

Si l'on ne retrouve pas en droit néerlandais l'équivalent exact du concept de service public, on ne retrouve pas *a fortiori* celui de service public industriel et commercial ; la « chose » existe néanmoins sous forme en particulier d'entreprise d'État (*staatsbedrijf*), service ministériel à statut de droit public, mais sans personnalité morale ou d'entreprise commerciale à capital public (total ou partiel)[5]. L'intérêt essentiel des « entreprises d'État », qui devaient être créées par le législateur, était d'être soumises à un régime de comptabilité publique particulier, proche de la comptabilité privée et donc mieux adaptée à une gestion industrielle ou commerciale. La conceptualisation, là encore, n'est guère poussée, car elle n'a guère de portée pratique du fait de l'absence de contrôle de constitutionnalité, qui laisse le législateur libre d'attribuer ou non à tel service ou entreprise des pouvoirs de décision unilatéraux. Seuls ces derniers seront soumis à un contrôle de légalité spécifique au droit administratif, alors que les contrats et la responsabilité des services publics quels qu'ils soient restent régis par le droit civil.

C) L'absence d'équivalent aux lois du service public

Un concept fondamental du droit administratif des Pays-Bas pourrait servir à déterminer l'équivalent de « lois du service public » : la notion de principes généraux de bonne administration (*algemene beginselen van behoorlijk*). L'examen du contenu de la notion montre qu'ils se rapprochent beaucoup plus de celle de « principes généraux du droit », et que seule l'une des « lois de Rolland » se retrouve sans conteste dans le droit néerlandais.

Les principes généraux de bonne administration ont été développés essentiellement par les organismes de contrôle administratif avant d'être le fruit de la jurisprudence administrative. Ils ont fait l'objet d'une codification dans la récente loi générale sur le droit administratif (*Algemene wet bestuursrecht*). Parmi ces principes, à côté de principes à caractère essentiellement procédural comme l'interdiction du détournement de pouvoir ou même le principe de proportionnalité qui sont contenus dans le principe du respect de l'intérêt général, le principe d'égalité a un rôle essentiel, qui lui fait jouer le même rôle que le principe d'égalité devant le service public en droit français. Il serait possible de retrouver ici et là les effets des principes de mutabilité et de continuité, mais c'est par des voies trop

---

[5]. G. TIMSIT (dir.), *Les entreprises du secteur public dans les pays de la Communauté européenne*, Bruylant-IEAP, Bruxelles, 1987.

éloignées de la conceptualisation française du service public pour que l'on puisse vraiment les prendre en considération.

Rien n'empêche le législateur de mettre en œuvre un principe de mutabilité des services publics, sous réserve de respecter le principe de la non-rétroactivité des lois, et donc de modifier le régime des services publics. Mais pour ce qui est des décisions de l'administration, le principe de la confiance légitime repris du droit allemand par la doctrine et la jurisprudence s'oppose à la mutabilité, comme s'y oppose le principe *pacta sunt servanda* en ce qui concerne les contrats, qui relèvent du droit civil.

Quant au principe de continuité des services publics, on peut en trouver la manifestation essentielle à travers l'interdiction pénale de la grève des fonctionnaires et des agents des chemins de fer jusqu'à 1982. L'intéressant en l'espèce est que, tout comme la SNCF jusqu'en 1982, les chemins de fer néerlandais (*Nederlandse Spoorwegen NV*) ont gardé leur statut de société commerciale et leur personnel n'a jamais eu le statut de fonctionnaires. Mais pour le reste, ce n'est guère que dans le droit de la responsabilité applicable aux services publics que l'on pourrait en trouver la manifestation. Or, à défaut d'une étude plus approfondie de la jurisprudence (civile) à laquelle la doctrine néerlandaise ne semble pas s'être livrée, on ne trouve pas de différence de traitement entre services publics et personnes privées en matière de responsabilité.

D) Service public et concurrence

L'absence du concept de service public en droit néerlandais fait qu'il est difficile d'y repérer les domaines de conflit avec le droit de la concurrence, qui fondent l'essentiel des interrogations quant à l'impact du droit communautaire sur le concept en droit français. Deux idées sont à retenir pour orienter le débat.

En premier lieu, le droit néerlandais semble s'appuyer de manière générale beaucoup plus sur des notions organiques que fonctionnelles - en particulier en ce qui concerne la distinction des branches de contentieux. Il n'est pas contesté que le droit de la concurrence ne s'applique pas aux organes de la puissance publique, de même qu'il n'est pas contesté qu'il s'applique au contraire aux personnes morales de droit privé, quelle que soit la part éventuelle de l'État ou des collectivités territoriales dans leur capital.

En second lieu, le droit de la concurrence est d'origine récente aux Pays-Bas. Son développement est concomitant à celui du droit communautaire et en subit nécessairement l'influence, alors que par ailleurs l'impact du droit communautaire n'a pas été pris en compte dans la codification du droit administratif et ce, dans un pays dont l'engagement européen se retrouve jusque dans la Constitution depuis la révision constitutionnelle de 1957 qui était destinée à assurer la primauté et l'applicabilité directe du traité CEE et du droit dérivé.

II. Le service public en droit belge : un concept différent du droit français

Ne fût-ce que pour des questions de langue, le droit français a une influence plus grande (plus grande encore pour le droit privé) sur le droit belge que sur le droit néerlandais. Cela se retrouve dans le cas du service public : le droit administratif de la Belgique, contrairement à celui des Pays-Bas, connaît bien la théorie du service public. Aussi n'est-il pas étonnant que le vocabulaire soit le même et souvent les concepts : service public organique, service public fonctionnel, lois du service public sont des chapitres communs aux ouvrages de droit administratif belge, et ils citent souvent la doctrine et la jurisprudence françaises. Toutefois il faut se garder d'assimiler les concepts belges et français du service public : la finalité de la théorie du service public n'est pas la même et, plus encore, le contexte du contentieux des services publics est fort différent[6].

La différence d'optique entre le droit français et le droit belge est à souligner. La théorie du service public ne se développe en Belgique qu'en 1942, un demi-siècle après la France, avec un régime constitutionnel qui consacre l'unité du pouvoir judiciaire, sous la plume d'auteurs soucieux de parer à l'insuffisance du concept d'intérêt

[6] C. CAMBIER, *Droit administratif,* Bruxelles, Larcier, 1968 ; M. A. FLAMME, *Droit administratif,* Bruylant, Bruxelles, 1989.

général. Cette évolution est, on ne peut mieux, résumée par l'un des principaux porte-parole de la doctrine belge de droit administratif[7] :

> *Ce qui est en vue en Belgique, c'est de combattre un régime qui, fondé sur le principe de la séparation des pouvoirs, arrête l'action des Cours et Tribunaux. L'objectif est de débarrasser de cet obstacle la pénétration du juge de l'ordre judiciaire dans le ressort de l'administration. Il s'agit de "ramener" l'entreprise administrative dans l'orbite du droit commun en la plaçant sous la juridiction des tribunaux ordinaires. L'enjeu est autre en France. La puissance publique y a déjà ses juges (les juridictions administratives) et son droit. L'on vise à étendre leur contrôle et à développer leur ressort en réduisant et en contenant les prérogatives que la puissance publique revendique au nom du pouvoir de commandement qu'elle prétend assumer souverainement.*

Même s'il a fortement évolué depuis la Deuxième Guerre mondiale, avec la création de la Section d'administration du Conseil d'État en 1946 et la création d'une Cour d'arbitrage qui se transforme progressivement en juge constitutionnel depuis 1980, le contexte du contentieux des services publics est fort différent en droit belge de ce qu'il est en droit français. Il se rapproche en partie du système néerlandais en ce que seule le contrôle de la légalité des actes administratifs y relève du Conseil d'État, alors que les litiges relatifs aux contrats et à la responsabilité de l'administration y sont du ressort de la juridiction ordinaire sous le contrôle de la Cour de cassation. Mais unicité juridictionnelle ne signifie pas nécessairement unicité du droit : le juge ordinaire peut fort bien appliquer des règles différentes aux personnes publiques et aux personnes privées, ce qu'il fait aux Pays-Bas comme en Belgique en ce qui concerne les aspects spécifiques de l'action de la puissance publique dont il peut avoir à connaître.

Si la théorie du service public est surtout développée en doctrine, où elle permet de moderniser les bases de la théorie du droit administratif, elle a un portée pratique importante en ce qui concerne les contrats. Par dérogation au droit commun des contrats, et alors que le droit belge ne connaît pas en principe la notion de contrat administratif, le législateur a défini par la loi du 21 mars 1991 un « contrat de gestion », qu'il fait échapper à l'application de l'article

[7] C. CAMBIER, *op. cit.*, p. 127.

1184 du code civil - et donc à la règle *pacta sunt servanda.* Il s'agit d'une convention entre l'État et une entreprise publique autonome définissant les « règles et conditions spéciales selon lesquelles une entreprise publique autonome exerce les missions de service public qui lui sont confiées par la loi ». L'intérêt essentiel de ce type de contrat est qu'il échappe tant au contrôle en annulation par le Conseil d'État — puisque, selon la loi, « toutes ses clauses sont réputées contractuelles » — qu'à l'application du Code civil. Curieusement, c'est le principe de continuité du service public et non celui de la mutabilité qu'a évoqué le gouvernement pour justifier ce choix.

Quant au droit de la responsabilité, les efforts de la Cour de cassation vont de plus en plus dans le sens d'une unification aussi grande que possible du droit de la responsabilité auquel s'appliquent les principes du Code civil. Elle va même, depuis un arrêt du 19 décembre 1980, jusqu'à soumettre l'illégalité et la faute civile au même régime de responsabilité.

III. Le service public en droit luxembourgeois : un concept peu développé ?

Faute d'avoir pu procéder à une étude approfondie de jurisprudence, l'on se limitera ici à signaler que la doctrine luxembourgeoise ne semble utiliser la notion de service public qu'au sens organique[8]. Par ailleurs on retrouve, comme en Belgique et aux Pays-Bas, la division entre un contentieux de l'annulation des actes administratifs confié au Conseil d'État et une compétence civile et commerciale pouvant s'étendre à la responsabilité et aux contrats, au profit des juridictions ordinaires que sont les tribunaux d'arrondissement et la Cour supérieure de Justice, et il n'y a pas de contrôle juridictionnel de la constitutionnalité des lois[9]. On notera également que la Société nationale des chemins de fer luxembourgeois est constituée sous la forme d'une société *sui generis* de droit

---

[8] P. MAJERUS, *L'État luxembourgeois,* Imprimerie Saint-Paul, Luxembourg, 1977.

[9] A. BONN, *Le contentieux administratif en droit luxembourgeois,* Luxembourg, 1966.

luxembourgeois jouissant de la personnalité civile et régie par le Code de commerce luxembourgeois.

LE SERVICE PUBLIC EN DROIT FINLANDAIS ET SUÉDOIS

Tore Modeen

I. Le système français

Selon la doctrine française, le service public est une entreprise gérée par l'administration (définition organique) ou une activité qui tend à satisfaire un besoin d'intérêt général (définition matérielle). G. Vedel et P. Delvolvé estiment que « tout ce qui a rapport, soit à l'intérêt général, soit à l'administration, a eu tendance à devenir service public ». Ils résument ainsi la jurisprudence du Conseil d'État concernant la notion de service public : la coïncidence du critère matériel et du critère organique conduit à la certitude que l'on est en présence d'un service public. Dans le cas où un organisme n'ayant pas un caractère de droit public est investi d'une mission d'intérêt général, il conviendra d'examiner jusqu'où l'administration se préoccupe de suivre le fonctionnement du service public ainsi confié à un organisme privé, pour déterminer s'il y a ou non véritable service public[1].

Le service public est caractérisé d'abord par le principe de la continuité : il faut que le service fonctionne à tout prix. Le principe de l'égalité des usagers devant le service est également appliqué. En outre il y a le principe d'adaptation du service public : l'administration peut modifier à toute époque les règles d'organisation et de fonctionnement du service public.

En France, on fait la distinction entre services publics administratifs et services publics industriels et commerciaux. En étudiant la jurisprudence concernant par exemple des services comme la poste et les télécommunications, les services d'assurances et

---

[1] G. VEDEL et P. DELVOLVE, *Droit administratif*, T. 2, Paris, 1992, p. 704 et s.

financiers, on peut arriver à distinguer ces deux catégories de services publics. Bien que les règles fondamentales du service public continuent à s'appliquer, une conséquence de la nature industrielle et commerciale du service est la particularité des règles de compétence contentieuse. Le service public administratif relève de la compétence des juridictions administratives, alors que, dans le cas d'un service public industriel ou commercial, il existe une répartition entre les règles de droit public et les règles de droit privé et, par conséquent, entre la compétence des juridictions administratives et celle des juridictions judiciaires[2].

II. Les systèmes finlandais et suédois La compétence des juridictions administratives

En Finlande et en Suède, comme en France, il y a deux systèmes autonomes de juridictions : les juridictions administrative et judiciaire. Les principes de détermination des compétences de deux juridictions diffèrent cependant un peu entre la France et les deux pays nordiques. Même entre la Finlande et la Suède, il existe quelques différences[3].

La méthode de détermination de la juridiction compétente en ce qui concerne le recours contre une décision individuelle et unilatérale d'un organe administratif est très simple en droit suédois. L'autorité juridictionnelle de recours est mentionnée dans le texte législatif sur lequel se fonde la décision administrative. L'autorité d'appel est la juridiction supérieure (Loi sur le contentieux administratif, 1971, art. 291).

Il y a en Suède trois niveaux de juridictions administratives : *länsrätt* (tribunal administratif provincial), *kammarrätt* (cour d'appel administrative) et *regeringsrätten* (Cour administrative suprême). En Finlande, il n'y a que deux niveaux : le tribunal administratif provincial et la Cour administrative suprême.

En Suède comme en Finlande, l'autorité de recours est normalement une juridiction administrative. Dans certains cas,

---

[2] G. VEDEL et P. DELVOLVE, *op. cit.* , p. 703 et s.

[3] T. MODEEN, « Dualité des juridictions en Finlande et en Suède », *Revue française de droit administratif*, 1990.

cependant, un organe administratif est compétent, par exemple la préfecture ou une direction centrale, lorsqu'il s'agit de certaines décisions des organes locaux ou régionaux. Le Conseil des ministres fonctionne aussi comme organe de recours surtout dans des cas où l'aspect juridique est considéré moins important que l'aspect pratique et rationnel de l'affaire.

Si l'objet du conflit juridique n'est pas une décision administrative unilatérale, mais une situation dans laquelle les parties agissent sur un pied d'égalité, la compétence pour trancher le conflit appartient en Suède à une juridiction judiciaire, même lorsque l'affaire concerne une question de droit public. Par exemple, si deux collectivités locales s'affrontent à propos de la responsabilité des frais causés par les soins donnés à une personne hospitalisée dans un asile communal, le conflit est, en Suède, tranché par un tribunal judiciaire.

En Finlande, cependant, les juridictions administratives sont en principe habilitées à traiter non seulement des recours contre des décisions administratives, mais aussi des conflits présentant un caractère de droit public (par exemple des litiges intercommunaux du type mentionné plus haut)[4].

En Suède aussi bien qu'en Finlande, toute affaire concernant la responsabilité des préjudices causés par les administrations relève de la compétence des tribunaux judiciaires[5].

En France, par contre, les juridictions administratives sont en principe compétentes pour régler tout conflit juridique concernant l'administration publique, même les litiges relatifs à la responsabilité. A cette règle, il existe cependant quelques exceptions importantes.

---

[4] V. MERIKOSKI, « Quelques tendances dans le développement du contrôle juridictionnel de l'administration », *Revue internationale des sciences administratives*, 1955 ; T. MODEEN, « L'évolution du Contentieux administratif en Finlande », Conseil d'État, *Etudes et documents*, 1973 et « Les particularités des systèmes de contentieux administratif en Finlande et en Suède », *Mélanges en l'honneur d'Athos G. Tsoutsos*, Athènes, 1991.

[5] T. MODEEN, « La responsabilité des fautes de service et des dommages causés par l'administration en droits finlandais et suédois », *Revue internationale de droit comparé*, 1976.

III. La classification droit public-droit privé

La qualification d'un organe en tant qu'organe de droit public ou de droit privé ne pose qu'exceptionnellement problème. Les organes mentionnés dans les textes législatifs ou administratifs concernant les activités de l'État et des collectivités et établissements publics ont un caractère public. Les organes d'une société ou d'une fondation de type traditionnel, de droit privé, sont nécessairement des organes privés.

Si le statut d'un organe est réglé par des dispositions qui sont typiquement de droit public (par exemple des règlements administratifs) et surtout lorsqu'on a confié à l'organe des attributions d'autorité, il est évident, de ce fait, qu'il appartient à l'organisation administrative de droit public.

Il est plus difficile de déterminer la nature publique ou privée d'une activité. Les activités des organes de l'État et des collectivités publiques appartiennent pour la plupart au domaine du droit public, même s'il n'est pas nécessairement question d'actes autoritaires, et si une activité de ce type peut être exercée par une personne de droit privé.

Il existe, par exemple, des crèches administrées par les communes parallèlement aux crèches privées. Il en est de même pour les écoles et les hôpitaux. Ces établissements, publics ou privés, fonctionnent d'une façon assez similaire. L'administration des établissements diffère pourtant, en fonction de la qualité du gérant, collectivité publique ou personne privée. L'administration des crèches, des écoles et des hôpitaux communaux est réglée par des normes de droit public qui, sous certains aspects, sont différentes de celles appliquées par les établissements correspondants de droit privé. On peut donner comme exemples l'administration financière, le statut du personnel, le contrôle exercé par les autorités de surveillance[6].

Dans les textes législatifs suédois, on utilise quelquefois la notion de « *myndighetsutövning* » (exercice d'une autorité), ce qui évidemment veut dire que cette activité appartient au domaine du droit public. Mais on chercherait en vain dans les textes suédois des dispositions qui caractérisent explicitement un organe comme étant de

[6] T. MODEEN, « L'administration de l'enseignement en Finlande », *Annuaire européen d'administration publique,* 1990.

droit public. On est alors obligé de procéder à la classification à partir d'une analyse des textes législatifs ou des décrets concernant l'organe et son fonctionnement. Les travaux préparatoires législatifs sont aussi utiles à consulter.

En Finlande, par contre, on trouve quelquefois dans un texte législatif la qualification d'un phénomène administratif comme relevant du droit public. Par exemple la loi sur l'exécution forcée des taxes n°1961/367 ne concerne que les taxes de droit public dont une définition se trouve dans le décret n°1961/368. La nature publique du statut des fonctionnaires de l'État est expressément établie dans la loi n°1994/750. D'autre part, on ne trouve en Finlande qu'exceptionnellement (dans la loi sur la responsabilité n°1974/412) l'expression « exercice de l'autorité ». Pour le reste on est obligé, en Finlande comme en Suède, de déduire le caractère juridique du phénomène des critères mentionnés plus haut.

Puisque la loi finlandaise sur la Cour administrative suprême présume que, en absence de texte législatif contraire, toute affaire du domaine du droit public relève de sa juridiction et que, *mutatis mutandis*, la Cour suprême de justice doit s'abstenir de l'examen de telles affaires, une étude de la jurisprudence des deux hautes juridictions donne une idée des principes appliqués en droit finlandais quant à la détermination de la limite entre droit public et droit privé[7].

La classification des organes et des activités selon qu'ils relèvent du droit public ou du droit privé est, en Suède comme en Finlande, sans importance dans le domaine de la responsabilité, où les règles de gestion sont les mêmes pour l'administration publique et pour les activités de droit privé. Il existe, par contre, quelques légères différences en ce qui concerne la responsabilité des pouvoirs publics selon qu'il s'agit de l'exercice de l'autorité ou qu'il s'agit de situations non-autoritaires.

Un organe de droit public peut être habilité à conclure des contrats de droit privé. Il faut cependant observer que le contrat conclu

[7] Voir, par exemple, l'arrêt 1959-II-59 de la Cour suprême de justice : un conflit intercommunal concernant les frais causés par la prise en charge de deux enfants par une commune relève de la compétence administrative et non de la compétence judiciaire. Cette question est désormais réglée par un texte de loi : voir art. 2 et 3 de la loi n°1974/1021 sur les tribunaux administratifs provinciaux et art. 51 de la loi sur les soins sociaux n°1982/710.

par l'administration est toujours lié à une autorisation administrative, c'est-à-dire est fondé sur un acte de droit public.

Il faut aussi noter que toute activité, de nature publique ou privée, d'un organe de droit public, doit être motivée par un intérêt public.

En Finlande comme en Suède, il y a des cas où des attributions administratives ont été confiées par le législateur à un organe de droit privé (par exemple une association). On parle alors d'administration publique indirecte[8].

Des conséquences s'attachent à la classification d'un phénomène juridique comme étant de droit public.

D'après les textes constitutionnels suédois et finlandais, les *ombudsmen* doivent s'occuper du contrôle de l'activité publique (Constitution suédoise, art. 126 et Constitution finlandaise, art. 49). Les activités de contrôle du Chancelier de justice concernent ceux qui sont autorisés à exercer des activités publiques (loi suédoise n°1975/1339 et Constitution finlandaise, art. 46).

Le contrôle exercé en Finlande et en Suède par ces hauts contrôleurs de la légalité se limite ainsi à l'action publique. Les rapports des *ombudsmen* contiennent ainsi des informations utiles sur la question de la détermination de la nature publique ou privée des activités juridiques.

En ce qui concerne la transparence administrative, elle se limite, en principe, aux actes dont disposent les organes de droit public. La transparence administrative (et judiciaire) concerne ainsi les « actes publics » (loi suédoise n°1988/1448, loi finlandaise n°1951/83). Il y a cependant des cas où la transparence ne joue pas, par exemple lorsqu'il s'agit des affaires économiques et financières des pouvoirs publics.

Dans un rapport publié par le ministère finlandais de la Justice en 1994, il est proposé que, par une nouvelle loi sur l'accès aux documents publics, la transparence soit étendue aux cas où l'on a confié à un organisme de droit privé des pouvoirs relevant de l'autorité administrative.

Puisque la Finlande est un pays bilingue, les administrés ont en principe le droit d'utiliser leur propre langue dans leurs relations avec

[8] T. MODEEN et A. ROSAS (ed.), *L'administration publique indirecte dans quatorze pays*, Abo, 1988 et *L'administration publique indirecte. Les domaines de l'éducation et des pensions*, Abo, 1990.

l'État et les communes bilingues (loi n°1922/148). Selon une modification récente de la loi (n°1995/368), il en va de même pour les « clients » dans leurs relations avec les établissements commerciaux de l'État et des sociétés contrôlées par l'État ou des communes bilingues, « si cela n'est pas inutile ou considéré comme excessif pour la société » (art. 17b). Cette nouvelle disposition a été motivée par les privatisations de nombreux services, auparavant gérés par des organes de l'État (tels que la poste et les télécommunications ainsi que les chemins de fer)[9].

IV. La notion de service public

Une notion correspondant au « service public » n'existe pas comme telle dans les langues juridiques suédoise et finnoise. On préfère préciser la notion de service. Par exemple la loi suédoise sur l'assistance sociale n° 1980/620 est appelée « loi sur les services sociaux » (*socialtjänstlagen*). Dans la loi finlandaise correspondante, on trouve l'expression « social service » (*sosiaalipalvelu*) pour désigner toute autre action sociale que l'allocation de subventions (loi n°1982/710, art. 17 et s.).

Dans toute forme d'État-providence, dont surtout la Suède mais aussi la Finlande (bien qu'à un niveau moins élevé) sont de bons exemples, un grand nombre de services en faveur des administrés sont gérés par les administrations. La plupart des services sont rendus par les collectivités publiques.

Comme on l'a constaté, il existe aussi des cas où un établissement privé, souvent subventionné par l'État ou la commune, est engagé dans le domaine social ou culturel et, par conséquent, gère des services analogues ou identiques à ceux que gèrent des organes publics.

Un organe public agit surtout dans le cadre du droit public. Les services gérés par des organismes privés sont soumis à un régime du droit privé. Mais il existe des cas exceptionnels où l'activité d'une personne privée doit être considérée comme relevant du domaine du droit public (administration publique indirecte) où une personne privée a été autorisée par le législateur à exercer une autorité publique.

[9] Voir le projet de loi 1994/233.

En Finlande il existe ainsi un certain nombre d'asiles pour enfants, voire même pour jeunes délinquants, qui ont été (ou sont toujours) gérés par des organismes privés (loi finlandaise n°1983/883, art. 33). Il en va de même pour les écoles privées autorisées à fonctionner comme établissements pour l'enseignement obligatoire prévu dans la loi sur l'école de base (n°1983/476) et à délivrer des diplômes (loi n°1984/720)[10].

Il appartient à la loi d'indiquer si, et dans quelle mesure, une personne privée, chargée de la gestion d'un service de caractère public, est soumise ou non à un régime de droit public.

Le recours administratif ne peut pas être utilisé lorsqu'il s'agit d'une décision prise par l'organe d'une personne privée. Une personne privée agissant dans le domaine de l'administration publique n'est pas actuellement concernée par les règles sur la transparence administrative (sauf en Suède pour certains organes mentionnés dans une annexe de la loi)[11].

La loi prévoit qu'une collectivité publique peut « acheter » à des personnes privées les services que l'administration est obligée, selon la loi, de fournir aux administrés (loi finlandaise n°1992/733, art. 4), par exemple en ce qui concerne les soins aux handicapés ou aux personnes âgées. Dans ce cas, il s'agit toujours d'une activité communale de droit public. Bien que gérés par des personnes privées, les services sont intégrés, du point de vue juridique, dans l'administration communale. Le contrôle, les règles sur la transparence et d'autres éléments distinctifs du régime public administratif leur sont appliqués. Mais la personne privée, « vendeur » des services, reste soumise au droit privé, ainsi que son personnel.

V. La notion de service public industriel ou commercial

La notion de service public industriel ou commercial n'est pas utilisée dans les droits suédois ou finlandais. On préfère parler

[10] T. MODEEN, *Om gränserna för det offentligas möjligheter att överlämna förvaltningsuppgifter at enskilda*, Nordisk Administrativt Tidsskrif, 1988.
[11] Voir le rapport du ministère de la Justice finlandais, mentionné plus haut.

d'activités industrielles et commerciales de l'État ou des collectivités publiques.

Les activités industrielles ne sont qu'exceptionnellement administrées par des organes de l'État lui-même. Ce sont normalement des sociétés anonymes, contrôlées par l'État, qui les gèrent. Ce contrôle est assuré, en Finlande surtout, par le ministère du Commerce (voir aussi les lois n°1947/968 et n°1991/740). Pour le reste une société anonyme de l'État est soumise aux dispositions de droit privé sur de telles sociétés (loi n°1978/734).

Les collectivités publiques ne doivent pas, en principe, s'engager dans des activités industrielles ou commerciales. Il existe, cependant, des cas où une ville est propriétaire d'un port ou d'un service de transport et où cette activité fait directement partie de l'administration communale, bien que la gestion suive des règles particulières, par exemple du point de vue budgétaire.

Une nouvelle tendance est de créer des sociétés contrôlées par la commune pour gérer de telles activités, par exemple dans le domaine des transports et de la construction. Dans ces cas, l'activité reste hors du régime de droit public. La transparence administrative ne s'étend pas aux activités des sociétés de droit privé à moins qu'un document les concernant ne soit intégré dans l'administration communale[12].

VI. Les privatisations de la gestion des services publics. La continuité. L'observation du principe de l'égalité des administrés

Depuis le 1er janvier 1994, les activités postales et des télécommunications et des chemins de fer de Finlande sont transférées à des sociétés anonymes, entièrement contrôlées par l'État. La Banque postale a été « privatisée » plus tôt (loi n°1987/972).

Si nous prenons comme exemple la poste, l'État est toujours responsable du fonctionnement des services postaux (loi n°1993/907). Selon la Constitution, le secret postal doit être strictement observé.

---

[12] Voir par exemple le rapport 1988-1989 du médiateur suédois, p. 245, commune de Vingaker.

Mais la gestion appartient aujourd'hui à la Société anonyme de la Poste finlandaise (loi n°1993/885). Les textes législatifs concernant cette société anonyme garantissent d'une façon satisfaisante la continuité des services postaux et le principe de l'égalité des usagers.

En Finlande comme en Suède, il y a eu privatisation d'activités de type service public, auparavant gérées par l'État ou surtout par les collectivités publiques (les communes). Il semble que les principes de continuité ainsi que de l'égalité des administrés aient été observés d'une façon satisfaisante lorsque ces services ont été transférés à des personnes privées.

On ne découvre pas de différences évidentes dans ce domaine entre la situation actuelle et celle où ces services étaient administrés par l'État ou les collectivités publiques elles-mêmes. Les nouvelles sociétés anonymes sont toujours soumises à la surveillance des autorités de l'État et des communes, mais leur statut de droit privé leur donne pourtant plus d'autonomie. Elles peuvent fonctionner selon des principes plus efficaces et plus rationnels que lorsqu'elles étaient intégrées dans l'administration publique.

Il faut toutefois noter que tous les agents des nouvelles sociétés anonymes sont des employés de droit privé, tandis que dans les services de type public, il y avait autrefois souvent aussi des fonctionnaires publics. L'argument selon lequel le statut privé des employés pourrait avoir des conséquences fâcheuses pour la sécurité des administrés n'a pas, cependant, été invoqué. Il s'agit quand même d'activités non administratives.

En Suède, toute la fonction publique est depuis longtemps « privatisée » (loi n°1976/600). Il subsiste toutefois quelques particularités garantissant le bon accomplissement de leurs fonctions par les agents de l'État et des collectivités publiques. En Finlande, par contre, la récente réforme de la loi sur la fonction publique de l'État (n°1994/750) et sur les collectivités publiques (n°1995/365) suit, dans les grandes lignes, l'ancien modèle dans lequel la fonction publique était distincte de l'emploi de droit privé.

Comme on l'a déjà mentionné, la loi ne prévoit que dans des cas exceptionnels que des pouvoirs caractérisant l'autorité publique soient confiés aux organismes de droit privé. Lorsqu'il s'agit d'activités commerciales ou industrielles, le contrôle administratif exercé par les juridictions administratives et par les organismes nationaux chargés de veiller à la légalité, ainsi que la transparence, ne sont pas exigés. Il n'est pas question d'un service public au sens français de l'expression.

En droit finlandais ou suédois, on n'a pas trouvé utile d'établir une catégorie intermédiaire entre activités publiques et activités privées, celle des services publics commerciaux et industriels ; mais on considère ces activités comme relevant surtout du domaine de droit privé sauf pour quelques aspects particuliers motivés par l'appartenance des établissements à l'administration de l'État et des communes au sens large du terme.

LA NOTION DE SERVICE PUBLIC EN DROIT HELLÉNIQUE

Epaminondas P. Spiliotopoulos

I. Le cadre juridique

Une partie de la Grèce a été libérée en 1829. Cette partie a été reconnue comme État indépendant et souverain en 1830. En 1833, le prince bavarois Othon, qui était mineur, est devenu roi de Grèce. Le régime prit la forme d'une monarchie absolue jusqu'en 1844, date à laquelle la première Constitution, octroyée par le roi, fut mise en vigueur.

Le système administratif et judiciaire a été fondé entre 1833 et 1840. Pour ce qui est de l'organisation administrative, c'est le modèle français de forte centralisation et de décentralisation locale qui fut adopté. En 1833 ? fut prévu un système dualiste des juridictions (administratives et civiles - pénales). Ainsi, en dehors des juridictions civiles et pénales, furent constitués : en 1833 la Cour des comptes, en 1835 le Conseil d'État - avec des compétences consultatives et juridictionnelles – et, en 1838, des tribunaux administratifs de première et de seconde instance. Cependant, le Conseil d'État et les autres juridictions administratives furent abolis par la Constitution de 1844, qui consacrait le système de la « juridiction unique »[1]. En 1911, lors de la révision de la Constitution de 1864, fut prévue la création d'un Conseil d'État selon le modèle français, mais le décret d'application de la loi relative à sa constitution ne fut pas émis.

[1] Selon ce système, le contrôle juridictionnel de l'Administration appartient aux juridictions civiles, sauf exceptions introduites par des lois spéciales, qui constituent des tribunaux à compétence d'attribution.

Finalement, sous son aspect actuel, le Conseil d'État, prévu à nouveau par la Constitution de 1927, a été constitué en 1928 et a commencé à fonctionner en 1929[2]).

La Constitution de 1952 a prévu un système juridictionnel dualiste qui a été parachevé par la Constitution de 1975 et la législation. Ainsi, aujourd'hui, la justice administrative comprend-elle le Conseil d'État, les cours administratives d'appel et les tribunaux administratifs[3].

A) *La doctrine*

La science du droit administratif a commencé à se développer réellement pendant les années trente, à partir de la constitution et du fonctionnement du Conseil d'État[4]. La grande majorité des auteurs

[2] La compétence du Conseil d'État, déterminée en principe directement par la Constitution actuelle (de 1975), article 95 par. 1, comporte :

a) le jugement des recours pour excès de pouvoir contre les actes exécutoires des autorités administratives ;

b) le pourvoi en cassation contre des décisions définitives des tribunaux et des cours administratifs ;

c) le jugement des recours de plein contentieux qui lui sont soumis conformément à la Constitution et aux lois ;

d) l'élaboration de tous les décrets réglementaires. Parmi ces compétences, celles des rubriques a, b et c sont juridictionnelles, et celle de la rubrique d est administrative (consultative).

Le jugement des recours pour excès de pouvoir relatifs à certaines catégories d'affaires peut être soumis par une loi à des juridictions administratives d'une autre *instance* (par exemple., les cours administratives d'appel), la compétence du Conseil d'État en dernier ressort restant toutefois maintenue. Actuellement, la loi a soumis à la compétence des cours administratives d'appel le jugement en première instance des recours pour excès de pouvoir dirigés contre certains actes administratifs individuels *concernant* le personnel de l'Administration.

Le Conseil d'État est compétent pour juger les appels contre les arrêts des cours administratives d'appel rendus sur ces recours.

[3] La Cour des comptes n'a jamais été abolie, et dans le cadre de son dédoublement fonctionnel, elle a des compétences juridictionnelles relatives au contrôle des comptables publics, aux actes d'attribution des pensions accordées par l'État et à la responsabilité des fonctionnaires envers l'État, les établissements publics et les collectivités territoriales.

[4] Le premier ouvrage de droit administratif a été publié en 1886 par le professeur Angelopoulos. Un autre professeur du même nom, Th. Angélopoulos, a publié en 1927 un ouvrage sur le droit de la fonction publique.

grecs ont été, et sont encore, largement inspirés par les théories françaises du droit administratif, puisque, depuis le commencement, la jurisprudence du Conseil d'État a été, elle aussi, très inspirée par la jurisprudence du Conseil d'État français. Ainsi, en ce qui concerne la notion de service public, tous les auteurs[5] reconnaissent son rôle dans le développement (par voie législative et jurisprudentielle) et l'application du droit administratif. Ils admettent cependant que ce rôle n'a pas la même importance (fondamentale) que celle qu'il a eue pendant une longue période en droit français. La plupart des auteurs traitent la notion de service public en son sens organique. Comme l'écrit le professeur Michel Stassinopoulos (ancien président du Conseil d'État), le service public est un ensemble d'organes de l'État auxquels est confiée l'exécution d'affaires d'une catégorie déterminée ; c'est un mécanisme que l'Administration utilise pour l'accomplissement de sa mission[6].

B) La législation

La législation et la jurisprudence emploient ou invoquent directement ou indirectement la notion de service public en son sens tant organique que fonctionnel. Ainsi la Constitution prescrit-elle que :

> - *La grève, sous quelque forme que ce soit, est interdite aux magistrats et aux personnes qui servent dans les corps de sécurité. Le droit de recourir à la grève est susceptible de restrictions concrètes, prévues par la loi qui le réglemente, en ce qui concerne les fonctionnaires publics, les agents des collectivités territoriales et des personnes morales de droit public ainsi que le personnel des entreprises de toute forme à caractère public ou d'utilité publique, dont le fonctionnement a une importance vitale pour la satisfaction des besoins essentiels du corps social. Ces restrictions ne peuvent conduire à la suppression du droit de grève ni à l'entrave de son exercice légal (article 23 par. 2).*

---

[5] Même les auteurs qui sont fortement inspirés par les théories allemandes reconnaissent l'importance de la notion de service public.

[6] Certains auteurs considèrent que la notion de service public est l'un des critères de distinction entre le litige administratif d'annulation et le litige de droit privé, puisque l'action des services publics se développe par l'exercice de la puissance publique et est donc régie par le droit public.

- Est néanmoins[7] *recevable un amendement ou une disposition additionnelle déposé par le chef d'un parti ou le représentant d'un groupe parlementaire, selon les dispositions du paragraphe 3 de l'article 74, à l'occasion de projets de loi portant sur l'organisation des services publics et des organismes d'intérêt public, sur le statut général des fonctionnaires publics, des militaires et des agents des corps de sécurité, des agents des collectivités territoriales ou d'autres personnes morales de droit public ainsi que des entreprises publiques en général (article 73 par. 4).*

- Le Premier ministre assure l'unité du gouvernement et dirige son action, ainsi que celle des services publics en général, en vue de l'application de la politique gouvernementale dans le cadre des lois (article 82 par. 1).

- Les organes étatiques déconcentrés ont sur les affaires de leur circonscription une compétence générale de décision ; les services centraux, outre des compétences spéciales, adoptent les directives générales, assurent la coordination et exercent le contrôle sur les organes déconcentrés, ainsi qu'il est prévu par la loi (article 101 par. 3).

- Aucun fonctionnaire ne peut être nommé à un autre emploi dans un service public, une collectivité territoriale ou une autre personne morale de droit public ou une entreprise publique ou un organisme d'utilité publique. A titre exceptionnel, la nomination à un second emploi peut être autorisée en vertu d'une loi spéciale, les dispositions du paragraphe suivant étant observées (article 105 par. 1).

- Sous réserve de la protection accordée par l'article 107 en matière de réexportation de capitaux étrangers, la loi peut régler les modalités du rachat des entreprises ou de la participation obligatoire à celles-ci de l'État ou d'autres organismes, dans la mesure où ces entreprises ont acquis un caractère de monopole ou ont une importance vitale pour la mise en valeur des sources de richesse nationale, ou enfin, lorsque leur but principal est la prestation de services au corps social (article 106 par. 3).

---

[7] Selon le paragraphe 3 du même article, aucune proposition de loi ni amendement ni disposition additionnelle émanant de la Chambre des députés n'est mis en discussion dans la mesure où, afin d'accorder un traitement ou une pension ou un avantage en général en faveur d'une personne, il entraîne, à la charge de l'État, des collectivités territoriales ou d'autres personnes morales de droit public, des dépenses ou une diminution de leurs recettes ou de leur patrimoine.

Parmi ces dispositions, celles des articles 23 par. 2 et 106 par. 3 se réfèrent à la notion fonctionnelle de service public. On peut soutenir qu'il en est de même pour la disposition de l'article 82 par. 2, puisque l'application de la politique inclut non seulement le bon fonctionnement des entités organiques de l'Administration au sens restreint (État, établissements publics et collectivités territoriales), mais aussi l'action de toute personne morale publique (entreprises publiques de toute forme juridique) et éventuellement celle des concessionnaires de service public.

D'autre part, une multitude de textes législatifs et réglementaires se réfèrent au service public (qu'ils mentionnent textuellement), en principe au sens organique de l'expression, comme par exemple des lois concernant le recrutement et la situation des fonctionnaires, le fonctionnement des services, etc.

II. Le rôle actuel de la notion de service public

Dans le cadre actuel du droit administratif, la notion de service public joue un rôle important surtout dans quatre domaines.

A) Droit de la fonction publique

La jurisprudence du Conseil d'État a forgé la notion d'« intérêt du service » comme raison, critère et limite de l'application des règles constitutionnelles (articles 23 par. 3) et législatives (par exemple du Code des fonctionnaires), relatives aux positions (affectation, mutation, détachement, mise hors service), aux limitations du droit (grève, activité professionnelle en dehors du service) et aux devoirs (obéissance, réserve, bon comportement social) des fonctionnaires.

B) Contrats administratifs

La notion de contrat administratif, en tant qu'espèce particulière de contrats régie par les règles du droit administratif, fut reconnue (en 1966) par le Conseil d'État, mais non par la Cour de cassation jusqu'en 1985). Les litiges administratifs relatifs aux actes détachables de la formation des contrats conclus par l'État, les établissements publics et les collectivités locales relevaient, et relèvent encore, de la compétence du Conseil d'État par la voie du recours pour excès de pouvoir. Les litiges relatifs à l'exécution et à la résolution de ces contrats relevaient de la compétence des juridictions civiles. Depuis 1985, ces derniers litiges (qui ont la nature de litiges de pleine juridiction) et ceux qui sont relatifs aux contrats administratifs entrent dans la compétence des juridictions administratives (cours d'appel administratives, par la voie du recours de pleine juridiction, et Conseil d'État, par la voie du pourvoi en cassation).

La nécessité de la délimitation des compétences des juridictions administratives et civiles en matière de contrats conclus par l'État, les établissements publics et les collectivités locales, a posé la question des critères du contrat administratif.

La jurisprudence du Conseil d'État hellénique, inspirée par la doctrine dominante française et par la jurisprudence du Conseil d'État français, a adopté comme un des trois critères[8] l'objet du contrat, qui doit être en relation avec l'exercice d'un service public au sens fonctionnel, ou qui doit servir un objectif public défini par la législation.

C) La responsabilité extracontractuelle

En droit administratif hellénique, l'État, les établissements publics et les collectivités territoriales doivent dédommager les personnes qui ont subi un préjudice du fait d'un acte (administratif ou matériel) de puissance publique[9] illégal ou d'une omission imputable à leurs agents.

---

[8]Les deux autres critères sont :
- au moins l'un des contractants doit être l'État ou un établissement public ou une collectivité territoriale ;
- l'élaboration et l'exécution du contrat doivent être régies au moins en partie par des règles du droit administratif ou le contrat doit nécessairement comprendre des clauses qui accordent à la personne morale publique contractante la possibilité d'une intervention unilatérale dans les relations contractuelles et créent par conséquent en sa faveur un régime contractuel exceptionnel (clauses exorbitantes).

[9] C'est-à-dire une activité juridique ou matérielle accomplie selon les règles du droit administratif de manière unilatérale ou l'omission d'une telle activité. Ces personnes morales publiques ne sont pas responsables si l'illégalité de l'acte ou de l'omission résulte de la violation d'une disposition édictée exclusivement dans l'intérêt général.

Pour que cette responsabilité soit fondée, il faut que l'acte, ou l'omission dommageable, illégal soit imputé à ces personnes morales publiques, c'est-à-dire qu'il soit considéré comme accompli par elles. Cette condition exige une connexion intrinsèque et immédiate de l'acte ou l'omission avec les devoirs ou les tâches de l'agent qui en est l'auteur ; selon la jurisprudence, la connexion intrinsèque existe lorsque l'acte ou l'omission est relatif au service confié à l'agent et aux événements qui peuvent survenir, objectivement et selon le cours naturel des choses, lors de l'exécution de ce service ou à l'occasion de celui-ci. Ainsi la responsabilité est-elle liée à la notion de service public au sens organique, en combinaison avec le sens fonctionnel.

D) La nationalisation et la privatisation

La Constitution (article 106, par. 3) prévoit la possibilité de nationalisation totale ou partielle des entreprises privées dans le cas où leur but principal est la prestation de services envers le corps social. Si ces derniers sont rendus par une entreprise privée sur la base d'un contrat de concession, ils ont déjà le caractère de service public au sens fonctionnel, et la nationalisation vise surtout la propriété de l'entreprise. S'il n'y a pas de concession, le législateur donne, par la nationalisation, à l'activité de l'entreprise un caractère de service public dans le même sens.

En cas de privatisation, si le législateur considère que l'activité exercée par la personne morale publique doit être confiée à une société anonyme dont les actions sont transférées à des personnes privées (et par conséquent si cette personne publique devient personne morale privée), une telle activité continue à avoir un caractère de service public au sens fonctionnel ; il doit nécessairement prévoir l'exercice de cette activité dans le cadre d'une concession, qui permet sa réglementation et son contrôle par les autorités publiques.

LA NOTION DE SERVICE PUBLIC AU ROYAUME-UNI ET EN IRLANDE

John Bell et T. P. Kennedy

La notion de service public est une conception originale du droit français. Le droit national a un aspect fortement culturel et il ne faut pas s'attendre à ce que les autres systèmes juridiques, même en Europe, reconnaissent les mêmes concepts[1]. Le concept de « service public » en est un excellent exemple. Comme nous allons le voir, la confrontation des droits français et anglais/irlandais présente du côté français une construction doctrinale et jurisprudentielle riche et complexe (sinon byzantine), alors que du côté du *common law* sur le plan formel, c'est presque le vide juridique. Il faut se servir de la technique fonctionnelle, et non formelle, pour présenter une analyse juridique scientifiquement fructueuse[2]. Ainsi, au lieu de comparer les concepts juridiques utilisés par les systèmes juridiques en question, nous comparerons les fonctions, c'est-à-dire les activités mises en place par l'État ou par des collectivités territoriales pour satisfaire un besoin d'intérêt général. En effet, le Royaume-Uni et l'Irlande reconnaissent depuis fort longtemps des activités d'intérêt général dont les régimes juridiques sont différents de ceux des activités purement privées. Mais il ne s'en suit pas que ces droits acceptent la nécessité d'un régime juridique distinct pour tous les services publics. On verra plutôt deux phénomènes. Sur le plan politique et des sciences administratives, il y a une notion bien élaborée des services publics, laquelle justifie leur place dans l'organisation de l'économie et de l'administration. Sur le plan juridique, il n'y a pas de conception

---

[1] P. LEGRAND, « Comparatists-at-law and the Contrarian Challenge », *Inaugural Lecture*, 20 octobre 1995.

[2] Sur la méthode fonctionnelle dans le droit comparé, K. ZWEIGERT et H. KÖTZ, *An Introduction to Comparative Law,* 2ème édition, Oxford, 1987, p. 31.

cohérente, mais plutôt un morcellement du phénomène avec une réglementation distincte pour chaque type de service.

Nous présenterons la notion de service public, telle qu'elle est utilisée. On abordera les principes de l'État qui ne rendent pas facile une présentation systématique des services publics (**I**). Ensuite, il faut plutôt reconnaître les grandes lignes d'une pratique cohérente (mais distincte du droit français) (**II**). De cette façon, on peut mesurer le changement minime que peut introduire l'évolution contemporaine du droit communautaire.

Jusqu'en 1921, le Royaume-Uni et l'Irlande ne faisaient qu'un et le *common law* des deux États reste fortement analogue. En 1922, l'Irlande obtint une indépendance limitée, toujours sous dépendance de la Couronne britannique. La Constitution de 1937 mit fin au rôle de la Couronne dans le gouvernement de l'État irlandais[3]. L'article 5 affirme la souveraineté et l'indépendance de l'État ; l'article 6 déclare que tout pouvoir étatique procède de « l'autorité de Dieu et du peuple ». Le *Republic of Ireland Act* (1948) fait de l'Irlande une République. Mais le *common law* et, avec quelques modifications, la structure des tribunaux sont restés en place[4]. On peut donc dire que la tradition du droit anglais continue de s'appliquer à ces deux pays[5].

---

[3] J. M. KELLY, *The Irish Constitution*, 3ème édition par G. Hogan et G. Whyte, Dublin, 1994, p. 1133-1134 ; D. G. MORGAN, *Constitutional Law of Ireland* (1985) p. 11-13 ; les immunités de la Couronne ont été abolies par la Constitution : *Byrne v Ireland* [1972] IR 241(Cour suprême).

[4] Voir P. USSHER (ed.), *Doing Business in Ireland*, Dublin, 1991, S. 1013.3.a, pour une brève présentation des tribunaux et des professions juridiques en Irlande.

[5] Il faut signaler que le Royaume-Uni comporte trois systèmes juridiques : le droit anglais, le droit écossais et le droit nord-irlandais. Il n'est pas alors strictement exact de parler du « droit anglais » pour désigner le droit applicable à l'ensemble du Royaume. Mais dans ces aspects du droit public, les normes et conceptions juridiques sont presque les mêmes. Nous nous autorisons une abréviation en parlant du « droit anglais », tout en reconnaissant le caractère chauviniste de cette appellation.

I. L'absence d'un concept juridique de service public

Si la notion française du service public se rattache à la conception de l'État, l'absence d'un concept juridique de service public dans les pays de *common law* s'explique de la même façon. Ce concept n'apparaît qu'à deux endroits dans la grande encyclopédie du droit anglais, *Halsbury's Laws of England* (4ème édition) : en premier lieu, pour la qualification du délit d'initié et, en second lieu, pour l'expropriation foncière[6]. La notion de l'État dans les pays de *common law* est moins rigide qu'en France et elle ne fait pas de différence entre l'intervention de l'État dans le secteur du commerce et celle du secteur privé.

A) La notion d'État

Le droit anglais repose sur des structures féodales et monarchiques. Le droit public fait une distinction capitale entre le droit qui s'applique à la Reine et le droit applicable à ses sujets. La Reine et les serviteurs de la Couronne (surtout ses ministres), par l'intermédiaire desquels elle agit, jouissent de certaines prérogatives et de certaines immunités devant les juridictions[7]. Dès lors, il convient de se reporter aux rubriques *Crown Proceedings*, *Crown*, etc. dans *Halsbury's Laws of England*[8] pour retrouver les règles que les Français considèrent comme caractéristiques du droit public. Toutes les autres personnes sont des sujets de la Reine (y compris les fonctionnaires). Ainsi les autres personnes physiques et les personnes morales ont le même statut juridique. On parle de *corporation* pour désigner les sociétés commerciales, les collectivités locales et les entreprises publiques. Ce n'est pas une similarité de pure forme. Elle a des conséquences juridiques importantes.

En premier lieu, les pouvoirs juridiques de toute personne morale proviennent de la loi (ou plus rarement de nos jours, d'une charte

[6] Voir Vol. 7, par. 1061 : *Company Securities (insider Dealing) Act*, 1985, S. 2.5 et T. 46, par. 765 : *Town and Country Planning Act*, 1990, S. 228.5.

[7] Voir J. JOLOWICZ, *Droit anglais*, 2ème édition, Paris, Dalloz, 1992, p. 81 ; M. ALLEN et B. THOMPSON, *Textbook on Constitutional and Administrative Law*, Londres, Blackstone, 1996, p. 79-80 et 86-87.

[8] *Halsbury's Laws of England*, T. 1(1) par. 134, et T. 8, par. 845.

royale). En second lieu, le droit applicable aux différents sujets de la Reine est, en principe, le droit commun. Les différences résultent des dérogations au droit commun. Le droit public assez élaboré que nous connaissons de nos jours admet le caractère distinct de l'administration[9]. Mais il faut toujours trouver des justifications pour ne pas soumettre une activité au droit commun, c'est-à-dire aux règles de droit privé.

En l'abscence d'une notion d'État, l'organisation du secteur public est difficile. On pourrait distinguer l'administration proprement dite (les ministères et leurs services, aussi bien que les collectivités locales), les établissements publics (*non-departmental public bodies*), souvent sous la forme d'entreprises publiques dont une liste est publiée par le *Cabinet Office* - équivalent du Secrétariat général du gouvernement – et les *quasi-autonomous non-governemental organisations* (QUANGOS) qui sont souvent des organismes de droit privé et remplissent diverses fonctions dans les structures politiques gouvernementales (par exemple, le contrôle de la Bourse par le *Council of the Stock Exchange*)[10]. Sur le plan formel, il y a une distinction juridique claire entre les organismes publics et les associations et entreprises privées, mais la réalité est plus floue et le droit anglais le reconnaît dans le contrôle juridictionnel qu'il exerce. Ainsi les tribunaux se demandent si la *fonction* est de caractère public, plutôt que de se demander si la *personne* est une personne morale de droit public[11].

Aujourd'hui, la privatisation des entreprises publiques a donné naissance à des régimes de régulation qui remplacent en grande partie le contrôle normal de la concurrence. En outre, les structures gouvernementales ont subi des bouleversements importants. Ces bouleversements ont été rendus plus faciles par l'absence d'une constitution écrite. Nombre de réformes ne sont que le prélude à la « marketisation », la concession ou bien la privatisation des activités gouvernementales. Dans ce contexte, la *Deregulation and Contracting Out Act* (1994) est d'une importance capitale. Cette loi définit le cadre

---

[9] Voir J. BELL, *Le contrôle juridictionnel de l'administration : bilan critique*, CERAP, Paris, 1991, p. 73 et s.
[10] *R v Panel on Take-overs and Mergers*, ex p. Datfin plc, 1987, QB 815.
[11] *Ibid.*

de l'évolution future du secteur public et des services publics. La deuxième partie de la loi concerne la « mise sur le marché » de certaines fonctions des administrations ministérielles et des collectivités locales[12] et autorise la publication de décrets à ce sujet. Il est intéressant de noter que la section 71 de la loi n'exclut de ce processus que l'exercice du pouvoir judiciaire de l'État, le pouvoir réglementaire et les activités portant atteinte aux libertés fondamentales. De façon détournée, on a pour la première fois une définition du noyau dur de l'activité gouvernementale. Les services publics ne font pas partie de ce noyau dur[13].

La nature de l'État irlandais est définie par les articles 1 à 6 de la Constitution. L'autorité du gouvernement et de la loi provient du peuple (art. 6), et ce pouvoir du peuple est jugé si important que la Constitution ne peut être modifiée que par référendum[14]. Les pouvoirs législatif et exécutif sont confiés aux représentants du peuple, le Parlement (*Oireachtas*). Contrairement au Royaume-Uni l'ancien pouvoir, de prérogative royale, a été supprimé en grande partie par la Constitution. Dans le jugement *Webb v Ireland*[15], la Cour suprême déclara que le pouvoir de prérogative royale est caduc depuis la Constitution, mais elle permet à l'État de se prévaloir de pouvoirs équivalents dont on peut trouver les sources dans la Constitution (par exemple, le droit de propriété sur les trésors découverts, dont on ignore le propriétaire). Mais l'État ne jouit pas d'une immunité devant les tribunaux ordinaires[16].

Il est plus difficile d'identifier les organes du secteur public en Irlande qu'au Royaume-Uni. Certains services publics sont assurés par des organes administratifs (par exemple, les ministères et les collectivités locales). Mais la plupart des services publics sont gérés

[12] La « mise sur le marché » de certaines activités des collectivités locales est obligatoire depuis plusieurs années (voir surtout *Local Government Act*, 1988), mais la DCOA complète ce processus.

[13] Voir aussi la loi italienne sur la fonction publique, laquelle n'inclut pas davantage les fonctionnaires des services publics dans les emplois dont le contentieux relève des tribunaux administratifs (art. 68 *decreto legislativo* du 3 février 1993).

[14] Articles 46 et 47. Il y a eu 16 référendums ; le plus récent concerne le divorce.

[15] [1988] IR 382.

[16] Voir G. HOGAN et D. MORGAN, *Administrative Law in Ireland*, Dublin, 1991, p. 706 à 708.

par les *state sponsored bodies.* Cette notion n'est pas définie par la loi[17]. Les *bodies* sont des sociétés commerciales dont au moins 51% des actions appartiennent à l'État, dont les revenus dépendent en grande partie des subventions de l'État et qui sont placés sous le contrôle d'organes de direction (*boards*) dont les membres sont nommés par le gouvernement. Chaque *state sponsored body* est créé par une loi particulière. Par exemple, la *Electricity Supply Act* (1927) a créé l'*Electricity Supply Board* et le *Turf Board, Bord na Mona.* Quelques-uns de ces organismes ont été créés par les ministres en application des pouvoirs conférés par la loi. Par exemple, l'*Agricultural Credit Corporation* fut établi dans le cadre des pouvoirs accordés au ministre par l'*Agricultural Credit Act* (1927). D'autres *bodies* sont des sociétés commerciales créées suivant les formalités du droit des sociétés, sans loi spéciale (par exemple, la *Irish Shipping Ltd.*). D'autres encore ont été créés en vertu d'une loi-cadre générale (par exemple, l'*Hospitals Joint Services Board* a été créé sous l'égide de la *Health (Corporate Bodies) Act* (1961). Les *state sponsored bodies* ont été institués pour résoudre des problèmes particuliers, sans cadre général de règles ou de principes. Il y en a presque une centaine, qui fournissent des emplois à 7% de la population active du pays.

Contrairement au Royaume-Uni, les services publics ne sont pas attribués en concession au secteur privé commercial. En dépit de débats publics sur la privatisation, aucun grand fournisseur de service public n'a été privatisé.

B) La nécessité d'une autorisation législative expresse

L'autorisation d'exercer une activité d'intérêt général est donnée par le Parlement dans les deux pays. Ainsi, la quasi-totalité des activités que les Français considèrent « services publics » est établie par la loi ; mais il s'agit de lois spécifiques et il n'y a pas de structure juridique générale à cette fin. Les droits anglais et irlandais ne

[17] Mais, au sujet de la procédure de nomination dans le secteur public, l'article 1 de la *Ministers and Secretaries Act* (1973) évoque les « organes créés par la loi ou dont les ressources proviennent entièrement ou en partie de subventions ou prêts consentis par un ministre ou encore de l'émission d'actions par un ministre désigné dans des règlements édictés par le ministre pour le service public » (aucun règlement n'a été publié à ce sujet).

reconnaissent pas à l'État le pouvoir de créer des services publics sans autorisation spécifique de la loi[18]. Bien sûr, une personne de droit public peut faire tout ce qui est nécessaire pour réaliser les objectifs légaux qui lui sont assignés – par exemple, s'agissant des pouvoirs des collectivités locales, le *Local Government Act* (1972), S. 111. Mais cette autorisation implicite n'est pas très utile pour la création des services publics, et le droit exige une autorisation législative explicite[19].

Les services publics sont autorisés soit de manière générale par les lois ordinaires, soit de manière particulière par des lois spéciales. Les lois spéciales (dites *Private Acts of Parliament*) sont votées par le Parlement à la demande soit de personnes morales de droit public (souvent une collectivité locale) soit de personnes privées (voire d'un particulier)[20]. De telles lois sont fréquentes en la matière. Par exemple, la *Leeds Supertram Act* (1993) fut votée pour créer un service public de tramways à Leeds. Il s'agit d'une activité exercée dans l'intérêt général avec une participation financière du secteur privé. Cette procédure s'est appliquée à la création des chemins de fer par des sociétés privées au XIXème siècle. De cette forme de création des règles concernant des services publics, il résulte qu'il n'est pas nécessaire d'avoir une conception juridique générale pour faire l'analyse des activités et des pouvoirs d'un service public particulier. Il suffit d'interpréter chaque loi spéciale. Il faut alors examiner les règles et l'organisation de l'activité, service par service, sans s'attendre à trouver des principes généraux.

En Irlande, les services publics font partie du domaine de la loi de l'*Oireachtas*. Il n'y a pas de *Private Acts of Parliament*, mais le gouvernement établit un projet de loi pour créer chaque service public particulier. Dans ce cas, le *state sponsored body* détient souvent le monopole du service. La conformité d'un tel monopole à la Constitution a été confirmée par l'arrêt *Attorney-General and Minister for Posts and Telegraphs v Paperlink Ltd*[21].

---

[18] *A-G v Smethwick Corpn* [1932] 1 Ch 563 ; *A-G v Fulham Corpn* [1921] 1 Ch 440.
[19] Voir *Hazell v Hammersmith & Fulham LBC* [1991] 1 All ER 544, J. BELL, *Revue française de droit administratif*, 1992, 80.
[20] Sur les *Private Acts of Parliament*, voir M. ALLEN et B. THOMPSON, *op. cit.*, p. 156-157.
[21] [1984] IRLM 161.

C) Le rôle mineur des règles du droit public

Dans ce cadre, le concept juridique général de service public n'est pas considéré utile[22]. Chaque service public est une activité spécifiquement autorisée par la loi et exercée par des personnes (physiques ou morales) selon les critères établis par ce texte. Dès lors, il n'est pas évident que ces règles soient forcément distinctes des principes régissant le secteur privé. Prenons l'exemple des chemins de fer. Créées à partir des années 1820, les lignes de chemins de fer faisaient l'objet d'initiatives privées au profit de personnes morales de droit privé. Mais leur création nécessitait le vote d'une loi dite « privée » au Parlement. Dans ce processus, ces personnes privées se voyaient imposer des obligations dans l'intérêt général et des contrôles sur les tarifs. Sans grande réflexion, on reconnaissait l'intérêt général dans l'activité des chemins de fer (le réseau des transports) sans créer pour autant un droit distinct[23]. Les sociétés furent régies par le droit privé des sociétés. Mais l'exécution des obligations légales pouvait être ordonnée par les tribunaux ordinaires à la demande de l'*Attorney General* (l'équivalent du ministère public) selon les procédures de droit privé (et non pas selon la procédure pénale). Le contrôle des tarifs fut attribué à l'une des cours de droit privé (la *Court of Common Pleas*) jusqu'en 1873, date à laquelle cette juridiction fut transférée à une commission administrative spéciale, les *Railway and Canal Traffic Commissioners*[24]. Ce mélange de ce que les Français considèrent comme le droit public et le droit privé est typique du régime des services publics. La compétence des tribunaux et les modalités d'organisation du service ne sont que des questions pragmatiques et non des questions de principe. La répartition des activités de contrôle n'a pas suscité de problèmes de doctrine.

---

22 Le droit anglais reconnaît le concept de *public utilities* pour désigner les services publics en réseau : les eaux, le gaz et l'électricité, mais cette notion a peu d'importance comme concept.

23 Voir R. W. KOSTAL, *Law and English Railway Capitalism (1825-1875)*, Oxford, 1994.

24 Voir R. G. JUNNER, *The Practice before the Railway Commissioners*, Londres, 1874, ch. 1.

La conception britannique de l'État est restée peu développée et n'a guère contribué à l'évolution du droit des services publics. De nos jours, on reconnaît une notion plus développée d'un droit administratif, c'est-à-dire de principes qui doivent définir les activités de l'administration. Ainsi, en Angleterre et en Ecosse (mais pas en Irlande), on trouve des procédures distinctes pour les recours en excès de pouvoir contre les actes administratifs[25]. Les principes du contrôle juridictionnel de la légalité des activités ainsi autorisées délimitent un cadre commun peu spécifiques aux services publics. En outre, ces services ne se distinguent pas nettement des activités entreprises par des personnes privées dans un but lucratif. Si l'on examine les traités de droit administratif, on constate qu'ils citent, comme arrêt de principe sur la légalité en droit administratif, *Attorney-General v Great Eastern Railway Co Ltd*[26]. Il s'agit de l'interdiction frappant une société commerciale de chemins de fer pour s'être engagée dans des activités qui n'étaient pas autorisées par son statut général. Si l'on consulte les traités de droit des sociétés, on retrouve le même arrêt de principe dans le domaine de la légalité des activités d'une société commerciale. Qui plus est, les principes définissent plus clairement la notion d'acte administratif (lequel n'est pas rattaché à la notion de personne morale de droit public). Mais les actes des services publics se trouvent à la marge de cette notion. Les décisions des entreprises publiques ne sont pas susceptibles de recours spécifiques, car elles sont traitées comme les décisions commerciales[27]. Les décisions des instances de régulation tendant à conclure des contrats de service public se trouvent aussi difficilement contestables[28]. Ainsi, l'interpénétration profonde du droit public et du droit privé repose sur

---

[25] Voir J. BELL, *RFDA*, 1988, 263-4 ; J. BELL, « L'organisation du contentieux administratif en Grande-Bretagne », *EDCE*, 1987, 215.

[26] [1880] 5 App Cas 473 ; H. W. R. WADE et C. F. FORSYTH, *Administrative Law*, 7ème édition, Oxford, 1994, p. 215.

[27] Comparer *R v NCB, ex p NUM* [1986] ICR 791 (fermeture des mines par l'entreprise nationalisée) et *R v ITC, ex p 70W, The Times*, 30 mars 1992 (allocation des concessions des chaînes de télévision) avec la jurisprudence en matière du contrôle exercé par les tribunaux sur les décisions du comité de gestion d'une société commerciale ; *Halsbury's Laws of England*, Vol. 7 (1), par. 615 ; *Mutual Life Insurance Co of New York v Rank organisation Ltd* [1985] BCLC 11.

[28] *Ex p TSW*, ci-dessus ; « *Mercury Communications v Director-General of Telecommunications* », *The Times*, 10 février 1995, HL.

le principe constitutionnel déjà décrit par Dicey - la soumission de toute personne (sujet de la Reine) à la compétence des tribunaux et à la loi[29]. Bien sûr, il y a des différences entre le droit applicable aux activités administratives et le droit applicable aux activités commerciales, mais cette distinction – de même que la distinction entre le droit commercial et le droit du travail – le situe comme un droit spécial à l'intérieur d'un droit commun.

Bien que le contrôle juridictionnel de l'administration ait suivi en Irlande une évolution distincte, les grands principes en sont les mêmes qu'au Royaume-Uni[30]. En effet, les règles de procédure du contentieux de l'excès de pouvoir (*Order 84 of the Irish Rules of the Superior Courts*, 1986) sont très proches de celles du droit anglais (*Order 53 of the Rules of the Supreme Court*, 1977). L'arrêt *Attorney-General v Great Eastern Ry* est toujours appliqué en Irlande.

D) Le concept politique de « service public »

Si le droit anglais ne fait guère place à la notion de service public, c'est en revanche une notion qui connaît un grand retentissement dans les sciences politiques et administratives. Même le gouvernement Thatcher, « privatiseur » des services publics, acceptait l'importance de la distinction entre le secteur privé et les services publics. Par exemple, en 1988, le *Cabinet Office* déclarait :

> *Toute comparaison avec le secteur privé doit être abordée avec prudence. Dans le secteur privé, il y a un rapport direct entre la réussite commerciale - démontrée par les profits et par les parts de marché acquises - et la qualité du service au consommateur. Le secteur public est plus compliqué et, dans plusieurs situations, fort différent. En général, les raisons initiales pour offrir le service, la nature de ce service, et la façon dont on le fournit ne sont pas dictées par le marché. Dans de telles circonstances, l'équilibre entre la demande du public et la nature du service fourni est déterminé sur la base des jugements politiques quant aux priorités économiques et sociales. Cela dit, ceux qui remplissent des fonctions*

---

[29] A. V. DICEY, *An Introduction to the Law of the Constitution*, 10ème édition par E.C.S. Wade, Londres, 1959, p. 193-202.

[30] Voir G. HOGAN, « Judicial Review - The Law of the Republic on Ireland », dans B. HADFIELD (dir.), *Judicial Review - A Thematic Approach*, Dublin, 1995.

> *de service public ont pour responsabilité professionnelle de le faire selon le critère de la plus haute qualité de service possible, dans le cadre des ressources attribuées*[31].

La *Citizen's Charter* (Charte du citoyen) reflète l'importance politique de la notion de service public. Depuis que ce programme a été lancé en 1991, on a élaboré plusieurs *Charters* (Chartes) pour les différents services publics et diverses activités gouvernementales. Elles ont pour objet d'améliorer la qualité du service public en énonçant explicitement les critères et les buts à réaliser, et en prévoyant des systèmes plus efficaces d'inspection, de vérification et de compensation. Elles offrent même un cadre pour des principes opérationnels de caractère général. Ces principes couvrent la qualité du service, les informations et la transparence des décisions et la consultation préalable, les choix offerts, la courtoisie et l'assistance fournie aux usagers, la correction des erreurs ou des défauts du service et sa rentabilité. Il faut admettre que le rapport récent du médiateur, (*Parliamentary Commissioner for Administration*) fait état de divergences considérables entre les différents ministères et agences en ce qui concerne les compensations dues en vertu de la Charte.

Bien que le gouvernement irlandais ait privatisé en 1990 et 1991, une compagnie d'assurances (*Irish Life Assurance*) et une entreprise sucrière (*Siuicre Eirann cpt*), il continue de favoriser le secteur public. Le programme pour le rétablissement de l'économie nationale de 1990 a déclaré ainsi que :

> *Le gouvernement apportera aux* state sponsored bodies *l'encouragement et les moyens pour développer et diversifier leurs activités économiques qui créent des emplois. Lorsque cela sera nécessaire, le gouvernement déposera des projets de loi à cette fin*[32].

En dépit du changement de gouvernement, cette politique a été poursuivie.

On trouve ainsi de nombreux exemples de l'application générale de principes et valeurs non-juridiques aux services publics, par exemple, au Royaume-Uni, par l'*Audit Commission* et le *National*

---

[31] CABINET OFFICE, *Service to the Public*, Londres, HMSO,1988, par. 1.5. J. BOULOUIS, « Supprimer le droit administratif ? », *Pouvoirs*, 1988, n°46, p. 9.

[32] *Programme For National Recovery*, Pl 7829, 1990, par. 83-93.

Audit Office[33], même en l'absence d'un cadre juridique. Ces principes font l'objet de contestations politiques, ce qui peut expliquer, en partie, l'absence d'une volonté juridique ou politique qui permettrait de définir plus précisément des principes généraux.

II. Présentation de la pratique des services publics

Même s'il n'y a pas de concept juridique élaboré dans le droit administratif, il faut aussi reconnaître qu'en pratique les règles juridiques concernant les services publics ne sont pas toujours les mêmes que celles qui régissent les activités lucratives des personnes privées. Par voie d'induction de cette pratique, on peut parvenir à une présentation quasi-cohérente du droit anglais des services publics.

A) Esquisse d'une définition du service public

Pour effectuer un travail de comparaison sur le droit des services publics, il faut choisir une définition fonctionnelle. Dès lors, la conception française offre une structure plutôt cohérente et développée. On s'y référera de manière fréquente, mais il faut se méfier des distorsions possibles. Il est préférable de répondre à la question : comment les activités d'intérêt général sont-elles organisées et régies dans le droit anglais ?

Cette question sera traitée en deux temps : quelles sont les activités d'intérêt général (*1*) et quelles sont les grandes lignes de leur organisation (*2*) ?

1. Les activités d'intérêt général

a) L'absence de principes fondateurs

Depuis le droit médiéval, des obligations s'imposent aux personnes exerçant des *common callings*, des activités professionnelles ayant une importance pour la société en général, par

---

[33] Sur ces deux institutions, voir J. BELL, *Annuaire européen d'administration publique*, T. X, 1987, p. 453-642.

exemple, les transporteurs de personnes et de marchandises, les hôteliers[34]. Ces professionnels avaient l'obligation de contracter avec tous ceux qui se présentaient[35] et étaient tenus à certaines obligations quant au service rendu (par exemple, l'obligation de résultat en ce qui concerne la sécurité des marchandises transportées). Mais il s'agissait alors d'obligations imposées dans l'intérêt général à des personnes privées qui avaient assumé ce rôle de professionnel en toute liberté et sans autorisation des pouvoirs publics. Ainsi, nous avions une notion vague des activités exercées dans l'intérêt général et en dehors du régime du contrat. Il en allait de même pour les associations professionnelles, les *guilds* . Elles sanctionnaient leurs membres dans l'intérêt du public aussi bien que dans l'intérêt des associés. Nous avons de nos jours une approche plus sophistiquée mais aussi assez pragmatique. Les *self-regulating bodies,* les associations et organismes professionnels sont soumis au recours pour excès de pouvoir et aux procédures de droit public même s'ils ont la qualité d'organismes de droit privé[36]. Les conditions exigées pour reconnaître et contrôler les services publics sont d'ordre politique et économique et non juridique.

Tout d'abord, il faut aller au-delà de l'idée que « tout ce que la puissance publique fait est service public ». On peut se référer partiellement à l'autorisation législative et à l'absence d'obligations analogues imposées au secteur privé. Ainsi, les collectivités locales assument l'obligation de créer le service des bibliothèques municipales et il n'y a pas de parallèle dans le secteur privé. Mais la plupart des services ne se traduisent pas par des obligations imposées mais plutôt par des pouvoirs discrétionnaires pour l'exercice desquels un service public est érigé. En outre, l'activité de la puissance publique peut être la même que celle d'une personne privée, ou bien être exercée en collaboration avec celle-ci (par exemple, les activités culturelles et sportives). Le juriste anglais y voit une activité autorisée

---

[34] Ce droit reste applicable à certaines personnes, par exemple, les chauffeurs de taxi à Londres. Mais il est exclu expressément par la loi dans de nombreux cas, par exemple, *London Regional Transport* (sauf pour le transport par autobus), *British Railways Board*, *British Waterways Board*, *Associated British Ports* ; *Halsbury's Laws of England*, 4ème édition, Londres, 1973,Vol. 5 (1), § 402.

[35] *Constantine v Imperial Hotels Ltd* [1944] KB 693.

[36] Voir ci-dessus notes 9 et 10.

par la loi, ce qui ne suffit pas en soi pour lui conférer un caractère distinct d'une activité du secteur privé.

b) Les justifications

Les justifications avancées pour les différents services publics sont diverses. On constate que la justification historique n'est pas souvent la justification actuelle. De nos jours, le droit essaie d'assurer au public une qualité de service et une protection contre les excès du marché. A partir de l'analyse des justifications retenues pour les différents services, on peut établir l'existence d'une notion d'intérêt général qui rappelle le fondement de la notion française de service public.

Les justifications principales sont, en premier lieu, les justifications traditionnelles (surtout dans le cadre d'une intervention de réglementation). Viennent ensuite les justifications plus récentes concernant l'accès au service et la qualité de ses prestations qui conduisent à la prise en charge de l'activité ; enfin les justifications contemporaines, qui essaient de limiter l'activité de l'État à la réglementation des services rendus par le secteur privé.

- Les justifications traditionnelles

** La santé ou la sécurité du public*

L'intervention de la puissance publique pour préserver la santé publique est à la base de plusieurs services publics, par exemple, l'eau et les services sanitaires, les pompes funèbres et les cimetières, les logements publics, les hôpitaux et les transports de passagers (train, bus, tramway)[37]. Cette justification concerne aussi partiellement les services du gaz et de l'électricité. Cet argument justifie plusieurs types d'intervention. Au minimum, la puissance publique intervient pour imposer des standards à l'activité des personnes privées, exiger des

[37] Par exemple, en tant que *burial authorities*, les collectivités locales ont, en général, seulement la faculté et non l'obligation de créer ou faire créer des cimetières ou des installations de crémation (*Local Government Act*, S. 214.2). Leur seule obligation est, en dernier ressort, de pourvoir aux funérailles lorsqu'il n'y a pas d'alternative (*National Assistance Act*, 1948, S. 50) ou pour éviter un trouble à la santé publique (*Public Health Act - Control of Disease*, 1984).

autorisations professionnelles ou d'entretien des véhicules (par exemple, le transport des passagers). De tels standards minimaux peuvent justifier facilement l'intervention de la puissance publique pour sanctionner les infractions et même pour assurer l'exécution du service en cas de carence du marché privé. Mais avec le *Public Health Act* (1875), la voie fut ouverte pour la fourniture directe par les collectivités locales des services destinés à améliorer la santé des personnes. Même si les nationalisations de 1945 à 1950 ont modifié le caractère de plusieurs services, la santé reste une justification importante pour l'intervention de la puissance publique.

** L'ordre public*

Le marché crée la concurrence, mais on risque d'y rencontrer le désordre. Ainsi, pour des raisons techniques, en particulier la limitation de l'espace hertzien, le libre marché de l'audiovisuel est devenu, en premier lieu, un monopole étatique et ensuite un marché contrôlé. Les difficultés de la concurrence en matière de circulation urbaine justifiaient le contrôle des transports par diligences, par tramways et par bus[38]. Une telle justification reste assez limitée et ne sert que pour la réglementation de l'activité en cause.

On pourrait y ajouter l'idée du contrôle nécessaire de l'exploitation des ressources limitées. Ainsi, on justifie le contrôle de la construction des routes pour les véhicules automobiles ou des lignes ferroviaires par la nécessité d'éviter un usage trop intensif des sols. Mais une telle justification relève, de nos jours, beaucoup plus de la politique de l'urbanisme que de celle des services publics.

- *Justifications plus récentes*

** Garantie d'accès du public à des services essentiels pour la vie courante*

L'idée que l'État doit assurer les services essentiels de la vie (au lieu d'intervenir pour combattre la pauvreté) est assez récente. Les collectivités locales sont intervenues au XIXème siècle pour améliorer les conditions de la vie locale : tout d'abord pour assurer la santé (eau et assainissement), l'enseignement et, ensuite, de manière plus

[38] Voir, par exemple, *Limpus v London and General Omnibus* (1862), 1 H et C 526, pour un bon exemple du désordre provenant de l'opération du marché.

générale (par exemple, le gaz, l'électricité, les téléphones, les transports en commun, les services culturels et de loisirs, etc.).

Cette justification est toujours essentielle dans l'État providence (*welfare state*). Les obligations imposées aux entreprises privatisées et les pouvoirs de l'État ou des collectivités locales de subventionner l'activité de telles entreprises attestent l'importance constante de la puissance publique en tant que garant de l'accès au service, même si l'activité n'est pas rentable dans une perspective purement économique.

* *Garantie de la qualité et continuité des services nécessaires à la collectivité*

Les exigences économiques du marché n'assurent pas toujours la qualité requise par les usagers ou par l'intérêt public. Ainsi, dans les services courants, la puissance publique définit certaines obligations comme essentielles et les inscrit dans la concession[39]. On peut en donner deux exemples.

Si le service de chemin de fer n'est pas assuré en ce qui concerne le nombre des trains et leur fréquence sur certaines lignes, il appartient alors au *Franchise Director* de décider du caractère du service qui est inscrit dans le cahier des charges (*Railways Act*, 1993, S 5). La section 20 (2) de la *Transport Act* (1968) permet aux *Passenger Transport Authorities* (des collectivités locales) ou aux *Passenger Transport Executives* (des agences administratives autonomes pour les régions urbaines) de passer des accords avec les chemins de fer pour répondre aux besoins des transports en commun dans leur région. Cette faculté permet ainsi la création d'un service public local plus étendu que le service public national. Par exemple, dans le West Yorkshire, le *West Yorkshire Passenger Transport Executive* a passé des accords avec *British Rail* pour assurer une fréquence des trains plus élevée que dans d'autres parties du réseau ferroviaire, et à un moindre prix pour l'usager. Ainsi, les autorités publiques ont pour fonction de déterminer le caractère et aussi la qualité du service fourni.

Un second exemple est la qualité des émissions audiovisuelles. Une justification importante de la réglementation du secteur audiovisuel est celle d'assurer la qualité des émissions dans l'intérêt

[39] Par exemple, *Telecommunications Act*, 1984, s 8 ; T. GIBBONS, *Regulating the Media*, Londres, 1991, ch. 3 et 5.

public[40]. En ce qui concerne la télévision commerciale, la *Broadcasting Act* de 1990 impose à l'*Independent Television Commission* (ITC) l'obligation d'assurer que les services fournis par les concessionnaires sont d'une qualité élevée et répondent aux besoins exprimant les différents goûts et intérêts. L'ITC peut imposer des codes déontologiques aux sociétés de télévision autorisées. La charte de la *British Broadcasting Corporation* impose des obligations analogues et les *Governors* ont approuvé des codes de déontologie de même type. Ces codes constituent des systèmes d'autocensure qui restreignent la diffusion des émissions destinées aux « adultes », en particulier avant vingt-et-une heures. En outre, l'article 6 de la *Broadcasting Act* (1990) impose aux concessionnaires l'obligation de respecter le bon goût, les règles de la pudeur et d'assurer le caractère exact et impartial des programmes d'actualité ou des controverses portant sur les thèmes sociaux ou politiques. On constate ici une volonté d'atteindre une qualité plus élevée que celle qui résulterait du jeu normal du marché.

- Les justifications contemporaines

Au Royaume-Uni, le système actuel penche en faveur du marché privé réglementé plutôt que la fourniture directe des services par le secteur public. Mais, dans de telles conditions, il faut que le marché soit contrôlé pour assurer la concurrence et la protection du consommateur. Par contre, l'approche irlandaise considère toujours que l'État est le fournisseur naturel de tels services publics (soit directement, soit indirectement). La fourniture de ces services est contrôlée par le gouvernement.

** Protection du consommateur contre le pouvoir (de monopole ou d'oligopole) des fournisseurs de services essentiels*

En Irlande, presque tous les services publics (les autobus, la télévision, etc.) sont gérés par des agences contrôlées par l'État. En général, la loi donne à ces agences étatiques le monopole du service.

Par contre, au Royaume-Uni, même si certaines activités restent des monopoles dits « naturels » (les télécommunications, l'électricité,

---

40 Voir T. GIBBONS, *op. cit.*, p. 31-47.

le gaz et d'autres services de réseaux), la plupart sont mis en concurrence (les chemins de fer et l'audiovisuel). Cependant, le contrôle du pouvoir de ces grandes organisations reste important, même à l'intérieur d'un régime de concurrence. C'est pourquoi, on instaure des *regulators* pour prévenir leur abus de pouvoir.

* *Garantie de l'existence de la concurrence dans la fourniture des services*

En Irlande, la majorité des agences chargées des services publics ont un monopole légal. La législation, en matière de concurrence, ne s'applique pas aux *state sponsored bodies* exerçant des fonctions non commerciales. La *Competition Act* (1991) ne s'applique qu'aux « entreprises » que la section 3 de la loi définit comme « un particulier, une société ou une association de personnes qui s'engagent dans un but lucratif dans la production, la fourniture, la distribution des biens ou dans la fourniture d'un service ». Cette loi prend comme modèle les articles 85 et 86 du Traité de Rome et interdit les pratiques anticoncurrentielles et l'abus d'une position dominante. Dans l'affaire *Deane v Voluntary Health Insurance Board*[41], la Cour suprême décida qu'un *state sponsored body* pouvait agir en tant qu'entreprise. En l'espèce, – une agence dotée du monopole légal de l'assurance médicale – le *Voluntary Health Insurance Board* était bien une entreprise. La décision *Finlay CJ* estimait que la notion de recherche d'un but lucratif (*gain*) était plus large que la notion de (*profit*). Il résulte de cette décision que toute agence percevant une redevance (telle que l'*Electricity Supply Board* ou *Bord Telecom)* est une entreprise soumise à la *Competition Act*. Cependant, on n'a pas encore remis en cause les monopoles légaux de ces *state sponsored bodies.* Depuis le vote de cette dernière loi, les nécessités de la concurrence sont mises en avant. Le gouvernement n'a pas essayé de faire interdire les activités des courriers internationaux tels que DHL et le ministre des Communications a approuvé la constitution d'un groupe de sociétés privées pour la mise en place d'un deuxième réseau de téléphones mobiles, lequel est entré en concurrence avec celui de *Bord Telecom.*

La constitutionnalité des monopoles légaux a été confirmée par la *High Court*. Dans l'affaire, *Attorney-General for Posts and Telegraphs*

---

[41] Inédit, *Supreme Court*, le 29 juillet 1992.

v Paperlink[42], le monopole des Postes était contesté par une société de courrier privée. La décision *Costello J* estima que ce monopole pourrait se justifier comme une contribution au bien-être commun.

Au Royaume-Uni, la concurrence est censée limiter le pouvoir de l'oligopole privé qui nuit à l'intérêt public et assurer le moindre coût. Cette justification est clairement perceptible, non seulement dans le contrôle des pouvoirs de monopole ou d'oligopole dans les services privatisés, mais aussi dans la politique de *market testing*. Par cette politique, les agents du secteur public (par exemple, les *Direct Labour Organisations* des collectivités locales) peuvent être mis en concurrence avec les personnes privées pour obtenir des prix réduits. Le choix et la réduction du prix sont des améliorations du monopole du secteur public, mais ne peuvent pas toujours être garantis par un marché laissé à lui-même. Du fait des structures spécifiques constituées pour contrôler les abus de puissance dominante de ces organismes de service public, l'influence du droit communautaire est moins importante au Royaume-Uni qu'en Irlande.

Si l'on reprend l'analyse qui précède, on retrouve presque tous les éléments de l'intérêt général qui justifie les services publics en France. Mais les auteurs et les juges britanniques ne voient jamais l'intérêt de regrouper les activités ainsi fondées en une seule catégorie méritant une analyse d'ensemble.

2. Principes d'organisation

En l'absence de concept de service public dans le « noyau dur » de la notion d'État, la « localisation » de l'organisation et de la réglementation des services publics dans le secteur public se justifie par convenance pratique plutôt que sur la base de principes généraux. On constate surtout l'importance des agences quasi indépendantes qui organisent et fournissent les prestations de service public.

a) La « localisation du pouvoir » d'organiser le service

On peut distinguer trois groupes de services publics selon leurs objectifs et aussi selon la « localisation » du pouvoir d'organisation.

[42] [1984] IRLM 161.

* *Les services publics nationaux*

On reconnaît ici l'importance d'une activité pour l'ensemble du pays : par exemple, les *public utilities* tels que l'eau, le gaz, l'électricité, les télécommunications, la poste, aussi bien que les autres services nationaux tels que les chemins de fer, les ports, les autoroutes et l'audiovisuel. L'ambition est de permettre l'accès à ces services de réseau à toute la population. En Irlande, les structures administratives et politiques sont très centralisées et la plupart des services publics sont organisés sur le plan national. Autrefois, au Royaume-Uni, la plupart des services publics étaient locaux, par exemple, le téléphone, l'eau, le gaz et l'électricité. De nos jours, nombre de services publics sont organisés à l'échelle nationale, même si leur exécution est toujours assurée au niveau local ou régional et relève de la compétence des agences administratives, des entreprises ou même des collectivités locales[43].

* *Les services publics locaux*

Au Royaume-Uni, les services publics locaux sont facultatifs. Les collectivités locales et les agences sont autorisées par la loi à créer certains services publics locaux (par exemple, les transports en commun, les parcs). En revanche, certains services sont obligatoires par exemple (dans certains cas) les transports scolaires, le ramassage des ordures. La collectivité locale prend en charge l'organisation du service, mais de plus en plus l'exécution du service est confiée au secteur privé ou, au moins, fait l'objet d'un rapport *purchaser-provider* (voir ci-dessous).

En Irlande, quelques services sont fournis par les collectivités locales tels que le ramassage des ordures et l'adduction d'eau. Les collectivités locales reçoivent d'importantes subventions de l'État, mais financent aussi, en tout ou partie, les services locaux par les impôts locaux.

* *Les services publics « de carence »*

La fonction du secteur public peut être non seulement d'établir et d'organiser un service public, mais aussi, plus simplement, d'assurer

---

[43] Plusieurs services publics nationaux sont gérés sous forme de concessions régionales : ex. le gaz, l'électricité et le service de distribution d'eau.

l'existence d'un service. Dans ce cas, l'intervention du secteur public peut être plus limitée et se borner à intervenir en cas de carence du secteur privé (par exemple, dans les services funèbres et dans la gestion des transports en commun surtout dans les zones rurales). Ce service public minimal suffit lorsque le jeu du marché assure à la plupart des personnes les prestations requises. Lorsque l'usager ne peut pas payer le prix du service ou bien si le marché ne s'organise pas pour lui offrir le service, le secteur public doit intervenir.

On constate ici que les principes d'organisation ne sont que des principes opérationnels et ne reflètent pas une notion de compétence naturelle.

b) Le modèle contemporain

* *Royaume-Uni*

Bien qu'il n'y ait pas de structures uniformes, on constate une certaine convergence dans les structures mises en place pour gérer les services publics « privatisés » dans les dix dernières années – l'eau (1989), le gaz, l'électricité (1989), les télécommunications (1994) et les chemins de fer (1994-1995).

La structure du système est que la loi spéciale définit l'organisation du service et les fonctions du *Régulateur* : une *concession/autorisation* est donnée par le ministre pour exploiter le service ; les augmentations de prix sont plafonnées en vertu d'une formule insérée dans le cahier des charges de la concession (normalement sous la forme *Resale Price index - x%*).

La concession est révisée après une période déterminée ou indéterminée, et parfois le ministre a le pouvoir de s'opposer à la révision négociée par le *Régulateur* et l'exploitant.

Le ministre a le pouvoir d'autoriser les exploitants potentiels du service public et il nomme le *Régulateur*. Il a l'initiative de la loi de privatisation et, ce qui est caractéristique, d'approuver la date de la privatisation. Dans la période de transition antérieure à la privatisation, le ministre conserve le pouvoir de donner des instructions aux instances de régulation. Mais une fois le service remis au secteur privé, il ne conserve que peu de pouvoirs directs d'intervention (par exemple pour décider des recours contre la suppression d'une partie du service). On essaie ainsi de mettre le service public à l'abri des interventions conjoncturelles des hommes politiques et d'offrir aux investisseurs plus de sécurité que si les décisions prises par la société exploitante étaient de caractère essentiellement commercial. Mais un tel pouvoir limité d'intervention ne permet guère la planification ou la coordination. Par exemple dans la politique de l'énergie, la fermeture des mines de charbon a été autorisée sans possibilité d'intervention d'autres exploitants intéressés par la production de l'énergie.

Le *Régulateur* (en particulier le *Director-General* d'un *Office of Regulation*, ex. des *Ofwat*, *Offer*, *Ofgas*, *Oftel*)[44] est un agent public de l'État nommé par le ministre, normalement pour cinq ans. Il assure une concurrence loyale dans le secteur privatisé et le respect des cahiers de charges. Dans plusieurs domaines, il prend en charge la fixation du plafond des augmentations de prix (*price formula*). Si un des exploitants veut cesser de fournir une partie des prestations du service public, le *Régulateur* doit donner son accord ou trouver d'autres moyens pour que le service soit assuré[45]. Depuis le *Competition and Service (Utilities) Act* (1992), le *Régulateur* des services publics peut édicter des critères à faire respecter par les exploitants (par exemple, le délai de réponse aux lettres des usagers) et pour la violation desquels l'exploitant doit payer une indemnité compensatoire. Il publie des statistiques établissant le respect de ces normes par les différents exploitants.

La *Monopolies and Mergers Commission* (équivalent du Conseil national de la concurrence français) a pour mission générale d'assurer la concurrence dans tout le secteur économique, y compris le secteur privatisé des services publics, surtout en ce qui concerne les pratiques contractuelles abusives.

---

[44] Respectivement *Office of Water Regulation, Office of Electricity Regulation, Office of Gas Regulation, Office of Telecommunications Regulation.*

[45] En ce qui concerne les chemins de fer, ces dernières fonctions sont prises en charge par le *Franchise Director.* C'est un agent de l'État nommé par le ministre et il constitue une institution autonome du ministère (*Railways Act* 1993, ET S 1,5). Il établit les cahiers de charges pour les concessions et ainsi définit en détail la nature du service public. En l'absence d'un concessionnaire, le *Franchise Director* assure lui-même le service (ex. S. 30). Lorsque le concessionnaire veut mettre fin à un service, le *Franchise Director* décide s'il y a lieu de continuer le service et, le cas échéant, il le prend en charge (S. 37.4, 38.2.c). Le *Franchise Director* est chargé d'insérer les clauses concernant les tarifs dans les cahiers des charges (S. 28).

La Commission est l'instance d'appel des décisions du *Régulateur*, lorsqu'il entend modifier la concession pour mettre fin à une situation anticoncurrentielle. Dans les secteurs de l'électricité, du gaz et de l'eau, la *Competition and Services (Utilities) Act* (1992) impose au *Régulateur* l'obligation d'assurer une concurrence efficace. Mais l'équilibre avec les intérêts du consommateur est difficile à établir et la priorité semble accordée à celui-ci. Cette compétence diffère du rôle normal de la Commission, qui est de donner son avis sur l'ensemble des aspects d'intérêt général.

La Commission est saisie des appels des exploitants en matière de modification des prix.

L'évaluation des effets du service public est confiée au *National Audit Office* et aux commissions parlementaires (surtout le *Public Accounts Committee*). Les collectivités locales sont soumises à l'*Audit Commission.* Ces commissions examinent les finances et aussi s'assurent de la rentabilité et de la qualité des services rendus. Le *Médiateur* a compétence pour veiller à l'application de la *Citizen's Charter* et surveiller l'activité des ministres dans l'exercice des pouvoirs publics, mais il n'a pas compétence en matière de contrats souscrits pour assurer le service public.

Un *Conseil des représentants des consommateurs* est nommé par le *Régulateur* dans certains services et par le ministre dans d'autres. Il est consulté sur les *Codes of Practice* qui régissent, sous forme de règlement interne, l'exercice des pouvoirs de l'exploitant, par exemple en mettant fin au service offert à un usager pour défaut de paiement. Il est consulté aussi s'il y a suppression d'une partie du service.

En Irlande, on estime que la représentation formelle des consommateurs du service public n'est pas nécessaire. L'Irlande a son *Ombudsman* (médiateur), qui peut recevoir les plaintes des usagers et ordonner des compensations. Avant l'*Ombudsman Act* (1980), deux services publics (*An Post* et *Bord Telecom*) avaient des conseils de représentants des consommateurs, mais ces conseils furent supprimés et leurs fonctions transférées à l'*Ombudsman*. Quelques *State sponsored bodies* doivent veiller à la protection du consommateur, selon leurs lois de création (ex. *Postal and Telecommunications* (*Services*) *Act*, 1983, S. 14 et également *Electricity Supply Act,* 1976, S. 21.1). Les *State sponsored bodies* commerciaux sont soumis au contrôle d'une commission parlementaire, le *Joint Oireachtas Committee on State Sponsored Bodies.*

Dans le système britannique, le service public est défini par la loi, et, dans le détail, par le *Régulateur*, mais les prestations sont, de manière caractéristique, fournies, dans le cadre d'une concession, par le secteur privé. Le secteur public n'intervient que comme instance de définition et de régulation du service.

* *Irlande*

La structure des services publics est plus simple en Irlande qu'au Royaume-Uni. Presque tous les services publics sont fournis par l'État. Le gouvernement trouve ainsi plus facile d'en assurer la régulation. Cependant, parce que les agences ont été créées de manière ponctuelle, il y a une grande diversité de *State sponsored bodies.*

Le ministre, pour son ministère, contrôle le fournisseur du service soit directement soit en désignant la majorité des membres de son comité de direction. Certains des *State sponsored bodies* ont essayé d'être plus indépendants. Il y eut une controverse à propos des interviews des membres des groupes terroristes que le service national de télévision (*Radio Telefis Eirann*) voulait diffuser, contrairement à la volonté du gouvernement. Le ministre des communications licencia même une fois tout le comité de direction de ce service. Ensuite, une loi fut votée, permettant au ministre de donner au comité de direction des directives relatives à la sécurité nationale. Mais la plupart des contrôles des ministres sur les services publics restent financiers.

Il n'y a pas d'équivalent au *Regulator* ou *Director-General* anglais en Irlande. Le rôle de protecteur du consommateur est joué en partie par l'*Ombudsman.* Il prend la place des représentants des consommateurs.

La *Competition Authority* veille à l'application de la *Competition Act* (1991) et a des pouvoirs d'investigation importants. Comme on l'a vu, les *State sponsored bodies* sont des « entreprises » soumises à sa juridiction.

B) Techniques d'intervention

On peut distinguer deux grands modes d'intervention de la puissance publique pour assurer les services publics. Dans la première hypothèse, la puissance publique s'assure de la qualité du service fourni par le secteur privé. Dans la seconde, elle intervient pour assumer la responsabilité directe. Dans ce dernier cas, la puissance publique sert de nos jours simplement à pallier la carence du secteur privé, mais il y a des domaines où la puissance publique préfère jouer un rôle dominant, voire exclusif, dans la définition du service et dans la fourniture des prestations.

1. La régulation du marché

La régulation du marché privé peut prendre plusieurs formes. Depuis longtemps, le gouvernement ou les collectivités locales autorisent les personnes habilitées à entreprendre une activité, par exemple, les transports routiers de voyageurs[46]. En effet, les autorités publiques exercent ainsi une fonction de police sur l'activité du secteur privé plutôt que de prestation de service public.

Imposer des normes et des obligations à des personnes privées exerçant certaines activités est fréquent et remonte aux *common callings* du droit médiéval. Mais cette catégorie d'intervention se distingue peu des obligations imposées par le droit privé pour protéger l'environnement ou les intérêts d'autrui. L'assujettissement à des obligations que l'on pourrait qualifier de « service public » se limite aux cas où l'exploitant se trouve dans l'obligation légale de fournir le service à toute personne sous la seule réserve d'un prix raisonnable[47]. Par exemple, certaines restrictions sont attachées au droit de refuser le service à des consommateurs qui ne paient pas leurs prestations. Les fournisseurs de gaz, d'électricité et d'eau doivent suivre des procédures lourdes avant de mettre fin au service rendu à un usager[48] et les organisations de consommateurs donnent leur avis sur ces procédures. Mais de telles limitations sont imposées également en ce qui concerne les baux d'habitation ou la réalisation des hypothèques

[46] *Public Passenger Vehicles Act* (1981), modifiée par la *Transport Act* (1985) et la *Deregulation and Contracting Out Act* (1994).
[47] Par exemple, *Gas Act* (1986), S. 9.1.
[48] Par exemple, la *Gas Act* (1986), S. 5.7, y impose l'obligation d'un préavis, mais le *Code of Practice* est plus exigeant quant au contenu du préavis et aux démarches que doivent suivre les exploitants avant de mettre fin au service rendu à un particulier.

sur les immeubles[49]. Les sociétés audiovisuelles ont l'obligation de diffuser des émissions réalisées par les partis politiques pendant la période électorale[50].

Et surtout, depuis le *Competition and Services (Utilities) Act* (1992), on essaie d'assurer la concurrence, même dans les activités normalement conçues comme des services publics. On reconnaît quand même qu'il y a des situations dans lesquelles l'intérêt général requiert un aménagement du régime ordinaire de la concurrence. Par exemple, pour les contrats concernant la défense nationale et les produits pharmaceutiques, le gouvernement doit assurer une fourniture de prestations constante et adaptée à l'intérêt général. La pratique gouvernementale a créé, avec l'accord des fabricants, des commissions consultatives pour déterminer un prix raisonnable dans les contrats de ce type, afin de plafonner les profits qu'en tirent les fabricants[51]. La doctrine trouve difficile de distinguer l'intervention ordinaire de la puissance publique dans l'intérêt général de police ou de protection des citoyens, et l'intervention dans le marché pour assurer un service fourni par le secteur privé.

Cette situation n'existe pas en Irlande.

2. *Le secteur public prend en charge le service*

Dans cette hypothèse de prise charge, le caractère de l'intervention est plus nette, mais elle prend plusieurs formes.

---

49 Voir par exemple, *Administration of Justice Act* (1976), S. 36, qui protège les emprunteurs de prêts immobiliers contre les saisies immobilières.

50 *Representation of the People Act* (1983), S. 93 ; *Broadcasting Act* (1990), S. 36. Il n'y a pas de formule précise pour l'allocation de temps pour ces émissions : ROBERTSON, *op. cit.*, p. 293. Récemment, des partis écossais ont obtenu l'interdiction de la diffusion en Écosse d'une interview de quarante minutes avec le Premier ministre, trois jours avant les élections locales. Voir cependant *R v. B CC, ex p. Owen* [1985] 2 All ER 522.

51 Le *Review Board for Government Contracts* fut établi par un accord entre le gouvernement et la *Confederation of British Industry* (CBI, syndicat national du patronat) et a pour mission de réviser la formule de calcul des profits de manière à assurer au fabricant un profit « équitable » en fonction du risque assumé. Le *Pharmaceutical Price Regulation Scheme* essaie d'établir un plafond pour les profits de chaque fabricant de produits pharmaceutiques en fonction du capital investi dans la fabrication.

Ainsi, les subventions peuvent revêtir deux aspects. Prenons l'exemple des transports en commun. Il y a les subventions aux personnes ayant peu de ressources (tels les subventions de transport aux personnes âgées, les tarifs réduits etc.) et des subventions versées directement au concessionnaire. En ce qui concerne les tarifs réduits, l'accord du transporteur est facultatif[52]. Dans le cas des subventions versées directement au transporteur, elles font l'objet d'un appel d'offres et sont insérées dans les conditions de la concession ainsi attribuée[53].

La concession est également admise. Dans cette technique, le service est défini par l'autorité administrative et le marché est sollicité. On obtient ainsi la coopération du secteur privé sur le programme décidé par la puissance publique. Encore une fois, la puissance publique doit passer par la loi pour recourir à la concession. Dans les systèmes de privatisation au Royaume-Uni, il faut distinguer la concession à durée limitée et la concession à durée indéterminée. Par exemple, dans le cas des subventions au transport par bus, la concession ne peut durer au-delà de cinq ans. Il en va de même pour les chaînes de télévision où la concession (Charte de la BBC) ne dure que dix ans. Mais les « concessions » de distribution d'eau seront consenties pour un temps indéterminé.

La situation en Irlande est la même, mais il n'y a pas de limite à la durée des dotations de fonctionnement ou aux subventions. Les *state supported bodies* de caractère non-commercial reçoivent normalement une subvention annuelle. En matière de dépenses de capital, ils dépendent des prêts de l'État ou des garanties fournies indirectement par l'État.

3. Le modèle « acheteur-fournisseur »

Dans le modèle contemporain britannique du secteur public, l'autorité publique se constitue en acheteur-substitut au nom des usagers du service pour acheter le service à moindre prix et à qualité requise. Le service public n'est pas défini par rapport au programme

---

[52] *Transport Act* (1985), S. 96 et 97.1.

[53] *Transport Act* (1985), S. 57. Le rôle des *County Councils* et *Non Metropolitan District Councils* est identique ; *Transport Act* (1985), S. 63.

établi par l'autorité concédante mais par rapport aux demandes des usagers. A la différence de la concession, l'autorité publique peut acheter le service soit au secteur privé soit au secteur public. Cette politique n'a pas besoin d'autorisation législative, parce que l'administration ne concède pas l'exercice d'une partie de ses prérogatives à l'égard du public, mais se borne à acheter les services nécessaires à sa propre activité. Par exemple, le *Lord Chancellor* a pu faire des appels d'offres au marché privé pour le service sténographique des tribunaux[54]. Dans la politique du *market testing*, l'administration définit une de ses activités et la soumet à la concurrence du secteur privé. Ainsi, les opérateurs du secteur public doivent se mettre d'accord pour offrir à l'administration une proposition plus intéressante, quant à la qualité et au prix de la prestation, que celle qui procède du secteur privé[55].

La *Deregulation and Contracting Out Act* (1994) poursuit cette politique dans sa deuxième partie. La loi facilite la remise au secteur privé d'activités de l'administration (nationale ou locale). Elle permet au ministre de déléguer ses fonctions ou pouvoirs, ou ceux d'un fonctionnaire, à une personne privée, sous certaines conditions et pour une durée de dix ans. Comme on l'a déjà souligné, la loi exclut les fonctions touchant à la liberté des personnes et au pouvoir réglementaire. Le ministre conserve certains pouvoirs limités, pour résilier le contrat. Ce modèle existe depuis 1980 en matière de « gouvernement local ». La *Local Government Planning and Land Act* (1980) et les *Local Government Acts* (1988 et 1992) obligeaient déjà les collectivités locales à mettre sur le marché plusieurs services rendus au public et aussi les services qu'elles reçoivent des fonctionnaires, par exemple, la construction, l'entretien des bâtiments,

[54] *R v Lord Chancellor, ex p Hibbett et Saunders* [1993] COD 326 ; *Etudes et documents du Conseil d'État*, n°45, p. 498.

[55] Depuis 1980, quarante activités ont été transférées au secteur privé. Depuis 1991, le programme du *market testing* a soumis des services publics à la concurrence du secteur privé pour un montant total de £ 1,1 milliard (presque 10 milliards de francs). Le secteur privé en a retiré des contrats et concessions pour une valeur de £ 855 millions. Même lorsque le service n'a pas été privatisé, cette révision a abouti à une réduction de 24% du nombre des fonctionnaires. Cette politique a économisé £ 135 millions par une révision de 44 000 postes (*The Citizen's Charter : Second Report*, 1994 (Cm 2540, mars 1994), p. 2 et 93).

le ramassage des déchets et détritus, plusieurs services à caractères professionnels[56]. Lorsque le service est déjà géré en régie simple (avec un *Direct Labour Organisation*), les employés de la collectivité peuvent participer à cet appel d'offres, mais dans des conditions strictement identiques à celles qui sont proposées au secteur privé. Il doit y avoir une séparation stricte entre le *Direct Labour Organisation* et l'organe qui décide la passation du contrat. En outre, les subventions ne sont pas permises[57]. La loi de 1994 donne au ministre le pouvoir d'obliger des collectivités locales à mettre de nouveaux services en concession ou de les confier au secteur privé, à l'exception des services touchant aux libertés publiques ou au pouvoir réglementaire. En ce qui concerne l'administration d'État, cette mise sur le marché des activités se combine avec la création des agences ministérielles. Ces agences ont leur propre budget et sont responsables de leur activité et des salaires des fonctionnaires qu'elles emploient[58] ; elles sont assez proches des organismes du secteur privé. Le programme du *market testing* peut pousser ces organismes ou leurs activités vers le secteur privé. En effet, les agents publics ne fournissent des prestations que s'ils peuvent établir une plus grande rentabilité et une qualité supérieure du service. Le service public se limite alors aux tâches définies par la puissance publique dans le cadre législatif de ses fonctions.

Dans ces conditions, la fourniture directe d'un service par le secteur public est de moindre importance que dans les années 1940 à 1970. Quelques activités obéissent toujours à ce modèle par exemple les postes et les routes. La construction des routes relève de la responsabilité du ministre des Transports pour les autoroutes et les routes nationales, et des collectivités locales pour les routes

---

[56] Voir l'étude de K. SHAW, J. FENWICK et A. FROMAN, « Compulsory competitive tendering for local government services : the experience of local authorities in the North of England 1988-1992 », *Public Administration*, 1994, 72, 261.

[57] Voir les *Local Government (Direct Labour Organisations) (Competition) Regulations*, 1989, SI 1989/1588. V. aussi *Local Government Act* (1988), S. 6-8.

[58] Les agences emploient 64% des fonctionnaires et seulement 10% [des fonctionnaires] travaillent pour les ministères : *Next Steps Review*, 1993 (Cmnd 2430 ; 1554), HMSO. La délégation de la responsabilité à ces organismes pour le personnel des agences — aux lieu et place du ministère normalement compétent pour gérer la fonction publique — résulte de la loi *Ministers Act* (1992).

secondaires. Normalement, la construction en est financée par le Trésor public. Parfois une loi spéciale autorise la construction d'un ouvrage répondant à un projet particulier (tel un pont) et le financement par le secteur public et privé peut être autorisé avec la possibilité d'instituer des tarifs de péage (lesquels ne sont pas imposés sur les routes ou autoroutes). La *New Roads and Streetworks Act* (1991) a autorisé les concessions au secteur public pour la construction et la gestion des routes, mais on manque d'exemples jusqu'ici.

En ce qui concerne l'Irlande, il n'y a pas d'équivalent à ce modèle « acheteur-fournisseur ».

En résumé, les différentes modalités d'organisation du service public permettent d'expliquer le manque de cohérence perçu par les juristes dans ce domaine. La cohérence, si elle existe, est politique : les services publics sont les activités qu'il est jugé nécessaire de protéger contre le jeu normal du marché – et la forme d'intervention préférée est la fourniture du service par le secteur privé dans un cadre défini et réglementé par les organes de la puissance publique. En effet, c'est l'obligation au secteur privé d'agir à l'encontre de sa tendance à tirer des profits qui caractérise de nos jours le service public. Mais, à ce point, la ligne frontière entre le droit des services publics et le droit privé devient floue.

C) Les principes généraux des services publics

Le droit anglais ne reconnaît pas, en tant que tels, les quatre grands principes des services publics français[59].

- *La continuité des services publics*

Il n'y a pas de régime spécifique applicable aux grèves dans les services publics. A l'exception de certaines activités, telles que la police et les services secrets, il n'y a ni interdiction de grève, ni règles relatives à la continuité des services en grève. Ainsi, il peut y avoir un arrêt total de travail, et le gouvernement devra recourir aux forces militaires pour assurer le service[60]. Le droit anglais ne reconnaît pas non plus le principe de l'imprévision, mais on peut se servir de la

[59] Cf. A. S. MESCHERIAKOFF, *Droit des services publics*, Paris, 1991, p. 135-136.

notion de « conditions implicites » pour libérer le concessionnaire d'un contrat devenu excessivement défavorable[61].

La continuité du service n'est pas toujours assurée par le marché. Ainsi, dans certaines activités, telles la fourniture des armes et des produits pharmaceutiques, les procédures de la concurrence sont adaptées pour assurer la continuité et la qualité de la production et pour rendre plus facile l'adaptation du contrat aux besoins actuels.

- *Le pouvoir de l'administration de changer ou adapter le service*

Il n'est pas reconnu en soi, sauf si la loi donne un tel pouvoir à l'administration. Souvent les juges interprètent les lois pour permettre une adaptation au cours d'une concession (voir par exemple *London County Council v Henry Boot & Co*[62], où la collectivité locale se servait légalement de ses pouvoirs pour imposer par voie d'arrêtés de santé publique des conditions nouvelles, ce qui rendait impossible la continuité d'une concession de transport des ordures ménagères). Mais, dans une telle hypothèse, il y avait un texte exprès et les juges se sont contentés d'interpréter strictement le contrat de concession pour ne pas entraver l'exercice des pouvoirs légaux dans l'intérêt public.

- *L'égalité des usagers*

Elle n'est pas reconnue formellement. Mais l'inégalité de traitement peut être sanctionnée comme l'exercice déraisonnable d'un pouvoir. L'inégalité entre les sexes est interdite par la loi (*James v Eastleigh BC*)[63] : les retraités du sexe masculin ne bénéficiaient

---

[60] Sur les pouvoirs d'urgence, voir M. ALLEN et B. THOMPSON, *op. cit.*, p. 10. Si les pouvoirs publics ont l'obligation de fournir un service, l'existence d'une grève ne les exonère pas de cette obligation et les tribunaux peuvent leur ordonner d'assurer le service en dépit de la grève : *Meade v Haringey* LBC [1979], 1 WLR 637. Cette situation est alors identique à celle du prestataire de services en droit privé qui ne peut pas justifier l'inexécution de ses prestations contractuelles en alléguant une grève.

[61] D. TALLON et D. HARRIS, *Le contrat aujourd'hui*, Paris, 1987, p. 225 et 264-267. On pourrait soutenir l'argument que l'organisation des contrats en matière de défense et des produits pharmaceutiques assure la continuité de ces services alors que le prix n'est pas définitif et peut varier selon les exigences de l'activité et sur la base de la notion d'un prix raisonnable.

[62] [1959] 1 WLR 1069.

[63] [1990] 2 All ER 607.

du tarif réduit qu'à l'âge de soixante-cinq ans tandis que les femmes retraitées en bénéficiaient à soixante ans. Mais l'inégalité des tarifs en fonction des ressources des usagers est permise[64].

- *La neutralité du service public*

Elle est en général reconnue en dehors d'un principe exprès. Le droit sanctionne les discriminations entre les personnes et les décisions administratives fondées sur de simples opinions politiques ou morales[65]. Cependant, dans le domaine de l'enseignement, le droit anglais reconnaît les religions de manière explicite[66].

*

* *

Si ni les droits anglais, écossais et irlandais ne reconnaissent formellement le concept de « service public », une analyse fonctionnelle permet de retrouver plusieurs éléments d'une notion cohérente de service public. Les justifications de l'intérêt général, lesquelles sont à la base de la notion européenne d'intérêt économique général et de la notion française de service public, se retrouvent facilement dans les deux pays de *common law*. Les interventions de la puissance publique dans le domaine de la santé, pour assurer une qualité de vie minimale aux citoyens, se retrouvent dans les pays étudiés selon des modalités analogues à celles que l'on trouve dans les pays qui ont élaboré un concept juridique de « service public ». Le fondement politique des services publics est identique et les justifications courantes données par les sciences politiques et administratives des pays européens ont de grandes similitudes.

---

[64] *Smith v Cardiff Corporation* (n°2), 1995, Ch. 159.

[65] Ainsi, on ne peut pas interdire l'usage de terrains municipaux parce que l'équipe sportive refuse de dénoncer publiquement les contacts sportifs avec l'Afrique du Sud du temps de l'apartheid (*Wheeler v Leicester City Council,* 1985, AC 1054), ou parce que l'activité est « politique » (*R v Barnet LBC, ex p Johnson,* 1989, COD 538), ou parce que le conseil municipal n'approuve pas l'activité (licite) en question, par exemple la chasse (*R v Somerset County Council, ex p Fewings,* 1995, 3 All ER 20), ou l'exportation des animaux vivants *(R v Coventry City Council, ex p Phoenix Aviation,* 1995, 3 All ER 37. Voir I. CRAM, *Scottish Law Times*, 1995.

[66] Voir J. BELL, « Ecole et religion au Royaume-Uni », *RFDA*, 1991, 76.

L'observateur des pays de droit romain reconnaît assez facilement les formes d'intervention dans la plupart des pays sauf, peut-être, le modèle d'« acheteur-fournisseur ». Mais cette différence n'a rien à voir avec les traditions juridiques ; elle renvoie à des différences politiques. Ainsi, l'Irlande accepte le rôle de l'État dans la fourniture des prestations de service public plus facilement que le Royaume-Uni, même si les concepts juridiques sont les mêmes. C'est dans le débat sur le mode de fourniture au public des services que les différences entre le Royaume-Uni et l'Irlande sont les plus marquantes. En Irlande, les services publics sont fournis par l'État ou par les *state sponsored bodies*. L'État conserve ainsi un contrôle direct sur le marché et cela dispense de créer une structure de régulation telle qu'elle existe au Royaume-Uni. Mais il se peut que l'importance de la législation (surtout au niveau communautaire) en matière de concurrence conduira l'Irlande dans la même direction que le Royaume-Uni. La particularité de l'Irlande repose sur sa notion de *state sponsored body* et l'engagement direct de l'État, ce que l'on peut observer également dans certains pays en voie de développement. Ces agences ont un rôle (qui n'est pas intentionnel et est curieusement aménagé) dans l'évolution de la notion irlandaise de l'État.

Il y a aussi des divergences sur le plan des concepts juridiques qui distinguent les pays de *common law* des autres pays européens. Dans une structure juridique nécessitant l'intervention du législateur pour tout nouveau service public, et compte tenu des divergences des structures appropriées à des différentes activités, les droits irlandais, écossais et anglais n'ont jamais éprouvé la nécessité d'un régime juridique spécifique pour l'ensemble des services publics. Il suffit d'avoir des règles précises, lesquelles peuvent tirer leur inspiration d'autres textes législatifs. L'absence de notion de service public repose sur l'absence de nécessité juridique et la reconnaissance des divergences entre les différentes activités que l'on inclut dans cette notion cadre. L'absence d'un cadre juridique pour la réflexion à ce sujet repousse le débat, au Royaume-Uni et en Irlande, sur le plan politique et organisationnel et laisse un rôle très limité aux juristes.

Si nous envisageons l'évolution du droit communautaire et son intervention pour assurer la liberté de concurrence dans la prestation des services, les pays de *common law* ont peu de difficultés pour adapter leur droit à cette nouvelle situation. Les services publics ne font pas partie du noyau dur de la notion de l'État. Même en Irlande, avec les *state sponsored bodies,* on admet la possibilité de faire jouer les règles de la concurrence, tout en reconnaissant le rôle de l'État dans la réalisation d'une qualité de service minimale. Le rôle de l'État est déjà, au Royaume-Uni, celui de régulateur ; le droit irlandais s'engage dans la même direction. Dans une telle situation, le droit communautaire semble évoluer en harmonie avec les notions de l'État dans ces deux pays.

LE SERVICE PUBLIC ET L'ÉTAT DE DROIT EN ITALIE

Paolo Sabbioni

I. Les analogies apparentes entre les notions de « servizio pubblico » et de « service public »

La loi du 29 mars 1903, n°103, bien que précédée et accompagnée de quelques lois sectorielles concernant certains services publics spécifiques[1] et quoique visant uniquement les services publics locaux[2], a consacré le service public en tant qu'institution de droit positif dans l'ordre juridique italien et constitue le point de repère le plus important pour la doctrine. Les éléments de droit public étaient prédominants et clairement fixés par ladite loi.

- La délibération du conseil municipal permettant d'assumer une activité de service public par la commune devait être prise à la suite

---

[1] Par exemple la loi du 28 juin 1885, qui a réglementé le service télégraphique ; le « texte unique » du 3 mai 1903, qui a réglementé le service téléphonique ; la loi du 7 juin 1907, concernant le service ferroviaire.

[2] En réalité, la nouvelle loi n'était indispensable que pour libérer les collectivités locales, moyennant la réglementation de la révocation des concessions, des exigences des concessionnaires privés dans des secteurs où les plus importantes innovations technologiques étaient en train de se développer : car l'article 126 du texte unique du 4 mai 1898, (n°164), concernant les collectivités locales, permettait déjà à celles-ci d'exploiter des industries (voir à cet égard A. PIRAS, *Municipalizzazione (Problemi della municipalizzazione)*, dans *Atti del congresso celebrativo del centenario delle leggi amministrative di unificazione. L'ordinamento comunale e provinciale. I Comuni*, Roma, Neri Pozza, 1967, p. 369 et s.). Les débats parlementaires, où s'affrontent les thèses opposées, celle des économies dont devaient bénéficier les collectivités locales et celle de l'incapacité de ces dernières d'exploiter des industries, sont publiées dans le volume *Legge sull'assunzione diretta dei pubblici servizi da parte dei comuni 29 marzo 1903, n°103 corredata del testo completo di tutti i lavori parlamentari*, Napoli, Casa Editrice E. Pietrocola, 1903.

d'une procédure, au cours de laquelle les électeurs eux-mêmes devaient s'exprimer par voie de référendum.
- La commune assumait la maîtrise de l'activité et, dans les secteurs prévus par la loi (transports mortuaires, affichage), celle-ci pouvait être exploitée en monopole.
- Dans tous les cas, les modèles de gestion étaient spécifiques par rapport à ceux du droit civil et fixés impérativement par la loi (régie, concession, *azienda speciale*, c'est-à-dire établissement public, sans personnalité juridique et à caractère industriel et commercial).
- La prise en charge de l'activité et l'exploitation du service étaient soumises à de nombreuses mesures de tutelle.

Ses éléments présentent aussi des affinités avec ceux qui ont caractérisé la notion de service public en France au début du siècle, puisque l'énumération législative des activités qui pouvaient être assumées par les communes n'était pas limitative[3].
- Toutes les activités prises en charge par l'administration publique (selon la procédure, les modèles de gestion et les autres conditions fixées par la loi) sont des services publics, de sorte que la notion corrélative a une nature organique et qu'elle est assimilable aux thèses développées par l'Ecole de Bordeaux[4].
- Puisque la loi n°103 de 1903 donnait aux collectivités locales le pouvoir d'assumer surtout des activités industrielles ou commerciales, le service public constituait une notion unitaire, correspondant à la

---

[3] Comme cela fut clarifié tout de suite par les arrêts du Conseil d'État du 12 janvier et du 11 septembre 1906 (*Foro it.*, 1906, III, col. 25 et 181) et par la doctrine (voir U. BORSI, *Le funzioni del Comune italiano*, dans *Primo trattato completo di diritto amministrativo*, par V. E. ORLANDO, Milano, Società Editrice Libraria, Vol. II, 1915, p. 297 et s.).

[4] Voir G. JÈZE, *Les principes généraux du droit administratif*, 2ème éd., Paris, Giard et Brière, 1914, p. 247, où il affirme qu'« il faut rechercher uniquement l'intention des gouvernants touchant l'activité administrative considérée. Sont uniquement, exclusivement, services publics les besoins d'intérêt général que les gouvernants, dans un pays donné, à une époque donnée, ont décidé de satisfaire par le procédé du service public. L'intention des gouvernants est seule à considérer ». Toutefois la conception organique du service public ouvre la première crise de la notion et découle de l'abandon du fondement philosophique duguiste par Jèze, comme cela a été indiqué par A. S. MESCHERIAKOFF, *Droit des services publics*, Paris, PUF, Droit Fondamental, 1994, p. 48 et s.

notion française avant que la doctrine interprétât l'arrêt Bac d'Eloka[5] de façon à créer la catégorie des services publics à caractère industriel et commercial.

- Puisque les modèles d'organisation des activités assumées par les collectivités locales étaient fixés péremptoirement par la loi, le service public ne pouvait pas être exploité selon une réglementation différente et, en particulier, selon les règles du code civil.

D'autres analogies découlaient de quelques arrêts où le service public était considéré comme le fondement de prérogatives plus étendues de l'administration publique[6] et la doctrine italienne, aussi bien que française, comptait le service public parmi les institutions du droit administratif.

Toutefois, au-delà de ces analogies apparentes, les deux notions, telles qu'elles se sont construites au début du siècle, se différencient nettement aussi bien en ce qui concerne leur rôle dans le droit administratif que leur réglementation. Ces différences paraissent dépendre à la fois de l'approche du droit administratif par la doctrine et du système de répartition des compétences juridictionnelles dans les deux pays.

A) L'approche du droit administratif

La doctrine de droit administratif en France au début du siècle était dominée par les œuvres de Duguit et de Hauriou, qui révèlent une approche méthodologique du droit profondément différente de celle que fut adoptée en Italie à partir de la dernière décennie du XIXème siècle.

---

[5] T.C. 22 janv. 1921, Société commerciale de l'Ouest Africain, dans M. LONG, P. WEIL, G. BRAIBANT, P. DELVOLVE et B. GENEVOIS, *Les grands arrêts de la jurisprudence administrative*, 11ème éd., Paris, Sirey, 1996, p. 213 et s. Sur la valeur effective de cet arrêt, voir cependant A. S. MESCHERIAKOFF, « L'arrêt du bac d'Eloka, légende et réalité d'une gestion privée de la puissance publique », *RDP*, 1988, p. 1059 et s.

[6] Voir par exemple l'arrêt du Conseil d'État du 31 décembre 1906 (*Giur. it.*, 1907, III, col. 173 et s., annoté par F. CAMMEO)

L'idéologie socialiste présumée de Duguit n'est heuristique que du point de vue du lien qu'il établit entre socialisme et sociologisme[7] par lequel il attaque les postulats fondamentaux du droit public traditionnel : la personnalité juridique de l'État, sa souveraineté, l'opposition entre les droits subjectifs des citoyens et la puissance publique de l'État[8]. Sans doute, en faisant appel continuellement à la méthode réaliste[9], il veut s'opposer au jusnaturalisme et à tout système d'idées métaphysiques, et fonder « un système objectiviste en posant la règle de droit comme élément fondamental du système juridique »[10]. Toutefois l'approche n'est pas le normativisme non plus, parce que, dans sa pensée, « si l'homme a des droits il ne peut les tirer que du milieu social et non les lui imposer »[11], de sorte que « la règle de droit naît du milieu social antérieur à la formation de l'État »[12] et le droit objectif « reste extérieur et supérieur au législateur » et la loi positive n'est droit que si elle est conforme au droit objectif[13].

Dans la pensée de Hauriou, les prémisses idéologiques sont tout à fait différentes[14], mais son approche du droit, révélée par sa théorie de l'institution, se caractérise par le refus d'appréhender le phénomène juridique en soi, car cette théorie s'ouvre par la considération de ce par

---

[7] E. PISIER-KOUCHNER, *Le service public dans la théorie de l'État de Léon Duguit*, Paris, L.G.D.J., 1972, p. 11.

[8] Voir L. DUGUIT, *Les transformations du droit public*, Paris, Librairie Armand Colin, 1913, p. XI et 729 et s.

[9] *Ibidem, op.cit.*, ainsi que, par exemple, p. 15 et s., 41 et s., 55, 75 et s., 155 et s.

[10] E. PISIER-KOUCHNER *Le service public dans la théorie de l'État de Léon Duguit*, *op. cit.*, p. 12.

[11] L. DUGUIT, *Les transformations du droit public* , *op. cit.*, p. XVI.

[12] E. PISIER-KOUCHNER, *op. cit., loc. cit.*

[13] A. S. MESCHERIAKOFF, *Droit des services publics*, *op. cit.*, p. 43.

[14] « Un individualisme teinté d'aristocratisme » est la synthèse de leur essence forgée par Ch. EISENMANN, « Deux théoriciens du droit : Duguit et Hauriou », *Revue philosophique*, 1930, juillet-décembre, p. 250. Même par rapport à la technique utilisée, les études de Hauriou ne se fonderaient pas sur des intuitions, contrairement à Duguit, mais sur la recherche constante et patiente, dont témoigne la richesse de son œuvre d'annotation des arrêts et par les remaniements continus de ses *Précis*, ayant pour but la détermination des équilibres d'ensemble et des contrepoids nécessaires à les établir (Voir L. SFEZ, *Essai sur la contribution du Doyen Hauriou au droit administratif français*, Paris, L.G.D.J., 1966).

quoi le droit est déterminé[15]. En effet, selon Hauriou, « l'institution se crée à travers les manifestations de communion dans le groupe social intéressé à la réalisation de l'idée d'œuvre ou d'entreprise qui se réalise et dure juridiquement dans un milieu social et ce n'est pas grâce à ses organes que le pouvoir instituant produit l'institutionnel »[16]. Par conséquent, l'approche du droit même, dans la pensée de Hauriou, demeure liée solidement à la considération de la réalité sociale dont le phénomène juridique tire son existence et par laquelle il devient opérant ; elle passe aussi par l'analyse des institutions du droit administratif, car, en affirmant que la fonction administrative est éminemment pratique et que le moyen juridique y joue un rôle subordonné, il reproche justement à Duguit la reproduction des erreurs de l'école allemande expliquant le droit seulement par le droit[17].

Les approches du droit considérées sont tout à fait étrangères à la doctrine italienne au moins jusqu'au deuxième après-guerre. En effet, d'un côté, la théorie de l'institution – déjà formulée en Italie au cours des années 1917-1918 et qui a connu ensuite un approfondissement et une extension par rapport à celle de M. Hauriou[18]– a intéressé seulement la partie du droit public relevant du droit constitutionnel[19] ; d'autre part, la perméabilité des théories françaises aux considérations

---

[15] Ainsi P. HABERLE, (*Die Wesensgehaltgarantie des Art. 19 Abs. 2 Grundgesetz*, trad. it., *Le libertà fondamentali nello stato costituzionale*, Roma, NIS, 1993, p. 126 et s.), oppose la théorie de l'institution de Hauriou au formalisme juridique et au volontarisme précisément en envisageant que seulement la première entend déterminer les bases objectives du droit au dehors de lui-même.

[16] Y. TANGUY, « L'institution dans l'œuvre de Maurice Hauriou. Actualité d'une doctrine », *RDP*, 1991, p. 75.

[17] M. HAURIOU, *Précis de droit administratif et de droit public*, Xème éd., Paris, Recueil Sirey, 1921, p. 22 s. et note 1. Des affinités entre les doctrines de Duguit, Hauriou et Gény, rapprochées par l'« antiformalisme » qui les caractérise, sont relevées par G. FASSO, *La filosofia del diritto dell'ottocento e del novecento*, Bologna, Il Mulino, 1994, p. 183.

[18] Par S. ROMANO, *L'ordinamento giuridico*, 2ème éd., Firenze, Sansoni, 1945. La première formulation de la théorie remonte à deux contributions publiées par le même auteur dans les *Annali delle università toscane* en 1917 et en 1918.

[19] Parmi les auteurs qui se sont appropriés la théorie de S. Romano dans le secteur du droit constitutionnel, notamment en s'opposant au normativisme, voir C. MORTATI, *La Costituzione in senso materiale*, Milano, Giuffré, 1940 mais, surtout, *Istituzioni di diritto pubblico*, T. I, Xème éd., Padova, Cedam, 1991, p. 3 et s.

étrangères au droit pur a fait l'objet de critiques de la part de la doctrine italienne du droit administratif[20]. D'ailleurs celle-ci avait subi l'influence décisive de la méthode proposée par V. E. Orlando pour la reconstruction de la science du droit public en Italie[21]. En partant de la prémisse que la doctrine précédente s'était caractérisée négativement par l'abus des éléments tirés des disciplines non juridiques et du développement exégétique, Orlando soulignait la nécessité de considérer le droit public à la manière du droit privé, comme un système de principes juridiques coordonnés et, pour poursuivre ce but, de s'approprier des critères techniques des droits romain et privé tels qu'ils avaient été sélectionnés par la pandectistique[22]. Cette méthode impliquait l'exclusion de toute contamination de l'analyse juridique par les autres disciplines sociales. Cela constituait évidemment une exigence connexe à celle d'une fondation de la science du droit public et imposait donc de tracer le cadre de son autonomie, de là l'impression d'une dérive positiviste de la science italienne du droit administratif. Mais, en ce qui concerne l'ensemble de la doctrine juridique italienne (de droit public et de droit privé) à cette époque, on peut parler de positivisme juridique, sous réserve d'entendre par là que l'adjectif a une valeur supérieure au substantif, à savoir que cette doctrine avait réduit le positivisme à l'exigence strictement méthodologique[23]. En d'autres termes, en séparant l'aspect dogmatique de la base spéculative qui avait caractérisé le positivisme, la doctrine juridique italienne se dirigeait de plus en plus vers le

---

[20] Voir U. FORTI, « Le dottrine realiste di Hauriou », dans *Studi di diritto pubblico*, Roma, Soc. Ed. Foro it., 1937, Vol. I, p. 149 et s.

[21] Il faut considérer que, malgré l'unification tardive de l'État, la doctrine italienne du droit administratif a revendiqué une origine plus ancienne que celle de la doctrine française, en soulignant que ROMAGNOSI avait publié en 1814 ses *Principi fondamentali del diritto amministrativo onde tesserne le istituzioni* avant que MACAREL publiât ses *Eléments de jurisprudence administrative* en 1818 (voir M. S. GIANNINI, *Profili storici della scienza del diritto amministrativo*, Studi sassaresi, Vol . XVIII, 1940, Quaderni fiorentini, 1973, p. 179 et s.).

[22] V. E. ORLANDO, « I criteri tecnici per la ricostruzione giuridica del diritto pubblico », *Arch. giur. Serafini*, Vol . XLII, Pisa, 1889, p. 107 et s. L'emploi des méthodes du droit privé entraîna même des ébauches de traités de droit administratif : ce qui est (notamment) évident dans l'ouvrage de F. CAMMEO, *Corso di diritto amministrativo* (1911-1914), réimp. par G. Miele, Padova, Cedam, 1960.

[23] L. CAIANI, *La filosofia dei giuristi italiani*, Padova, Cedam, 1955, p. 43.

particularisme technique et, si le nouveau cours de la science du droit administratif avait été célébré comme le juste milieu entre l'inclination exégétique de la doctrine française et la tentation de l'abstraction de la doctrine allemande[24], ses lignes directrices (le but d'une construction systématisée du droit administratif grâce à la méthode du droit privé) s'effacèrent toutefois dans le formalisme juridique[25].

D'un autre point de vue, les fondements idéologiques du nouveau courant libéral conservateur furent fonctionnellement utiles pour légitimer les nouvelles institutions de l'État ; mais ils ont obscurci la perception juridique du rôle que celui-ci était en train d'assumer dans le champ social et économique. C'est précisément à cet égard que la méthode et les fondements idéologiques se renforcent mutuellement. En effet la méthode adoptée implique la détermination des postulats dont on tire les principes ultérieurs, mais, qui permettent aussi de fermer le système. Ces postulats étaient la personnalité juridique de l'État et sa puissance souveraine, interprétée comme le lien constitutif de l'État en tant qu'organisation politique de la société et impliquant l'inexistence en son sein d'autres pouvoirs qui peuvent la borner[26]. La seule limite demeurait la prise en considération des buts de l'État, non en fonction d'une volonté de légitimation de la puissance publique, mais plutôt comme nécessité logique, puisque l'existence d'une personne ne peut avoir une signification que si elle poursuit des fins déterminées. Dès lors, cette limite demeurait entièrement interne

---

[24] V. E. ORLANDO, *Introduzione al diritto amministrativo (i presupposti, il sistema, le fonti)*, dans *Primo trattato completo di diritto amministrativo*, *op. cit.*, Vol. I, 1900, p. 43 et s. ; M. S. GIANNINI, *op. cit.*, p. 240 et s.

[25] Même la connaissance des études de Kelsen conduisit la doctrine italienne à accueillir uniquement ses aspects méthodologiques mais à en refuser ses prémisses gnoséologiques (L. CAIANI, *op. cit.*, p. 44 et s.) et de manière plus générale, le développement industriel tardif contribuera à empêcher l'entrée en Italie des nouvelles méthodes utilisées ailleurs (jurisprudence des intérêts ; interprétation téléologique : L. MENGONI, *Problema e sistema nella controversia sul metodo giuridico*, déjà un *Jus,* 1976, aujourd'hui *Diritto e valori*, Bologna, Il Mulino, 1985, p. 19 et s.). Toutefois, la méthode suivie en Italie permit une plus grande imperméabilité à l'idéologie fasciste (S. CASSESE, *Cultura e politica del diritto amministrativo*, Bologna, Il Mulino, 1971, p. 22 et s.).

[26] O. RANELLETTI, *Principi di diritto amministrativo*, Vol . I, *Introduzione e nozioni fondamentali*, Napoli, Pierro Ed., 1912, p. 117 et s..

à l'État et la doctrine en était tributaire parce qu'elle interprétait la science du droit administratif comme l'étude de l'activité directe pour la poursuite des buts de l'État[27]. De plus, parmi les buts de l'État s'était déterminée une hiérarchie, à partir de l'idée que l'État naît du droit et par le droit, de sorte que le but du maintien du droit dans l'ordre privé (et lui seul) paraissait aussi nécessaire que l'État lui-même, alors que les buts sociaux étaient placés en position subordonnée précisément parce que l'activité directe en vue de leur réalisation ne semblait pas revêtir un tel caractère de nécessité première[28].

B) Les compétences des juridictions administratives

La deuxième cause qui paraît fondamentale pour comprendre les différences, en la matière, entre les deux ordres juridiques, est de droit positif et concerne les règles de détermination des compétences de la juridiction administrative. En particulier, il faut tenir compte des deux éléments suivants : l'étendue de ces compétences par rapport à celles de la juridiction judiciaire et les attributions du juge administratif dans le champ de sa compétence.

Dans l'ordre juridique français, en ce qui concerne le premier desdits éléments, la distribution des compétences entre les juridictions judiciaire et administrative découle du principe de séparation des autorités administratives et judiciaires, tel qu'il a été fixé par l'article 7 de la loi du 22 décembre 1789 et surtout par l'article 13 du titre II de la loi d'organisation judiciaire des 16-24 août 1790, ainsi que de l'interprétation extensive donnée au même principe sur la base de l'observation selon laquelle « juger l'administration c'est aussi

---

[27] V. E. ORLANDO, *Introduzione*, *op. cit.*, p. 58. A propos du rôle qu'a joué la prise en considération des buts de l'État dans le nouveau courant de la doctrine du droit administratif, voir l'analyse rétrospective réalisée par le même auteur *Sviluppi storici del diritto amministrativo in Italia dal 1890 al 1950*, préface de ses *Principi di diritto amministrativo*, éd. par S. Lessona, Firenze, Barbera, 1952. Le lien qui se crée dans l'idéologie libérale entre l'intérêt public en tant qu'intérêt de l'État, la conception de l'administration comme organisation et sa puissance telle que prérogative naturelle est mis en évidence par U. ALLEGRETTI, *Profilo di storia costituzionale italiana. Individualismo e assolutismo nello stato liberale*, Bologna, Il Mulino, 1989, p. 469 et s. ; *Amministrazione pubblica e costituzione*, Padova, Cedam, 1996, p. 19 et s.
[28] V. E. ORLANDO, *Introduzione, op. cit.*, p. 66.

administrer », et qui a entraîné la séparation même entre les autorités chargées de juger l'administration et la juridiction judiciaire. L'élasticité de ce principe a permis de nombreux changements du critère de la distribution des compétences entre les deux ordres de juridiction : en effet le critère a été déterminé par rapport à l'élément subjectif (époque révolutionnaire, interdiction faite aux tribunaux de connaître des actes de l'administration de quelque espèce qu'ils fussent), à l'acte et aux rapports qui en découlent (distinction entre les actes de puissance publique et les actes de gestion), à l'activité (critère du service public), à la nature juridique des règles intéressées (critère du « droit applicable »), à la matière (détermination des blocs de compétences), ou aux critères mixtes[29]. En ce qui concerne le deuxième élément, dans son domaine, le juge administratif français jouit des attributions les plus amples. En effet, selon la division quadripartite de Laferrière, il connaît des contentieux de pleine juridiction, d'annulation, d'interprétation et de répression ; c'est-à-dire – en suivant les classifications successives fondées sur la question posée au juge – qu'il a une compétence étendue à l'acte et au rapport, de droit objectif mais aussi de droit subjectif. En outre, si le recours pour excès de pouvoir – en tant qu'élément essentiel du contentieux de l'annulation – n'est pas recevable quand il vise à obtenir autre chose qu'une annulation, il n'empêche pas toutefois le requérant d'utiliser ce moyen, *medio tempore*, pour faire ultérieurement consacrer l'existence d'un droit et, en second lieu, il perd sa signification par rapport aux matières où sans doute on ne peut avoir

[29] La synthèse a été réalisé en utilisant : J. M. AUBY et R. DRAGO, *Traité de contentieux administratif*, 3ème éd., Paris, L.G.D.J., 1984, T. 1, p. 375 et s. (notamment p. 404, on trouve l'explication du critère « du droit applicable ») ; R. CHAPUS, *Droit administratif général*, 7ème éd., Paris, Montchrestien, 1993, T. 1, p. 593 et s.; A. De LAUBADERE, J. C. VENEZIA et Y. GAUDEMET, *Traité de droit administratif*, 12ème éd., Paris, L.G.D.J., 1992, T. 1, p. 264 et s. Le critère du service public est ici considéré du point de vue matériel, en tant qu'activité, comme il est mis en valeur, par exemple, par J. F. LACHAUME, *Grands services publics*, Paris, Masson, 1989, p. 17. A l'égard de la détermination des blocs de compétence, voir la décision du Conseil constitutionnel n°86-224 du 23 janvier 1987 : L. FAVOREU et L. PHILIP, *Les grandes décisions du Conseil constitutionnel*, 7ème éd., Paris, Sirey, 1997, p. 700 et s.).

qu'une question de droit subjectif[30]. Il en résulte que le contentieux de droit objectif, loin d'être un obstacle au contentieux de droit subjectif, en constitue un achèvement. Bref, d'un côté, la compétence du juge administratif est susceptible d'une étendue différente par rapport à la compétence du juge judiciaire, selon le critère de spécification du principe de la séparation ; d'un autre côté, elle opère en profondeur, puisque le juge administratif peut connaître aussi bien de la légalité de l'activité administrative que des situations juridiques particulières.

Aucun de ces deux éléments ne caractérise la juridiction administrative en Italie. Lorsqu'il s'agit d'unifier la législation de l'État, l'opinion qui prévalut fut celle de l'unité de la juridiction, à l'exemple de la Constitution belge, et de la suppression des institutions du contentieux administratif. Ainsi la loi du 20 mars 1865, n°2248, annexe E, attribua à la juridiction judiciaire la compétence pour juger toutes les questions de droit subjectif ; cependant, en lui donnant uniquement le pouvoir de ne pas appliquer les actes administratifs illégaux, ladite loi attribua en même temps toutes les autres questions (sauf celles attribuées aux juridictions spéciales) aux autorités administratives. Avant que cette réforme fût approuvée, on avait déjà remarqué qu'elle aurait soustrait au contrôle juridictionnel des secteurs entiers de l'activité administrative, notamment ceux qui correspondent aux situations juridiques différentes des situations génératrices de droits subjectifs et que Broglie avait déjà nommés « intérêts à apprécier ». Cette lacune fut mise en évidence, même en France, où Laferrière remarquait : « Si (...) on considère dans son ensemble le système auquel s'est arrêté le législateur italien, on ne peut s'empêcher de reconnaître qu'il manque sur plusieurs points d'unité et de cohésion et qu'il n'a peut-être pas procuré aux parties intéressées le supplément de garanties qu'il semblait leur promettre », surtout parce qu'il ne fallait pas supprimer les institutions du contentieux administratif « toutes les fois qu'elles intéressaient l'exercice de la puissance publique », de sorte que « l'héritage de ces juridictions s'est divisé ; une part seulement est venu accroître le domaine judiciaire, l'autre n'a profité qu'à l'administration active,

---

[30] J. M. AUBY et R. DRAGO, *Traité de contentieux administratif*, *op. cit.*, Vol. 2, p. 130 et s.

à l'autorité ministérielle et préfectorale[31] ». Certes, on aurait pu combler la lacune de diverses manières : par exemple en instituant une juridiction judiciaire disposée à soumettre l'administration à un contrôle plus rigide ; par des garanties de procédure préalable ; en instituant de nouveaux juges spéciaux[32]. Par contre, bien que maintes fois le juge judiciaire se soit abstenu de connaître uniquement des actes administratifs légaux[33], en général la juridiction judiciaire et le Conseil d'État (en tant que juge des conflits jusqu'en 1877) interprétèrent la distinction traditionnelle entre les actes de puissance publique et les actes de gestion de manière à restreindre les compétences du juge judiciaire s'agissant de l'exercice de la puissance publique. Le mouvement en faveur du contrôle juridictionnel des intérêts différents des droits subjectifs conduisit à la promulgation de la loi du 31 mars 1889, n°5992, laquelle, présentée comme le perfectionnement logique de la loi de 1865[34], créa la IVème Section du Conseil d'État en lui attribuant une compétence d'annulation des actes administratifs affectés de vices d'incompétence, de violation des règles de droit et d'excès de pouvoir. Le système qui découle desdites lois est encore en vigueur en Italie, au moins en ce qui concerne ses éléments essentiels ; ainsi le juge administratif demeure fondamentalement celui des intérêts différents des droits subjectifs, c'est-à-dire d'un contentieux objectif qui porte sur l'acte[35].

En ce qui concerne la consistance réelle des intérêts qui définissent le champ de compétence du juge administratif, la doctrine mit en valeur très tôt leur caractère de situation subjective garantie

---

[31] E. LAFERRIERE, *Traité de la juridiction administrative et des recours contentieux* (1887-1888), réimp. par R. Drago, Paris, L.G.D.J., 1989, T. I, p. 79.
[32] M. NIGRO, *Giustizia amministrativa*, 3ème éd., Bologna, Il Mulino, 1983, p. 84 et s.
[33] Voir E. CANNADA-BARTOLI, *La tutela giudiziaria del cittadino verso la pubblica amministrazione*, 2ème éd., Milano, Giuffré, 1964, p. 95 et s.
[34] B. SORDI, *Giustizia e amministrazione nell'Italia liberale. La formazione della nozione di interesse legittimo*, Milano, Giuffré, 1985, p. 195.
[35] Voir notamment, parmi les traités de droit administratif, A. M. SANDULLI, *Manuale di diritto amministrativo*, XVème éd., Napoli, Jovene, 1989, Vol. 2 ; parmi ceux de contentieux administratif, S. CASSARINO, *Manuale di diritto processuale amministrativo*, Milano, Giuffré, 1990. Une synthése en langue française à propos de la juridiction administrative italienne a été faite par A. MIDENA, *Les juges et l'administration publique en Italie: dualisme ou unité de juridiction*, RFDA, 1990, p. 882 et s.

indirectement, c'est-à-dire à travers la protection de l'intérêt général qui sera satisfait par l'annulation de l'acte illégal. Ainsi prenait consistance la thèse de la nature juridique différente de ces intérêts par rapport aux droits subjectifs, et ils furent appelés en définitive *interessi legittimi*. En outre la doctrine n'interpréta pas ladite loi de 1889, afin de déterminer concrètement ces situations subjectives, sur la base des intérêts laissés auparavant sans protection par la juridiction judiciaire[36], mais toute la matière fut resystématisée *ex novo*[37]. En particulier la compétence du juge administratif – après avoir été déterminée par la distinction entre les actes de puissance publique et les actes de gestion, ainsi que par celle entre les règles concernant des rapports et les règles concernant l'action administrative – fut reconnue à l'égard de toute contestation portant sur le mauvais exercice d'un pouvoir discrétionnaire par l'administration publique[38]. Donc l'*interesse legittimo* est la situation du sujet de droit face à l'acte administratif discrétionnaire et la doctrine en détermina deux catégories : celle des intérêts qui, en conformité avec la notion générale, trouvent une protection à travers la satisfaction de l'intérêt public et celle des droits subjectifs qui sont affaiblis par un acte administratif discrétionnaire[39].

C) Le rôle de la notion

Les différences antérieurement considérées, à propos de l'approche du droit et des compétences du juge administratif, s'influencent réciproquement et permettent de séparer nettement les deux notions : en ce qui concerne leur rôle à l'intérieur du droit administratif, puisque la publicisation du *servizio pubblico* en Italie, qui a été conduite selon la méthode indiquée ci-dessus, a été

---

36 Ce qui était souhaité par F. CAMMEO, *Corso di diritto amministrativo*, *op. cit.*, p. 352.

37 E. CANNADA-BARTOLI, *La tutela giudiziaria del cittadino verso la pubblica amministrazione*, *op. cit.*, p. 109.

38 Sur les questions de la notion d'« *interesse legittim* » et de la détermination de la compétence du juge administratif, la synthèse la plus brillante est celle de M. NIGRO, *Giustizia amministrativa*, *op. cit.*, p. 115 et s.

39 Cette distinction doit être attribuée à O. RANELLETTI, *Principi di diritto amministrativo*, *op. cit.*, p. 417 et s.

conditionnée par le système de répartition des compétences juridictionnelles ; en ce qui concerne les règles applicables, puisque les opportunités que ledit système italien offre à cet égard ont été à leur tour conditionnées par l'approche doctrinale du droit.

La différence entre les notions dans les deux ordres juridiques dérive de la diversité de leurs fonctions. En France, la reconstruction duguiste de la notion relève de la critique de l'idée de souveraineté et de l'incapacité de celle-ci de justifier les limites à la puissance publique et à son exercice[40]. Cette reconstruction ne vise pas avant tout à définir le phénomène, mais à l'utiliser en tant que nouvelle limitation à la puissance et, en même temps, en tant que nouveau critère de légitimation de l'État qui en dispose[41].

Duguit développe ensuite une série de conséquences cohérentes avec le postulat du début, mais qui sont tout à fait antithétiques aux conclusions de la doctrine italienne : la centralité de la notion dans le droit public, son caractère objectif, la cohérence entre la publicisation de la notion et la discipline, l'organisation et le système de distribution des compétences juridictionnelles. Par ailleurs, la reconstruction duguiste est contredite par les thèses de Hauriou qui, notamment, n'attribue pas au service public la fonction de légitimation ci-dessus considérée. En effet, en admettant un pouvoir de choisir entre la gestion publique et la gestion privée[42], il récupère en quelque sorte

[40] L. DUGUIT, *Les transformations du droit public*, p. 2 et s.

[41] Ces deux fonctions de la notion sont bien synthétisées dans l'ouvrage précité, p. 53, où Duguit affirme que si les actes des gouvernants « ont des caractéres propres, s'ils produisent des effets particuliers, c'est parce qu'ils sont déterminés par un but de service public ». Voir aussi G. JEZE, *Cours de droit public (licence). Le fonctionnement des services publics*, Paris, M. Giard, 1923, p. 6 : « Les gouvernants n'ont de pouvoirs que pour promouvoir le bien-être des individus composant la communauté politique. C'est leur devoir que d'assurer ce bien-être : ils s'en acquittent en organisant les services publics et en les faisant fonctionner aussi bien que possible ». A propos de la fonction de légitimation de l'État que la notion duguiste recouvre, voir A. S. MESCHERIAKOFF, *Droit des services publics*, *op. cit.*, p. 44 et s. A propos de l'influence exercée dans l'ordre juridique français par cet aspect de la notion, voir J. CHEVALLIER, *Le service public*, Paris, PUF, Que sais-je ?, 3ème éd., 1994, p. 33 et s.

[42] Voir par exemple la 10ème édition du *Précis*, *op. cit.*, p. 41 et s., où Hauriou affirme que si « En principe, tous les procédés d'exécution des services publics sont administratifs », cependant « la loi peut elle-même, soit imposer à l'administration

l'idée d'autolimitation de la puissance. Il affirme surtout que : « Non seulement la prérogative est le caractère le plus remarquable du droit administratif, mais, en plus d'une occasion, elle est sa limite[43] ». En outre, chez Hauriou, le service public ne se pose pas en tant qu'idée maîtresse du droit administratif, lequel se caractériserait, au contraire, comme droit de la prérogative. Toutefois, on ne peut non plus négliger le fait que le pouvoir de choisir entre la gestion publique et la gestion privée n'est admis que de manière exceptionnelle et que, en outre, selon Hauriou, le régime administratif est formé aussi par la fonction, qui consiste aussi bien dans l'exécution des lois que dans la satisfaction des intérêts généraux, de la réalisation desquels le service public est un instrument[44]. Certes, les deux auteurs demeurent très loin l'un de l'autre, comme le confirme la valeur qu'ils attribuent au caractère objectif de la notion. Chez Duguit, les gouvernants ayant le devoir de réaliser la solidarité sociale en tant que nécessité historique[45], l'objectivité de la notion prend une valeur justifiant l'expansion de l'interventionnisme de l'État. Chez Hauriou, au contraire, elle se concrétise en ne considérant légitimes que les services publics dont l'objet est cohérent avec l'objectif de l'ordre public, bien qu'« entendu dans un sens très haut »[46]. D'ailleurs, dans la perspective comparative, il est important de relever que, chez Hauriou aussi, le service public, en tant que notion qui comprend des tâches de bien-être, se situe parmi les principes généraux du droit administratif comme instrument nécessaire de la fonction qui en est un élément essentiel. En outre, la détermination de la gestion publique – *tertium genus* entre la voie d'autorité et celle de la gestion privée – maintient l'homogénéité des effets autour de la notion de service public : sous l'aspect de l'organisation, des règles spéciales applicables, de la distribution des compétences juridictionnelles.

La notion de *servizio pubblico* en Italie est opposée à la notion duguiste, mais elle est aussi éloignée de ce dénominateur commun.

---

d'employer des moyens de droit commun, soit transformer plus ou moins en moyens de droit commun les procédés administratifs ».

[43] *Ibidem*, p. 11.

[44] *Ibidem*, p. 21.

[45] A. S. MESCHERIAKOFF, *Droit des services publics*, *op. cit.*, p. 47.

[46] Voir par exemple la 5ème édition du *Précis*, Paris, Librairie Société Recueil, 1903, p. 183 ainsi que la 10ème édition, *op. cit.*, p. 27 et s.

Avant tout, de ce qui a été dit au par. *A)*, on déduira qu'elle n'a aucune fonction de légitimation de l'État. En effet la méthode caractérisée par la pureté juridique, la détermination de la personnalité et de la souveraineté comme les postulats originaires dans la construction du droit public, la considération des buts de l'État comme exigence logique liée à l'idée de l'État-personne, tous ces éléments conduisirent à individualiser la légitimation de la puissance publique à l'intérieur du droit, notamment dans le principe de légalité formelle[47]. En second lieu, la notion joue un rôle tout à fait marginal dans la construction du droit administratif. A cet égard aussi le point de départ demeure celui qui a été indiqué ci-dessus, au par. *A)* : la distinction entre les buts juridiques et les buts sociaux de l'État et le caractère essentiel reconnu seulement aux premiers reléguaient les tâches de bien-être dans une position au moins subordonnée. Toutefois, au début du siècle, la doctrine italienne la plus influente s'efforce constamment de ramener l'activité sociale de l'État dans le cadre des principes du droit public, grâce au dépassement de la distinction classique entre les actes de puissance publique et les actes de gestion. En particulier, on affirme que c'est sans doute du droit public que relève l'exercice de la puissance, mais aussi que celle-ci (s'agissant d'un moyen) ne peut pas être élevée au rang de critère de distinction entre droit public et droit privé. Par contre, sur la base de l'élément subjectif et de l'élément finaliste, l'activité sociale elle-même est considérée comme relevant du droit public lorsqu'elle est exercée par l'État[48]. Par ailleurs, cette construction du droit public aurait été conditionnée par le système de distribution des compétences juridictionnelles et, de toute façon, elle

[47] Ainsi, par exemple, le vice d'excès de pouvoir était analysé par la jurisprudence selon les mêmes critères que le vice de violation des régles de droit et c'est seulement à partir des années 30 que le contrôle devient plus pénétrant ; voir à cet égard la synthèse de M. D'ALBERTI, *Diritto amministrativo comparato. Trasformazioni dei sistemi amministrativi in Francia, Gran Bretagna, Stati Uniti, Italia*, Bologna, Il Mulino, 1992, p. 133 et s.

[48] O. RANELLETTI, *op. cit.*, p. 378 et s. D'une manière analogue S. ROMANO, *Principii di diritto amministrativo italiano*, 3ème éd., Milano, Società Editrice Libraria, 1913, p. 3, où il affirme que l'activité administrative, en tant qu'activité concrète par laquelle l'État poursuit ses intérêts, comprend l'activité ayant pour but la protection et la conservation du droit, ainsi que celle visant à satisfaire des nécessités physiques, économiques et intellectuelles de la société. A propos du refus du critère de la puissance, voir aussi F. CAMMEO, *op. cit.*, p. 54 et s.

s'avérait déjà ne pas en être complètement séparée. En effet la distinction entre les buts juridiques et les buts sociaux amenait à refuser fermement les notions – considérées comme une dérive économico-financiére et insatisfaisantes du point de vue juridique – visant à affirmer que toute activité de l'État est un service public[49]. Il en découlait la nécessité de préciser d'une façon plus spécifique la notion et quelquefois on a essayé d'en donner une définition sous l'aspect matériel. Toutefois ces solutions se révélaient faibles du point de vue juridique, car l'identification de la nature du service public en tant qu'activité consacrée au public ou en tant que prestation visant à la satisfaction des besoins généraux[50] n'était pas capable d'expliquer la différence entre ces activités et les activités juridiques. Par contre s'imposa une notion formelle qui trouvait son point d'ancrage dans les règles du droit pénal, lesquelles, en faisant une distinction entre la *funzione pubblica* et le *servizio pubblico*[51], prenaient pour la doctrine du droit administratif, la valeur d'une précision de la différence entre l'activité juridique et de l'activité sociale. En particulier, la première

---

49 Voir A. De VALLES, *I servizi pubblici* (tiré à part du *Primo trattato completo di diritto amministrativo*, *op. cit.*, Vol . VI, partie I), Milano, Società Editrice Libraria, 1924, p. 4 et s., où l'auteur critique la notion très étendue développée par la doctrine française. Cette étude constitue la première monographie en la matière.

50 Ainsi, par exemple, G. VACCHELLI, *I servizi pubblici comunali e l'industria per l'illuminazione elettrica*, Milano, Vallardi, 1906, p. 3 et s. ; L. RAGGI, *Servizio pubblico e demanialità*, Il Filangieri, 1909, n°2 et 3, p. 5 ; U. BORSI, *Le funzioni del Comune italiano*, *op. cit.*, p. 280 et s. ; A. De VALLES, *I servizi pubblici* (tiré à part du *Primo Trattato completo di diritto amministrativo*, par V. E. ORLANDO, Vol. VI, partie I), Milano, Società Editrice Libraria, 1924, p. 9, 19 et s. Pourtant, dans les mêmes études les notions matérielles sont contredites par des conceptions subjectives, selon lesquelles il y a service public lorsque l'activité est prise en charge par l'autorité publique (voir notamment V. E. ORLANDO, *op. cit.*, p. 31 et s.).

51 Le code pénal de 1889 prévoyait déjà le délit d'injure commis contre les personnes chargées légalement d'un service public (art. 396), ainsi que la notion de fonctionnaire public (art. 207). La doctrine en tira les premiéres conséquences en distingant les notions de *funzione pubblica* et de *servizio pubblico* : voir notamment G. ZANOBINI, *L'esercizio privato delle funzioni e dei servizi pubblici*, dans *Primo trattato completo di diritto amministrativo*, *op. cit.*, 1920, Vol. II, partie III, p. 424 et s. Cette distinction fut établie définitivement par les articles 357 et 358 du code pénal du 1930, qui a donné jusqu'en 1990 les notions de *pubblico funzionario* (celui qui exerce une *funzione pubblica*, législative, administrative ou judiciaire, même s'il n'est pas un employé public) et de personne chargée d'un *servizio pubblico* (celle qui gère un *servizio pubblico*, même si elle n'est pas une employée publique).

a été assimilée à la notion de *funzione pubblica* et celle-ci a été définie comme toute activité qui se concrétise dans l'exercice de la puissance ou lorsque celle-ci y est prédominante. Le service public, au contraire, a été défini selon un critère résiduel et nominaliste, c'est-à-dire comme l'activité de l'État et des autres personnes juridiques de droit public qui ne constitue pas une *funzione pubblica*[52]. Cette conception du service public ne fait que rendre évident un caractère de l'ordre juridique italien, déjà présent dans les constructions précédentes de la doctrine. Avant tout, le service public ne constitue pas une notion unitaire, mais fractionnée : sans doute il comprend aussi bien l'exercice des prérogatives que l'accomplissement d'activités qui ne sont pas l'expression de la puissance publique. Pourtant lorsque l'activité constitue l'exercice de la puissance publique, elle est détachée de la notion de service public et liée à celle de la *funzione pubblica*[53]. Deuxièmement, l'effort de rapporter le service public au droit public en raison de son but peut prendre une certaine valeur sous l'aspect substantiel, mais il n'en a aucune sous l'aspect juridictionnel, car le juge administratif demeure le juge de l'*interesse legittimo*, c'est-à-dire des situations subjectives affectées par des actes qui sont l'exercice d'une puissance discrétionnaire. Ce qui amène la doctrine à donner à la notion une importance uniquement économique, sauf dans les aspects qui concernent l'organisation ; ainsi le concept de service public est remplacé par celui de prestation administrative en faveur des particuliers[54].

D) Les règles applicables

Si la notion devient définitivement secondaire dans le droit administratif, cet aboutissement avait déjà auparavant, dans les éléments de l'ordre juridique, ses prémisses logiques. En effet de la notion ne découlent pas des effets homogènes sous l'aspect de

---

[52] G. MIELE, *Pubblica funzione e servizio pubblico* (*Arch. giur.*, 1933, reproduit dans *Scritti giuridici*, Milano, Giuffré, 1987, T. I, p. 153 et s.

[53] Voir G. ZANOBINI, *Corso di diritto amministrativo*, T. I, 8ème éd., Milano, Giuffré, 1958, p. 18 et s. Le service public devient donc une activité matérielle et technique, dont les actes demeurent réglés par le droit privé.

[54] R. ALESSI, *Le prestazioni amministrative rese ai privati*, Milano, Giuffré, 1946, p. 30 et s.

la réglementation. En ce qui concerne la responsabilité envers les particuliers, admise uniquement – comme on le verra – en cas d'atteinte aux droits subjectifs, elle demeure réglée par le code civil et relève de la juridiction judiciaire. Dans les *aziende municipalizzate* et les établissements publics ayant un caractère industriel et commercial les rapports de travail sont très tôt réglés par le droit privé[55]. De manière plus générale, la matière entière est conditionnée par des incertitudes, en raison de la contradiction déjà indiquée entre l'élément substantiel du phénomène et le système juridictionnel. Ce qui peut être synthétisé en confrontant la répartition tripartite des activités administratives déterminées par Hauriou et celle qui a été illustrée en Italie : l'activité administrative de droit public, réglée par le droit public administratif et correspondant à la voie d'autorité ; l'activité privée de l'administration, qui ne se différencie pas de l'activité des particuliers et qui correspond à la voie de droit privé ; l'activité administrative de droit privé, qui est matériellement administrative mais formellement privée[56]. Ce *tertium genus* a une valeur tout à fait opposée à celle de la voie de gestion publique de Maurice Hauriou.

Toutefois, à côté de l'application du droit privé, quelques éléments étaient réglés par la discipline du droit public : les modèles d'organisation des services publics et les rapports entre eux et la collectivité locale de rattachement, la concession en tant qu'acte de puissance publique, l'exercice des prérogatives nécessaires à l'exploitation du service. Surtout la publicisation matérielle de la notion de *servizio pubblico*, telle qu'elle a été opérée par la doctrine italienne, permettait aussi à l'administration publique d'agir dans une aire d'immunité, du seul fait qu'elle était soustraite au droit privé.

Dans la reconstruction duguiste, la détermination d'une nouvelle légitimation de l'État et de l'exercice par lui de la puissance publique est strictement liée à l'identification d'une sphère plus large de responsabilité de l'action de l'État. Avant tout, le pouvoir législatif aussi est soustrait chez Duguit à toute immunité qui lui était donnée en

---

[55] Par effet de la loi du 3 avril 1926, n°523 et du R.D. du 1er juillet 1926, n°1130 ; à propos des divergences interprétatives en la matière voir P. BIAGI, *I pubblici servizi industriali dei comuni e delle provincie. Aspetti e problemi giuridici delle gestioni dirette*, Milano, Giuffré, 1975, p. 178 et s.

[56] A. AMORTH, *Osservazioni sui limiti dell'attività amministrativa di diritto privato*, *Arch. dir. pubbl.*, 1938, Vol. III, p. 39 et s.

tant qu'expression de la souveraineté du peuple : la reconnaissance de la différence entre les lois constitutionnelles et les lois ordinaires ouvre la possibilité de la critique contentieuse des ces dernières[57]. En second lieu, la responsabilité administrative n'est plus envisagée comme si elle était liée uniquement à l'idée de la faute, puisqu'elle est aussi « engagée du fait seul que le fonctionnement du service public a occasionné à un individu ou à un groupe un préjudice particulier. Il y a responsabilité pour risque administratif »[58]. De manière plus générale, les différences à l'intérieur de la doctrine française à propos de la notion de service public semblent céder le pas, en ce qui concerne la responsabilité, au système positif qui trouve sa cohérence dans les compétences étendues du juge administratif. Ainsi Hauriou lui-même affirme que :

- « la responsabilité pour faute des articles 1382 et suivants du Code civil ne s'applique pas sans difficulté à l'administration publique » ;
-la responsabilité de l'administration publique pour fait de service s'est ajoutée à la responsabilité du fonctionnaire pour fait personne ;
- à cet égard il y a une correspondance entre la compétence juridictionnelle du juge administratif et le fond, puisque ce sont les relations entre l'administration et ses agents et aussi les besoins des services qui prennent du relief ;
- finalement, si l'administration n'est pas responsable des simples effets de droit produits par ses décisions exécutoires, cependant la notion de service public resserre la sphère de cette immunité, car « les faits d'exécution peuvent devenir des faits de service dans toute espèce de services publics, même dans les services de police » et « le fait d'omission ou d'inexécution (...) peut lui-même être considéré comme un fait de service »[59].

Il en découle que la publicisation des relations entre l'administration et les usagers concernant un service public[60] ne crée

[57] L. DUGUIT, *Les transformations du droit public*, *op. cit.*, p. 91 et s.
[58] *Ibidem*, p. 262.
[59] M. HAURIOU, *Précis*, Xème éd., *op. cit.*, p. 364 et s.
[60] Voir notamment L. DUGUIT, *De la situation juridique du particulier faisant usage d'un service public*, dans *Mélanges Maurice Hauriou*, Recueil Sirey, 1929, p. 251 et s., où l'auteur part d'une conception pure du contrat, en tant qu'accord de volonté souveraine, afin de nier la nature de droit privé des relations concernant les services publics (chemins de fer, P.T.T., service téléphonique, etc.), laquelle au contraire était

pas des aires d'irresponsabilité en faveur de la première ; par contre, elle permet aux usagers de recourir aussi à la voie de l'excès de pouvoir[61] et de devoir supporter une charge de la preuve moins lourde en ce qui concerne la responsabilité pour fait de service[62].

La doctrine italienne écarte aussi l'idée que la relation entre l'administration publique et les usagers ait une nature contractuelle. La justification théorique qui en est la base demeure encore aujourd'hui la considération du but que l'activité de service public entend poursuivre. Cette justification subsiste même lorsque la notion de *servizio pubblico* est opposée à celle de *funzione pubblica*[63]. Cependant, ladite publicisation amenait la doctrine à opérer des distinctions subtiles en ce qui concerne les situations juridiques des particuliers vis-à-vis du service public. Notamment, on a affirmé qu'ils seraient titulaires d'un *interesse legittimo* à l'admission au service — celle-ci étant toutefois conditionnée par des prérogatives discrétionnaires —, d'un droit subjectif pour la prestation, à moins qu'elle ne soit conditionnée par lesdites prérogatives, d'un intérêt dépourvu de toute garantie par rapport à l'aptitude technique de l'exploitation du service, mais d'un droit subjectif pour les

---

censée découler du contrat d'adhésion et de la stipulation pour autrui selon la doctrine de droit privé. Voir aussi G. JEZE, *Cours de droit public*, *op. cit.*, p. 11 et s.

[61] Il s'agit, de l'avis de L. DUGUIT, (*De la situation juridique du particulier faisant usage d'un service public*, *op. cit.*, p. 277 et s.), du plus grand avantage en faveur de l'usager qui lui dérive du fait qu'il « se trouve placé dans une situation objective réglée par la loi du service ».

[62] M. HAURIOU, *Précis*, Xème éd., *op. cit.*, p. 375 et s., où il affirme que si « l'intéressé [...] doit [...] fournir un commencement de preuve [...] il convient de remarquer que cette charge de la preuve n'est pas aussi lourde qu'elle le serait devant la juridiction civile, parce que le juge administratif fait lui-même l'instruction de l'affaire ».

[63] Voir G. ZANOBINI, *Corso di diritto amministrativo*, *op. cit.*, T. V, 2ème éd., 1957, p. 343 et s., où l'auteur affirme que l'essence du service public est de donner des avantages à la personne de droit public dont le service relève et que la relation entre celle-ci et les usagers – même s'ils se trouvent dans une situation juridique de droit subjectif – est de droit public, puisque ce que vise à obtenir le particulier est conditionné par les prérogatives discrétionnaires de l'administration. Cette position paraît la preuve de la confusion engendrée par l'insertion des théories nouvelles (la distinction entre le *servizio pubblico* et la *funzione pubblica*) dans des positions traditionnelles (la publicisation du service public découlant de considérations finalistes, la puissance discrétionnaire en tant que situation subjective ordinaire de l'administration).

dommages-intérêts lorsqu'il y a responsabilité pour faute[64]. Ces distinctions, dans l'ordre juridique français, pourraient permettre de fixer si le contentieux est de droit objectif ou de droit subjectif, étant bien entendu que la compétence demeurait celle du juge administratif. Par contre, dans l'ordre juridique italien, elles engendrent une confusion indubitable en ce qui concerne la distribution des compétences juridictionnelles.

Pourtant elles sont à l'origine de problèmes encore plus graves. Les *interessi legittimi*, qui constituent le critère de compétence de la juridiction administrative (par. ***B)***), sont des situations subjectives qui, matériellement, se trouvent aussi dans d'autres ordres juridiques[65]. En outre, elles peuvent donner des garanties plus solides aux particuliers, parce que le contrôle des atteintes qui leurs sont portées entraîne aussi le contrôle des motifs de l'action administrative, tandis que ceux-ci sont normalement insignifiants dans le droit privé. Cependant, le sens réel de ces situations subjectives dans l'ordre juridique italien n'est pas compréhensible si l'on ne tient compte au moins de deux questions liées à elles : avant tout le degré de protection substantielle des *interessi legittimi*, ensuite les conditions nécessaires pour la recevabilité du recours devant le juge administratif. En ce qui concerne le premier aspect, il faut souligner l'orientation de la doctrine et de la jurisprudence selon laquelle pour qu'il existe un dommage susceptible d'être pris en considération du point de vue juridique, il est nécessaire qu'ait été lésé un intérêt protégé entièrement par l'ordre juridique : ce qui ne se vérifierait qu'au cas d'atteinte à un droit subjectif[66]. Cette orientation demeure particulièrement rigide, au moins jusqu'à la seconde moitié des années 1930, car auparavant la jurisprudence affirmait expressément l'irresponsabilité absolue de l'administration lorsqu'elle agissait au

[64] Ces distinctions ont une grande place dans l'étude de R. ALESSI, *Le prestazioni amministrative rese ai privati*, *op. cit.*, p. 116 et s.

[65] Sans doute en France, du point de vue matériel, lorsqu'on parle de contentieux objectif ; mais il s'agit d'une catégorie qui est désormais connue même dans le systéme anglais : voir à cet égard J. BELL, *Droit public et droit privé : une nouvelle distinction en droit anglais (l'arrêt O'Reilly v. Mackman : un arrêt Blanco ?)*, 1985, p. 399 et s.

[66] Voir, par exemple, A. M. SANDULLI, *Manuale di diritto amministrativo, op. cit.*, Vol . II, p. 1123 et s.

moyen d'actes de puissance publique ou bien, par la suite, au moyen d'actes discrétionnaires[67]. Toutefois, malgré son affaiblissement progressif, cette orientation n'a pas été abandonnée complètement[68] et elle a résisté, selon une formulation moins rigide, jusqu'à aujourd'hui. En effet, la distinction entre les droits subjectifs et les *interessi legittimi* est fondée sur le principe suivant : les premiers n'existent que si l'administration a exercé un pouvoir qui ne lui est pas donné par la loi ; par contre, on trouve l'*interesse legittimo* lorsque la loi donne à l'administration un pouvoir et la seule question pertinente est de savoir si elle l'a exercé légalement. Par conséquent, au regard de l'acte discrétionnaire, les dommages-intérêts sont dus uniquement lorsque l'administration a lésé un droit subjectif en agissant dans une situation de carence absolue de pouvoir (parmi les cas les plus intéressants : expropriation réalisée sans que la déclaration d'utilité publique préalable des travaux ait été prononcée, ou réalisée au-delà des délais fixés), alors que dans toutes les autres hypothèses (notamment : intérêts à l'édiction par l'administration publique d'actes qui créent des droits subjectifs, tel que, par exemple, un permis de construire ; ou intérêts qui éliminent des obstacles à l'exercice par le particulier de ses droits subjectifs, par exemple, l'autorisation d'ouvrir un magasin), le particulier peut uniquement saisir la juridiction administrative en vue de l'annulation de l'acte illégal. Or, si l'on applique ces orientations aux situations subjectives découlant de la publicisation des rapports avec les usagers, il en découle une pluralité de situations d'immunité en faveur de l'administration publique[69]. En ce qui

---

67 M. D'ALBERTI, *Diritto amministrativo comparato*, *op. cit.*, p. 132 et s. et la note au chapitre V, p. 154.

68 C'est seulement récemment, après l'arrêt de la CJCE du 19 novembre 1991, *Francovich-Bonifaci*, que la doctrine en a tiré des arguments directs pour contester ladite configuration des *interessi legittimi* ; voir R. CARANTA, *Giustizia amministrativa e diritto comunitario*, Napoli, Jovene, 1992, p. 475 et s.

69 Ainsi, par rapport aux situations subjectives déterminées par l'étude de R. ALESI, *op. cit.* à la note n°64, il en dérive que, selon l'orientation plus ancienne, ne sont pas dûs les dommages-intérêts qui découlent de l'illégalité de l'absence d'ouverture du service, de l'illégalité du refus d'admission au service, de l'illégalité de l'absence de prestation (lorsque l'administration a un pouvoir discrétionnaire à cet égard ou de la mauvaise qualité des prestations) même s'il y a faute, lorsque l'administration a un pouvoir discrétionnaire. Par contre, selon l'orientation la plus récente, les dommages-intérêts ne sont pas dus en cas d'illégalité de l'absence d'ouverture du service,

concerne les conditions de recevabilité du recours en annulation, il faut souligner l'orientation restrictive de la jurisprudence italienne en matière d'intérêt pour agir. En France, à partir de l'arrêt *Casanova*, après un développement rapide pendant les premières années du siècle jusqu'à sa consécration définitive par l'arrêt *Syndicat des propriétaires et contribuables du quartier Croix-de-Seguey-Tivoli*, s'affirme le principe selon lequel n'importe quel administré appartenant à une catégorie juridique déterminée a intérêt pour agir en annulation pour excès de pouvoir, notamment en tant qu'usager d'un service public, lorsque ce service est directement en cause[70]. Par contre la jurisprudence italienne considère l'*interesse legittimo* comme une situation subjective qui doit se révéler d'une façon différenciée et qualifiée par rapport aux particuliers concernés. Au fond il y a l'exigence, perçue aussi en France, de ne pas transformer le recours au contentieux de droit objectif en une action populaire. Cependant, en Italie, elle a pour effet de compter au nombre des intérêts dépourvus de toute garantie ceux qui ne sont pas uniquement les intérêts d'un particulier ou d'un petit groupe. C'est seulement à partir des années 1970 qu'une orientation plus large s'est imposée, en conférant les garanties juridictionnelles aux intérêts collectifs, à savoir ceux des membres des groupes, catégories ou communautés particuliers, mais la légitimation à agir est reconnue uniquement aux collectivités en tant que sujets de droit[71].

II. Le service public et la Constitution

Le passage de la forme monarchique à la forme républicaine a imprimé une forte innovation du point de vue constitutionnel, mais non dans la sphère administrative. En effet, la Constitution italienne (entrée en vigueur le 1er janvier 1948) pose des principes et des règles largement démocratiques en matière de pouvoir politique : car elle est

d'illégalité du refus d'admission au service (lorsque l'administration a un pouvoir discrétionnaire), de la mauvaise qualité des prestations mais sans faute.

[70] M. LONG, P. WEIL, G. BRAIBANT, P. DELVOLVE et B. GENEVOIS, *Les grands arrêts de la jurisprudence administrative*, *op. cit.*, p. 47 et s., p. 90 et s.

[71] Voir A. M. SANDULLI, *Manuale di diritto amministrativo*, *op. cit.*, Vol. I, p. 109 et s.

fondée sur les principes démocratique, personnaliste, travailliste, pluraliste[72] et, en même temps, elle reconnaît l'autonomie des collectivités locales, donne le pouvoir législatif aux régions, institue la Cour constitutionnelle pour le contrôle de tout acte ayant une valeur législative. En outre la Constitution italienne, à côté de la garantie des libertés traditionnelles, prévoit de nombreux droits sociaux, qui témoignent du changement substantiel de la forme de l'État. Cependant, en ce qui concerne l'administration publique dans les travaux de l'Assemblée constituante, la continuité avec les règles de l'État libéral a prévalu. Ainsi, bien que la Constitution pose des principes importants dans la sphère administrative – notamment les principes d'impartialité et de bon fonctionnement de l'administration publique (art. 97), ainsi que la règle de la responsabilité directe aussi bien de l'État que du fonctionnaire (art. 28) –, l'administration est considérée encore en tant que personne juridique, son modèle d'organisation est demeuré celui de l'administration étatique ; son activité a été décrite uniquement en terme d'actes, le juge administratif a été maintenu en tant que juge des *interessi legittimi*, à savoir des situations juridiques images inversées de l'exercice du pouvoir discrétionnaire[73]. Le débat sur la notion de service public qui a suivi l'entrée en vigueur de la Constitution est marqué par cette contradiction entre la démocratisation du pouvoir politique et la socialisation de l'État d'un côté et, de l'autre côté, le maintien de la conception libérale de l'administration.

A) La conception objective du « servizio pubblico »

En même temps qu'en France, les études sur la crise de la notion de service public se multipliaient, en Italie, la doctrine jetait les fondements et développait la notion objective de *servizio pubblico*. Ces deux événements ont des causes communes : les tâches de l'État

---

[72] Sur la valeur de ces principes, voir V. ONIDA, *Le Costituzioni. I principi fondamentali della Costituzione italiana*, dans G. AMATO et A. BARBERA, *Manuale di diritto pubblico*, 4ème éd., Bologna, Il Mulino, 1994, p. 101 et s.

[73] Sur la continuité de l'administration républicaine par rapport à l'administration libérale et monarchique, voir notamment U. ALLEGRETTI, *L'amministrazione nella preparazione della Costituzione*, dans *Amministrazione pubblica e Costituzione*, *op.cit.*, p. 43 et s.

s'étendent conformément aux principes sociaux prévus par le Préambule de la Constitution française de 1946 et par la Constitution italienne ; de nombreuses activités d'utilité publique sont gérées par des personnes privées ou selon le modèle de l'entreprise privée. Cependant, les conclusions tirées par les deux doctrines sont opposées.

En France, surtout à partir de la deuxième après guerre, on constate une critique pénétrante de la notion élaborée par l'école de Bordeaux. Si celle-ci, dans ses développements mêmes, portait déjà en soi les germes de la crise, en raison des restrictions nominales de la conception duguiste, l'utilité juridique de la notion de service public est remise en cause lorsque une conception matérielle se substitue à la conception organique[74]. Les étapes par lesquelles cette conclusion s'est imposée sont connues. La création de la catégorie du service public industriel ou commercial, malgré l'incertitude de la notion[75], fait ressortir la nature de la situation juridique en tant qu'élément déterminant de la compétence de la juridiction administrative. La construction de la notion fonctionnelle, voire virtuelle, de service public éclipse l'élément organique. L'apparition des entreprises nationalisées synthétise la crise de la notion sur le plan formel et sur le plan organique[76]. Bien que ces éléments de crise aient été eux-mêmes l'objet d'une critique directe qui a conduit à réaffirmer l'importance de la notion de service public dans la construction du droit administratif[77], « les notions d'actes, d'opérations accomplies, de

[74] C'est la thèse de G. MORANGE, *Le déclin de la notion juridique de service public*, Dalloz, 1947, chron., p. 45 et s.

[75] Aussi bien par rapport à son fondement (voir F. P. BENOIT, *Le droit administratif français*, Paris, Dalloz, 1968, p. 787 et s. ; A. S. MESCHERIAKOFF, *L'arrêt du bac d'Eloka. Légende et réalité d'une gestion privée de la puissance publique*, RDP, 1988, p. 1059 et s.), que par rapport à son étendue (voir J. LEMASURIER, *A propos du service des Postes et Télécommunications*, AJDA, 1969, p. 139 et s.).

[76] J. L. De CORAIL, *La crise de la notion juridique de service public en droit administratif français*, Paris, L.G.D.J., 1953.

[77] Voir notamment A. De LAUBADERE, *Revalorisations récentes de la notion de service public en droit administratif français*, AJDA, 1961, p. 591 et s., où il y a deux considérations remarquables : la détermination de la notion de service public en tant que source autonome de la compétence du juge administratif dans quelques hypothèses (les décisions prises dans l'exécution d'un service public, la situation de droit public dans laquelle se trouve tout agent appelé à participer au fonctionnement d'un service public, la qualification du bien affecté à un service public comme

rapports juridiques, passent au premier plan »[78] et remplacent la notion de service public en vue de déterminer ce qui relève du droit public ou du droit privé. Si le droit administratif est défini à partir de la compétence du juge administratif et si celui-ci n'est pas la source autonome de règles spéciales, le service public, qui est réglé par un régime mixte de droit commun et de droit spécial, n'est plus apte à définir le droit administratif, dont les principes sont organisés autour de l'idée de régime exorbitant[79]. Ce qui explique la contradiction que, selon les affirmations des analyses successives, traverserait le droit administratif, entre ses éléments matériels, encore liés au « droit du service public », et son contentieux, entendu comme le « contentieux de la puissance publique »[80].

Ces conclusions paraissent plus proches de celles tirées par la doctrine italienne, qui distinguait entre les notions de *servizio pubblico* et de *funzione pubblica* et qui, même si elle envisageait le service public en tant que notion de droit public, n'attribuait au contentieux administratif que l'exercice du pouvoir discrétionnaire. Toutefois, au cours de la deuxième après guerre, surtout à partir de la fin des années 1950, la méthode utilisée par la doctrine précédente et quelques unes de ses conclusions ont été remises en cause à la lumière des principes posés par la Constitution républicaine[81]. La notion subjective elle-même de *servizio pubblico* est critiquée et remplacée par une conception objective.

---

relevant du domaine public) et la constatation de la soumission des services publics aux règles de droit privé et de droit public, de sorte qu'une compétence exclusive de la juridiction administrative en la matiére ne peut s'affirmer qu'en faisant appel au critère du bloc de compétence.

[78] J. L. De CORAIL, *La crise de la notion juridique de service public en droit administratif français*, *op. cit.*, p. 337 ; voir aussi R. E. CHARLIER, *La notion juridique de service public « industriel ou commercial »*, JCP, 1955-I, 1210, qui, sans aboutir à cette conclusion, s'inspire cependant de cette méthode.

[79] Ch. EISENMANN, *Le droit applicable à l'administration (1952-1953)*, dans *Cours de droit administratif*, T. I, Paris, L.G.D.J., 1982, p. 527 et s.

[80] R. CHAPUS, *Le service public et la puissance publique*, RDP, 1968, p. 235 et s.

[81] En réalité la doctrine de la deuxième aprés guerre reste attachée par maints aspects à la doctrine précédente mais, en même temps, elle entend s'intéresser aux sujets nouveaux et transposer dans la matière administrative des principes de l'organisation constitutionelle ; à cet égard voir S. CASSESE, *Cultura e politica del diritto amministrativo*, *op. cit.*, p. 56 et s.

La théorie des *ordinamenti sezionali*, bien que formulée avant l'entrée en vigueur de la Constitution, a jeté les premières bases de la critique adressée à la conception subjective du service public et de la construction d'une notion objective. Cette théorie avait comme point de repère la loi du 7 mars 1938, n°141 (conversion du décret-loi du 12 mars 1936, n°375), concernant la réglementation du système bancaire, qui prévoyait de réserver l'activité de crédit aux entreprises inscrites sur un tableau spécial, ainsi que l'assujettissement desdites entreprises à la tutelle de l'État. La nouvelle discipline faisait émerger un modèle d'organisation ayant des éléments inédits ; des entreprises privées pouvaient exercer une activité selon les règles du droit civil, lesquelles toutefois, étaient doublées par une importante dose de droit public. Manquait donc la propriété publique qui eût été nécessaire à cette activité afin qu'elle pût compter au nombre des services publics, selon la doctrine majoritaire à cette époque. Cela conduisit à la formulation de la théorie des *ordinamenti sezionali*[82], en tant que nouveau modèle d'organisation, dont les éléments dominants étaient la gestion privée de l'activité, la réunion des entreprises exerçant cette activité dans un même groupe et la subordination de celui-ci à la puissance publique. L'importance de cette notion réside dans la détermination des activités privées, qui sont cependant soumises à un pouvoir important de régulation, en fonction de l'idée que l'État, pour poursuivre ses buts, dispose de moyens différents qui vont de la réglementation jusqu'à la prise en charge. Toutefois, ce que la théorie des *ordinamenti sezionali* considère comme un élément juridiquement neutre, le but de l'activité, devient au contraire le fondement des réflexions doctrinales successives, lesquelles, en constatant l'élargissement des tâches de l'État et des autres collectivités territoriales prévu par la Constitution, soulignent en quoi la prise en charge d'une activité par les pouvoirs publics ne découle pas uniquement de l'acquisition de la propriété, mais se réalise aussi lorsque le but à poursuivre est transmis à une organisation unitaire à laquelle l'activité est rapportée[83].

---

[82] Par M. S. GIANNINI, *Istituti di credito e servizi di interesse pubblico*, Moneta e credito, 1949, p. 105 et s.

[83] M. NIGRO, « L'edilizia popolare come servizio pubblico (considerazioni generali) », *Riv. trim. dir. pubbl.*, 1957, p. 189. Sur le lien entre cette notion de

Mais c'est surtout l'analyse ponctuelle des règles constitutionnelles, notamment en matière économique, qui fait apparaître la notion subjective comme désormais dépassée. A cet égard, il faut considérer que l'article 41 de la Constitution consacre la liberté d'entreprendre, laquelle cependant ne peut pas se développer en opposition avec l'utilité sociale ou porter atteinte à la sûreté, à la liberté et à la dignité humaine. En outre le même article affirme que la loi fixe les programmes et les contrôles opportuns afin que l'activité économique publique et privée soit orientée et coordonnée en vue de buts sociaux. Par contre, l'article 43 prévoit que, pour une cause d'utilité générale, la loi puisse réserver originairement ou transférer, par appropriation et sous réserve d'indemnisation, soit à l'État, soit à des collectivités publiques, soit à des communautés de travailleurs ou d'usagers, certaines entreprises ou catégories d'entreprises portant sur des services publics essentiels, ou des sources d'énergie, ou des situations de monopole, en revêtant un caractère d'intérêt général prépondérant. Ces articles, selon la doctrine qui a le mieux développé la conception objective de service public[84], comportent un certain éloignement d'avec le modèle étatique des principes de l'État de droit, dont la fin a coïncidé avec la crise des notions traditionnelles de service public. En effet, la protection de la liberté d'entreprendre n'est pas directement liée à la sauvegarde d'une situation statique de liberté, mais se présente comme élément concourant à une plus large solidarité. D'une part, l'activité d'entreprise n'est plus une prérogative exclusive des personnes privées, l'activité publique ayant la même dignité, d'autre part, l'État et les particuliers, dans les relations économiques, ont des rôles également nécessaires, de sorte que lesdites relations ne sont pas définissables sur la base de l'opposition entre autorité et liberté, mais du point de vue de leur convergence. En conséquence, même le service public ne peut plus se référer aux situations subjectives statiques (la propriété de l'entreprise), mais à la qualification de l'activité selon une certaine réglementation, dans laquelle prend du relief le but de l'activité[85].

servizio pubblico et les nouveaux buts de l'État, voir aussi du même auteur, *Profili pubblicistici del credito*, Milano, Giuffré, 1969, p. 105 et s.

[84] U. POTOTSCHNIG, *I pubblici servizi*, Padova, Cedam, 1964.

[85] *Ibidem*, p. 61 et s.

L'objet de la critique doctrinale est donc la conception subjective du service public, considérée comme manquant de fondement positif dans la Constitution pour plusieurs raisons. D'abord, l'article 43, en permettant la réserve originaire ou l'appropriation des entreprises portant sur des services publics non essentiels, uniquement pour une cause d'utilité générale, conduit à supposer qu'il existe des services publics essentiels qui ne peuvent pas faire l'objet de la réserve ou de l'appropriation. En second lieu, même lorsque il y a une cause qui justifie la réserve ou l'appropriation, de toute façon, selon l'article 43, cette dernière peut être décidée en faveur non seulement de l'État ou des autres collectivités publiques, mais aussi des personnes privées (les communautés de travailleurs ou d'usagers). Finalement, la réglementation des entreprises réservées ou transférées par appropriation ne diffère pas de celle qui est prévue pour les entreprises privées, puisque, selon l'article 41, les deux catégories d'entreprises sont soumises aux programmes et contrôles opportuns destinés à les orienter et à les coordonner en vue de la réalisation de buts sociaux[86]. Toutefois, cette critique de la conception subjective ne débouche pas non plus sur une notion matérielle de service public, regardée au contraire comme dangereuse, car non juridique mais sociologique. Les caractères objectifs de la notion sont retrouvés plutôt dans l'article 41. Ses fondements sont l'activité économique et les buts sociaux, ses éléments essentiels sont la détermination des programmes et des contrôles, ainsi que l'orientation et la coordination[87]. Le service public est donc toute activité économique, tant publique que privée, que le législateur soumet aux programmes et contrôles afin de l'orienter et de la coordonner en vue de buts sociaux.

B) Service public et entreprise publique

La conception objective du service public a produit des effets importants. Avant tout dans la doctrine, qui se réfère constamment et ne peut plus adhérer complètement à la conception subjective, puisque le caractère résiduel de cette dernière (le service public est toute activité prise en charge par l'État qui ne constitue pas une *funzione*

[86] *Ibidem*, p. 49 et s., p. 144 et s.
[87] *Ibidem*, p. 180 et s.

pubblica) rend inutile la notion, tandis que les aspects les plus intéressants – les modes de gestion, le régime juridique – sont mieux expliqués par la conception objective[88]. En effet, il faut y rattacher, par exemple, l'explication de la concession en tant que moyen de réglementation et non uniquement de substitution de l'administration par le concessionnaire. Surtout, la conception objective permet d'étendre l'analyse aux activités qui, même si elles peuvent demeurer dans le secteur privé, sont cependant soumises par la loi à des pouvoirs administratifs ayant des contenus diversifiés[89]. En outre, la conception objective paraît être le point de départ des réflexions extérieures qui tenteront de lier la notion de service public à toute activité visant à satisfaire les intérêts protégés par la Constitution[90], ou qui affirmeront la nécessité de conserver le caractère d'entreprise à la gestion des activités économiques réservées ou transférées selon l'article 43 de la Constitution[91]. En second lieu, la conception objective a influencé également les juges administratifs qui, sur cette base, ont distingué entre les services publics au sens strict, réservés à l'administration *ab origine* ou gérés selon le procédé de la concession, et les services publics au sens large, ceux d'utilité générale[92], et qui utilisent souvent la locution « service public au sens objectif »[93], même s'ils lui confèrent un sens qui ne coïncide pas avec la théorie synthétisée ci-dessus[94]. Par ailleurs, la conception objective a été utilisée par le juge pénal pour déterminer la personne chargée d'un service public au sens de l'article 358 du code pénal, ce qui est un

---

88 En ces termes M. S. GIANNINI, *Diritto amministrativo*, 2ème éd., Milano, Giuffré, 1988, T. II, p. 463 et s.

89 En ces termes V. CERULLI-IRELLI, *Corso di diritto amministrativo*, Torino, Giappichelli, 1994, p. 47 et s.

90 A cet égard, voir E. FERRARI, *I servizi sociali*, Vol. I, *Introduzione, materiali e coordinate*, Milano, Giuffré, 1986, p. 173 et s.

91 Voir notamment F. GALGANO, *Pubblico e privato nella regolazione dei rapporti economici*, dans F. GALGANO (dir.), *Trattato di diritto commerciale e di diritto pubblico dell'economia*, Vol. I, *La Costituzione economica*, Padova, Cedam, 1977, p. 134 et s.

92 Cons. St., V, 11 mars 1966, n°430, dans Cons. St., 1966, I, p. 347.

93 Voir même récemment Cons. St., V, 1er avril 1996, n°325 et 18 juin 1996, n°724, dans Cons. St., 1996, I, p. 574 et 921.

94 Voir par exemple Cons. St., VI, 29 novembre 1988, n°1291, dans Cons. St., 1988, I, p. 1503, où la notion objective est liée aux intérêts généraux que le service cherche à satisfaire.

élément constitutif ou une circonstance aggravante de plusieurs délits. En effet, à partir des années 1980, la Cour de cassation (chambre pénale) a jugé que les banquiers privés aussi bien que les banquiers publics sont des personnes chargées d'un service public, car l'intérêt public est immanent aux activités bancaires, qu'elles sont intégrées dans une organisation d'ensemble qui est soumise à l'ingérence directe des pouvoirs publics, de sorte que ces activités constituent un service public au sens objectif[95]. Ce n'est qu'en 1989 que la Cour de cassation a modifié son analyse, mais uniquement du point de vue de la qualification de l'activité bancaire, en considérant que, après le décret du 27 juin 1985, n°350, l'autorisation d'exploiter l'entreprise bancaire assurait la concurrence[96], mais ladite tendance est demeurée ferme et le juge pénal a continué à affirmer que la personne chargée d'un service public doit être qualifiée par référence à toute activité de nature à satisfaire directement un intérêt général et soumise aux pouvoirs publics de tutelle et de direction, abstraction faite de la nature publique ou privée de l'entreprise[97].

Toutefois les vicissitudes de la responsabilité pénale des banquiers privés ont constitué la démonstration qu'en réalité la conception objective « était allée trop loin » et laissé la notion de service public sans délimitation précise[98]. En effet, la conception objective, telle qu'elle est rappelée en **II** par. ***A)*** paraît à la fois trop étroite et trop large. D'un côté, en se fondant sur l'article 41 de la Constitution qui concerne le droit d'entreprendre, elle finit par laisser de côté des activités que la Constitution elle-même a organisées sur le modèle des services publics, voire les a privées d'importance économique (par exemple, selon l'article 32, « La République [...] protège la santé [...] et garantit les traitements gratuits aux indigents » ; selon l'article 34, « l'instruction primaire [...] est obligatoire et gratuite » ; selon l'article 35, « la République [...] assure

---

[95] Cass. Pen., Sez. Un., 10 octobre 1981, *Arch. Pen.*, 1983, p. 359 ; mais voir aussi Cass. pén, Sez. Un, 19 novembre 1981, *Foro amm.*, 1982, I, p. 12; Cass. pén, V, 4 mars 1982, *Giur. it.*, 1983, II, c. 253 ; Cass. pén., VI, 13 novembre 1985, *Giust. Pen.*, 1986, II, p. 550 ; Cass. pén., V, 24 mars 1988, dans *Cass. Pén.*, 1990, I, p. 44.
[96] Cass. Pen., Sez. Un, 28 février 1989, *Giust. Pen.,* 1990, II, p. 229.
[97] Cass. Pen., VI, 5 octobre 1989, *Cass. Pen.*, 1991, I, p. 118.
[98] En ces termes F. MERUSI, *Servizi pubblici instabili*, Bologna, Il Mulino, 1990, p. 17 et s.

et la formation professionnelle des travailleurs » ; selon l'article 38, « tout citoyen incapable de travailler et sans les moyens nécessaires pour vivre a droit (...) à l'assistance sociale »). D'un autre côté, elle a inclus dans la notion de service public des situations hétérogènes, en particulier les services ayant un caractère économique, et les entreprises publiques[99].

Afin de comprendre cette critique adressée à la théorie objective du service public, il faut considérer que l'article 2 du code civil de 1865 avait reconnu à l'État, aux provinces et aux communes la jouissance des droits et donc la capacité civile, selon une formulation qui, passée dans l'article 11 du code civil en vigueur, a convaincu la doctrine de la double capacité, de puissance publique et contractuelle, de l'État et des autres collectivités territoriales. Toutefois jusqu'à ce que l'État s'abstînt d'intervenir dans le marché en qualité d'entrepreneur, l'activité de droit privé de l'administration publique demeura marginale. Par contre, lorsque l'État prit directement en main la gestion des activités économiques, l'article 7 du code de commerce de 1882 devint applicable, en assujettissant les actes de commerce accomplis par l'État et les collectivités locales aux lois et à la coutume commerciales[100]. Depuis lors, et surtout pendant le régime fasciste-corporatif, on a assisté au développement de l'interventionnisme économique de l'État, à partir de la stratification de trois modèles d'organisation :

- les entreprises-organes de l'État et des autres collectivités territoriales, dont les relations avec les destinataires des prestations sont qualifiées de droit privé mais sont, en même temps, accompagnées par des activités (préparatoires, concomitantes et subséquentes) administratives[101] ;

[99] La critique est de S. CATTANEO, article « Servizi pubblici », dans *Enciclopedia di diritto*, T. XLII, Milano, Giuffré, 1990, p. 368 et s. Mais voir aussi G. GUARINO, « Pubblico ufficiale ed incaricato di pubblico servizio », dans *Scritti di diritto pubblico dell'economia*, Milano, Giuffré, 1970, p. 231 et s. ; C. FRESA, *Servizio pubblico*, dans G. GUARINO (dir.), *Dizionario amministrativo*, Milano, Giuffré, 1983, T. II, p. 1343 ; P. CIRIELLO, *Servizi pubblici*, *Enciclopedia giuridica*, T. XXVIII, Roma Treccani, 1992, p. 4.

[100] M. T. CIRENEI, *Le imprese pubbliche*, Milano, Giuffré, 1983, p. 17.

[101] Ce modèle d'organisation a été utilisé, par exemple, pour la gestion des services des chemins de fer (jusqu'en 1985) et de la poste (jusqu'en 1992), mais aussi pour la

- les entreprises-personnes publiques, visant à assurer une plus grande souplesse opérationnelle, qui ne jouissent pas des prérogatives de puissance publique et où les règles de droit privé trouvent une sapplication prépondérante[102] ;
- la participation (totale ou partielle) au capital social des entreprises organisées selon le modèle social, qui permet au droit privé de pénétrer jusque dans l'organisation de l'interventionnisme de l'État[103].

Ce dernier modèle d'organisation a été utilisé dans l'expérience des *partecipazioni statali*, lesquelles ont été aménagées selon une structure pyramidale où il y avait, à la base, des entreprises-sociétés par actions régies par le code civil et, au sommet, des organismes de gestion (IRI, ENI, GEPI, EFIM, etc.), en tant que personnes juridiques de droit public responsables de la direction et de la coordination de l'activité financière et d'exploitant des sociétés en cause. Ces organismes de gestion étaient soumis, à leur tour, au pouvoir de direction du ministre chargé des *partecipazioni statali*[104]. Le développement de la participation de l'État au capital social des sociétés par actions évoque une différence perceptible intuitivement entre les hypothèses de service public, qui suppose une exploitation directe ou sur la base de la concession, et la gestion des activités des sociétés, qui peut viser plusieurs buts. En outre, surtout grâce aux *partecipazioni statali*, l'interventionnisme de l'État a changé d'objet, se déplaçant du secteur des services publics traditionnels[105] du crédit et des assurances, pour s'étendre au secteur strictement industriel[106]. Il en résulte même que le but de l'interventionnisme change, s'étendant de l'exploitation des services publics au développement économique jusqu'à la direction de secteurs entiers (voir notamment le secteur

---

recherche et l'exploitation des gisements carbonifères (*Azienda Carboni Italiani*) et miniers (*Azienda Minerali Metallici Italiani*).

[102] Ce modèle d'organisation a été utilisé pour la gestion de plusieurs services publics, tels que les chemins de fer (de 1985 jusqu'en 1992), la poste, la production et la distribution de l'énergie électrique, mais aussi dans le secteur du crédit (*Banca d'Italia*, *Banca Nazionale del Lavoro*, *Istituto Mobiliare Italiano*, etc.) et de la gestion des participations de l'État aux sociétés par actions.

[103] M. T. CIRENEI, *Le imprese pubbliche*, *op. cit.*, p. 36 et s.

[104] A. MASSERA, *Partecipazioni statali e servizi di interesse pubblico*, Bologna, Il Mulino, 1978, p. 11 et s.

[105] Tels que les services publics de télévision, du transport aérien, des autoroutes.

[106] M. T. CIRENEI, *Le imprese pubbliche*, *op. cit.*, p. 74.

manufacturier et la gestion industrielle courante)[107]. La doctrine, prenant en considération le changement dans l'interventionnisme de l'État, commence à s'occuper de l'entreprise publique et à distinguer la notion de service public, où le but public est poursuivi directement par la gestion de l'activité, et celle d'entreprise publique où, par contre, le but politico-économique est poursuivi seulement de manière indirecte, par l'intermédiaire d'un organisme entrepreneur, dont les fins et la gestion sont autonomes et extérieurs au but public poursuivi, à travers la participation au capital social ou l'imposition des programmes et des contrôles[108].

C) La crise de l'interventionnisme

La détermination des limites même de la théorie objective provoque le désarroi de la doctrine quant à la notion juridique de service public. Un courant essaye de concilier les deux conceptions, la conception subjective, qui met en évidence la nécessité de rapporter l'activité du service à la direction publique, et la conception objective, qui préfère expliquer les problèmes relatifs au mode de gestion et à la réglementation de l'activité[109]. Telle est la perspective dans laquelle se situent ceux qui estiment dénués de sens l'opposition entre les deux théories et considèrent le service public comme un modèle général d'organisation qui peut être utilisé par les pouvoirs publics pour toutes leurs activités ne nécessitant pas l'exercice de la puissance[110]. D'autres tirent des limites des deux théories une justification pour adopter une

---

[107] F. PIGA, *Verso un nuovo ordinamento delle partecipazioni statali* (*Foro amm.*, 1983, p. 2257 et s. ; *Pubblico e privato nella dinamica delle istituzioni*, Milano, Giuffré, 1985, p. 387.

[108] V. OTTAVIANO, article « Impresa pubblica », dans *Enciclopédia di diritto*, T. XX, Milano, Giuffré, 1970, p. 683 et s. ; F. ZUELLI, *Servizi pubblici e attività imprenditoriale*, Milano, Giuffré, 1973, p. 59 et s. ; F. Roversi-Monaco, « L'attività economica pubblica », dans *Trattato di diritto commerciale e di diritto pubblico dell'economia*, *op. cit.*, p. 462 et s. C'est uniquement la concession, en tant qu'acte de conformation et de programmation, qui conduit à reconnaître des hypothèses de service public parmi les activités exploitées par les sociétés par actions du système des *partecipazioni statali* (A. MASSERA, *Partecipazioni statali e servizi di interesse pubblico*, *op. cit.*, p. 275 et s.).

[109] M. S. GIANNINI, *Diritto amministrativo*, *op. cit.*, T. II, p. 461 et s.

[110] S. CATTANEO, « Servizio pubblico », art. cit., p. 372.

attitude de renoncement quant à la possibilité de définir la notion juridique du service public : celui-ci ne serait qu'une clause générale qui se réfère à un phénomène dont les indices d'existence sont déterminés, selon les cas, par le législateur ou par les collectivités locales, et finalement réexaminés, du point de vue de leur bien-fondé, par la Cour constitutionnelle ou par la juridiction administrative[111].

Les orientations des juges, à leur tour, même si elles sont inspirées par la théorie objective, finissent par se heurter aux limites de cette dernière, notamment lorsqu'il s'agit de définir la nature juridique de l'activité bancaire afin de déterminer la qualification subjective de ceux qui l'exercent[112].

La difficulté de parvenir à une notion juridiquement satisfaisante du service public a été imputée[113] à trois facteurs concomitants. D'abord, l'instabilité de la réglementation en la matière, provoquée par la distinction entre la réglementation administrative des structures et la réglementation de droit privé des prestations[114]. En second lieu, l'absence d'un juge des services publics. A cet égard, il faut souligner que la loi du 6 décembre 1971, n°1034, en instituant les Tribunaux administratifs de première instance dans chaque région, a affecté à la juridiction administrative la compétence exclusive (aussi bien par rapport aux droits que par rapport aux *interessi legittimi*) sur les recours contre les actes visant les concessions des biens et des services

[111] F. MERUSI, « Servizio pubblico », dans *Novissimo Digesto italiano*, T. XVIII, Torino, Utet, 1971, p. 220.

[112] Voir le paragraphe précédent.

[113] Par F. MERUSI, *Servizi pubblici instabili*, *op. cit.* p. 7 et s.

[114] Cependant les réglementations administratives et de droit privé sont encore plus entremêlées. Les rapports entre les établissements de gestion des services et les usagers sont le plus souvent contractuels : ainsi, par exemple, pour la distribution de l'eau (Trib. adm. Rég. Lombardia, Milano, 17 janvier 1996, n°28, *ITT.AA.RR.*, 1996, I, p. 870) et pour les transports des chemins de fer (Cour const., 28 janvier-10 février 1993, n°40, *Giur. cost.*, 1993, p. 291), mais il y a des hypothèses où l'usager est obligé d'utiliser la prestation qui est l'objet du service, selon un rapport de droit public — ainsi, par exemple, pour le service de lutte contre les incendies (Corte cost., 7-15 mars 1994, n°90, *Giur. cost.*, 1994, p. 856). Par contre, si l'exercice du pouvoir d'organisation dans les organismes de gestion des services publics est le plus souvent réglementé par le droit administratif et relève du juge administratif, les rapports de travail dans les mêmes organismes sont toutefois de droit privé et relèvent de la juridiction judiciaire (Cass., ET S.UU., 8 février 1990, n°868, *Cons. St.*, 1990, II, p. 900).

publics, sauf compétence de la juridiction judiciaire quant aux litiges concernant les indemnités, les redevances et les autres rémunérations. Cette réforme a entraîné une extension notable du contrôle du juge administratif sur la gestion des services publics. Toutefois, les aspects des services publics qu'il n'est pas possible de ramener aux rapports de concession, notamment les relations avec les usagers, continuent à être jugés sur la base de la répartition des compétences entre les juridictions administrative et judiciaire déjà mentionnées[115]. Enfin, le troisième facteur, auquel on peut imputer l'absence d'une notion satisfaisante de service public, est le défaut de perception de la différence entre le citoyen et l'usager, qui a entraîné l'adoption de modes de gestion des services analogues aux critères d'organisation de la représentation politique et qui a eu pour objectif la généralisation du droit à bénéficier de tous les services.

Cette dernière remarque prend toute son importance à la fin des années 1980, lorsque la crise fiscale de l'État devient plus dramatique. En effet, les modèles d'organisation de la gestion des services publics empruntent leurs critères plus au modèle parlementaire qu'à celui des entreprises, notamment en ce qui concerne les établissements des collectivités locales, où de nombreux actes de gestion étaient confiés aux organismes les plus représentatifs[116]. Leur lien économico-budgétaire avec la collectivité territoriale de référence ne favorise pas une gestion responsable, car les pertes du service sont couvertes, en dernier ressort, par un système fiscal fondé sur les critères de la centralisation de l'impôt et du transfert des recettes aux collectivités locales[117]. Les tarifs du service sont fixés indépendamment de

[115] En effet, jusqu'à une date récente, les rapports de concession sont considérés comme relevant de la juridiction administrative, indépendamment de la situation juridique (droit subjectif ou *interesse legittimo*) lésée, même si l'État ou la collectivité locale n'a pas exercé la puissance publique (Cass., ET S.UU., 19 juillet 1995, n°7816, *Cons. St.*, 1995, II, p. 53 et 28 novembre 1996, n°10614, *Cons. St.*, 1997, II, p. 436). Par contre, les conflits entre le concessionaire et les tiers relèvent de la juridiction judiciaire, sauf qu'ils impliquent l'administration publique (Cons.., VI, 10 octobre 1983, n°738, *Cons. St.*, 1983, I, p. 1094; Cass., ET S.UU., 9 août 1996, n°7337, *Cons. St.*, 1997, II, p. 29).

[116] Ainsi G. CORSO, *L'ente locale produttore di servizi*, dans F. L. CAVAZZA (dir.), *La riconquista dell'Italia. Economia, istituzioni, politica*, Milano, Longanesi, 1993, p. 263 et s.

[117] F. MERUSI, *Servizi pubblici instabili*, *op. cit.*, p. 21.

l'équilibre entre les frais et les produits de la gestion[118]. L'inefficacité de la gestion des services publics et, de manière plus générale, de l'activité administrative, a rendu plus onéreuse l'extension des tâches de bien-être assumées par l'État, alors que le vieillissement de la population et le ralentissement de la croissance économique ont réduit les recettes publiques, de sorte que, de 1960 à 1985, l'incidence des besoins du secteur public sur le produit intérieur brut a décuplé (de 1,5% à 14,6%) et que pendant la décennie 1984-1994, la dette publique s'est accrue de 75,7% à 125,5%[119]. Cette situation a conduit, surtout après la conclusion du Traité de Maastricht et du Protocole sur la procédure pour les déficits excessifs, à de nombreuses réformes qui ont concerné également les services publics.

III. Le service public et les réformes des années 1990

A la crise fiscale de l'État d'autres facteurs se sont ajoutés, qui ont incité à une réforme non pas limitée à la gestion des services publics, mais étendue à l'organisation de l'État tout entier et à la réglementation de son activité administrative. Le premier est l'incidence du droit communautaire sur l'ordre juridique interne, notamment en ce qui concerne l'interdiction des aides de l'État en faveur des entreprises et, de manière plus générale, la protection de la concurrence. Le second est la demande, au niveau social mais après que la doctrine en eût mis en évidence le fondement juridique, d'une plus forte autonomie des collectivités locales. Le troisième facteur est la demande d'une protection plus étendue des citoyens et des usagers à l'égard de l'activité administrative, qui conduit à la suppression de plusieurs privilèges de l'administration publique. Enfin, il faut prendre en compte la demande d'efficacité de l'activité administrative, qui implique non seulement la gestion des services publics, mais aussi l'exercice de la *funzione pubblica* au moyen d'actes administratifs.

---

[118] Au contraire, la possibilité de ne pas couvrir les dépenses est regardée comme un des éléments de différence entre le service public et l'entreprise publique : voir F. ROVERSI-MONACO, *L'attività economica pubblica*, *op. cit.*, p. 466 et s.

[119] Voir T. PADOA-SCHIOPPA, *Il governo dell'economia*, Bologna, Il Mulino, 1997, p. 48 et s.

Il s'agit d'un véritable bouleversement dans la manière de concevoir l'organisation de l'État et son activité qui se réalise à mesure que la doctrine juridique s'ouvre aux phénomènes économiques et notamment aux problèmes concernant l'organisation.

A) Les modèles d'organisation des services publics locaux

Le débat sur la notion de service public, qui s'est apaisé, faute de parvenir à une conclusion juridiquement satisfaisante, retrouve une certaine vigueur avec la loi du 8 juin 1990, n°142, qui détermine les principes de la réglementation applicable aux collectivités locales et, notamment, aux services publics locaux. Cette loi qui, pour la première fois fait application des articles 5 et 128 de la Constitution en ce qui concerne l'autonomie des communes et des provinces, reconnaît aux communes une compétence générale, en disposant que la commune représente la communauté des habitants, en veillant à ses intérêts et en encourageant son développement (art. 2) ; en conséquence, l'article 9 énonce que la commune exerce toutes les activités administratives qui concernent la population et le territoire communal, sauf celles qui sont attribuées expressément par la loi à l'État, aux régions ou aux autres collectivités locales. L'inversion du critère de distribution des compétences en faveur de la périphérie[120], qui en découle, renforce la thèse selon laquelle l'autonomie des communes se concrétise dans une activité qui est directement et immédiatement consacrée à la satisfaction des intérêts de la communauté locale et qui donc est qualifiable exclusivement comme « service »[121]. Cependant cette conclusion ne peut pas justifier l'homologation de toutes les activités. Si, le plus souvent, l'exercice de la puissance par la commune est seulement instrumental en vue de la satisfaction des intérêts de la communauté, ce but peut être poursuivi directement par la commune, c'est-à-dire par l'intermédiaire des services publics, ou indirectement, par le biais des seules activités

120 Il s'agit d'une tendance confirmée par la loi du 15 mars 1997, n°59 sur le transfert des compétences administratives de l'État aux régions.

121 G. BERTI, *Caratteri dell'amministrazione comunale e provinciale*, Padova, Cedam, 1969, p. 60 et s., p. 158.

instrumentales et en exerçant sa capacité de droit privé[122]. Toutefois, la généralité des compétences attribuées aux communes, envisagée conjointement avec l'absence, dans la loi n°142 de 1990, d'une énumération des activités qui constituent des services publics, a donné une nouvelle impulsion à la conception subjective : la notion de service public ne peut pas être déterminée par rapport à la nature matérielle de l'activité, mais uniquement du point de vue de son organisation, de sorte qu'il y a service public chaque fois qu'une activité est gérée selon les modèles prévus par le législateur[123].

En effet, d'un côté l'article 22 de la loi n°142 de 1990 propose de nouveau des modes de gestion déjà connus, car ils sont empruntés à la législation du début du siècle : la régie, la concession et l'*azienda*. Cependant, de l'autre côté, ledit article introduit des innovations importantes. D'abord, il prévoit la société par actions, dont la majorité des actions doit être publique, en tant que mode récent de gestion des services publics locaux. En réalité, ce modèle d'organisation s'était déjà imposé auparavant dans la pratique, avec l'aval des juges. Cependant, le Conseil d'État avait affirmé que la constitution par la commune d'une société par actions pour la gestion d'un service public doit être entourée de limites précises, notamment en ce qui concerne l'observation de la procédure de choix du concessionnaire[124]. Mais il est évident qu'en prévoyant une telle limite, rien n'est ajouté aux modes traditionnels de gestion des services publics, dont l'élément essentiel demeure la concession. Par contre, puisque l'article 22 énumère parmi les modes de gestion des services publics aussi bien la concession que la société par actions à participation publique dominante, cette dernière constitue une nouvelle forme de gestion qui ne doit pas être absorbée par la concession, de sorte que ladite société par actions se voit confier directement la gestion du service par la

---

[122] Cette distinction, dont nous avons déjà fait état au paragraphe II.2., trouve un appui dans les arrêts qui admettaient, avant de la loi n°142 de 1990, la participation des communes aux sociétés par actions uniquement pour la gestion des activités non constitutives de services publics (Cons., V, 7 novembre 1969, n°1181, *Cons. St.*, 1969, I, p. 2164 ; Cass., I, 6 novembre 1976, n°4038, *Giur. comm.*, 1978, II, p. 220).

[123] M. CAMMELLI, *I servizi pubblici nell'ordinamento locale, Le Regioni*, 1992, p. 24 et s.

[124] Cons. St., I, avis 1er février 1985, n°130/85, dans *Foro it.*, 1987, III, c. 435.

commune[125]. Une deuxième innovation concerne la détermination des fondements du choix du mode de gestion parmi ceux prévus par la loi. Par exemple, la gestion en régie est admise exclusivement lorsque la constitution d'une *istituzione* ou d'une *azienda* n'est pas adaptée en raison des petites dimensions ou des caractères du service. La société anonyme, quant à elle, trouve sa justification dans l'opportunité d'associer à la gestion du service d'autres collectivités locales ou des particuliers. Surtout les modes de gestion prévus par l'article 22 se distinguent selon que le service est *economico-imprenditoriale*, c'est-à-dire industriel ou commercial, ou social. Dans la première hypothèse, le service doit être géré en régie, ou par voie de concession, d'*azienda speciale* de la société anonyme à participation publique dominante. Il doit être régi, par voie de concession et d'*istituzione*, dans la deuxième hypothèse[126].

En ce qui concerne la réglementation de chacun de ces modes de gestion des services publics locaux, un projet de loi[127] prévoyait aussi bien une énumération des services publics réservés exclusivement aux communes et aux provinces que les règles de prise en charge du

[125] Après l'entrée en vigueur de la loi n°142 de 1990, la nécessité de la concession pour confier la gestion du service aux sociétés par actions à participation publique dominante a été encore affirmée par Mario Bassani, *Art. 22 (Servizi pubblici locali)*, dans *Le autonomie locali (Legge 8 giugno 1990, n°142)*, Milano, Giuffré, 1990, T. I, p. 358 ; ainsi que par G. CAIA, *Assunzione e gestione dei servizi pubblici locali di carattere industriale e commerciale: profili generali*, dans *Reg. Gov. loc.*, 1992, p. 53 et s. Au contraire, la gestion du service peut être confiée directement à ladite société anonyme selon la doctrine dominante : voir notamment P. PIRAS, *Servizi pubblici e società a partecipazione comunale*, Milano, Giuffré, 1994, p. 95. L'exactitude de cette dernière thèse a été confirmée par : Cons. St., Ad. Gen., 16 mai 1996, n°90, *Cons. St.*, 1996, I, p. 1640, selon lequel, après la décision de constituer une société anonyme avec la participation de la commune pour la gestion d'un service local, la concession n'est plus nécessaire.

[126] Pour un approfondissement des formes de gestion des services publics locaux, voir M. CAMMELLI, *I servizi pubblici nell'amministrazione locale*, *op. cit.*, p. 7 et s. et *Enti pubblici, società e istituzioni: modelli di gestione dei servizi pubblici locali*, in V. CERULLI-IRELLI et G. MORBIDELLI, *Ente pubblico ed enti pubblici*, Torino, Giappichelli, 1994, p. 321 et s. ; G. CAIA, *Assunzione e gestione dei servizi pubblici locali di carattere industriale e commerciale: profili generali*, *op. cit.*, p. 9 et s. ; G. SANVITI (dir.), *I modelli di gestione dei servizi pubblici locali*, Bologna, Il Mulino, 1995.

[127] Projet de loi n°750, déposé au Sénat pendant la Xème législature, *Reg. Gov. loc.*, 1992, p. 259 et s.

service, les principes d'organisation de chaque modèle de gestion, les compétences des organismes respectifs et les rapports entre l'organisme gérant le service et la collectivité locale. Puisque ce projet de loi n'a jamais été approuvé, la réglementation des modes de gestion des services publics locaux découle des principes fixés par la loi n°142 de 1990, des principes généraux de la matière et des règles déjà en vigueur compatibles avec lesdits principes. En conséquence maints problèmes d'interprétation sont renvoyés aux décisions des juges, cependant que les collectivités locales en tirent une plus large autonomie de réglementation. Cependant, les principes fixés par la loi n°142 de 1990 contiennent des directives suffisamment significatives pour définir le cadre de la réglementation. Ainsi, en ce qui concerne l'*azienda speciale*, l'article 23 affirme qu'elle est une personne juridique instrumentale de la collectivité locale. Puisque la réglementation précédemment en vigueur (notamment la loi n°2578 de 1925 et le règlement approuvé par le décret du 4 octobre 1986, n°902) présentait l'*azienda* en tant qu'organisme de la collectivité locale dépourvu de personnalité juridique, la réforme a été analysée comme une confirmation de la volonté de donner une plus large autonomie au gérant du service. En effet, l'article 23 affirme que la collectivité locale donne les directives et exerce la tutelle, mais ces pouvoirs doivent être utilisés exclusivement par le biais de l'approbation des actes fondamentaux de l'*azienda*, c'est-à-dire des statuts et (selon l'article 4 de la loi n°95 de 1995, portant conversion du décret-loi n°26 de 1995) du projet de gestion, du budget, du bilan. En outre, l'autonomie de l'*azienda* doit s'exprimer également du point de vue économique, car elle est obligé d'équilibrer son budget, sous réserve de la couverture des coûts sociaux dont la collectivité locale a la charge. Donc, les principes de réglementation de l'*azienda* ont pour but de l'affranchir de la dépendance politico-économique de la collectivité locale, dans la perspective de l'efficacité de la gestion du service[128]. Le même but est poursuivi par l'introduction de la société anonyme, car l'équilibre du budget y est obligatoire et les

---

[128] A propos de l'*azienda*, voir, outre les études consacrées aux modes de gestion des services publics locaux en général, G. CARPANI, *Le aziende degli enti locali*, Milano, Giuffré, 1992 ainsi que C. TESSAROLO, *Le aziende speciali* et G. NICOLETTI, *Rapporti finanziari comune-azienda (prima e dopo la l. 142/90)*, tous in *Reg. Gov. loc.*, 1992, p. 97 et s., p. 111 et s.

administrateurs sont chargés de la reconstitution du capital social ou de la liquidation de la société en cas de pertes qui affectent le capital social (articles 2446 et 2447 du code civil). Puisque l'article 22 de la loi n°142 de 1990 prévoit seulement que les collectivités locales doivent détenir la majorité des actions, ladite société est réglementée en principe par le code civil[129] (lequel, à l'article 2458, prévoit des règles spéciales pour la nomination des administrateurs et des commissaires aux comptes par les personnes juridiques de droit public), sauf application des principes du droit public, par exemple à propos du choix des actionnaires privés[130]. Par ailleurs, l'article 22 de la loi n°142 de 1990 prévoit également une nouvelle forme de gestion des services sociaux, l'*istituzione*, en la qualifiant d'organisme autonome mais dépourvu de la personnalité juridique. Même pour l'*istituzione,* l'article 23 affirme que la gestion doit s'inspirer du principe d'efficacité mais, s'agissant des services sociaux dont les frais sont à la charge de la collectivité locale, le législateur n'a pas estimé devoir créer une nouvelle personne juridique de droit public.

B) La notion de service public au regard des modes de gestion

En ce qui concerne les règles relatives aux formes de gestion des services publics, elles paraissent justifier la doctrine qui fait de l'organisation l'élément essentiel de la notion de service public. Cependant, et surtout à propos de la distinction entre les services industriels ou commerciaux et les services sociaux, cette doctrine montre ses limites. Pour les comprendre, il faut considérer que dans l'ordre juridique italien, où la distribution des compétences entre juridiction judiciaire et administrative s'appuie sur les situations

[129] Cependant la nature publique de la société anonyme pour la gestion des services publics est affirmée par G. ROSSI, *Gli enti pubblici*, Bologna, Il Mulino, 1991, p. 170 et s.

[130] A propos de la société anonyme à participation publique majoritaire pour la gestion des services publics locaux, voir M. CAMMELLI, *La società a partecipazione pubblica nel sistema* locale, ainsi que G. ENDRICI, *L'azionariato locale tra pubblico e privato*, dans L. VANDELLI (dir.), *Le forme associative tra enti locali*, Milano, Giuffré, 1992, p. 503 et s., p. 539 et s. ; G. ALPA et C. CAPPONI, *Spa a prevalente capitale pubblico locale e gestione dei servizi pubblici (art. 22, comma 3, lett. e), l. 8 giugno 1990, n°142)*, *Reg. Gov. loc.*, p. 173 et s. ; P. PIRAS, *Servizi pubblici e società a partecipazione comunale*, *op. cit.*

subjectives, l'exigence d'une distinction entre les services industriels ou commerciaux et les services sociaux n'a été pas perçue pendant longtemps[131], pratiquement jusqu'à la crise de l'interventionnisme. Ce n'est qu'à une date récente qu'une étude a essayé d'éclairer la notion de service social, définie en fonction de toute prestation qui correspond aux buts constitutionnels de développement du bien-être physique et mental de la personne[132]. Cependant si l'on considère les transformations qui affectent le marché et les nouvelles expectatives de la vie humaine, il est évident que même des prestations visant au bien-être physique et mental peuvent acquérir une importance économique[133]. La différence entre le service social et le service industriel et commercial est donc peu ferme du point de vue matériel. Mais il faut tirer la même conclusion du point de vue de l'organisation. Puisque l'article 23 de la loi n°142 de 1990 affirme que l'efficacité est un caractère commun à l'*azienda* et à l'*istituzione*, abstraction faite du caractère social ou industriel du service, la distinction entre les deux catégories de services a été fondée uniquement sur la nécessité, pour les services industriels ou commerciaux, de se situer dans le contexte du marché, alors que les services sociaux peuvent le cas échéant, trouver leurs facteurs de production en dehors du marché[134]. Mais les aspects organisationnels qui devraient rendre manifeste ledit critère de distinction – la personnalité juridique et le modèle d'entreprise – ne

---

[131] Déjà les premières études publiées dans le cadre du nouveau cours de la science du droit administratif ne faisaient pas de distinction entre les objectifs de bien-être et entre les activités directes visant à encourager le développement « des conditions physiques, économiques et mentales de toutes les classes sociales », O. RANELLETTI, *Principi di diritto amministrativo*, *op. cit.*, p. 98.

[132] E. FERRARI, *I servizi sociali*, *op. cit.*, p. 23 et s., p. 54 et s., p. 273. Sur les services sociaux, voir aussi E. BALBONI, *I servizi sociali*, dans G. AMATO et A. BARBERA (dir.), *Manuale di diritto pubblico*, Bologna, Il Mulino, 4ème éd, 1994, p. 843 et s.

[133] Par exemple, la même étude de E. FERRARI, *op. cit.*, p. 94 signale que dans le statut de la région de Calabre, l'accent est mis sur les aspects économiques du tourisme, ce qui n'est pas le cas dans la plupart des autres régions.

[134] R. CAVALLO-PERIN, *Comuni e province nella gestione dei servizi pubblici. Studio sul controllo e sulle forme di erogazione pubblica nella legge sull'ordinamento delle autonomie locali*, Napoli, Jovene, 1993, p. 207 et s. ; F. ROVERSI-MONACO, *L'attività economica pubblica*, *op. cit.*, p. 411 et s. ; F. GALGANO, *Art. 43*, dans *Commentario della Costituzione*, G. BRANCA (dir.), *Rapporti economici*, T. II, Bologna-Roma, Zanichelli-Il Foro it., 1982, p. 207 et s.

sont pas réservés aux formes de gestion des services industriels ou commerciaux. En effet, si l'*istituzione*, en tant que forme de gestion des services sociaux, n'est pas une personne juridique[135], la personnalité juridique et le modèle d'entreprise sont toutefois, selon l'article 25 de la loi n°142 de 1990, les caractères mêmes du *consorzio*, qui, après quelques incertitudes[136], a été envisagé par la juridiction administrative[137] et enfin par le législateur[138] comme forme de gestion des services aussi bien industriels que sociaux. En outre, une correspondance univoque entre le service social et un modèle de gestion différent de celui de l'entreprise ne peut plus être affirmée après que la loi n°412 de 1991 et le décret législatif n°502 de 1992 aient étendu l'utilisation de l'*azienda* y compris pour la gestion du service sanitaire.

L'évolution de l'appréhension du rapport entre les services sociaux et les formes de la gestion montre qu'une technique normative fondée sur l'énumération péremptoire des modèles de gestion des services publics est aujourd'hui plus difficile à concevoir qu'au début du siècle. En effet le législateur italien a cherché à élargir les modes de gestion ; cependant, puisque la technique utilisée demeure toujours l'énumération, il se trouve obligé de répondre aux exigences de la pratique. Ainsi, après l'introduction de la forme de la société anonyme à participation publique dominante, l'article 12 de la loi n°498 du 23 décembre 1992 a prévu que les services publics peuvent être gérés

---

135 Cependant la personnalité juridique même des *istituzioni* a été affirmée par A. ANDREANI, *Le istituzioni per l'esercizio dei servizi sociali degli enti locali. Una prospettiva d'insieme*, *Riv. trim. dir. pubbl.*, 1992, p. 622 et s.

136 L'utilisation du *consorzio* pour la gestion des services sociaux a été niée par Cons. St., I, avis du 5 février 1991, n°103 (*Foro amm.*, 1991, p. 2072) et, dans la doctrine, par A. TRAVI, *Le forme associative tra gli enti locali verso i modelli di diritto comune*, *Le Regioni*, 1991, p. 380 et s. Cette orientation trouve sa justification dans l'article 25 de la loi n°142 de 1990, selon lequel le *consorzio* doit être constitué en respectant les régles prévues par l'*azienda speciale*.

137 Voir Trib. adm. Rég. Lombardie, Milano, 20 octobre 1994, n°730 ; à propos de cet arrêt voir P. SABBIONI, *Carattere sociale del servizio e modello aziendale dell'organizzazione*, *Dir.Reg.*, 1995, p. 177 et s.

138 Après ladite interprétation restrictive à propos de l'utilisation du *consorzio* en raison de son organisation d'entreprise, l'article 5 de la loi du 27 octobre 1995, n°437 (portant conversion du décret-loi du 28 août 1995, n°361) affirme au contraire que le *consorzio* peut être utilisé même pour l'exercice des *funzioni* et non seulement pour la gestion des services.

même par voie de sociétés anonymes à participation publique minoritaire. Surtout, puisque la détermination des modes de gestion selon la technique de l'énumération se heurte à l'exigence d'une plus grande souplesse de l'activité des collectivités locales et au principe de l'autonomie locale, l'article 24 de la loi n°142 de 1990 offre l'occasion d'expérimenter de nouvelles solutions d'organisation, en prévoyant que les communes et les provinces peuvent passer entre elles des accords pour la gestion coordonnée des services. Il en découle que, sous les apparences de l'énumération des modes de gestion, le législateur a en réalité eu pour objectif leur diversification, en fournissant par ailleurs une base juridique pour la recherche des formes atypiques. Du reste, même en ce qui concerne les services publics nationaux, les modes de gestion se sont multipliés, s'étendant aux sociétés à forme de droit privé, jusqu'à déroger aux règles du Code civil[139].

Cette observation ne signifie pas non plus que les services publics tendent à échapper à toute règle ou principe fondé sur l'efficacité. En effet, lorsque la société anonyme à participation publique minoritaire a été prévue en tant que nouveau mode de gestion des services publics, le choix des partenaires privés et les rapports entre la société et la collectivité locale ont fait l'objet d'une réglementation spécifique, approuvé par décret en Conseil des ministres du 16 septembre 1996, n°533. Cependant les règles d'organisation du service prennent leur sens par rapport à la nature de l'activité et à son but, qui déterminent son statut global, de sorte que la notion de service public ne peut être considérée comme épuisée en considérant uniquement les modèles d'organisation.

C) Les privatisations dans le secteur des services publics

La compression des tâches de l'État découle non seulement de la loi sur l'autonomie des collectivités locales, mais aussi du processus des privatisations qui, en Italie, s'impose seulement à partir des années

[139] Voir à cet égard C. IBBA, *Le società legali*, Torino, Giappichelli, 1992. Pour une critique de cette technique visant à utiliser les formes du droit privé, voir G. BERTI, *Vecchia amministrazione e nuove opinioni*, dans AA.VV., *Scritti per Mario Nigro*, Milano, Giuffré, 1991, Vol. II, p. 90.

1990. En effet pendant la décennie précédente le secteur public avait seulement perdu le contrôle de quelques entreprises relevant du cadre des *partecipazioni statali*[140]. Le problème est devenu plus important au cours de cette décennie, en raison de la combinaison de plusieurs facteurs. Le premier concerne l'exigence d'assainissement de la dette publique, aussi bien en éliminant les causes de l'absence d'efficacité gestionnaire, qu'en aliénant la propriété d'entreprises publiques. Le deuxième a trait à la nécessité de soumettre les entreprises publiques aux règles des sociétés privées afin de les contraindre à observer l'obligation d'équilibre budgétaire, eu égard par ailleurs à l'interdiction des aides de l'État aux entreprises imposées par les règles communautaires[141]. Un troisième facteur va contribuer à l'exigence de l'élargissement et du renforcement du marché boursier. Enfin il fallait restituer l'efficacité et la compétitivité de ces entreprises, en les insérant dans un marché concurrentiel. Lesdits objectifs ont été poursuivis par le biais de deux types de privatisation. La privatisation formelle vise seulement à la transformation des établissements publics en sociétés de droit privé, mais dont la majorité des actions demeurent propriété de l'État. Les privatisations matérielles entraînent l'aliénation aux particuliers de la majorité des actions. Maintes critiques ont été adressées aux privatisations seulement formelles[142], mais leur résultat positif a été d'attribuer aux entreprises publiques le statut de sociétés privées, en rendant les administrateurs responsables de l'équilibre budgétaire[143].

Les privatisations ont concerné d'abord le secteur du crédit. La loi n°218 du 30 juillet 1990 et le décret législatif n°356 du 20 novembre 1990, visaient à la restructuration des banques publiques grâce à des opérations de transformation, de fusion et d'apport de fonds en capital,

[140] Les privatisations les plus importantes ont touché les sociétés Alfa Romeo, Lanerossi, Sopal, Cementir. A cet égard, voir S. CASSESE, *Privatizzazioni annunciate, mezze privatizzazioni e pseudo privatizzazioni in Italia,* Ec. Cred., 1992, p. 45 et s.

[141] L'interdiction des aides de l'État a été la cause déterminante, selon A. MAZZONI, « Privatizzazioni e diritto antitrust : il caso italiano », *Riv. Soc.*, 1996, p. 42 et s.

[142] Voir notamment P. G. JAEGER, « Problemi attuali delle privatizzazioni in Italia », *Giur. comm.*, 1992, I, p. 989 et s.

[143] Ainsi F. BONELLI, *La privatizzazione delle imprese pubbliche*, Milano, Giuffré, 1996, p. 4 et s.

au terme desquelles l'activité du crédit serait attribuée à une société anonyme. Il s'agissait donc de privatisations formelles, mais la loi n°474 du 30 juillet 1994 a aboli l'obligation du contrôle public des sociétés bancaires, dont les actions peuvent être vendues aux particuliers. Une deuxième phase du processus de privatisation a été mise en route par le décret-loi n°386 du 5 décembre 1991, suivi par la loi de « conversion » n°35 du 29 janvier 1992 qui prévoyait la faculté de transformer en sociétés anonymes les établissements de gestion des *partecipazioni statali* (ENI, IRI), les autres établissements publics (par exemple, IMI, INA, ENEL), ainsi que les établissements de l'État dépourvus de personnalité juridique. La complexité des procédés de transformation et d'aliénation prévue par cette réglementation a fait l'objet de nombreuses critiques[144], mais elle reste en vigueur exclusivement en ce qui concerne les privatisations des établissements publics dépourvus de personnalité juridique. En effet, le décret-loi n°333 du 11 juillet 1992 et la loi de « conversion » n°359 du 8 août 1992 ont transformé directement en sociétés par actions les établissements publics IRI, ENI, INA et ENEL, en attribuant les actions correspondantes au ministre du Trésor. En outre, le Comité des ministres pour le plan économique (CIPE) est le titulaire du pouvoir de décider la transformation en société anonyme de n'importe quel établissement de l'État gérant une activité industrielle ou commerciale (art. 18, en vertu duquel l'Etablissement des chemins de fer de l'État a été transformé en société anonyme). Finalement la loi n°474 du 30 juillet 1994 a réglementé définitivement le procédé des aliénations des actions de l'État, en prévoyant même leur vente directe et sans restriction, notamment lorsqu'il s'agit de déterminer un noyau fixe des actionnaires de référence.

Les privatisations, outre le fait qu'elles entraînent une transformation importante de l'État, posent quelques problèmes à propos de la réglementation des sociétés anonymes résultant du processus. Le plus complexe, relatif à la tutelle, a été résolu par la Cour constitutionnelle, qui a établi la règle selon laquelle les sociétés anonymes dont la majorité des actions sont propriété publique

---

[144] Voir, par exemple, M. T. CIRENEI, *Le società per azioni a partecipazione pubblica*, dans G. E. COLOMBO et G. B. PORTALE (dir.), *Trattato delle società per azioni*, Torino, Utet, Vol . 8, 1992, p. 69 et s.

continuent à être soumises à la tutelle de la Cour des comptes[145]. Mais le processus de privatisation a concerné aussi des activités déterminées de service public et, à cet égard, les problèmes de réglementation sont beaucoup plus graves que ceux de la privatisation, même matérielle, des autres entreprises publiques. Jusqu'à aujourd'hui les privatisations dans le secteur des services publics ont été le plus souvent formelles, et concernaient exclusivement l'organisation mais non la propriété, comme dans le cas de la transformation (en société par action à participation publique dominante) de l'organisme pour la gestion des services publics locaux, ou de la transformation (en société anonyme) de l'établissement des chemins de fer de l'état, ainsi que de l'établissement chargé de la production et de la distribution de l'électricité (ENEL), dont les actions demeurent propriété de l'État. Toutefois la loi n°474 de 1994 prévoit la possibilité de privatisation matérielle y compris pour les entreprises qui gèrent des services publics. Mais, à la différence des privatisations des autres entreprises publiques, l'article 2 de ladite loi prévoit des pouvoirs spéciaux (tels que le pouvoir d'approbation des acquisitions ou des accords conclus entre les actionnaires ; pouvoir de veto quant aux opérations de dissolution, fusion, scission, modification de l'objet social, etc.) en ce qui concerne les privatisations des sociétés qui opèrent dans les secteurs de la défense, des transports, des télécommunications, de l'énergie et des autres services publics. En plus, l'article 1 bis dispose que l'aliénation des actions dans les mêmes secteurs est soumise à la création d'organismes indépendants pour la régulation des tarifs et pour le contrôle de la qualité des services. Ces règles spéciales confirment la différence entre les notions d'entreprise publique et de service public.

D) La régulation des services publics

Si les privatisations formelles ont pour but de renforcer l'efficacité de la gestion, du point de vue de l'organisation et en

---

[145] Arrêt du 17-28 décembre 1993, n°466, *Giur.cost.*, 1993, p. 3829, annoté par A. CERRI, *La "mano pubblica" e la gestione in forma privata di attività economica: problemi processuali e sostanziali in un interessante conflitto*, ainsi que par C. PINELLI, *Prudenza e giurisprudenza in un'interpretazione adeguatrice.*

considération de l'équilibre budgétaire que la forme sociétaire impose, les privatisations matérielles ont été envisagées comme le passage nécessaire pour insérer une activité de service public dans le marché concurrentiel, afin de le soustraire aux privilèges liés aux situations de monopole. Cependant l'aliénation des participations publiques n'est considérée que comme un élément nécessaire, et non suffisant, pour poursuivre un tel but, car si le marché doit être privé, il doit être aussi concurrentiel[146].

Tant la suppression des monopoles que l'initiative du processus des privatisations est le résultat de l'influence des règles communautaires dans l'ordre juridique intérieur. Le secteur des télécommunications a été le premier investi comme conséquence de l'exercice par la Commission d'un pouvoir direct en la matière[147]. Cependant, la suppression des monopoles est rattachée à l'application de l'article 90 (aujourd'hui article 86) du Traité, selon son interprétation la plus rigoureuse qui considère que toutes les entreprises citées par cet article doivent respecter les règles de concurrence et sont obligées par le premier paragraphe ; que la seule dérogation admise est celle prévue par le deuxième paragraphe ; que l'État est obligé lui-même de ne pas adopter ou permettre des comportements indirectement contraires à la concurrence, c'est-à-dire par le biais de l'attribution de droits ou de pouvoirs spéciaux[148]. De ce point de vue, une règle analogue est regardée comme explicable en Italie, aux termes de l'article 8 de la loi n°287 de 1990[149]. Sur la base

[146] En ces termes, A. MAZZONI, *Privatizzazioni e diritto antitrust : il caso italiano*, *op. cit.*, p. 37 et s.

[147] Pour une étude du droit communautaire en la matière, voir N. RANGONE, « Les limitations du pouvoir des États membres à la création des monopoles de service public », dans *Riv. it. dir. pubbl. com.*, 1994, p. 349 et, dans l'ordre juridique italien, la directive communautaire visant à la libéralisation des services en dehors de la téléphonie vocale a été appliquée par le décret législatif du 17 mars 1995, n°103 et par le décret du 4 septembre 1995, n°420. Le décret-loi du 1er mai 1997, n°115 a fixé les règles urgentes pour l'application de la directive 96/2/CE concernant les communications mobiles et personnelles.

[148] A. MAZZONI, *Privatizzazioni e diritto antitrust : il caso italiano*, *op. cit.*, p. 52 et s.

[149] Cependant une opinion opposée a été exprimée par A. GUARINO, *Alcune riflessioni di ordine sistematico intorno alla portata dell'article 8 della legge 287/90*, dans *Concorrenza e mercato*, 1994, p. 404 et s. Pour un commentaire approfondi, voir A. PAPPALARDO, *Art. 8. Imprese pubbliche e in monopolio legale*, dans

de cette réglementation, notamment de l'article 86 du Traité, le monopole des services portuaires de Gênes a été condamné par l'arrêt de la Cour de justice des communautés européennes du 10 décembre 1991[150], et en considération des principes ainsi établis, on continue à discuter à propos de l'introduction d'éléments concurrentiels dans les secteurs de la production et de la distribution, au niveau local, de l'énergie électrique[151]. En outre, toujours à propos des services publics locaux, la concurrence est en train de devenir le principe sur la base duquel est jugé la légalité de l'extension du service au dehors du territoire de référence[152]. En particulier les règles de la concurrence sont rappelées pour montrer que les pouvoirs spéciaux prévus par l'article 2 de la loi n°474 de 1994, dans l'hypothèse de la privatisation matérielle des services publics, constituent des droits spéciaux contraires à l'actuel article 86 du Traité, sous réserve d'une vérification de la réglementation par les organismes indépendants de régulation, lesquels sont donc envisagés dans leur fonction essentielle : assurer le respect des règles de la concurrence[153].

Cependant, dans cette perspective, le rôle des organismes indépendants de régulation se trouve déformé. La création de ces organismes a été adoptée pour les services de l'énergie électrique, du

---

A. FRIGNANI, R. PARDOLESI, A. PATRONI-GRIFFI et L. C. UBERTAZZI (dir.), *Diritto antitrust italiano. Commento alla legge 10 ottobre 1990, n°287*, Bologna, Zanichelli, 1993, p. 769 et s.

150 C-179/90, *rec.*, 1991, I, p. 5889 et s.

151 Voir, par exemple, G. CAIA, « Caratteri e prospettive de ll'ENEL S.p.A. e del suo ruolo (Appunti per una ricerca sulle "privatizzazioni") », *Rass. giur. en. elettr.*, 1995, p. 1 et s.

152 Avant la loi n°142 de 1990, le Conseil d'État avait jugé que la constitution d'une société par actions peut porter atteinte aux droits des entreprises privées qui opèrent dans le même secteur, en disposant que la société constituée par la commune doit exercer l'activité à l'intérieur du territoire communal (Ière section, avis du 1er février 1985, n°130/85, *op. cit.*). Désormais la limite territoriale est invoquée par rapport à l'activité des *aziende* ; sur ce problème voir, par exemple, TAR Veneto, 7 décembre 1996, n°2111 (dans *ITT. AA. RR.*, 1997, I, p. 544) selon lequel le service public de transport local constitue une activité économique qui doit se développer en respectant les règles de la concurrence ; ainsi que TAR Lombardia, Brescia, 11 novembre 1996, n°1075 (dans *ITT. AA. RR.*, 1997, I, p. 111) selon lequel l'*azienda* ne peut pas traiter directement avec une collectivité locale différente de celle qui l'a constituée.

153 Ainsi A. MAZZONI, *Privatizzazioni e diritto antitrust: il caso italiano*, *op. cit.*, p. 64 et s.

gaz et des télécommunications, mais seulement prévue pour les autres services publics à privatiser, par la loi n°481 du 14 novembre 1995. Puisque la régulation est envisagée exclusivement par rapport aux services à privatiser[154], il en découle que les organismes de régulation tirent leur justification de l'exigence de s'assurer que les privatisations poursuivent l'objectif de créer un marché concurrentiel, en fonction des résultats positifs – en termes d'efficacité, d'économies, de qualité - qu'il devrait garantir. Toutefois, les compétences qui sont affectées aux organismes de régulation ne sont pas exclusivement destinées à veiller au respect des règles de la concurrence : la loi n°481 de 1995, après avoir affirmé que son but est d'encourager la concurrence mais aussi la qualité des services, leur diffusion sur le territoire national entier et la protection des usagers (art. 1), inscrit même au titre des compétences des organismes de régulation la promulgation des directives concernant la gestion des services pour en assurer la qualité, les décisions sur les réclamations des usagers, l'analyse de la pertinence des mesures prises pour assurer le respect des principes d'égalité et de continuité, le contrôle de l'application des chartes des services. En deuxième lieu, puisque ces organismes sont prévus uniquement en ce qui concerne les services à privatiser, leur fonction – après le processus de suppression des monopoles – est en réalité d'empêcher que les privatisations conduisent à des conséquences plus néfastes que celles qui résultent du monopole public. Bien que la nature des organismes indépendants de régulation et leurs pouvoirs ne soient pas encore très clairement précisés[155], la création de ces organismes montre que l'État n'est pas en train de se résorber, mais seulement de changer les formes à travers lesquelles il poursuit ses buts[156].

---

[154] Voir Cons. St., I, avis du 20 septembre 1995, n°330, dans Foro it., 1996, III, c. 209 et s. (annoté par R. PERNA, *L'eccesso di tutela nella privatizzazione delle "public utilities"*), selon lequel la création des organismes de régulation est nécessaire toutefois l'État perd son contrôle sur la société de gestion. Voir aussi R. ARRIGONI, *Regolazione e gestione nelle public utilities: principio di separazione e libera concorrenza nell'applicazione di principi costituzionali e comunitari*, *Riv. trim. dir. pubbl.*, 1995, p. 103 et s.

[155] Voir R. PEREZ, « Autorità indipendenti e tutela dei diritti », *Riv. trim. dir. pubbl.*, 1996, p. 115 et s.

[156] Voir notamment G. AZZARITI, « Modelli di amministrazione e trasformazioni dello Stato », *Pol. dir.*, 1996, p. 544 et s.

La concurrence n'est donc pas une valeur en soi, mais seulement un instrument pour une meilleure gestion du service. Le critère sur la base duquel un jugement sur la gestion du service peut être formulé est déjà exprimé par la Constitution et par la loi n°142 de 1990 : respectivement, le « développement total » de la personne (art. 3), à la lumière des autres principes constitutionnels, et le développement de la communauté (art. 2). Ces deux buts concourent à définir le service public du point de vue matériel. Le service public est d'abord une activité qui exprime directement le but qu'il poursuit – ce qui institue une différence entre service public et entreprise publique[157] – lequel, à son tour, est conforme aux buts généraux déjà cités[158]. Mais du point de vue formel, il faut que la gestion soit soumise aux règles qui rendent l'activité fonctionnelle pour la réalisation desdits objectifs. Ces règles sont, selon le droit positif, soit d'organisation (pour les services gérés directement par l'État ou les collectivités locales) soit de régulation (pour les services gérés en concurrence) et, dans tous les cas, elles fixent les principes des services publics, maintenant posés par le décret en Conseil des ministres du 27 janvier 1994. La notion matérielle de service public a pour rôle de limiter les choix politiques, aussi bien dans le cas de soustraction d'une activité au régime du service que dans le cas d'extension du même régime, chaque fois que le choix se révèle irraisonné ou illégitime[159].

E) Le service public et les compétences juridictionnelles

Si la distribution des compétences entre la juridiction judiciaire et la juridiction administrative a contribué autant à créer des aires

---

[157] En ces termes aussi I. MARINO, *Servizi pubblici e sistema autonomistico*, Milano, Giuffré, 1987, p. 154 et s.

[158] Quoique général, le but des collectivités locales établi par l'article 2 de la loi n°142 du 1990 a été utilisé par Cons. St., V, 16 septembre 1994, n°996 (*Cons. St.*, 1994, I, p. 1220) et par Cons. St., V, 13 février 1995, n°240 (*Cons. St.*, 1995, I, p. 218). Les buts constitutionnels sont à la base surtout des arrêts de la Cour constitutionnelle. A propos du service de télévision : voir notamment C. Cost., 7 décembre 1994, n°420, *Foro it.*, 1995, I, c. 4 et s.

[159] Il s'agit des problèmes du rapport entre le service public et l'équilibre budgétaire (voir à cet égard notamment M. LUCIANI, « Sui diritti sociali », *Dem. dir.*, 4/1994-1/1995, p. 545 et s.) et du rapport entre le service public et la liberté d'entreprendre une activité industrielle ou commerciale (article 41 de la Constitution).

d'irresponsabilité en faveur de l'administration publique qu'à empêcher le développement de la notion de service public en considération de l'absence d'un juge seul compétent en la matière, on peut souligner maintenant à cet égard quelques transformations significatives.

Du point de vue de la protection des usagers, la juridiction administrative et la Cour de Cassation ont suivi une orientation plus favorable en ce qui concerne la recevabilité du recours en annulation lorsqu'il est exercé par les usagers, en essayant de restreindre la notion d'intérêts dépourvus de toute protection[160]. En second lieu certains privilèges et certaines limitations de la responsabilité de l'administration publique ont été annulés[161]. Un renforcement de la protection des usagers devrait découler aussi de l'application de chartes des services publics.

Du point de vue de la répartition des compétences entre les juridictions, administrative et judiciaire, après que la loi n°1034 du 6 décembre 1971 ait attribué au juge administratif la compétence exclusive pour statuer sur les recours contre les actes concernant les concessions de services publics, d'autres mesures ont été prises dans la même ligne. En particulier, à partir de l'arrêt des Sections unies de la Cour de cassation n°12221 du 29 décembre 1990[162], une orientation s'est dessinée visant même à réserver à la compétence exclusive du juge administratif les actes accomplis par le concessionnaire (notamment en matière de travaux publics) en tant que substitut de l'administration publique[163]. Par ailleurs, l'article 33 de la loi n°287

---

[160] Voir, par exemple, Cass., ET S.UU., 20 juillet 1983, n°4992 (*Giust. civ.*, 1984, I, p. 202), ainsi que Cons.St., VI, 27 mai 1988, n°725 (*Cons. St.*, 1988, I, p. 705), selon lesquels les usagers du service des télécommunications (ou les associations d'usagers) peuvent exercer un recours contre les décisions visant à l'augmentation des tarifs ; Cass., ET S.UU., 10 avril 1992, n°4411 (*Foro it.*, 1992, I, c. 2671), selon lequel les usagers ont un *interesse legittimo* lorsqu'un litige porte sur la qualité du service.

[161] Voir notamment C. Cost., 10-17 mars 1988, n°303 (*Giur. cost.*, 1988, p. 1251) sur le service de la poste ; C. Cost., 12-20 décembre 1988, n°1104 (*Giur. cost.*, 1988, p. 5358) sur le service des télécommunications ; C. Cost., 28 janvier-10 février 1993, n°40, déjà cité, sur le service des chemins de fer ; C. Cost., 28 juin-13 juillet 1995, n°318 (*Giur. cost.*, 1995, p. 2463) sur le service de distribution de l'eau.

[162] Dans *Foro it.*, 1991, I, c. 3405.

[163] Voir à cet égard V. SPAGNUOLO-VIGORITA, *Concessione di pubblico servizio : problemi di giurisdizione e di effettività della tutela in tema di scelta del contraente e*

de 1990 a soumis à la compétence exclusive du juge administratif les actes de l'Autorité *antitrust*, sauf s'il s'agit d'actions en nullité, de demande de dommages-intérêts ou de recours contre les dispositions d'urgence[164]. Finalement la loi n°481 de 1995 réserve à la compétence de la juridiction administrative les recours contre les actes des organismes indépendants de régulation des services publics. La justification de cette attribution de compétence doit être cherchée principalement dans la difficulté de distinguer en la matière les droits subjectifs et les *interessi legittimi*. Toutefois le choix ainsi opéré par le législateur montre la résistance à la suppression de la juridiction administrative, compte tenu du fait, déjà envisagé par Duguit et Hauriou, que cette juridiction peut assurer la protection ultérieure des particuliers (annulation de l'acte, contrôle sur les motifs, protection des intérêts invoqués)[165].

---

di rapporti tra amministrazione concedente e concessionario, ainsi que F. PUGLIESE, « "Controcanto" in tema di concessioni e tutele giurisdizionali », dans G. PERICU, A. ROMANO et V. SPAGNUOLO-VIGORITA, *La concessione di pubblico servizio*, Milano, Giuffré, 1995, p. 83 et s. et p. 131 et s.

[164] Les problèmes qui découlent de cette répartition de compétences sont analysés par G. GIOVANNELLI, *Autorità "antitrust" e questioni di giurisdizione, Foro amm.*, 1996, p. 741 et s.

[165] Voir D. SORACE, *Gli "interessi di servizio pubblico" tra obblighi e poteri delle amministrazioni, Foro it.*, 1988, V, c. 205 et s. ; A. TRAVI, *Nuovi fermenti nel diritto amministrativo verso la fine degli anni '90, Foro it.*, 1997, V, c, p. 168 et s.

LA NOTION DE SERVICE PUBLIC *(SERVICIO PÚBLICO)* EN ESPAGNE

Franck Moderne

Le droit public espagnol a suivi avec attention les joutes doctrinales qui ont accompagné la lente progression du concept de service public en France et son avènement comme concept explicite global (et parfois même comme critère unique) du droit administratif et de la compétence administrative. Le thème du service public a été admis comme un des éléments significatifs de la construction du droit administratif et de la distinction entre ce droit et le droit privé.

Mais l'on ne saurait dire que le service public a joué un rôle équivalent à celui qui a été le sien en France, au début du XXème siècle ; sa réception n'a pas été immédiate et il n'a jamais été considéré comme la clef unique de la compréhension du système administratif espagnol. Il n'existe d'ailleurs aucune synthèse doctrinale ayant l'ampleur de la théorie de l'Ecole du service public (L. Duguit, R. Bonnard, G. Jèze, L. Rolland, entre autres), qui ait ainsi projeté le service public sur l'avant-scène de la discipline.

Cela dit, il s'agit bien d'un concept familier aux juristes d'outre-Pyrénées. Il exerçait déjà une fonction qui était loin d'être négligeable lorsque la Constitution espagnole du 27 décembre 1978 a relancé la controverse en ce qui le concerne.

Il convient donc de tenter de mesurer la place qu'il occupe actuellement dans l'ordre juridique de l'Espagne démocratique.

I. La réception du concept de service public par le droit espagnol avant la Constitution de 1978

Le droit administratif espagnol a toujours reconnu l'influence historique exercée par le droit administratif français, notamment en ce qui concerne le thème du service public[1].

Mais cette influence n'a pas provoqué un effet de mimétisme juridique et ni les auteurs ni le législateur ne se sont laissés séduire par les excès de la dogmatique de l'Ecole du service public. La place du concept a été de ce fait sensiblement plus réduite que dans le pays voisin.

On le montrera en analysant successivement la réception du concept de service public par la doctrine et par le droit positif avant la Constitution de 1978.

A) La réception du concept de service public par la doctrine espagnole

Tous les auteurs espagnols s'accordent pour admettre que « le concept de service public, en tant qu'axe central du droit administratif, est une construction typiquement française qui fut importée en Espagne par notre doctrine scientifique, notre législation et notre jurisprudence »[2].

---

[1] On se réfèrera sur ce point aux ouvrages de droit administratif les plus classiques : E. GARCIA de ENTERRIA et T. R. FERNANDEZ, *Curso de derecho administrativo*, Civitas, T. I, 8ème éd., 1997 et T. II, 5ème éd., 1998 ; F. GARRIDO FALLA, *Tratado de derecho administrativo*, Tecnos, Vol. I, 12ème éd., 1994 et Vol. II, 10ème éd., 1992 ; R. PARADA, *Derecho administrativo*, Marcial Pons, T. I, 10ème éd., 1998 ; R. ENTRENA CUESTA, *Curso de derecho administrativo*, Tecnos, Vol. I, 10ème éd., 1993, etc. Sur le rôle de la Révolution française dans la construction du droit administratif, voir l'ouvrage classique d'E. GARCIA de ENTERRIA, *Revolución francesa y administración contemporánea*, 3ème éd., Civitas, 1994 (traduit en français sous le titre : *Révolution française et administration contemporaine*, Economica, 1993). Sur la polémique contemporaine qui s'est développée en Espagne sur le thème du service public, on se référera pour l'essentiel à l'ouvrage de base de S. MUÑOZ MACHADO, *Servicio público y mercado*, Civitas, Madrid, 1998, Vol. 4 - et notamment au T. I, *Los fundamentos*.

[2] F. GARRIDO FALLA, « El concepto de servicio público en derecho español », *Revista de administración pública*, 1994, n°135, p. 7 et s. ; voir aussi A. MARTINEZ

Les premiers auteurs qui se sont référés à la notion de service public, au XIXème siècle, ne lui ont pas donné un contenu juridiquement opérationnel ; les services publics, pour A. Oliván[3], représentaient plus ou moins confusément l'ensemble des tâches confiées à l'administration. Quelques vagues allusions sont également faites à ce concept dans les ouvrages de M. Colmeiro[4] ou de V. Santamaria de Paredes[5].

MARIN, « La evolución de la teoría del servicio público en la doctrina española », dans *Actualidad y perspectivas del derecho público a fines del siglo XX*, Homenaje al Profesor Garrido Falla, Editorial Complutense, Madrid, 1993, p. 1377 et s. ; J. L. MEILAN GIL, « El servicio público como categoria jurídica », *Cuadernos de derecho público*, 1997, n°2, p. 75 et s., note p. 79 : « le concept de service public n'a jamais été réellement la notion-clé qu'il aurait fallu rechercher pour définir la compétence de la juridiction administrative » ; la notion de « service public » figure toutefois parmi les « idées cardinales » du droit administratif dans la présentation qu'en fait F. GARRIDO FALLA en 1952, « Sobre el derecho administrativo y sus ideas cardinales », *Revista de administración pública*, 1952, n°7, p. 11 et s., note p. 38 et s.). L'auteur, qui évoque l'influence de la théorie institutionnaliste, y voit même « une idée supérieure... qui n'est, en droit administratif, que la traduction de l'idée philosophique du bien communé » (*ibid.*, p. 37) ; mais il souligne la variété des conceptions françaises de L. Duguit à M. Waline en passant par Hauriou, Jèze, Bonnard ou Rolland, et insiste sur les préoccupations téléologiques qui animent les partisans du service public. A ses yeux, le service public « plus qu'une figure juridique authentique et spécifique, se réfère au complexe des fins sociales que les entités administratives doivent s'assigner », ce qui explique la multiplicité des institutions ou des relations qu'il engendre (et il s'appuie notamment sur Santi Romano pour étayer cette affirmation). On trouvera un exposé détaillé et nuancé des fondements de la théorie du service public (notamment à partir des principaux théoriciens français) et de son évolution comparée en France et en Espagne dans un long article, nourri de références, de L. MARTIN REBOLLO, « De nuevo sobre el servicio público. Planteamientos ideológicos y funcionalidad técnica », *Revista de administración pública*, 1983, n°100-102, p. 2471 et s.

3 A. OLIVAN, « De la administración pública con relación a España », dans *Enciclopedia española del siglo XIX*, V°Administración (1842) ; réédité avec une préface d'E. García de Enterría, en 1954, par l'Instituto de Estudios políticos. L'auteur observe que les services publics correspondent à la « matière administrative ».

4 M. COLMEIRO, *Derecho administrativo español*, 4ème éd., E. Martínez, Madrid, 1876.

5 V. SANTAMARIA de PAREDES, *Curso de derecho administrativo*, 8ème éd., Madrid, 1914. Il est vraisemblable que la notion de travail public (*obra pública*) a eu un impact plus important sur la doctrine espagnole de la fin du XIXème siècle. C'est à travers l'explication des ouvrages publics, objet d'une demande sociale forte, que se sont dessinés les premiers linéaments du service public (voir la loi sur les travaux

Il faut en venir à A. Posada, auteur d'un *Tratado de derecho administrativo* réputé, pour trouver une analyse théorique du concept de service public, manifestement inspirée par la doctrine de Léon Duguit et de son école[6]. A la même époque C. García Oviedo publiait *La teoría del servicio público*[7], qui doit beaucoup aux conceptions de G. Jèze et qui présente le service public comme l'une des activités caractéristiques de l'administration. L'auteur en propose une classification et surtout en ébauche le régime juridique autour des thèmes de la continuité et de la régularité qui constitueront un des signes distinctifs les plus souvent retenus par la doctrine espagnole de droit public à cette époque. On voit déjà apparaître, au cours des éditions successives de l'ouvrage, les bases d'une conception adaptée au droit et à la réalité administrative de l'Espagne et dès lors moins tributaire de l'apport français.

Les allusions à la théorie du service public comme élément d'identification et d'autonomie juridique du droit administratif sont plus éparses dans les ouvrages de L. Jordana de Pozas[8], de R. Fernández de Velasco[9] ou de A. Royo Villanova[10].

---

publics du 3 juin 1855). Le thème de la domanialité publique a également servi la promotion du service public outre-Pyrénées, dans le contexte d'une certaine rivalité entre l'État et les collectivités locales. L'association des expressions « domaine public » et « service public » apparaît par exemple dans le code civil de 1889 (voir J. L. MEILAN GIL, « El servicio público como categoría jurídica », *op. cit.*, p. 80). Le titre en vertu duquel une activité pouvait être gérée directement sur son domaine par une commune ou concédée par elle a une personne privée ne faisait pas état, *expressis verbis*, de la présence d'un service public mais de manière plus générale, de « l'intérêt des populations » (*los intereses de los pueblos*).

6 A. POSADA, *Tratado de derecho administrativo*, 2ème éd., 1923, Suárez, Madrid, p. 272 ; voir. aussi, du même auteur, « Estudio preliminar sobre la idea del Estado y la noción de soberanía », prólogo a L. Duguit, *Las transformaciones del derecho público,* F. Beltrén, Madrid, 2ème éd., 1926, p. 5 et s. L'auteur se rallie toutefois à la conception téléologique du service public dans lequel il voit la fin de l'État et qui, de ce fait, échappe à toute définition précise.

7 C. GARCIA OVIEDO, *La teoría del servicio público*, Reus, Madrid, 1923.

8 L. JORDANA de POZAS, *Derecho administrativo*, T. II, Madrid, 1924, p. 139 et s.

9 R. FERNANDEZ de VELASCO, *Résumen de derecho administrativo y Ciencia de la administración*, T. I, 2ème éd., Barcelone, 1930, p. 170 et s.

10 A. ROYO VILLANOVA, *Elementos de derecho administrativo*, 17ème éd., Valladolid, 1942, p. 138 et s. L'auteur s'intéresse d'ailleurs davantage à l'aspect institutionnel et organisationnel du service public qu'aux principes fonctionnels qui animent la théorie de l'Ecole de Bordeaux (encore qu'il retienne volontiers l'idée de

En revanche, on peut déceler, selon A. Martínez Marín[11], les premières tentatives d'« espagnolisation » de la théorie du service public dans les œuvres de S. Alvárez-Gendín et de J. Gascón y Marín.

Le premier est l'auteur d'un *Manuel de derecho administrativo*[12] où il présente le service public comme « une coordination, un ensemble d'activités juridiques, financières et techniques organisées par l'État et les entités autonomes et destinées à satisfaire économiquement les besoins publics, de manière régulière et continue ». Dans une monographie plus spécialisée publiée en 1944[13], le concept du service public est intégré dans une analyse générale du système administratif espagnol non comme la pièce maîtresse mais comme l'un des éléments explicatifs importants du droit administratif. On voit apparaître notamment le thème de la responsabilité de l'administration pour mauvais fonctionnement du service public, ou celui des services publics locaux et, de manière plus générale, les relations entre droit administratif et service public y sont analysées dans la diversité de leurs aspects.

Un même souci d'originalité dans l'approche du problème du service public peut être décelé dans l'œuvre de J. Gascón y Marín[14] ; l'auteur le définit comme un service « rendu pour satisfaire un besoin public général, de manière régulière et continue, en utilisant une procédure juridique de droit public qui soumet également les relations ainsi créées à un régime spécial ».

Comme on le voit à travers ces diverses conceptions doctrinales, elles s'efforcent de maintenir la théorie du service public dans son cadre d'origine (celui de l'État libéral), avec sa finalité (la satisfaction

---

continuité et de régularité des services publics pour faire obstacle au droit de grève des agents publics).

[11] A. MARTINEZ MARIN, « La evolución de la teoría del servicio público en la doctrina española », *op. cit.*, p. 1385 et s.

[12] S. ALVAREZ-GENDIN, *Manuel de derecho administrativo* Zaragoza, 1941, notamment p. 50 et s.

[13] S. ALVAREZ-GENDIN, *El servicio público. Su teoría jurídico-administrativa*, Instituto de estudios políticos, Madrid, 1944, notamment p. 185.

[14] J. GASCON Y MARIN, *Tratado de derecho administrativo*, 10ème éd., 1948, notamment p. 223 et s. ; voir aussi, pour une approche comparable, E. PEREZ BOTIJA, « Sur la notion de service public », *Revue internationale des sciences administratives*, 1956, n°2, p. 67 et s.

des besoins essentiels de la collectivité) et les grands principes qui l'accompagnent (notamment le principe de continuité).

Mais il manquait sans doute, dans l'Espagne du XIXème et de la première moitié du XXème siècle, l'une des dimensions du « service public » qui a contribué fortement à son enracinement idéologique en France : l'idée que la fonction de service pouvait et devait, entre les mains de l'État, se substituer progressivement, au nom de la solidarité sociale, à la fonction de domination classique -ou tout au moins servir de justification à l'exercice de la contrainte étatique. Les liens entre le thème renouvelé de la souveraineté et celui du service public ont été souvent mis en exergue dans la doctrine française, le « service public » répondant *prima facie* à une manifestation (quelque peu mythique, sans doute) de la « volonté générale », elle-même fondement de la légitimité du pouvoir politique (dont la structure étatique a été en définitive le principal bénéficiaire)[15]. Il est évident que l'idéologie révolutionnaire française ne pouvait que contribuer à alimenter une certaine méfiance, en Espagne, à l'endroit du concept de service public.

Il ne faut pas méconnaître non plus que l'Espagne n'a pas connu, à la même époque, l'avènement d'une bourgeoisie libérale dont l'active participation à la révolution industrielle eût été de nature à renforcer mécaniquement les bases sociales de la notion de service public comme expression d'une politique compensatrice de solidarité collective (on sait l'importance que les théories du « solidarisme » ont revêtue dans l'élaboration de la pensée de Léon Duguit).

Pourtant, les changements politiques profonds qui conduisirent à la dictature de Franco, après l'intermède de la IIème République, n'allaient pas rester sans incidence sur la conception doctrinale du service public[16]. Au demeurant, la période de l'entre-deux guerres avait ouvert en France une « crise »[17] dont la notion de service public

[15] Voir par ex. L. NIZARD, « A propos de la notion de service public : mythes étatiques et représentations sociales », in *Recueil d'études en hommage à Charles Eisenmann*, Paris, 1977 ; E. PISIER-KOUCHNER, *Le service public dans la théorie de l'État de Léon Duguit*, Paris, 1972.

[16] A. MARTINEZ MARIN, *op. cit.*, p. 1389 et s.

[17] Le terme, aujourd'hui galvaudé, figure dans le titre de la thèse de J. L. De CORAIL, *La crise de la notion juridique de service public en droit administratif français*, L.G.D.J., 1954 ; cette expression a été utilisée également par F. GARRIDO FALLA,

ne se relèvera jamais complètement. L'interventionnisme de l'administration en matière économique, au niveau central comme au niveau local, avait en effet singulièrement compliqué l'analyse et réduit à néant les efforts des partisans du service public pour maintenir une liaison stable entre service public, régime spécifique de l'activité administrative et compétence juridictionnelle du juge administratif.

En Espagne, l'idéologie politique du nouveau régime, né d'un soulèvement militaire, ne pouvait guère être regardée *a priori* comme une idéologie de service, au sens que pouvait revêtir cette expression dans l'esprit des pionniers du « service public. Elle ne s'accommodait guère par ailleurs des obligations et du contrôle juridictionnel propres à un État de droit.

Rares ont été les auteurs qui ont tenté de maintenir ou d'approfondir la théorie du service public pendant la période franquiste (1936-1975). Parmi ceux qui lui sont restés les plus fidèles (mais n'en adoptèrent en définitive qu'une conception relativement réductrice), on doit citer F. Garrido Falla [18]. D'autres s'en écartent délibérément et y voient même à l'occasion un « fantasme »[19], ou en soulignent l'impact particulièrement modeste[20]. On ne trouve plus de définition juridique rénovée du concept de service public, ni d'analyses significatives de ce que L. Rolland appellera plus tard les « lois du service public (égalité, continuité, neutralité, adaptation, etc.). La nouvelle génération de spécialistes de droit administratif, J. Villar Palasí[21], E. García de Enterría[22], R. Entrena Cuesta[23],

---

Las transformaciones del régimen administrativo, Instituto de Estudios Políticos, Madrid, 1954.

[18] F. GARRIDO FALLA, « La crisis de la noción de servicio público », *op. cit.*

[19] J. A. GARCIA TREVIJANO, *Tratado de derecho administrativo*, T. II, 2ème éd., Ed. Revista de derecho privado, Madrid, 1971, p. 2 et 9.

[20] J. M. BOQUERA OLIVER, *Derecho administrativo*, Vol. I, p. 211 et s., Instituto de Estudios de Administración local, Madrid, 1972.

[21] J. VILLAR PALASI, « La actividad industrial del Estado en el derecho administrativo », *Revista de administración pública* 1950, n°3, p. 53 et s. ; voir aussi, *Derecho administrativo. Introducción y teoría de las normas*, Universidad de Madrid, 1968 ; *Apuntes de derecho administrativo. Parte general*, Universidad a distancia, Madrid, 1974.

[22] E. GARCIA de ENTERRIA, « La actividad industrial y mercantil de los municipios », *ibid.*, 1955, n°17, p. 87 et s. ; voir aussi E. GARCIA de ENTERRIA

R. Martín Mateo[24], n'accorde au service public qu'un intérêt relatif et n'en propose pas une nouvelle approche. G. Ariño Ortiz, procédant vers la fin de l'époque franquiste, à un bilan de la théorie du service public[25], s'en tient à une conception étroite, liée à certaines activités administratives de prestation, qui traduit la distance que la doctrine espagnole, dans sa majorité, entend prendre à l'égard d'un concept jugé peu opérationnel.

Symptomatiques à cet égard sont les observations de J. C. Villar Palasí dans la préface à la thèse de doctorat de J. L. Villar Ezcurra[26] dont l'élaboration coïncide avec la fin de la période de référence : « Il n'y a en définitive ni doctrine ni thèse partagée par tous quant à ce que pourrait être en définitive, un service public ». En dépit de l'évidente omniprésence de l'expression « service public » dans les lois, les règlements et la jurisprudence, il n'existe aucune définition scientifique apte à opérer la synthèse de ses éléments essentiels et à en faciliter l'identification dans la masse des notions et des concepts du droit administratif. Parler de crise du service public constitue un paradoxe supplémentaire dès lors que les auteurs n'ont pu se mettre d'accord sur le contenu de base de cette notion. A l'inverse de la propriété, ou du contrat, voire du domaine, qui ont longtemps reposé sur des piliers solides, le service public n'a jamais trouvé d'assise véritable. Il est vrai que le travail préparatoire d'analyse sur le terrain n'avait pas jusqu'alors été effectué dans de bonnes conditions.

C'est à cette tâche qu'est consacrée la thèse de J. L. Villar Ezcurra[27]. L'auteur procède à une analyse historique approfondie des divers services publics qui se sont successivement constitués en Espagne à partir de phénomènes tels que la vente de certains biens

---

y T. R. FERNANDEZ, *Curso de derecho administrativo*, éd. Civitas, Madrid, T. I, 1ère éd., 1974.

23 R. ENTRENA CUESTA, *Curso de derecho administrativo*, 5ème éd., Tecnos, Madrid, 1974.

24 R. MARTIN MATEO, *Manual de derecho administrativo*, Madrid, 1970.

25 G. ARIÑO ORTIZ, « Concepto de servicio público y bases de su régimen jurídico », dans *Programa de derecho administrativo y guía para su estudio*, Universidad Complutense, Madrid, 1975, p. 7 et s.

26 J. L. VILLAR EZCURRA, *Servicio público y técnicas de conexión*, Madrid, Centro de Estudios constitucionales, 1980, p. 9 et s.

27 *Ibid.* (thèse soutenue en 1976, avant la promulgation de la nouvelle Constitution).

de l'Eglise catholique ou les investissements étrangers[28]. Mais, en tant que concept, le service public ne se laisse pas alors aisément appréhender par le droit[29].

Il y aurait plutôt lieu d'y voir un concept « polymorphe »[30] qui doit être abordé à partir de points de vue différents et qu'il est inutile de vouloir ramener à l'unité sans inventaire minutieux de ses différentes « familles » normatives, poursuivant des objectifs éventuellement hétérogènes. D'autant que l'interventionnisme économique de l'administration au XXème siècle ne se réclame nullement de l'idée de service public[31]. Il ne s'agit pas cependant de regrouper tant bien que mal les définitions sectorielles venues du droit financier ou fiscal, du droit pénal, du droit civil ou du droit commercial mais d'en rechercher les structures de base, c'est-à-dire les éléments explicatifs essentiels dans le contexte administratif, lequel entend en faire un véritable concept finalisé, au-delà de toute fonction instrumentale partielle.

Insistant sur la « titularité » (*titularidad*) publique du service[32], l'idée de prestations en faveur du public, les principes de continuité et d'égalité ou la nécessité d'un contrôle des pouvoirs publics, l'auteur

---

[28] J. L. VILLAR PALASI, voir « Concesión administrativa », dans *Nueva Enciclopedia Jurídica Seix*, p. 695.

[29] L'auteur récuse fermement certains excès dans les tentatives de conceptualisation du service public par la doctrine et dénonce au passage les emprunts injustifiés aux théories étrangères (notamment françaises), *op. cit.*, p. 71 et s. J. L. VILLAR PALASI avait pour sa part comparé le service public à un « aimant qui regroupe des matières diffuses autour de quelques lignes de force » (*La intervención administrativa en la industría*, Madrid, 1964, p. 198).

[30] *Ibid.*, p. 97.

[31] J. L. VILLAR PALASI, *op. cit.* ; voir aussi, sous la direction de cet auteur, *Derecho administrativo*, T.II, Universidad nacional de educación a distancia, 1977, p. 405 et s. (en collaboration avec J. M. RODRIGUEZ OLIVER, R. PAREJO GAMIR, J. L. VILLAR EZCURRA, E. de la TORRE MARTINEZ et F. FERNANDEZ MIRANDA) - où l'on trouve des développements approfondis sur la naissance, le concept, les caractéristiques, les modes de gestion, la situation des usagers, la responsabilité, la classification, etc.

[32] Le terme latin *publicatio* est volontiers utilisé par la doctrine espagnole pour désigner l'acte normatif de création d'un service public, dont la responsabilité incombe à une personne publique (l'État, une collectivité locale, etc.). Sans la *publicatio,* l'activité en cause peut difficilement prétendre à la qualité de « service public » (J. C. VILLAR EZCURRA, *op. cit.*, p. 154 et s.)

ne néglige pas pour autant la « structure formelle » du service, constituée par une configuration tripartite : personne ayant la charge du service (collectivité organisatrice), personne gestionnaire du service (exploitant) et destinataire du service (usager)[33]. En définitive, l'unité du concept, ce qui permet d'en vérifier la cohérence profonde, tiendrait aux « techniques de connexion » que les principaux « blocs » de services publics savent utiliser pour nouer entre eux des relations privilégiées (collaboration, coordination, coopération) et fournir éventuellement aux usagers de nouvelles prestations.

Dans un contexte général d'interrogations doctrinales persistantes sur le service public, on détachera la brève controverse qui opposera, dans les années 1950, J. L. Villar Palasí à F. Garrido Falla.

Le premier de ces auteurs, dans une étude publiée en 1950[34], avait été sensible à la conception du service public comme critère du droit administratif, dans la ligne proposée par G. Jèze (dont l'ouvrage majeur *Les principes généraux du droit administratif* avait fait l'objet d'une traduction en espagnol en 1928)[35] - conception qui soulignait la liaison entre l'identification d'un service public et l'existence d'un régime juridique exorbitant du droit commun ; le service public se caractériserait ainsi par quatre éléments principaux : une activité dont l'administration a le monopole, à l'exclusion de toute personne privée, l'octroi de privilèges exorbitants du droit commun pour encadrer l'activité ainsi qualifiée, la régularité et la continuité des prestations fournies par le service et la reconnaissance au profit de l'usager d'un véritable droit à ces prestations. C'est précisément, ajoute-t-il, parce que ces diverses caractéristiques ne sont pas applicables à la nouvelle activité industrielle de l'État qu'il convient de ne pas y voir une activité de service public et de créer une nouvelle catégorie juridique,

---

33 *Op. cit.*, p. 242 et s.

34 J. L. VILLAR PALASI, « La actividad industrial del Estado en el derecho administrativo », *Revista de administración pública* 1950, n°3, p. 53 et s. ; voir du même auteur, *La intervención administrativa en la industria*, Madrid, 1964, notamment p. 198 et s. Les conceptions de J.-L Villar Palasí ont été également adoptées par E. GARCIA de ENTERRIA, « El servicio público de los transportes urbanos », *Revista de administración pública* 1953, n°10 p. 53 et s. ; « La actividad industrial y mercantil de los municipios », *ibid.* 1955, n°17, p. 87 et s.)

35 G. JEZE, *Los principios generales del derecho administrativo*, traduction de C. García Oviedo, Madrid, 1928 ; la traduction a été réalisée à partir de la 2ème édition française de l'ouvrage.

celle de la « gestion économique » (gestion que l'administration peut exercer sous forme d'établissements publics à caractère économique, d'entreprises publiques, d'actionnariat de l'État, etc.).

Cette tentative fut critiquée notamment par F. Garrido Falla[36], selon lequel les éléments de la définition du service public proposés par J. L. Villar Palasí ne sont pas tous essentiels. Par exemple, le monopole ne constitue pas une exigence absolue du service public comme l'atteste la coexistence de prestations publiques et de prestations privées dans le secteur éducatif ou le secteur de la santé ; le principe de régularité et de continuité du service public est manifestement battu en brèche par le droit de grève dans les services publics ; quant au droit des usagers aux prestations d'un service public, il conviendrait de déterminer s'il s'agit d'un droit concernant un service *uti singuli* (par exemple le droit de s'inscrire dans une université) ou un service *uti universi* (ainsi le droit à une prestation générale, tel l'éclairage public).

Par ailleurs, F. Garrido Falla observe que certains des éléments dans lesquels J. L. Villar Palasí voit les signes distinctifs d'un service public peuvent être identifiés également dans les activités de « gestion économique » (un établissement public à caractère économique peut utiliser des prérogatives de puissance publique).

Dès lors, selon l'auteur, c'est plutôt vers l'idée de service public qu'il conviendrait de se tourner pour savoir si telle ou telle activité économique de l'État est ou non une activité de service public. Il faudrait sans doute admettre que le droit utilisé par les organes gestionnaires des activités économiques peut être indifféremment le droit public ou le droit privé.

En définitive, jusqu'au changement de régime opéré par la Constitution de 1978, la notion de service public n'est certes pas ignorée par la doctrine publiciste espagnole mais sa place n'a jamais été jugée primordiale pour la compréhension du système administratif.

Qu'en est-il du droit positif dans la même période de référence ?

---

[36] F. GARRIDO FALLA, « La crisis de la noción de servicio público », *op. cit.* (reproduit dans *Las transformaciones del régimen administrativo*, 1ère éd., 1954 et 2ème éd., 1962, p. 141 et s.

B) La réception du concept de service public par le droit positif espagnol

Si le thème du service public n'a jamais été complètement perdu de vue par la doctrine espagnole, c'est parce que le droit positif législatif ou jurisprudentiel l'avait lui-même intégré dans son dispositif, y compris pendant la longue dictature franquiste.

1. La jurisprudence du Tribunal Suprême

Le Tribunal Suprême, plus haute instance juridictionnelle dans l'ordre juridique espagnol, utilise couramment l'expression « service public » depuis le siècle dernier. Sans doute, en tant que juridiction administrative, le Tribunal Suprême n'a-t-il pas joué le rôle pionnier du Conseil d'État français dans la construction du droit administratif espagnol (s'il existe un Conseil d'État en Espagne, sa fonction n'est que consultative) mais sa jurisprudence est, en soi, révélatrice de l'influence exercée par l'idée de service public[37], par exemple en matière de contrats (de concession, de location, de gestion d'activité, de prestations diverses etc.), en matière de fonction publique ou en matière de fonctionnement des services publics (de transports ferroviaires ou maritimes, d'éclairage public, de radiotélégraphie, etc.)[38]. C'est par dizaines que l'on compterait les arrêts reconnaissant la qualité de services publics à des activités gérées contractuellement sous forme de concessions (ou d'autres contrats) ou assumées directement par des personnes publiques.

La jurisprudence administrative s'attache particulièrement à cette qualité pour faire prévaloir les principes de continuité ou de régularité des services, pour traiter les relations entre le concédant et le concessionnaire ou celles qui lient les agents à l'administration.

---

[37] A. MARTINEZ MARIN, *op. cit.*, p. 1387.

[38] Parmi les arrêts les plus éclairants, voir Trib. Sup., 8 mars 1870 (grève des chemins de fer), 31 mars 1907 (grève des agents du service public de distribution d'électricité), 16 décembre 1907 (mauvais fonctionnement du service radio-télégraphique), 30 janvier 1912 (mauvais fonctionnement du service de téléphone), 7 novembre 1921 (maintien du service public de transports maritimes entre l'Espagne et la Guinée équatoriale), etc. (cités par A. MARTINEZ MARIN, *op. cit.*, p. 1387).

Dans des arrêts souvent cités[39] le Tribunal Suprême énonce par exemple que « le service public suppose une attention de l'administration pour l'intérêt public, au bénéfice des administrés » (arrêt du 19 novembre 1956) ou encore que « le noyau même du service public, cette caractéristique si singulière, définitive, distinctive et qui lui appartient authentiquement en propre est la déclaration qu'il répond aux besoins et aux commodités du public » (arrêt du 11 octobre 1968). On retiendra la formule de l'arrêt du 20 avril 1936, précité :

> *Devant la difficulté de définir abstraitement la notion de service public, il convient de l'identifier à partir de ses éléments constitutifs, en tant qu'une création correspondant à des phénomènes de progrès social, qui se traduit par des activités... réglementées juridiquement selon les principes administratifs de continuité et de permanence et sur lesquelles les pouvoirs publics exercent une maîtrise quant à l'initiative, au régime juridique et au contrôle, à partir de règles destinées à la réalisation de l'objectif d'intérêt collectif...*

Sous une forme quelque peu ampoulée, on retrouverait aisément les préoccupations qui caractérisaient à la même époque les tentatives de définition du service public en France.

---

[39] Arrêts du 20 avril 1936 (*Aranzadi*, n°1010) du 20 juin 1951, du 19 novembre 1956, du 26 octobre 1967, du 11 octobre 1968 par ex. (voir G. ARINO ORTIZ, « El servicio público como alternativa », *Revísta española de derecho administrativo*, 1979, n°23, p. 537 et s., notamment p. 548). En revanche la liaison entre acte administratif et service public, dans le cas particulier d'actes émanant de personnes privées bénéficiaires de prérogatives de puissance publique, n'a pas été opérée en Espagne avec la même ampleur qu'en France, malgré quelques tentatives doctrinales (A. GUAITA MARTORELL, « El concepto de acto administrativo », *Revista española de derecho administrativo,* n°7, p. 531 et s. ; J. A. GARCIA TREVIJANO FOS, *Los actos administrativos,* Civitas, Madrid, 1986, p. 119 ; J. A. MANZANEDO MATEOS, « Servicio público : aproximación a su línea evolutiva » in *Estudios en homenaje al Profesor López Rodó*, Madrid 1972, Vol. II, p. 228 ; M. BALLBE PRUNES, « Actos administrativos », *Nueva Enciclopedia Jurídica Seix*, Vol. II, 1950, p. 296 et s.). Sur l'ensemble de la question, on consultera l'excellent ouvrage de J. BARCELONA LLOP, *Ejecutividad, ejecutoriedad y ejecución forzosa de los actos administrativos*, Universidad de Cantabría, 1995, p. 113 et s., (préface L. MARTIN-RETORTILLO).

2. Les textes législatifs ou réglementaires

Les textes législatifs ou réglementaires de l'époque font également une place de choix au service public sans que l'on puisse noter de véritable rupture entre la période pré-franquiste et la période franquiste. Une loi du 2 avril 1845 relative aux conseils provinciaux (qui correspondent aux conseils généraux des départements français) attribue au juge administratif le contentieux des contrats portant sur les travaux et les services publics (art. 8-3) ; cette attribution de compétence est étendue à tous les contrats de service public par l'article 5 de la loi du 13 septembre 1888 ; les modalités de passation de ces contrats avaient été précisées auparavant par un décret royal du 27 février 1852. Si on se réfère à la loi sur la juridiction administrative de 1956, on relève (art. 3) que « la juridiction administrative est compétente pour connaître les questions relatives à la réalisation, l'interprétation, la résiliation et les effets des contrats, quelle que soit leur nature juridique, conclus par l'administration, lorsqu'ils ont pour objet des travaux ou des services publics de toutes sortes ». Conformément à un tel critère législatif, les concessions de service public aussi bien que les contrats de fournitures ou les marchés de travaux nécessaires au fonctionnement des services publics doivent être regardés comme des contrats administratifs[40].

La vieille figure de la concession de service public a été aussi volontiers utilisée en Espagne qu'en France et elle a servi notamment au développement des activités industrielles ou à la construction des grands réseaux sous l'égide de l'État dès le XIXème siècle [41]. L'idée de service public est également présente dans le processus dit de « municipalisation » par lequel les collectivités de base ont récupéré et

---

[40] F. GARRIDO FALLA, « El concepto de servicio público en derecho español », *Revista de administración pública* 1994, n°135, p. 7 et s., notamment p. 10 et s.

[41] E. GARCIA de ENTERRIA, « La actividad industrial y mercantil de los municipios », *Revista de administración pública*, 1955, n°17, p. 87 et s., notamment p. 94 et s. L'auteur souligne que dans l'optique d'un droit administratif « stato-centrique », les communes prenaient elles-mêmes la qualité de concesssionnaires pour certains services publics de proximité (*op. cit.*, p. 96 et s.). Voir du même auteur, « El servicio público de los transportes urbanos », *Revista de administración pública*, 1953, n°10, p. 53 et s.). Sur la construction du réseau de voies ferrées et son incidence sur le droit administratif espagnol, on consultera J. BERMEJO VERA, *Régimen jurídico del ferrocarril en España* (1844-1974), Tecnos, Madrid, 1974.

exercé effectivement leurs compétences en matière de services publics locaux[42]. Le statut municipal de 1924 ou la loi « républicaine » de 1935 prévoient et réglementent la municipalisation de diverses activités d'intérêt public[43]. C'est encore au "service public postal" que se réfèrent des textes plus anciens comme l'instruction du 10 octobre 1833 ou le règlement relatif au régime et au service du courrier du 7 juin 1898.

Cette présence du service public dans le droit contractuel espagnol se traduit également dans les textes publiés pendant la période franquiste. La loi sur les contrats de l'État, du 8 avril 1965, modifiée notamment par la loi n° 5/1973 du 17 mars 1973, dispose dans son article 62 que « le contrat par lequel l'État confie à une personne physique ou morale la gestion d'un service sera régi par la présente loi et par les dispositions spéciales au service intéressé dans la mesure où elles ne lui sont pas contraires » (la règle ne concerne pas toutefois les entités de droit public créées pour gérer un service public, ni les sociétés à forme de droit privé dont le capital est détenu par l'État ou par un établissement public de l'État). Par ailleurs l'État peut gérer indirectement, par la voie contractuelle, les services qui relèvent de sa compétence et qui ont un objet économique les rendant susceptibles d'être exploités par des entreprises privées, dès lors qu'il n'impliquent pas « l'exercice de pouvoirs souverains ». Les monopoles contractuels sont en principe exclus à moins qu'une loi ne l'autorise expressément.

C'est encore sur l'idée de service public que repose pour l'essentiel la responsabilité de la puissance publique aux termes de l'article 3, b, de la loi sur le contentieux administratif de 1956. On rappellera qu'en Espagne, cette responsabilité présente un caractère objectif beaucoup plus marqué qu'en France depuis la loi sur l'expropriation pour cause d'utilité publique de 1954, dont l'article 121-1 prévoit la responsabilité

---

[42] E. GARCIA de ENTERRIA, *op. cit.*, p. 108. L'auteur évoque les activités « dont le caractère de service public *stricto sensu* a toujours été admis, indépendamment des attributions de compétence dont ces activités ont fait l'objet » : il conviendrait au demeurant, ajoute-t-il, de séparer la « municipalisation » comme octroi de compétence aux collectivités locales et la « municipalisation » comme exercice effectif et direct des activités municipalisées (transports, eau, gaz, électricité, etc.) ; seule la première acception est de nature à dissiper la confusion.

[43] Statut municipal (art. 169 à 179) ; loi de 1935 (art. 131 à 143).

de la collectivité expropriante pour les dommages qui sont « les conséquences du fonctionnement normal ou anormal des services publics »[44]. On retrouvera la formule dans la loi relative au régime juridique de l'administration de l'État, de 1957, et elle sera constitutionnalisée en 1978 (voir *infra*).

On peut déceler le thème du service public dans les nombreuses dispositions législatives ou réglementaires qui régissent la fonction publique (sanctions pénales applicables aux agents pour abandon de service, grèves susceptibles d'affecter le bon fonctionnement des services publics, etc.). Au demeurant, qu'il s'agisse des principes généraux du service public[45] ou de l'analyse des principaux services

---

[44] E. GARCIA de ENTERRIA, « Potestad expropiatoria y garantía patrimonial en la nueva ley de expropiación forzosa », *Anuario de derecho civil*, 1955, T. VIII, p. 1023 et s. ; « La responsabilidad del Estado por comportamiento ilegal de sus órganos en el derecho español », *Revista de derecho administrativo y fiscal* 1964, n°7, p. 7 et s. ; F. GONZALEZ NAVARRO, « Responsabilidad de la administración por daños causados a terceros por el empresario de un servicio público », *Revista de derecho administrativo y fiscal*, 1976, n°44-45, p. 215 et s.

[45] A. MARTINEZ MARIN, *op. cit.*, p. 1388 ; A. MARTINEZ MARIN, *El buen funcionamiento de los servicios públicos*, Madrid, 1991 ; G. ARIÑO ORTIZ, « El servicio público como alternativa », *Revista española de derecho administrativo* 1979, n°23, p. 537 et s., notamment p. 544 et s. ; sur le problème de l'adaptation des services publics, on se réfèrera à J. L. MEILAN, *La cláusula de progreso de los servicios públicos*, I.E.A. Madrid, 1968 ; sur le problème de la continuité des services publics, voir J. M. SALA ARQUER, *El principio de continuidad de los servicios públicos*, Alcalá de Henares, 1977 ; sur la protection des biens affectés au service public, G. ARIÑO ORTIZ, *La afectación de bienes al servicio público*, Madrid, 1972 ; sur les rapports entre secteur public et service public, J. JANE SOLA, « La empresa de servicios públicos : pública o privada ? », in *Empresa pública versus empresa privada en economías en proceso de desarollo,* Dopesa, Barcelone, 1973, p. 261 et s. ; sur la tarification des services publics, E. GARCIA de ENTERRIA, « Sobre la naturaleza de la tasa y las tarifás de los servicios públicos », *Revista de administración pública* 1953, n°12, p. 29 et s. ; G. ARIÑO ORTIZ, *Las tarifas de los servicios públicos,* Séville, 1976 ; sur les services publics locaux, F. ALBI-CHOLBI, *Tratado de los modos de gestión de las corporaciones locales*, Madrid, Aguilar, 1960. J. ETXEBARRIA ETXEITA, « Las formas de prestación de los servicios públicos. Los organismos autónomos locales », *Revista vasca de administración pública*, 1995, n°41, p. 421 et s. ; sur la situation des usagers des services publics, J. SALAS HERNANDEZ, « Sobre la naturaleza jurídica de las relaciones entre los usuarios de los servicios públicos y las empresas concesionarias », *Revista española de derecho administrativo* 1975, n°4, p. 39 et s. ; P. ESCRIBANO COLLADO, « El usuario ante el servicio público : precisiones sobre su situación jurídica », *Revista de*

publics[46], l'abondance de la littérature juridique espagnole atteste à elle seule la vitalité du concept.

---

administración pública, 1977, p. 113 et s. ; L. MIGUEZ MACHO, *Los servicios públicos y el régimen jurídico de los usuarios*, Cedecs, Barcelone, 1999, p. 84 et s.

[46] J. M. GARRIDO LOPERA, *El servicio público de abastecimiento de agua a poblaciones*, I.E.A.L. Madrid, 1973 ; J. BERMEJO VERA, *Régimen jurídico del ferrocarril en España*, 1844-1974, Tecnos, Madrid, 1974 ; E. GARCIA de ENTERRIA, « El servicio público de los transportes urbanos », *Revista de administración pública* n°10, 1953, p. 53 et s. ; R. ENTRENA CUESTA, « El servicio de taxis », *Revista de administración pública*, n°27, 1958, p. 29 ; J. C. VILLAR EZCURRA, « Los teleféricos y su problemática actual », *Revista española de derecho administrativo*, 1977, n°13, p. 287 et s. ; E. CARBONELL PORRAS, *Régimen juridico-administrativo del transporte interurbano por carretera*, Universidad Complutense et Universidad de Córdoba, 1993, p. 32 et s. ; M. BAENA del ALCAZAR, *Los transportes mecánicos por carretera en el derecho administrativo español*, Madrid 1979 ; M. FRAGA IRIBARNE, « La educación como servicio público. Un comentario de la ley Moyano », *R.E.P.*, n°96 ; J. L. VILLAR EZCURRA, « El derecho a la educación como servicio público », *Revista de administración pública*, n°88, 1979, p. 155 ; E. RIVERO YSERN, *Consideraciones en torno a la radiodifusión en el derecho español*, Universidad de Sevilla, 1968 ; M. ALONSO OLEA, *Instituciones de seguridad social*, 4ème éd., I.E.P., Madrid, 1972 ; S. MUÑOZ MACHADO, *La formación y la crisis de los servicios sanitarios públicos*, Alianza Editorial, Madrid, 1995 ; J. PEMAN GAVIN, *Régimen jurídico del servicio de correos*, INAP, Madrid, 1983 ; J. L. de la VALLINA VELARDE, *El régimen jurídico-administrativo del servicio público telefónico*, I.E.A., Madrid, 1971 ; J. SALAS HERNANDEZ, *Régimen jurídico-administrativo de la energía eléctrica*, Real Colegio de España, Bologne, 1977 ; J. M. GIMENO FELIU, *El servicio público eléctrico en el mercado interior europeo*, Civitas, 1994 (Préface J. Bermejo Vera) ; M. del GUAYO CASTIELLA, *El servicio público del gas*, Marcial Pons, Madrid, 1992 ; A. GALLEGO AÑABITARTE et J. M. RODRIGUEZ de SANTIAGO, « La nueva regulación del mercado del gas natural », *Revista de administración pública*, 1999, n°148, p. 41 et s. ; M. FERNANDEZ TORRES, « El servicio público de gas », *Revista de administración pública*, 1978, p. 53 et s. ; J. J. FERNANDEZ GARCIA, *Definición del servicio público : su aplicación al problema del suministro del gas*, Aranzadi, Pampelune, 1984 ; J. M. de la CUETARA, *Las comunicaciones marítimas en España*, La Laguna, Tenerife, 1982 ; voir aussi, pour une approche contemporaine du service public, J. L. MEILAN GIL, « El servicio público como categoría jurídica », *Cuadernos de derecho público*, 1997, n°2, p. 75 et s. ; L. BURGORGUE-LARSEN, « Les mutations qui affectent le service public dans le droit public espagnol », dans *Service public et communauté européenne : entre l'intérêt général et le marché*, La Documentation française, 1998, T. II, p. 5 et s. ; J. SALAS ARQUER, « La noción jurídica de servicio público », *Revista internacional de ciencias administrativas*, 1976, n°3.

Ainsi, à la veille de la Constitution du 29 décembre 1978, le droit positif espagnol avait intégré le concept de service public, que la doctrine administrative avait déjà accueilli et auquel elle accordait une valeur explicative notable.

Le changement de régime constitutionnel a ouvert de nouveaux espaces à la controverse sur le service public et sur sa place exacte dans le système administratif.

II. La controverse contemporaine sur le service public

La fin du franquisme s'est accompagnée d'un changement radical du régime politique. L'Espagne qui n'avait jamais connu la démocratie (si on met à part l'épisode très éphémère de la Ière République de 1873 -et celui, guère plus probant, d'une IIème République qui, entre 1931 et 1936, n'eut pas le temps de se consolider), se transforma en monarchie libérale, constitutionnelle et parlementaire, à l'image des régimes scandinaves, et s'amarra solidement au bloc occidental, à l'Europe communautaire et au Conseil de l'Europe.

La conception même de l'administration s'en trouva modifiée : les articles 97 et 103-1 de la Constitution du 29 décembre 1978 assignent à l'administration (pour la première fois, dans l'histoire espagnole) son rang dans l'organisation des pouvoirs publics et ses objectifs dans un « État social et démocratique de droit » (art. 1) qui, lui-même, entend promouvoir comme valeurs fondamentales « la liberté, la justice, l'égalité et le pluralisme politique » (*ibid.*).

Aux termes de l'article 97 de la charte fondamentale, « le gouvernement dirige... l'administration civile et militaire ... ; il exerce la fonction exécutive et le pouvoir réglementaire conformément à la Constitution et aux lois ». L'administration se trouve donc organiquement dans une position subordonnée par rapport au gouvernement qui lui-même est tenu de respecter la Constitution et les lois. Elle se présente constitutionnellement comme un outil de gestion entre les mains du gouvernement[47].

[47] De multiples ouvrages ou études particulières ont explicité la situation constitutionnelle de l'administration espagnole au sein des pouvoirs publics. En langue française, on peut consulter F. MODERNE, « L'administration publique espagnole »,

Quant aux objectifs de l'administration, ils ont été également constitutionnalisés : « l'administration publique sert avec objectivité l'intérêt général et agit conformément aux principes d'efficacité, de hiérarchie, de décentralisation, de déconcentration et de coordination en se soumettant pleinement à la loi et au droit » (art. 103-1).

On retiendra tout particulièrement de cette disposition la référence expresse au service de « l'intérêt général », expression dans laquelle il ne serait pas abusif de voir une allusion au service public matériel (ou fonctionnel), et la référence à la soumission de l'administration à la loi et au droit, où l'on trouvera sans peine une condamnation de l'arbitraire administratif[48], lequel est en soi contraire à toute idée de « service ».

Ces mentions constitutionnelles, malgré leur généralité, ne sont pas sans intérêt pour notre propos ; elles contribuent à ouvrir le débat contemporain sur le service public en Espagne.

Il semble que les discussions sur le service public s'orientent aujourd'hui, pour l'essentiel, dans trois directions, encore qu'il ne soit pas toujours facile de procéder à des classifications et de cerner les termes mêmes de la controverse. Le service public, en Espagne comme en France, souffre d'une relative indétermination dont la terminologie juridique ne reproduit pas toujours les effets pervers. Par ailleurs, le concept conserve une certaine valeur mythique qui peut fausser les analyses ou tout au moins en déformer quelque peu les perspectives.

Les auteurs se sont d'abord interrogés sur la problématique constitutionnelle générale du service public en tant que notion spécifique, dans le contexte d'une administration publique dont on a

---

dans *Annuaire européen d'administration publique* 1987, p. 59 et s. ; P. BON, « Administration et Constitution en Espagne », *ibid.*, 1993, p. 17 et s.

48 Sur la controverse doctrinale quant à la portée du pouvoir du juge, T. R. FERNANDEZ, *De la arbitrariedad de la administración*, Civitas, 1994 et la bibliographie citée ; L. PAREJO ALFONSO, *Administrar y juzgar : dos funciones distintas y complementarias*, Tecnos, Madrid, 1993 ; M. SANCHEZ MORON, *Discrecionalidad administrativa y control judicial*, Tecnos, Madrid, 1994 ; M. ATIENZA, « Sobre el control de la discrecionalidad. Comentarios a una polémica », *Revista española de derecho administrativo*, 1995, n°85, p. 5 ; M. BACIGALUPO, *La discrecionalidad administrativa (estructura normativa, control judicial y limites constitucionales a su atribución)*, Marcial Pons, Madrid, 1997.

dit qu'elle devait être animée par une idéologie de « service » plutôt que par une idéologie de « pouvoir ».

Ils ont également abordé, en termes éventuellement contradictoires, les relations entre « service public » et « liberté d'entreprise », ce qui situe la discussion sur le terrain des services publics économiques dans le cadre d'une économie de marché.

Enfin, et dans le prolongement du thème précédent, c'est la controverse sur la place du service public dans la construction communautaire qui a trouvé un écho dans la doctrine espagnole.

On reprendra brièvement ces différents points.

A) La problématique constitutionnelle générale du service public

Le service public, même s'il n'est pas admis comme concept fédérateur de base du droit administratif espagnol contemporain, continue de jouer un rôle important, tant dans la théorie qu'en droit positif.

L'expression a été en effet promue au rang constitutionnel par diverses dispositions de la charte fondamentale. Elle revêt dès lors une signification constitutionnelle et n'est plus laissée entre les mains du législateur ordinaire. Le gardien de la constitutionnalité des lois, le Tribunal constitutionnel, dispose de moyens efficaces pour imposer le respect des normes ou des principes de valeur constitutionnelle[49].

Deux dispositions de la Constitution de 1978 méritent d'être citées à cet égard.

La première est celle de l'article 106-3 qui traite de la responsabilité administrative.

> *Les particuliers, selon les termes établis par la loi, auront le droit d'être indemnisés pour tout dommage causé à leurs biens et à leurs droits, sauf dans les cas de force majeure, chaque fois que ce dommage sera la conséquence du fonctionnement des services publics.*

---

[49] En langue espagnole, la littérature sur le rôle du Tribunal constitutionnel est des plus abondantes ; en langue française, on mentionnera P. BON, F. MODERNE et Y. RODRIGUEZ, *La justice constitutionnelle en Espagne*, Economica, 1984, et les chroniques publiées régulièrement dans l'*Annuaire international de justice constitutionnelle* (Economica).

La seconde, beaucoup plus discutée, est celle de l'article 128-2.

> *Une loi pourra réserver au secteur public des ressources ou des services essentiels, tout particulièrement en cas de monopole et décider également le contrôle d'entreprises lorsque l'intérêt général l'exige.*

Il y a lieu de rapprocher à cet égard l'article 128-2 de l'article 28-2 relatif au droit de grève.

> *La loi réglementant l'exercice de ce droit établira les garanties nécessaires pour assurer le maintien des services essentiels de la communauté*[50].

On trouvera encore une allusion à l'idée de service public dans l'article 51 du texte constitutionnel qui pose le principe de la protection et de l'information des « usagers » (*usuarios*). Il ne peut guère s'agir en effet que d'usagers des services publics *lato sensu.*

Cette dernière formule s'inspire d'ailleurs nettement de la Constitution italienne dont l'article 43 énonce que

> *pour des fins d'utilité générale, la loi peut réserver originairement ou transférer à l'État, à des institutions publiques ou à des communautés de travailleurs ou d'usagers, par expropriation et contre indemnisation, des entreprises déterminées ou des catégories d'entreprises ayant trait à des services publics essentiels, à des sources d'énergie, ou à des situations de monopole, et qui présentent un caractère d'intérêt général prédominant.*

On pourrait évoquer tout aussi bien le Préambule de la Constitution française du 27 octobre 1946, repris par la Constitution du 4 octobre 1958.

> *Tout bien, toute entreprise, dont l'exploitation a ou acquiert les caractères d'un service public national ou d'un monopole de fait, doit devenir la propriété de la collectivité.*

Sans entrer dans le détail de la controverse autour de la notion de service public « essentiel », il semble bien que la consécration constitutionnelle du service public ait favorisé un regain d'intérêt de la doctrine pour cette notion.

Divers auteurs réagiront rapidement aux nouvelles formulations proposées par la charte fondamentale. En 1979, G. Ariño Ortiz publie

---

[50] Voir l'article 37-2, sur les conflits collectifs de travail : le droit de recourir à ces procédures doit inclure « les garanties nécessaires pour assurer le fonctionnement des services essentiels de la communauté ».

une étude au titre subjectif, « El servicio público como alternativa »[51], dans laquelle il défend l'idée que « le statut juridique du service public, rénové et modernisé dans quelques uns de ses aspects, constitue une alternative valable et souvent préférable au régime d'entreprise de propriété publique »[52]. En dehors du contexte (essentiellement économique) dans lequel se situe cette défense du service public (voir *infra*), le service public est présenté par l'auteur comme une activité étatique, orientée vers la satisfaction des besoins du public lorsque la nécessité en est reconnue et qui ne présuppose pas l'exercice de prérogatives de souveraineté[53].

---

[51] G. ARIÑO ORTIZ, « El servicio público como alternativa », *Revista española de derecho administrativo,* 1979, n°23, p. 537 et s.

[52] *Ibid.*, p. 540 ; voir aussi du même auteur, « La empresa pública », dans *El modelo económico en la Constitución española* (sous la direction de F. GARRIDO FALLA), Madrid, 1980, T. II, p. 11 et s. ; « El socialismo y las nacionalizaciones (con un epílogo sobre Rumasa) », *Cuenta y Razón*, avril-mai 1983, n°10, p. 81 et s. ; « Constitución, modelo económico y nacionalizaciones », *Revista de derecho bancario y bursátil*, 1983, n°9, p. 11 et s. ; *Principios constitucionales de la libertad de empresa*, Marcial Pons, Madrid, 1995. Les théories de l'auteur ont été présentées dans un ouvrage collectif publié sous le titre, *El nuevo servicio público* (Marcial Pons et Universidad autónoma de Madrid, Madrid, 1997), dont la première partie : « Sobre el significado actual de la noción de servicio público y se régimen jurídico (hacia un nuevo modelo de regulación) », p. 17 et s., a été rédigée par l'auteur. Voir aussi, sur les aspects actuels de la controverse, L. G. ARIÑO ORTIZ, Principios de derecho publico economico, Granada, Ed. Comares, 1998 etJ. L. MEILAN GIL, « El servicio público como categoria jurídica », *Cuadernos de derecho público*, 1997, n°2, p. 75 et s. ; l'auteur défend l'idée que le service public doit être repensé et en quelque sorte « redimensionné » dans le nouveau contexte constitutionnel ; en particulier, seuls les services « essentiels » peuvent prétendre aujourd'hui à la qualité de services publics (de sorte que le législateur ne pourrait déclarer « services publics » des services économiques non essentiels pour la communauté, sans enfreindre par là-même la Constitution) ; par ailleurs, il faut tenir compte de la proclamation solennelle des droits fondamentaux, au premier rang desquels figure la liberté d'entreprendre dans une économie de marché : un service public ne pourrait, selon l'auteur, prévaloir sur l'exercice d'un droit de ce type.

[53] *Ibid.*, p. 546. Le titre même de l'étude, (inspiré par un article de S. MARTIN-RETORTILLO, « La empresa pública como alternativa », dans *Studia Albornotiana*, Bologne, 1970, Vol. I, p. 879 et s.), qui adoptait, au profit de l'entreprise publique, une conception inverse de celle de l'auteur.

Quelques années plus tard, un important article de L. Martín Rebollo[54] s'efforçait de resituer le concept de service public dans son acception matérielle et objective d'origine, au regard de la nouvelle formulation constitutionnelle. Au-delà de la controverse juridico-technique sur l'existence et la profondeur de la « crise » du service public, il n'est pas inutile de revenir à la source, c'est-à-dire à la théorie fonctionnelle[55]. N'est-ce pas, d'une certaine manière, ce que suggère l'expression constitutionnelle d'« État social »[56], telle qu'elle a été précisée dans l'abondante littérature juridique qui lui a été consacrée, notamment en Allemagne et en Italie ?

Tenant compte des nouvelles inflexions du droit positif, l'un des auteurs les plus attentifs à l'évolution du concept de service public, F. Garrido Falla, posait le problème de sa révision éventuelle dans le contexte du nouveau « modèle économique » proposé par la Constitution, modèle qui associe le principe de libre entreprise et la possibilité de procéder à la nationalisation des services publics « essentiels »[57].

Il est vrai qu'on en était arrivé chez certains à une conception « objective » du service public, conception qui avait déjà soulevé d'assez vives polémiques en Italie, et qui permettrait de justifier un interventionnisme administratif plus poussé dans des secteurs ne constituant pas pour autant des services publics essentiels. La théorie française des services publics « virtuels », grâce à laquelle des obligations spécifiques sont susceptibles d'être imposées à

---

[54] L. MARTIN REBOLLO, « De nuevo sobre el servicio público : planteamientos ideológicos y funcionalidad técnica », *Revista de administración pública*, 1983, n°100-102, p. 2471 et s.

([55]) *Ibid.*, p. 2480, p. 2492.

([56]) *Ibid.*, p. 2493 ; voir aussi A. NIETO, « La vocación del derecho administrativo de nuestro tiempo », *Revista de administración pública*, 1975, n°76, p. 21 et s. ; J. A. MANZANARES MATEOS, « Servicio público : aproximación a su línea evolutiva », dans *Estudios en homenaje al Profesor López Rodó*, Madrid, 1972, Vol. II, p. 221 et s., notamment p. 238) évoque pour sa part le rôle instrumental du service public, en tant qu'« image » exprimant les activités du secteur public.

[57] F. GARRIDO FALLA, « El modelo económico en la Constitución y la revisión del concepto de servicio público », *Revista española de derecho administrativo* 1981, n°29, p. 225 et s. ; voir aussi R. ENTRENA CUESTA, « El principio de libertad de empresa », dans *El modelo económico en la Constitución española*, *op. cit.*, T. I, p. 103 et s.

des entreprises privées sans que leur activité soit de ce seul fait promue au rang de service public, se situe d'ailleurs dans la même ligne de raisonnement. Le service public « objectif » (ou « virtuel » ou « impropre ») comporte bien évidemment des risques d'expansion peu ou mal contrôlée (sinon par le juge) et se sépare du service public dit « subjectif » qui correspond à l'intention affichée des pouvoirs publics de prendre en charge une activité d'intérêt général déterminée.

L'un des premiers auteurs à avoir développé, en Italie, la conception objective du service public est sans doute Arnaldo De Valles[58] dont les idées avaient trouvé quelque écho avant même la Constitution de 1978 dans une partie de la doctrine espagnole[59] et furent rappelées à l'occasion du nouveau texte constitutionnel[60]. Il va sans dire qu'elles ne trouvèrent pas grâce aux yeux de tous[61], dans la mesure où elles se heurtaient à d'autres principes constitutionnels tels que la liberté d'entreprise et où elles comportaient quelques incertitudes quant à la portée et au degré du contrôle des activités privées ainsi désignées.

Quoi qu'il en soit, si l'on prend au pied de la lettre l'expression « services publics essentiels », ne postule-t-elle pas l'existence d'autres services publics, ceux qui précisément ne présentent pas le caractère de services essentiels (à moins que l'on estime, avec certains auteurs, qu'il ne saurait y avoir de services publics autres qu'essentiels) ?

---

[58] A. De VALLES, *I servizi pubblici*, Milan 1924 ; « Concessioni di servizi pubblici e autorizzazioni di servizi pubblici impropi », *Rivista de diritto finanziario*, citée par J. L. VILLAR PALASÍ, in *La intervención administrativa en la industria*, Madrid, 1964, p. 261. Voir aussi M. S. GIANNINI, « Institutti di credito e servizzi d'interesse pubblico », *Moneta e Credito*, 1949, Vol. V.

[59] Par ex., R. GOMEZ-FERRER MORANT, « El régimen general de los centros privados de enseñanza », *Revista de administración pública*, 1973, n°70, p. 7 et s., notamment p. 13 et s.

[60] J. VILLAR EZCURRA, « El derecho a la educación como servicio público », *Revista de administración pública*, 1979, n°88, p. 155 et s. ; A. EMBID IRUJO, *Las libertades en la enseñanza*, Madrid, 1983, p. 335 et s. (voir par ex. l'article 3 de la « loi générale sur l'éducation » de 1970 qui présente l'éducation comme « un service public fondamental », à tous effets, sans nationaliser cette activité) ; J. L. VILLAR PALASI, *op. cit.*, p. 257 et s.

[61] G. ARIÑO ORTIZ, « El servicio público como alternativa », *op. cit.* ; « Servicio público y libertades públicas », dans *Actualidas y perspectivas del derecho público a fines del siglo XX. Homenaje al Profesor Garrido Falla*, Ed. Complutense, Madrid, 1992, Vol. II, p. 1315.

Mais elle ne préjuge en rien le régime applicable à ces services. Par ailleurs, il semble bien que la « nationalisation » d'un service public « essentiel » ne voit qu'une simple faculté pour le législateur. Si cette faculté n'est pas exercée, rien n'interdit aux pouvoirs publics d'assujettir certains services essentiels à un autre régime que celui qui découle de l'intégration au secteur public proprement dit.

Enfin, l'avènement du régionalisme politique avec la création des Communautés autonomes et les compétences multiples qu'elles ont reçues de la Constitution ou de leur Statut (approuvé par loi organique) ne peut que démultiplier les entités organisatrices des services publics qui correspondent aux nouvelles compétences des collectivités régionales (et notamment de ceux qui sont créés en vertu des compétences propres de ces collectivités).

Le principe de continuité du service public ou celui d'égalité devant le service public devront être adaptés en conséquence et rapportés à la communauté autonome considérée - sous réserve toutefois des interprétations du Tribunal constitutionnel et notamment de celles qui seront faites au titre de l'article 149-I-1° qui confère compétence exclusive à l'État pour réglementer « les conditions de base qui garantissent l'égalité de tous les Espagnols dans l'exercice des droits et pour l'accomplissement des devoirs constitutionnels »[62]).

Outre ces observations générales, quelques remarques complémentaires doivent être faites quant aux difficiles relations entre la liberté d'entreprendre et le service public dans le nouveau cadre constitutionnel.

B) Service public et liberté d'entreprendre : le problème des services publics économiques dans une économie de marché

En Espagne comme dans d'autres pays européens, le thème du service public est devenu plus conflictuel lorsque les nouvelles constitutions ont préconisé la libre entreprise et l'économie de marché. Les services publics à caractère économique ont été, dès l'origine, l'objet de vives discussions, mais la progression des théories

[62] Voir les arrêts du 8 avril 1981, du 17 juillet 1981, du 5 novembre 1981, du 31 mars 1982, du 30 novembre 1982, du 18 octobre 1984, du 24 avril 1986, du 5 mai 1986, du 4 juin 1988, etc. (F. MARTINEZ MARIN, *op. cit.*, p. 1395).

du libéralisme économique ou du monétarisme, et la faveur qu'ont connue les thèmes de la privatisation, de la désétatisation ou de la déréglementation ont conféré une certaine ampleur au débat. Il a fallu d'abord redéfinir le concept de service public au regard de celui de « secteur public ». La controverse a ensuite gagné le terrain d'un éventuel conflit entre la liberté d'entreprendre et d'autres libertés publiques.

1. Service public et secteur public

À partir du « modèle économique » passablement ambigu que propose la Constitution espagnole de 1978[63], une controverse s'est engagée entre les auteurs quant à l'interprétation et à la portée des dispositions constitutionnelles ayant trait à l'action économique de l'État.

L'article 38 de la Constitution reconnaît formellement « la liberté d'entreprise dans le cadre d'une économie de marché », mais l'article 128 « reconnaît l'initiative publique » en la matière et autorise le législateur à réserver au « secteur public » les ressources ou les « services essentiels », tout particulièrement en cas de monopole. Le même article prévoit que le législateur peut également être amené à contrôler les entreprises privées lorsque l'intérêt général l'exigera.

---

[63] F. GARRIDO FALLA (dir.), *El modelo económico en la Constitución*, I.E.E., Madrid, 1981 ; L. SANCHEZ AGESTA (dir.), *Constitución y economía*, Madrid, 1977 ; P. BASSOLS COMA, *Constitución y sistema económico*, Madrid, 1985 ; voir aussi F. GARRIDO FALLA, *Tratado de derecho administrativo,* T. II, 10ème éd., Tecnos, Madrid, 1992, p. 341 et s. ; G. ARIÑO, *Economía y Estado*, Marcial Pons, Madrid, 1993 et Abeledo Perrot, Buenos-Aires, 1993, p. 311 et s. ; G. ARIÑO, J. M. de la CUETARA et J. L. MARTINEZ LOPEZ MUÑIZ, *El nuevo servicio público*, Marcial Pons, Madrid, 1997 ; E. MALARET i GARCIA, « Servicios públicos, funciones públicas, garantías de los derechos de las ciudadanos : perenidad de las necesidades, transformación del concepto », *Revista de administración pública* 1998, n°145, p. 49 et s. ; E. MALARET i GARCIA, « L'expérience espagnole », dans *Le service public, unité et diversité*, *AJDA*, n°spéc., juin 1997, p. 136 et s. ; F. GARRIDO FALLA, « El modelo económico en la Constitución y la revisión del concepto de servicio público », *Revista española de derecho administrativo*, 1981, n°29, p. 232 et s. ; M. BASSOLS COMA, « Servicio público y empresas públicas. Reflexiones sobre las llamadas sociedades estatales », *Revista de administración pública*, 1977, n°84 ; A. SERRANO TRIANA, *La utilidad de la noción le servicio público y la crisis del Estado de bienestar*, I.E.S.L.L., Madrid, 1984.

Par ailleurs, l'article 51 énonce que les pouvoirs publics « garantiront la défense des consommateurs et des usagers, en protégeant, par des procédés efficaces, leur sécurité, leur santé et leurs intérêts économiques légitimes » - ce qui implique un certain contrôle du secteur (privé ou public) productif de biens et de services.

Si on laisse de côté les mécanismes de surveillance des activités économiques privées, qui n'impliquent pas en eux-mêmes leur transfert au secteur public, la question se pose en termes différents à propos des services jugés « essentiels » qui peuvent être réservés à l'État[64], en particulier lorsqu'ils sont gérés en monopole.

Comment fallait-il interpréter l'expression « services essentiels » ? Quelles conséquences fallait-il en tirer quant à la place de l'administration dans la vie économique ? Comment déterminer les relations exactes entre la « titularité » (*titularidad*)[65] publique

---

[64]) La question peut se poser également au niveau des services publics locaux ; selon la loi n°7/1985 sur les bases du régime local (art. 85), les « services publics locaux sont ceux qui poursuivent la réalisation d'objectifs considérés comme relevant de la compétence des entités locales » ; ils peuvent être gérés directement par l'entité organisatrice (et ils doivent l'être s'ils impliquent l'exercice de l'autorité publique) ou indirectement par des exploitants privés (concession, régie intéressée, sociétés anonymes du droit commercial, sociétés coopératives, etc.). L'article 86-1 de la loi de 1985 dispose en effet que « les entités locales... pourront exercer l'initiative publique pour assumer des activités économiques conformément à l'article 128-2 de la Constitution » (voir F. GARRIDO FALLA, « El concepto de servicio público en derecho español », *Revista de administración pública*, 1994, n°135, p. 7 et s., notamment p. 29 et s.).

[65] La notion de « titularidad » publique d'un service est regardée comme caractéristique de la conception espagnole du service public, notamment dans le domaine économique. Elle doit être rapprochée de celle de « *publicatio* » (voir *supra*, note 32), opération qui confère à un service déterminé sa qualité de service public, par le biais d'un acte juridique émanant d'une autorité qualifiée (normalement une loi). La privatisation d'entreprises du secteur public peut prendre ainsi, entre autres, la forme d'une *despublicatio* (L. BURGORGUE-LARSEN, « Les mutations qui affectent le service public dans le droit public espagnol », dans *Service public et Communauté européenne : entre l'intérêt général et le marché*, La Documentation française, 1998, Vol. II, p. 5 et s., notamment p. 9 et s. ; voir aussi T. R. FERNANDEZ, « Empresa pública y servicio público : el final de una época », dans *Derecho administrativo (obra colectiva en homenaje al Profesor Miguel S. Marienhoff)*, Abeledo-Perrot, Buenos-Aires, 1998, pp.789 et s. ; J. L. SALOMONI, « Aporte para una discusión sobre la titularidad estatal de los servicios públicos », *ibid.*, p. 823 et s., etc.). Rappelons que la « titularité » du service, c'est-à-dire l'habilitation officielle à le prendre en charge, n'implique pas une gestion directe mais peut prendre la forme

du service, c'est-à-dire la prise en charge du service par une personne publique, et la gestion (publique ou privée) des activités ayant le caractère de services essentiels ?

Sur des bases somme toute assez fragiles, la doctrine espagnole se divise globalement en deux courants, encore que les nuances entre les auteurs soient parfois loin d'être négligeables [66].

Pour les uns, l'idée de nationalisation, telle qu'elle apparaît dans l'article 128-2 de la Constitution, comporte élimination de l'initiative et de la gestion privée, y compris lorsqu'elles s'exercent sous forme de concession du service considéré[67]. Il y aurait corrélation étroite entre « service public » (essentiel), « titularité » publique du service et gestion publique par l'entité organisatrice.

Pour les autres, rien n'interdirait aux entités publiques ayant reçu la maîtrise d'un service essentiel d'en confier la gestion à une entreprise privée en utilisant notamment la voie de la concession[68], quand bien même l'exploitant disposerait d'un monopole légal.

---

d'une « concession » (sous contrôle de la collectivité publique « titulaire » du service). Le rôle exact de la concession comme mode de gestion des services publics s'est retrouvé ainsi au cœur de la controverse.

[66] L. MARTIN REBOLLO, « De nuevo sobre el servicio público : planteamientos ideológicos y funcionalidad técnica », *Revista de administración pública*, 1983, n°100-102, p. 2471 et s., notamment p. 2516 et s.

[67] R. MARTIN MATEO, « Nacionalización », in *Nueva Enciclopedia jurídica,* T. XVI, Barcelone, 1978, p. 831 et s. ; R. MARTIN MATEO et F. SOSA WAGNER, *Derecho administrativo económico,* Madrid, 1974, p. 104 et s. ; voir aussi L. MARTIN REBOLLO, « De nuevo sobre el servicio público : planteamientos ideológicos y funcionalidad técnica », *op. cit.*

[68] Voir en ce sens F. GARRIDO FALLA, « El modelo económico en la Constitución y la revisión del concepto de servicio público », *Revista española de derecho administrativo*, 1981, n°29, p. 225 et s. ; *Tratado de derecho administrativo*, Vol. II, 10ème éd., 1992, p. 341 et s. ; « El concepto de servicio público en derecho español », *Revista de administración pública*, 1994, n°135, p. 7 et s., notamment p. 19 et s. Dans son *Tratado de derecho administrativo*, p. 344 et s., l'auteur observe que la conception selon laquelle les services publics essentiels seraient réservés au secteur public et à la gestion publique sans possibilité de concession serait prématurée. La Constitution permet sans doute d'attribuer au secteur public les services « essentiels », mais elle n'impose pas leur gestion directe par la collectivité publique. Voir également J. BERMEJO VERA et al., *Derecho administrativo Parte especial*, 3ème éd., Civitas, 1998, p. 55 et s. notamment p. 57 ; R. ENTRENA CUESTA, « El principio de libertad de empresa », dans *El modelo económico en la Constitución española*, T. I., p. 100

C'est précisément parce que le service public se prête à des formes de gestion privée et n'impose pas le lourd appareil des entreprises publiques qu'une partie de la doctrine l'a préconisé comme « alternative » à l'entreprise publique[69]. L'administration organisatrice du service conserve dans ce cas de figure le pouvoir de direction, de surveillance et de contrôle dans la mesure où elle reste maîtresse du service. Mais si l'on fait le bilan des avantages et des inconvénients de la gestion sous forme d'entreprise publique et de la gestion confiée par convention à une entreprise privée, on peut admettre que la seconde est loin de démériter. Il conviendrait sans doute de corriger quelques erreurs (par exemple en matière de contrôle des exploitants, de détermination des tarifs, de relations avec les usagers)[70] pour que l'interventionnisme économique bien compris ne nuise pas inconsidérément aux performances économiques de l'entreprise concessionnaire. Dans ce contexte rénové, la propriété publique de l'entreprise n'est pas indispensable. Elle peut même être contreproductive[71] et la « privatisation » de la gestion des services publics doit être, en conséquence encouragée[72].

Dans cette approche doctrinale, c'est manifestement l'aspect « gestion privée » des services publics qui est privilégié comme solution de nature à éviter (ou tout au moins à limiter) une extension incontrôlée du secteur public et des entreprises publiques.

Dans cette seconde conception, la gestion monopolistique d'un service public considéré comme essentiel exige l'intervention du législateur, ainsi que la Constitution le prévoit expressément. En dehors de cette hypothèse, le monopole ne se conçoit pas car il

---

et s. ; G. ESTEBAN VELASCO, *El poder de decisión en las sociedades anónimas*, Madrid, 1982, p. 594 et s.

69 En ce sens, voir G. ARIÑO ORTIZ, « El servicio público como alternativa », *Revista española de derecho administrativo*, 1979, n°23, p. 537 et s.

70 G. ARIÑO ORTIZ, *Economía y Estado*, *op. cit.*, p. 324 et s.

71 L'auteur se réfère volontiers aux thèses anglo-saxonnes sur l'économie de marché et le libéralisme.

72 Voir du même auteur, « La empresa pública », dans *El modelo económico en la Constitución española* (sous la direction de F. GARRIDO FALLA), I.E.E., Madrid, 1981, T. II, p. 11 et s. ; « Comentario introductorio al título VII (Economía y Hacienda) », dans *Comentarios a la Constitución española de 1978* (sous la direction d'O. ALZAGA), Madrid, 1985, T. X, p. 2 et s.

heurterait de front le principe de libre entreprise dans une économie de marché[73].

Faut-il aller jusqu'à soutenir que « seuls les services ayant le caractère de services essentiels et légalement réservés au secteur public auront la qualité de services publics »[74] ? Cette déduction, qui conduirait à éliminer la catégorie des services publics non essentiels au bénéfice de l'activité privée de libre entreprise, ne paraît pas s'imposer comme une vérité d'évidence. Une autre interprétation permettrait de laisser une plus grande latitude aux pouvoirs publics quant à la création ou à la consécration de services publics, mais réserverait en tout état de cause l'hypothèse de services essentiels susceptibles d'être gérés en monopole si le législateur en décide ainsi.

En particulier, il semble difficilement contestable que la formulation de l'article 106 de la Constitution relative à la responsabilité des services publics ne concerne pas seulement les services publics déclarés essentiels mais bien l'ensemble des services publics[75], ce qui implique l'existence de services publics non essentiels.

Comme on le voit, et en dépit de quelques incertitudes terminologiques, le débat post-constitutionnel sur le service public économique en Espagne est double. Faut-il imaginer, à côté des services publics essentiels, des services publics non essentiels ou limiter la notion de service public aux seuls services essentiels ? Faut-

---

[73] F. GARRIDO FALLA, *Tratado de derecho administrativo*, *op. cit.*, p. 346 ; « El modelo económico en la Constitución y la revisión del concepto de servicio público », *op. cit.*

[74] Sur ce point, F. GARRIDO FALLA, « El concepto de servicio público en derecho español », *op. cit.*, p. 26 et s.

[75] Cela dit, il faudrait remonter à une vieille querelle entre J. C. VILLAR PALASI et F. GARRIDO FALLA, le premier soutenant (« La actividad industrial del Estado en el derecho administrativo », *Revista de administración pública* 1950, n°3, p. 62 et s.) que la qualification de service public interdisait aux personnes privées d'exercer l'activité en cause, sauf concession, du simple fait que l'administration était « titulaire » du service public - et que certaines activités mixtes c'est-à-dire ouvertes à la fois à l'initiative publique et à l'initiative privée, ne pouvaient être techniquement définies et présentées comme des services publics - alors que, pour le second (« La crisis de la noción de servicio público », dans *Las transformaciones del régimen administrativo*, Madrid 1954, p. 146 et s.), le caractère monopolistique du service public n'était pas un élément essentiel de sa définition mais un caractère accidentel. Il est évident que le champ du service public n'est pas le même dans l'un et l'autre cas.

il, en outre, pour les services publics essentiels, écarter toute forme d'exploitation privée, sous forme de concession, ou admettre que la « titularité » publique du service essentiel s'accommode d'une gestion privée, le cas échéant ?

Les lois qui ont été adoptées postérieurement à la Constitution sur divers services publics n'éclairent guère les aspects théoriques de la controverse[76].

On observera aussi que les dimensions du secteur public sont directement tributaires des conceptions du service public avancées par les auteurs. Si la thèse selon laquelle l'attribution au secteur public des services essentiels doit s'accompagner d'une gestion publique monopolistique l'emporte, elle peut conduire à une relative stagnation du secteur public, qui ne peut guère progresser que par adjonction de nouveaux services essentiels. Si, au contraire, triomphe la thèse selon laquelle l'identification d'un service public essentiel, éventuellement monopolisé, n'interdit pas sa gestion privée, et si, au nom du principe de liberté de l'entreprise, la création de services publics non essentiels est déclarée inconstitutionnelle, les contours du secteur public apparaissent plus flous.

Cela dit, dans l'une et l'autre des présentations doctrinales, le secteur public intègre également des entreprises qui ne sont nullement gestionnaires d'un service public mais qui correspondent à ce que l'article 128-2 de la Constitution appelle « l'initiative publique » et opèrent dans un régime de concurrence avec le secteur privé.

---

[76] Par ex. loi n°4/1980 du 10 janvier 1980 relative au statut général de la télévision ; loi n°35/1992 du 22 décembre 1992 sur la télévision par satellite ; *B.O.E.*, 24 décembre 1992, n°308 (exposé des motifs : « la télévision se présente... comme un service public essentiel dont l'État est titulaire », etc.) ; loi n°11/1983 du 25 août 1983 relative à la réforme de l'Université (art. 1 : « Le service public de l'enseignement supérieur relève de l'Université... ») ; loi n°14/1986 du 25 avril 1986 sur la santé publique (art. 5 : « les services publics de la santé seront organisés... ») ; loi n°31/1987 du 18 décembre 1987 relative à l'aménagement des télécommunications, modifiée par la loi n°32/1992 du 3 décembre 1992 (les télécommunications constituent un service public essentiel) ; loi n°7/1985 du 2 avril 1985 sur les bases du régime local, précité ; loi n°10/1988 du 3 mai 1988 sur la télévision privée (art. 1) ; loi sur l'aménagement des transports terrestres du 30 juillet 1987 (art. 150-2 : les transports publics par chemin de fer présentent le caractère de service public de l'État) ; loi n°49/1984 du 26 décembre 1984 sur le service électrique national (« service public à caractère étatique ») ; loi n°10/1987 du 15 mai 1987 sur la distribution du gaz etc.

Il n'est pas possible d'entrer dans toutes les nuances et, éventuellement, les contradictions que justifierait l'analyse des présentations doctrinales du service public économique dans sa nouvelle configuration constitutionnelle. L'âpre controverse qui accueillit les premiers projets de télévision privée a montré amplement que les clarifications souhaitables quant à la notion de « service public essentiel » au regard de la liberté d'expression ou de la liberté d'entreprise restaient encore à faire[77].

Il est toutefois significatif que le législateur espagnol ait parfois substitué à l'expression « service public » celle de « service essentiel » dans le cadre d'une politique de libéralisation d'un secteur économique déterminé. C'est ce qu'il a fait, par exemple, avec la loi n°54/97 du 27 novembre 1997 relative au secteur électrique[78]. Alors qu'une loi antérieure de quelques années à peine, la *Ley de ordenación del sistema eléctrico* du 30 décembre 1994 (loi n°40/1994), avait choisi, dans une première tentative de réglementation de l'ensemble du secteur afin de tenir compte des directives européennes en la matière, de placer le « système électrique » sous la bannière unifiée, une planification conjointe de la demande et une tarification unique[79], le texte de 1997 (art. 2-2) s'en tient à la qualification de « service

---

[77] Voir entre autres C. CHINCHILLA MARIN, *La radio-televisión como servicio público esencial*, Tecnos, Madrid, 1988 ; J. ESTEVE PARDO, *Régimen jurídico administrativo de la televisión*, INAP, Madrid, 1984 ; J. ESTEVE PARDO, « Servicio público de televisión y garantía de la institución de la opinión pública libre », *Revista de administración pública* 1990, n°123, p. 185 et s. ; J. C. LAGUNA de PAZ, *Régimen jurídico de la televisión privada*, Ed. Marcial Pons, Madrid, 1994 ; S. MUÑOZ MACHADO, *Público y privado en el mercado europeo de la televisión*, Civitas, Madrid, 1993 ; S. MUÑOZ MACHADO, *La televisión* dans *Servicio público y mercado*, T. III, Madrid, Civitas, 1998 ; T. de la QUADRA SALCEDO, « El estatuto de la radiotelevisión como opción constitucional », in *Radiotelevisión y Constitución*, UIMP, Madrid 1981, p. 148 et s. ; J. ESTEVE FUENTES, « La televisión por cable », *Revista española de derecho administrativo*, 1993, n°79, p. 427 et s.

[78] Voir à cet égard, S. MUÑOZ MACHADO, *Servicio público y mercado. El sistema eléctrico*, T. IV, Civitas, 1998 ; V. LOPEZ-IBOR MAYOR, « La liberalización del sector eléctrico : perspectiva jurídica », *Revista española de derecho administrativo*, 1998, n°98, p. 191 et s. ; voir aussi sur le système antérieur : J. TRILLO FIGUEROA y F. B. LOPEZ-JURADO, *Regulación del sector eléctrico*, Civitas, Madrid, 1996.

[79] La loi n°49/1984 du 26 décembre 1984 avait déjà déclaré « service public » l'exploitation unifiée du service d'électricité.

essentiel ». Le changement de vocabulaire n'est pas seulement formel : il s'agit bien de promouvoir un autre mode de gestion caractérisé par la garantie expresse de fourniture des prestations aux clients du service, la séparation de la gestion économique et de la gestion technique et la réduction de la planification aux infrastructures de base[80]. Dans le contexte, la notion de « service essentiel » se présente comme un substitut au service public sans le nom, une sorte de service édulcoré, privé de son caractère « public » et échappant de ce fait à la mainmise habituelle de l'État ; celui-ci ne réapparaîtrait que pour assurer le bon fonctionnement du système[81] et veiller à la satisfaction des usagers (universalité du service, régularité et continuité des prestations, etc. : voir art. 2, 10, 51, 62 et 64, etc.). Il est vrai que certains observateurs estiment que les nouvelles obligations ainsi imposées aux exploitants sous couvert de « régulation » du service pourraient également être considérées comme le prélude nécessaire à la création d'un authentique « service public », conformément à la théorie du service public « virtuel » (parfois utilisée par la jurisprudence administrative) - de sorte qu'il serait préférable de s'en tenir à l'expression venue du droit communautaire, « services économiques d'intérêt général »[82], laquelle jouerait opportunément un rôle unificateur en la matière.

De la difficile relation entre « service public » et « liberté d'entreprise », la controverse a atteint le champ plus large des libertés publiques et des droits fondamentaux.

2. Service public et droits fondamentaux

On connaît la polémique qui a suivi en France la publication d'un article de P. Delvolvé[83]. L'auteur y défendait l'idée, iconoclaste à certains, que le service public, compris d'une certaine manière, pouvait avoir des effets proprement « liberticides ».

---

[80] Voir par ex. V. LOPEZ-IBOR MAYOR, *op. cit.*, p. 200.

[81] Voir , sur ce point, S. MUÑOZ MACHADO, *op. cit.*, p. 135 et s.

[82] V. LOPEZ-IBOR MAYOR, *op. cit.*, p. 205.

[83] P. DELVOLVE, « Service public et libertés publiques », *RFDA*, n°1, 1985, p. 1 et s. (on a gardé la formulation « libertés publiques » choisie par l'auteur, mais nos préférences iraient pour l'expression « droits fondamentaux »).

Cette controverse[84] a eu des répercussions en Espagne dont témoignent, entre autres, les études de C. Chinchilla Marin[85] et de G. Ariño Ortiz)[86]. Comme les arguments avancés de part et d'autre sont largement similaires à ceux que l'on peut retrouver dans la littérature juridique française, on se bornera à un bref rappel des positions en présence.

Aux yeux des auteurs qui opposent « service public » et « libertés publiques », il est impossible de considérer comme des services publics les activités qui, constitutionnellement, ne sont que l'exercice de libertés publiques ou de droits fondamentaux. Le service public s'arrête là où commencent les libertés des citoyens. Les exemples les plus souvent choisis sont ceux de la radiodiffusion et de la télévision ou des télécommunications[87]. Mais le raisonnement s'étend naturellement à d'autres activités (l'enseignement, la santé, etc.).

La conception du service public « objectif », c'est-à-dire d'une activité qui est considérée comme un service public en dehors de toute attribution expresse (en principe par une loi) à une collectivité publique déterminée, ne peut qu'accroître la confusion. Dès lors qu'un droit fondamental, constitutionnellement reconnu et garanti est en cause, la création d'un service public se trouverait entachée d'inconstitutionnalité. Une lecture stricte de la Constitution espagnole, et notamment de son article 128-2, condamne ainsi la qualification de la télévision ou des télécommunications comme services publics essentiels, ces services fussent-ils concédés éventuellement à des exploitants privés.

---

[84] Voir aussi S. REGOURD, « Le service public et la doctrine : pour un plaidoyer dans le procès en cours », *Revue du droit public*, 1987, p. 1 et s. ; E. PISIER-KOUCHNER, « Le service public : entre libéralisme et collectivisme », *Esprit*, décembre 1985, p. 8 et s. ; J. CHEVALLIER, *Le service public*, Que sais-je ?, P.U.F., 1994, p. 105 et s.

[85] C. CHINCHILLA MARÍN, « El servicio público : una amenaza o una garantía para los derechos fundamentales ? Reflexiones sobre el caso de la televisión », dans *Estudios sobre la Constitución española*, Homenaje al Profesor Eduardo García de Enterría, Civitas, Madrid, 1991, Vol. II, p. 943.

[86] G. ARIÑO ORTIZ, « Servicio público y libertades públicas (una interpretación limitadora del art. 128 de la Constitución) », dans *Actualidad y perspectivas del derecho público a fines del siglo XX*, Homenaje al Profesor Garrido Falla, Ed. Complutense, Madrid, 1992, Vol. II, p. 1315 et s.

[87] G. ARIÑO ORTIZ, *op. cit.*, p. 1321.

Cette position est défendue en particulier par G. Ariño Ortiz, J. M. de la Cuétara et J. L. Martínez Lopez Muñiz dans un ouvrage collectif[88], dont le titre même (*El nuevo servicio público*) se veut révélateur de la tranformation radicale du concept de service public qu'il convient de promouvoir dans l'Europe contemporaine, c'est-à-dire l'avénement souhaitable d'un « autre » service public[89]. Elle est également soutenue par J. L. Meilán Gil[90], l'auteur estimant que, dans la Constitution espagnole, ce sont les droits fondamentaux - et non le service public - qui occupent le devant de la scène, ce qui n'interdit pas de préserver les finalités du service public mais ne saurait justifier le traitement privilégié (*el espíritu del servicio público*)[91] à la concession de service public en tant que technique de gestion économique.

Pour d'autres auteurs, le service public bien compris n'est nullement une menace pour les libertés publiques ; il se présente plutôt comme une garantie pour certains droits fondamentaux qui se trouveraient fragilisés par l'abstention totale de l'État et la mainmise corrélative des entreprises privées sur celles des activités qui conditionnent la vie sociale et la communication entre les citoyens. La logique du marché peut avoir des effets destructeurs sur certains droits essentiels, qui ne peuvent être préservés que grâce au service public et aux principes qu'il véhicule. Il faut donc trouver un juste équilibre entre le service public et les libertés publiques, mais c'est là une question technique et non un problème de principe[92].

Comme on le constate, les positions sont difficilement conciliables si l'on reste sur le plan des postulats idéologiques. Elles

---

[88] G. ARIÑO ORTIZ, J. M. de la CUÉTARA et J. L. MARTÍNEZ LOPEZ MUÑIZ, *El nuevo servicio público*, Marcial Pons, Madrid, 1997, préface de J. L. VILLAR PALASÍ.

[89] Les thèses exprimées dans l'ouvrage se rattachent au courant néo-libéral selon lequel les services publics ne sauraient constituer qu'une exception à la règle générale, qui est la liberté d'entreprendre prolongée par la liberté du commerce et de l'industrie (voir par ex. J. M. de la CUETARA MARTINEZ, « Perspectivas de los servicios públicos españoles para la década de los noventa », *op. cit.*, p. 57 et s., notamment p. 77 et s.).

[90] J. L. MEILAN GIL, « El servicio público como categoría jurídica », *Cuadernos de derecho público*, 1997, n°2, p. 75 et s.

[91] *Ibid.*, p. 93.

[92] C. CHINCHILLA MARIN, *op. cit.*, p. 969 et s.

reflètent, il est vrai, les incertitudes qui ont marqué le concept de service public depuis son irruption dans le monde juridique, en France comme en Espagne. Les craintes que peut susciter le service public comme les espoirs dont il est porteur sont directement tributaires de la charge sémantique placée dans un vocable qui a pris parfois l'allure d'un mythe.

Il est à cet égard significatif de mesurer l'incidence de ce débat d'idées sur la jurisprudence du Tribunal constitutionnel espagnol et sur la législation en matière de radio-télévision[93].

Le juge constitutionnel a été en effet systématiquement saisi des différentes lois qui ont tenté d'organiser le régime juridique de la radio et de la télévision dans le cadre de la Constitution qui reconnaît à la fois la liberté d'expression et de diffusion de la pensée et le droit pour l'État d'ériger une activité en service public essentiel.

Diverses lois qui se sont succédé depuis 1980 ont admis que la communication audio-visuelle constituait un « service public essentiel » dont le titulaire était l'État. Telle est notamment la formulation retenue par la loi n° 4/1980 du 10 janvier 1980 sur le statut de la radio et de la télévision[94], laquelle reconnaît à l'État le droit de concéder aux Communautés autonomes la gestion d'une chaîne dans leur ressort territorial. Cette possibilité fit l'objet d'un traitement spécifique par la loi n°46/1983 du 26 décembre 1983 réglementant la troisième chaîne de télévision[95]. Quelques années plus

---

[93] Sur ce thème, voir, outre les études précédemment citées, S. MUÑOZ MACHADO, *Servicio público y mercado*, T. III, *La televisión*, Civitas, Madrid, 1998, p. 135 et s. ; F. J. Bastida, *La libertad de antena*, Ed. Ariel, Barcelone, 1990 ; J. ESTEVE PARDO, *Régimen jurídico-administrativo de la televisión,* I.N.A.P., Madrid, 1984 ; C. GAY FUENTES, *La televisión ante el derecho internacional y comunitario*, Ed. Marcial Pons, Madrid, 1991 ; J. C. LAGUNA de PAZ, *Régimen jurídico de la televisión privada*, Ed. Marcial Pons, Madrid, 1984 ; P. S. CODERCH, M. R. LLOVERAS i FERRER, J. C. SEUBA i TORREBLANCA, « Del servicio público al servicio a la comunidad », *Revista de administración pública* 1995, p. 69 et s. ; E. GÓMEZ-REINO, « La distribución de competencias entre el Estado y las Comunidades autónomas en materia de medios de comunicación social », dans *Estudios sobre la Constitución española*, Homenaje al Profesor E. García de Enterría, Civitas 1991, Vol. IV, p. 3539 et s.

[94] *B.O.E.*, 12 janvier 1980, n°11.

[95] *B.O.E.,* 5 janvier 1984, n°4 ; plusieurs Communautés autonomes mirent ainsi en place, selon le régime de la concession, un service local de télévision (notamment Catalogne, Andalousie, Pays Basque, Galice, Communauté Valence et Madrid).

tard, une loi n°31/1987 du 18 décembre 1987 portant réglementation des télécommunications réitéra l'affirmation traditionnelle : les télécommunications ont la qualité de services publics essentiels, dont l'État est le titulaire, et sont de ce fait intégrés au secteur public : la gestion des « services de diffusion » (et notamment de la radio et de la télévision) ne peut se faire que par voie de concession[96].

Les pressions qui s'exerçaient en faveur d'une plus grande libéralisation de l'audio-visuel furent à l'origine d'une loi n°10/1988 du 3 mai 1988[97] dont l'objet est « la gestion indirecte du service public dont l'État est titulaire » ; c'est toujours la concession de service public qui est préconisée pour la gestion des trois chaînes privées prévues par le texte. Le thème du service public étatique n'a pas été abandonné par la loi n°35/1992 du 22 décembre 1992[98], qui réglemente la télévision par satellites, et pas davantage par la loi n°25/1994 du 12 juillet 1994[99] portant transposition de la directive communautaire n°89/552 CEE sur la coordination des dispositions législatives, réglementaires et administratives relatives aux activités de radio et télévision.

Devant des affirmations ainsi réitérées, comment pouvait réagir le Tribunal constitutionnel ? La revendication en faveur de la liberté audiovisuelle, incluant celle de créer des moyens de diffusion de l'information télévisée, se faisait plus pressante dans la plupart des

---

[96] *B.O.E.*, 19 décembre 1987, n°303 (modifiée par la loi n°32/1992 du 3 décembre 1992) ; voir T. de la QUADRA SALCEDO, *Liberalización de las telecomuni—caciones, servicio público y Constitución económica europea*, Centro de Estudios constitucionales, Madrid, 1995, p. 65 et s. ; *Derecho de las telecomunicaciones* (sous la direction de J. CREMADES), Madrid, La Ley, 1997 ; G. ARIÑO, J. M. de la CUETARA y L. GUILERA, *Las telecomunicaciones por cable. Su regulación presente y futura*, Marcial Pons, Madrid, 1996 ; S. MUÑOZ MACHADO, *Servicio público y mercado*, Vol. II, *Las Telecomunicaciones*, Civitas, Madrid, 1998 ; P. LLANESA GONZÁLEZ, *Telecomunicaciones ; régimen general y evolución normativa*, Aranzadi, Pamplona, 1998 ; J. F. MERINO MERCHAN et M. PÉREZ-UGENA COROMINA (dir.), *Régimen de la telecomunicaciones*, Tecnos, Madrid, 1998 ; J. M. SOUVIRON MORENILLA, *El proceso de liberalización y la nueva regulación de las telecomunicaciones,* Comares, Granada, 1999 ; ALMUNEDA ARDÓN de MENDÍVIL ALDAMA et A. CARRASCO PERERA (dir.), *Comentarios a la ley general de telecomunicaciones*, Aranzadi, Pamplona, 1999.

[97] *B.O.E.*, 5 mai 1988, n°108.

[98] *B.O.E.*, 24 décembre 1992, n°308 (exposé des motifs).

[99] *B.O.E.*, 13 juillet 1994, n°166 (mais la formulation est moins claire qu'à l'accoutumée).

pays européens. Qui plus est, la Cour européenne des droits de l'homme allait condamner le monopole d'État dans un arrêt du 24 novembre 1993, *Informationsverein Lentia y autres c. Autriche*[100] au motif qu'il y avait d'autres moyens de garantir l'objectivité et le pluralisme de l'information, et que l'argument de la rareté devait être aujourd'hui relativisé, compte tenu des progrès de la technologie.

C'est pourtant la thèse officielle du service public essentiel monopole d'État qui fut initialement entérinée par le juge constitutionnel espagnol.

La première décision significative à cet égard fut l'arrêt n°12/1982 du 31 mars 1982[101], rendu sur recours d'*amparo* à la suite du refus opposé à la société requérante qui sollicitait l'autorisation d'émettre sur tout le territoire. Le juge constitutionnel invoquait simultanément la volonté de l'État de gérer en monopole un service public essentiel, la rareté des fréquences disponibles, l'utilisation du domaine public radioélectrique, les exigences des conventions internationales souscrites par l'Espagne et la nécessité de sauvegarder le pluralisme des idées et des opinions. L'organisation du service en monopole d'État, souligne le Tribunal, est une décision d'ordre politique, constitutionnellement acceptable dès lorsqu'elle prend nécessairement en compte les principes de liberté, d'égalité et de pluralisme qui sont des valeurs fondamentales de l'État espagnol.

D'autres arrêts se succédèrent soit sur recours des Communautés autonomes soit sur recours d'*amparo* soit sur recours en inconstitutionnalité formé par l'État contre une loi d'une Communauté autonome[102] sur la base des mêmes arguments.

---

[100] Série A, n°276 ; voir V. BERGER, *La jurispruence de la Cour européenne des droits de l'homme*, Sirey, 1998, 6ème éd., n°1178 et s., p. 446 et s. ; *Les Petites Affiches*, 1994, n°108, p. 12, obs. G. Cohen-Jonathan ; voir aussi G. COHEN-JONATHAN, « La libre circulation internationale des informations par satellite », *Revue universelle des droits de l'homme*, 1990, p. 313 et s. ; « Libertés fondamentales et télévision transfrontière », dans *Collected Courses of the Academy of European Law*, Vol. 1, livre II, Deventor, Kluwer Academic Publisher, 1992, p. 29; R. RICKER, « Die Freiheit des Fernsch-Direktemp fangs und die rechtliche Zuläsigkeit ihrer Besschränkung », *New Juristische Wochenschrift*, 1991, p. 602 et s.

[101] *B.O.E.*, 21 avril 1982, supplément au n°95.

[102] Arrêt 26/1982 du 24 mai 1982, *B.O.E.*, 9 juin 1982, Suppl. au n°137 (conflit de compétence réglé en l'occurrence au profit de la Communauté requérante, mais avec rappel des compétences de base de l'État en pareille matière ; voir aussi arrêt

Mais, parallèlement, des inflexions commençaient à se dessiner dans la rédaction des arrêts, révélant quelques doutes du haut Tribunal. Une des décisions les plus remarquées à cet égard fut l'arrêt n° 206/1990 du 17 décembre 1990[103]. Après avoir rappelé le droit constitutionnel à l'information et à l'expression des idées (art. 20 de la Constitution), l'arrêt admettait que les changements dans les données d'ordre technique ou dans la hiérarchie des valeurs sociales pouvaient conduire à un réexamen du problème, notamment à propos de la télévision par câble, enjeu du débat.

La loi n°31/1987 du 18 décembre 1987 sur la réglementation des télécommunications fut à l'origine d'une nouvelle prise de position avec l'arrêt n°189/1991 du 3 octobre 1991[104]. Certes, les arguments originaires sont dans l'ensemble maintenus, mais le juge constitutionnel reconnaît que, s'agissant d'une télévision de proximité, sans utilisation du domaine public hertzien, les limitations du droit constitutionnel à l'information se trouvaient fragilisées[105].

L'ouverture progressive à la télévision privée, avec la loi n°10/1988 du 3 mars 1988, relança la polémique. Un nouvel arrêt (n°127/1994 du 5 mai 1994)[106] permit au Tribunal constitutionnel de se prononcer de nouveau sur quelques aspects importants du problème. La distinction établie entre la liberté d'information et d'expression comme droit constitutionnel d'une part et les instruments

---

n°44/1982 du 8 juillet 1982, *B.O.E.*, 4 août, Suppl. au n°185, à propos d'un conflit identique intéressant le Pays Basque) ; arrêts n°74/1982 du 7 décembre 1982 (*B.O.E.*, 15 janvier 1983, Suppl. au n°13) ; n°79/1982 du 20 décembre 1982 (*B.O.E.*, 15 janvier 1983, Suppl. au n°13) ; n°106/1986 du 24 juillet. 1986 (*B.O.E.*, 13 août 1986, Suppl. au n°193) ; n°21/1988 du 18 février 1988 (*B.O.E.*, 1er mars 1988, Suppl. au n°52) ; n°181/1990 du 15 novembre 1990 (*B.O.E.*, 3 décembre 1990, Suppl. au n°289) ; n°119/1991 du 3 juin 1991 (*B.O.E.*, 8 juillet 1991, Suppl. au n°162) ; n°108/1993 du 25 mars 1993 (*B.O.E.*, 27 avril 1993, Suppl. au n°100) ; n°146/1993 du 29 avril 1993 (*B.O.E.*, 28 mai 1993, Suppl. au n°127) ; n°167/1993 du 27 mai 1993 (*B.O.E.*, 21 juin 1993, Suppl. au n°147), n°271/1993 du 23 septembre 1993 (*B.O.E.*, 26 octobre 1993, Suppl. au n°256).

[103] *B.O.E.*, 10 janvier 1991, Suppl. au n°11.

[104] *B.O.E.*, 5 novembre 1991, Suppl. au n°265.

[105] Voir aussi l'arrêt n°168/1993 du 27 mai 1993 (*B.O.E.*, 21 juin 1993, Suppl. au n°147).

[106] *B.O.E.*, 31 mai 1994, Suppl. au n°129. Sur les critiques adressées à cette jurisprudence, voir S. MUÑOZ MACHADO, *Servicio público y mercado. La televisión*, T. III, Civitas, Madrid, 1998, p. 135 et s.

techniques permettant la diffusion concrète, sous la bannière du service public, des idées et des opinions, d'autre part, n'est plus aussi clairement affirmée : il y a sans doute « distinction » mais non « séparation », avance subtilement l'arrêt ; quant à la qualification de « service public essentiel », elle relève du choix du législateur, mais elle n'autorise pas n'importe quel comportement de l'État organisateur du service ; elle n'exclut pas la gestion privée ; elle n'implique pas une élimination totale de l'initiative privée et elle doit se combiner avec d'autres droits légitimes ; sa justification subsiste toutefois pour assurer la continuité des prestations audio-visuelles d'intérêt général et pour garantir l'égalité des conditions d'accès des citoyens ou de leurs représentants aux moyens de communication.

Si le thème du service public lui-même prête à controverse et évolue selon les époques, la liberté d'entreprise ne suffirait pas pour répondre à de telles exigences. Et de conclure : « la notion de service public est une technique qui, à l'instar d'autres techniques constitutionnellement possibles, peut permettre au législateur de réglementer de manière adéquate la concurrence entre la télévision publique et les télévisions privées »[107].

Selon certains auteurs[108], c'est la décision n°31/1994 du 31 janvier 1994 sur la télévision par câble[109] qui marque un véritable tournant dans l'attitude du Tribunal constitutionnel. Statuant sur l'absence de loi en la matière, la haute institution y voit une atteinte inacceptable au droit fondamental de l'article 20 de la Constitution, dès lors que l'accès à ce moyen de diffusion est radicalement supprimé (aucune demande

---

[107] Par ailleurs, le juge constitutionnel valide le recours à la loi ordinaire - et non à une loi organique - pour statuer sur ce problème, au motif que le législateur n'entendait pas réglementer l'ensemble du droit de la télévision mais seulement celui de la télévision hertzienne. Or la loi organique est normalement exigée pour la mise en œuvre des droits fondamentaux et des libertés publiques.

[108] P. S. CODERCH, M. R. LLOVERAS i FERRER, J. C. SEUBA i TORRE-BLANCA, *op. cit.*, p. 108 et s.

[109] *B.O.E.*, 2 mars 1994, Suppl. au n°52, p. 43 ; *Revista española de derecho constitucional*, 1994, n°41, p. 173, note F. Santaollala ; *Revista española de derecho administrativo,* 1994, n°84, p. 629 ; voir également les arrêts n°47/1994 du 16 février 1994 (*B.O.E.*, 17 mars 1994, Suppl. au n°65, p. 50) ; n°98/1994 du 11 avril 1994 (*B.O.E.*, 22 novembre 1994, Suppl. au n°279, p. 41) ; n°307/1994 du 14 novembre 1994 (*B.O.E.*, 14 décembre 1994, Suppl. au n°298, p. 70) et n°12/1995 du 16 janvier 1995 (*B.O.E.*, 11 février 1995, Suppl. au n°30, p. 46).

d'autorisation n'étant possible, il n'y a même pas à prévoir une autorisation). C'est cette carence législative qu'il convient donc de sanctionner en faisant prévaloir le droit à l'information qui comporte le droit de créer librement les moyens de diffusion adéquate.

Le débat s'est poursuivi sur le terrain législatif, avec les résonances doctrinales multiples que les nouveaux textes engendraient mécaniquement. La loi n°37/1995 du 12 décembre 1995 sur les télécommunications par satellite[110], qui transpose la directive communautaire n°94-46 CE, ne qualifie pas expressément les prestations qu'elle réglemente de « service public ». En revanche, la loi n°42/1995 du 22 décembre 1995 sur les communications par câble[111] maintient le vocable controversé (et, corrélativement, le système de la concession) au terme d'âpres débats parlementaires.

Une étape nouvelle a été franchie avec l'importante loi n°11/1998 du 24 avril 1998 portant statut général des télécommunications[112]. On y lit en effet (art. 2) que « les télécommunications sont des services d'intérêt général gérés en régime de concurrence. Seuls ont la qualité de services publics ou sont soumis à des obligations de service public les services réglementés à l'article 5 et au titre III de la présente loi » L'article 5 se réfère à la prise en charge par l'État de la gestion directe de certains services et de l'exploitation, à titre transitoire et exceptionnel, de certains réseaux de télécommunications, afin de garantir la sûreté publique et la sécurité de l'État. Le titre III (art. 35 et s.) énonce « les obligations de service public » et « les droits et obligations de caractère public » qui accompagnent désormais les prestations des services de télécommunications et l'exploitation des réseaux correspondants par les nouveaux opérateurs.

On observera la parenté des expressions « services d'intérêt général » (qui figure dans le texte législatif espagnol) et « services économiques d'intérêt général » (adaptée par l'article 90, § 2 –

---

[110] *B.O.E.*, 13 décembre 1995, n°297 ; le service téléphonique vocal par satellites n'est toutefois pas inclus dans les services de télécommunications par satellite régis par la nouvelle loi.

[111] *B.O.E.*, 23 décembre 1995, n°306.

[112] *B.O.E.*, 25 avril 1998, n°99, p. 139 ; ALMUNEDA ARDÓN de MENDÍVIL, A. CARRASCO PERERA (dir.), *Comentarios a la ley general de telecomunica—ciones*, Aranzadi, Pamplona, 1999.

aujourd'hui, article 86-2 – du Traité de Rome). Ce n'est pas là simple hasard...

L'évolution n'est pas achevée mais elle a le mérite de montrer comment s'est posée en Espagne la question de l'antagonisme entre service public et liberté publique (ou, plus exactement, droit fondamental). Un tel conflit ne peut se résoudre que par ajustements réciproques (et donc assouplissement) des conceptions en présence. C'est l'affrontement brutal entre des concepts idéalisés qui produit les effets les plus néfastes. Ce message du Tribunal constitutionnel, s'il est bien compris, peut clarifier certaines des ambiguïtés du droit positif. Mais il peut aussi contribuer à entretenir le doute et l'incertitude, si l'on estime avec certains auteurs que la haute juridiction n'a pas vraiment réussi à surmonter les contradictions et qu'elle les alimente à sa manière en associant de manière injustifiée la qualification de service public et le passage obligé par la technique de la concession, si le législateur en décide ainsi[113].

C'est là apparemment le nœud du problème, comme on l'a signalé : la « titularité » publique d'un service exige-t-elle que ce service soit fermé à toute initiative individuelle en dépit de la reconnaissance constitutionnelle de la liberté d'entreprendre et de la liberté d'expression des opinions ? Ou, au contraire, doit-on admettre que le recours à l'idée de service public n'impose pas par lui-même l'élimination directe ou indirecte de l'intervention des opérateurs privés (par exemple en les astreignant à passer par le système de la concession) et que les mêmes objectifs peuvent être atteints par une régulation appropriée ? Dire que la télévision était un service public relevant de l'État et que la gestion privée de ce service ne peut être admise que sous forme de concession (ce qui est la position actuelle du juge constitutionnel espagnol) traduisait une « rigidité dogmatique incompréhensible dont on ne trouve aucun autre exemple en Europe »[114]. L'autorisation administrative, assortie éventuellement

---

[113] S. MUÑOZ MACHADO, *op. cit.*, p. 140 et s. ; l'auteur ajoute que l'assimilation par le juge constitutionnel de la « concession » à l'« autorisation » préalable prévue notamment par l'article 10 de la Convention européenne des droits de l'homme frise l'abus de langage (p. 144 et s.).

[114] *Ibid.*, p. 145.

d'« obligations de service public » ne suffit-elle pas à concilier les enjeux ?[115].

Il faudrait sans doute également déterminer le poids des valeurs en présence (celles qui sont manifestes et celles qui sont latentes). On a parfois reproché à la conception espagnole du service public de l'audiovisuel de privilégier abusivement les valeurs de la communauté nationale au nom du service public alors que d'autres mettent en exergue les valeurs propres à chaque « nationalité » de l'Espagne contemporaine... Mais c'est là un autre débat.

Le droit communautaire a été à son tour confronté à l'idée de service public[116]. On retrouve là d'ailleurs la trace des controverses qui viennent d'être brièvement rappelées, et qui n'ont pas épargné les autres États membres de l'Union européenne.

C) Service public et construction communautaire

On se bornera à évoquer l'une des dimensions du problème des services publics qui a fait l'objet de multiples analyses[117] dans les États

---

[115] Voir par ex., à propos de la libéralisation du marché du gaz naturel (loi n°34/1998 du 7 octobre 1998), A. GALLEGO AÑABITARTE et J. M. RODRIGUEZ de SANTIAGO, « La nueva regulación del mercado del gas natural », *Revista de administración pública*, 1999, n°148, p. 41 et s. Les auteurs observent (p. 52 et s.) que se trouve désormais en première ligne l'affirmation selon laquelle un secteur, naguère qualifié de « service public », s'est transformé aujourd'hui en secteur « ouvert à la concurrence et à la liberté d'entreprise » (il est vrai que les mêmes auteurs contestent l'évolution historique privilégiant l'avènement progressif d'un concept autonome de service public et estiment qu'il serait plus juste de mettre en relief le « concept-clé de travail public »).

[116] Voir Ch. STOFFAES (dir.), *L'Europe à l'épreuve de l'intérêt général*, Ed. Aspe-Europe, 1994 ; *Entre monopole et concurrence,* Ed. P.A.U., 1994 ; P. BAUBY et J. C. BOUAL (dir.), *Pour une citoyenneté européenne. Quels services publics ?*, Ed. de l'Atelier, 1994 ; P. BAUBY et J. C. BOUAL (dir.), *Les services publics au défi de l'Europe*, Ed. ouvrières, 1993 ; *Le service public et la construction communautaire, Revue française de droit administratif*, 1995, n°2, p. 291 et s. ; *Service public et Communauté européenne : entre l'intérêt général et le marché*, La Documentation française, 2 Vol ., 1998 (Journées de Strasbourg organisées par la Commission pour l'études des communautés européennes (CEDECE) les 17, 18 et 19 octobre 1996).

[117] Signalons à cet égard les ouvrages publiées en 1998 en France : *Service public et Communauté européenne : entre l'intérêt général et le marché*, (*op. cit.*) et en Espagne : S. MUÑOZ MACHADO, *Servicio público y mercado*, Civitas, 4 Vol . ;

de l'Union européenne et notamment en Espagne. Il est inutile d'en reprendre les données, déjà abondamment exposées. On peut dire, sans forcer le trait, que le vaste mouvement de remise en cause des services publics est imputable pour l'essentiel à la pression communautaire, elle-même soutenue par les vents portants du néo-libéralisme économique.

Dans tous les pays qui ont accueilli l'idée de service public et en ont fait un élément explicatif au moins partiel de leur droit administratif, le droit communautaire a introduit de sérieuses perturbations. Ce droit est en effet davantage fondé sur la logique du marché (liberté de circulation des produits, des services, des hommes et des capitaux) que sur la logique du service. Il est donc potentiellement en conflit avec les exigences juridiques du service public qui, par définition, pallie, dans l'intérêt général, l'absence ou l'insuffisance de l'initiative privée dans le domaine économique (théorie du service public industriel et commercial). Sans doute l'article 86, § 2, du Traité de Rome réserve-t-il l'hypothèse des « services d'intérêt économique général » comme susceptible de justifier un traitement exceptionnel au regard des règles de base du marché unique, mais précisément il s'agit d'une exception : le service public industriel et commercial n'a pas été intégré dans les préoccupations des auteurs du Traité alors qu'il est au cœur de la distribution de prestations courantes (eau, gaz, électricité, produits pétroliers, etc.) par les entreprises dites de « réseaux ». Celles-ci, au surplus, bénéficient souvent de monopoles nationaux, eu égard à leurs obligations de service public qui leur imposent des contraintes inconnues des entreprises du secteur concurrentiel.

Les directives communautaires qui, depuis plusieurs années, tentent d'ouvrir les entreprises de réseaux à la concurrence communautaire, se heurtent aux résistances nationales, généralement fondées sur les grands principes du service public, afin de préserver les modes de fonctionnement habituels des entreprises publiques, y compris leur éventuelle situation monopolistique.

---

voir aussi St. RODRIGUES, *Services publics et services d'intérêt économique général dans la Communauté européenne*, Thèse Paris I, 1999, ronéo, 2 Vol .

En Espagne, par exemple, l'aménagement prévisible de la production, du transport et de la distribution de l'électricité[118] avait suscité des controverses de ce type. Pour tenter de concilier les positions des partisans de la libéralisation de ce secteur et celles des partisans du *statu quo*, certains auteurs avaient proposé de faire de la distribution et du transport de l'énergie électrique un véritable service public communautaire[119] ou tout au moins de sauvegarder les règles de base du service public (continuité, régularité, adaptation, etc.)[120], en introduisant par ailleurs les mécanismes de concurrence compatibles avec ces principes.

La pression communautaire s'est révélée particulièrement forte, on le sait, dans le secteur sensible des télécommunications. On a déjà souligné le choix sémantique significatif, par le législateur espagnol, de l'expression « services d'intérêt général », lorsqu'il s'est agi de qualifier les nouveaux services de télécommunications régis par la loi n°11/1998 du 24 avril 1998 – au lieu et place de l'ancienne dénomination de « service public ». Les observateurs ne s'y sont pas trompés. Ils y ont vu avec raison un ralliement aux thèses communautaires et l'abandon des vieux « préjugés dogmatiques » qui,

---

[118] Nous faisons abstraction ici des problèmes posés par l'interprétation des textes quant à la portée exacte du concept de service public dans le régime juridique de l'électricité en Espagne (voir J. M. GIMENO FELIU, *El servicio público eléctrico en el mercado interior europeo*, Civitas, 1994, p. 113 et s.) ; il s'agit surtout du décret-loi du 12 avril 1924 et de la loi n°49/1984 du 26 décembre 1984 sur l'exploitation unifiée du système national d'électricité. Sur le régime actuel, voir S. MUÑOZ MACHADO, *El sistema eléctrico,* dans *Servicio público y mercado*, *op. cit.*, T. IV, Civitas 1998 ; LOPEZ-IBOR MAYOR, « La liberalización del sector eléctrico : perspectiva jurídica », *Revista española de derecho administrativo*, 1998, n°98, p. 191 et s. (analyse de la loi n°54/1997 du 27 novembre 1997, relative au secteur électrique) ; J. de la CRUZ FERRER, *La liberalización de los servicios públicos y el sector eléctrico*, Madrid, Marcial Pons, 1999.

[119] En ce sens voir J. M. GIMENO FELIU, *op. cit.*, p. 155 et s.

[120] R. MARTÍN MATEO, *Liberalización de la economía. Más Estado y menos administración*, Trivium, Madrid, 1988, p. 84 ; S. MUÑOZ MACHADO et J. L. BAÑO LEÓN, « La intervención administrativa en el sector eléctrico : exigencias constitucionales y comunitarias frente a una futura reforma legislativa », *Revista del Instituto de estudios económicos*, 1991, n°4, p. 385.

aux yeux de certains d'entre eux, obéraient lourdement le concept usé de service public[121].

Comme on le voit, l'enjeu est de taille et il concerne tous les services publics gérés en réseaux sur le territoire des États membres de l'Union européenne.

Conclusion

Si l'on tente de mieux situer la place du concept de service public dans le droit espagnol contemporain, on constate qu'à côté d'une relative convergence des définitions, ou au moins des principes de base du service public, subsistent d'assez sérieuses divergences quant à la portée du concept et son rôle opérationnel.

La plupart des définitions du service public mettent l'accent sur quelques caractères ou quelques éléments jugés significatifs.

Voici celle que propose F. Garrido Falla dans une étude publiée en 1994[122] : « service technique rendu au public de manière continue et constante grâce à un ensemble organisé de moyens personnels et matériels, dont la maîtrise appartient à une collectivité publique et placée sous un régime juridique particulier ». L'auteur développe ces divers éléments et rattache à la fourniture de « prestations techniques » les grands principes d'égalité et de continuité[123]. La maîtrise d'une collectivité publique sur le service lui apparaît inhérente à la notion même de service public. Quant à l'existence d'un régime juridique spécifique, elle est aujourd'hui en porte-à-faux avec les phénomènes de privatisation et de déréglementation qui se traduisent par une nette progression du droit privé dans la gestion des services publics.

Les modes de gestion de ces services font apparaître trois types de procédés : la gestion directe (en régie ou par l'intermédiaire d'un

---

[121] En ce sens voir S. MUÑOZ MACHADO, *Servicio público y mercado. Las telecomunicaciones*, *op. cit.*, p 212 et s.

[122] F. GARRIDO FALLA, « El concepto de servicio público en derecho español », *Revista de administración pública*, 1994, n°135, p. 7 et s., notamment p. 21.

[123] *Ibid.*, p. 21.

établissement public[124], la gestion indirecte (surtout par voie de concession) et la gestion « mixte » (par des sociétés à capital public ou des sociétés d'économie mixte).

C'est une approche voisine que l'on trouve chez G. Ariño Ortiz[125].

> *Il s'agit d'abord d'une activité étatique, c'est-à-dire prise en charge par l'État qui en est titulaire ; il s'agit ensuite d'une activité destinée au public, à l'utilité générale ; en troisième lieu, il s'agit d'une activité dont la nécessité est reconnue, qui est indispensable pour la vie sociale (ce qui ne signifie pas qu'elle soit nécessaire à la vie de l'État : pour la vie de l'État elle n'est nullement indispensable) ; en quatrième lieu, il s'agit d'une activité dont la gestion ne suppose pas l'exercice de pouvoirs de souveraineté*[126].

On retrouve dans cette définition l'idée de prestations indispensables pour la communauté, l'idée de continuité et l'idée de régularité du service ; l'auteur insiste particulièrement sur la « titularité » publique du service qui lui confère une « vocation naturelle » au monopole[127] (sauf concession) et laisse à la collectivité organisatrice les pouvoirs de direction et la responsabilité correspondante.

On mentionnera encore à titre d'illustration la définition avancée par J. Bermejo Vera[128] selon laquelle la qualification de service public concerne :

> *des activités économiques et sociales, exercées de manière continue et régulière par une organisation destinée à procurer une utilité ; du fait qu'elle est publique, cette prestation doit être gérée au nom de la collectivité et doit lui être offerte.*

([124]) L'auteur expose longuement (p. 28 et s.) les diverses modalités de la gestion des services publics (voir aussi *Tratado de derecho administrativo*, *op. cit.*, p. 321 et s.), ainsi que les contrôles auxquels ils sont soumis (contrôles internes ou contrôles externes). Il souligne également les différences qu'il y a lieu de faire entre les services d'assistance (*servicios asistenciales*) à forte connotation sociale, qui furent les premiers en date, et les services de prestations économiques (*Tratado...*, *op. cit.*, p. 321 et s. ; « El concepto... », *op. cit.*, p. 24 et s.).

[125] *Economía y Estado*, *op. cit*, p. 358.

[126] Tous ces points sont longuement développés par l'auteur (*op. cit.*, p. 359 et s.) ; voir aussi G. ARIÑO ORTIZ, « El servicio público como alternativa », *Revista española de derecho administrativo*, 1979, n°23, p. 537 et s., notamment p. 544 et s.

[127] *Ibid.*, « El servicio público como alternativa », p. 547.

[128] J. BERMEJO VERA, *Derecho administrativo especial*, Civitas, 1998, p. 59.

Il ne serait pas difficile de multiplier les exemples de définitions analogues dans la doctrine contemporaine.

Deux thèmes se détachent, nous semble-t-il, plus clairement que les autres.

D'abord, l'idée que le service public doit être analysé comme une prestation, qu'il revêt une acception matérielle, quasi technique, liée dans une certaine mesure au *welfare state.* Le droit administratif espagnol, on le sait, n'a jamais accordé au service public l'importance qui fut la sienne en France en tant que concept fédérateur du droit administratif (lui-même caractérisé par la spécificité des règles qui le régissent) et de la compétence administrative. Le service public n'a joué qu'un rôle limité en matière de compétence juridictionnelle, généralement sur la base de textes précis qui s'y réfèrent expressément (en matière de contrats administratifs ou de responsabilité de la puissance publique, par exemple). Il figure dans les présentations doctrinales habituelles comme l'une des modalités de l'action administrative, celle qui correspond à une administration de prestation. Mais il coexiste avec d'autres concepts tels que ceux de police administrative, ou de « *fomento* »[129], auxquels on ajoute parfois la « gestion économique »[130] ou « la production de biens »[131], la planification ou la programmation[132], voire l'action répressive[133] ou l'action arbitrale[134] etc. En toute hypothèse, le service public n'a jamais

[129] La division classique ternaire police, *fomento*, service public a été proposée par L. JORDANA DE POZAS, « Ensayo sobre una teoría del fomento en derecho administrativo », *Revista de estudios políticos*, Madrid, 1948, n°48 et est reprise dans de nombreux manuels ou traités (par ex., R. MARTIN MATEO, *Manual de derecho administrativo,* Trivium, Madrid, 18ème éd., 1996, p. 435 ; L. PAREJO ALFONSO et al., *Manual de derecho administrativo*, Vol. 1, Ariel, Barcelone, 5ème éd., 1998, p. 517 et s.).

[130] J. BERMEJO VERA et al., *op. cit.*, p. 66 et s. ; l'idée de gestion économique, en dehors du service public, avait été défendue par J. L. VILLAR PALASI, (« La actividad industrial del Estado en el derecho administrativo », *Revista de administración pública*, 1950, n°3, p. 53 et s.) et reprise par E. GARCIA de ENTERRIA (« La actividad industrial y mercantil de los municipios », *ibid.*, 1955, n°17, p. 87 et s.).

[131] G. ARIÑO ORTIZ, « El servicio público como alternativa », *op. cit.*, p. 544.

[132] *Ibid.*, p. 544.

[133] R. PARADA, *Derecho administrativo. Parte general*, 6ème éd., Marcíal Pons, Madrid, 1996, p. 448 et s.

[134] *Ibid.*, p. 520 et s.

constitué le critère unique du droit administratif et encore moins celui de la compétence administrative.

Ensuite, les auteurs et la jurisprudence administrative insistent sur les grands principes qui doivent régir l'activité de service public, eu égard aux objectifs qu'elle est censée poursuivre. Les idées de continuité et de régularité sont rituellement évoquées, un peu moins sans doute le principe d'égalité ou le principe d'adaptation (mais ils ne sont pas totalement absents).

Mais l'essentiel du débat porte aujourd'hui sur la place exacte du service public dans le nouveau contexte constitutionnel en liaison avec les politiques dominantes de privatisation, de libéralisation et de déréglementation qui, sous l'impulsion communautaire, ont profondément transformé les données de base de l'interventionnisme étatique dans le domaine économique.

Le service public peut-il (et à quel prix ?) s'adapter aux changements conjoncturels qui affectent directement les rapports entre l'État et la société dans les démocraties occidentales ? Est-il au contraire condamné à disparaître sous les coups de boutoir répétés que lui assènent les tenants du néo-libéralisme au pouvoir à Bruxelles comme à Madrid ? Quelles sont les modalités d'une dialectique raisonnable contemporaine entre le service public et le marché ?

Sur ce terrain, les positions s'affrontent parfois rudement. Mais il semble qu'en définitive ce sont davantage les excès de la « publicisation » de l'économie au nom du service public que la validité même de ce concept dans un État social de droit qui aient été dénoncés par la doctrine majoritaire en Espagne.

Selon certains auteurs, il faut s'orienter vers un « nouveau service public »[135], un service qui réintègre sa fonctionnalité authentique, celle qui caractérise une activité économique essentielle relevant de l'État mais dont la gestion par une personne privée est toujours possible. Le premier devoir des gouvernants est de protéger et d'étendre les droits fondamentaux reconnus par la Constitution. Cela ne suppose pas un abandon par l'État de ses obligations mais un changement de

[135] C'est, on le sait, le titre d'un ouvrage publié en 1997 (*El nuevo servicio público*, Marcial Pons, Madrid) sous l'égide de trois auteur, G. ARIÑO, J. M. de la CUETARA et J. L. MARTINEZ LOPEZ-MUÑIZ qui se rattachent à un même courant. Voir aussi J. L. MEILAN GIL, « El servicio público como categoría jurídica », *Cuadernos de derecho público*, 1997, n°2, p. 75 et s.

comportement concret. Le service public ne doit être mis en place que là où il trouve une justification incontestée dans l'intérêt général bien compris. La concession de service public n'apparaît pas pour autant le meilleur instrument technique pour réaliser de tels objectifs. D'autres modalités de gestion doivent permettre d'y associer efficacement les personnes privées, dans un cadre constitutionnel et international devenu très favorable à la libre entreprise.

Selon d'autres auteurs (en particulier S. Muñoz Machado[136]), la notion de service public est au premier chef une construction doctrinale et l'on ne peut *a priori* avancer que la Constitution de 1978 ait ratifié une interprétation à l'exclusion des autres. Les possibilités offertes dans le secteur économique aux interventions publiques ne signifient pas nécessairement qu'elles doivent s'accompagner d'un monopole ou d'une réserve absolue au profit des pouvoirs publics (État ou Communautés autonomes) ; elles ne comportent pas par elle-même l'élimination de l'initiative privée et de la liberté d'entreprise. La « réserve sans exclusivité » (*reserva sin exclusividad*) par le biais du service public se traduira par un certain contrôle des opérateurs sous forme d'autorisations, de licences, etc. et par une régulation appropriée afin de préserver les objectifs fondamentaux de tout service public. L'Europe communautaire, au demeurant fait aujourd'hui place plus volontiers aux considérations de service public qu'elle négligeait naguère.

Il est vrai que l'équilibre ne sera pas toujours facile à réaliser. La conciliation des exigences du marché et de celles du service public oblige à aborder de front quelques obstacles redoutables : la mise en place des infrastructures de base nécessaires, l'égalité d'accès des citoyens aux prestations offertes, la continuité des activités et leur adaptation constante à la demande sociale, la qualité du service, etc.

Quoi qu'il en soit, le regain d'intérêt que suscite aujourd'hui en Espagne la problématique du service public, à l'heure où les menaces s'accumulent de tous côtés, a pour effet plutôt paradoxal de redonner vie à un concept qui, outre Pyrénées, n'a jamais été vraiment sur le devant de la scène. Il restera à clarifier, sous l'angle juridique, le

---

136 S. MUÑOZ MACHADO, *Servicio público y mercado*, Civitas, 1998, Vol. 4, (voir notamment, « Los fundamentos », T. I).

contenu exact que le droit espagnol entend lui donner dans le cadre constitutionnel de l'État social de droit.

DE L'IDÉE DE SERVICE PUBLIC AU SERVICE D'INTÉRÊT GÉNÉRAL

Gérard Marcou

L'idée de service public est-elle propre à la France, et au système français de droit administratif, ou bien la retrouve-t-on, sous d'autres termes ou d'autres formes dans les pays voisins et dans leurs systèmes juridiques ? La notion de service public est-elle une singularité française, comme le suggère l'expression de « service public à la française », qui s'est répandue au cours des dernières années, ou bien est-elle la forme sous laquelle le droit public français a répondu à des impératifs auxquels les autres systèmes juridiques ont dû également apporter des réponses ? Si tel est le cas, dans quelle mesure et en quoi celles-ci diffèrent-elles ?

Le sujet n'est certes pas nouveau, et depuis la fin des années quatre-vingt, à la suite de l'Acte unique européen, un grand nombre de colloques, de groupes de travail, de rapports officiels et de publications a été consacré à l'étude des services publics dans le cadre communautaire, notamment en France. L'Acte unique marque, en effet, le point de départ de l'extension du « marché intérieur » aux secteurs jusqu'alors caractérisés par la prépondérance ou même la présence exclusive de monopoles publics. Cette offensive communautaire a souvent été perçue en France comme la remise en cause d'un mode d'organisation et d'exercice de fonctions jugées essentielles pour la collectivité, qui paraissait intimement lié à la conception de l'État la plus largement admise dans la société, celle d'un État à la fois protecteur et responsable du développement économique. Une telle conception n'est certes pas propre à la France, mais elle a trouvé en France une expression synthétique dans la notion de service public, qui, depuis le début du XXème siècle, s'est imposée à la fois comme une philosophie politique et une notion centrale du droit public. La contestation des réformes mises en œuvre par le droit communautaire et tendant à libéraliser des secteurs entiers jusqu'alors soumis au contrôle de l'État n'a pas non plus été limitée à la France, mais il ne semble pas qu'elle ait été ailleurs associée à la défense d'un modèle d'organisation exprimé dans les termes d'une doctrine de droit public.

L'expression « service public à la française » est d'ailleurs, si l'on y réfléchit, curieusement défensive. Le rayonnement du droit administratif français depuis la fin du XIXème siècle n'avait pas son origine, en effet, dans ce qu'il était propre à la France, mais dans la vocation universelle des principes généraux sur lesquels il reposait et notamment dans l'affirmation de l'indépendance du juge administratif qui avait peu à peu acquis une autorité suffisante pour censurer les actes illégaux de l'administration, et pour imposer à celle-ci la réparation des dommages causés aux particuliers par son fonctionnement. Aujourd'hui, au contraire, c'est souvent au nom d'une spécificité ou d'une identité française que le service public est défendu. Il est permis de douter de la valeur et de l'efficacité d'une telle défense ; on ne voit pas, en effet, pourquoi d'autres États, d'autres groupes sociaux ou forces politiques hors de France devraient se sentir concernés par la défense d'une spécificité française dans le cadre de l'Union européenne. On peut en revanche soutenir que l'idée de service public est une synthèse d'un certain nombre de principes et de valeurs à caractère universel auxquels les systèmes juridiques des États membres accordent une place plus ou moins importante et explicite, en fonction des principes et des institutions sur lesquels ils reposent eux-mêmes.

Relevons tout d'abord que les systèmes de droit public restent très hétérogènes, au moins dans leurs systématisations doctrinales, en dépit des convergences qui résultent de l'impact du droit communautaire dans de nombreux domaines. Beaucoup ne connaissent aucune notion juridique de service public ; si l'expression n'y est pas inconnue, elle se rencontre soit dans un sens purement matériel, soit pour désigner la fonction publique ; c'est le cas de l'Allemagne et de l'Autriche, du Royaume-Uni et de l'Irlande, des Pays-Bas, du Danemark, de la Suède et de la Finlande. Les autres pays, où l'influence du droit français s'est davantage fait sentir, connaissent une notion juridique de service public, mais son importance est très variable. Elle n'occupe souvent qu'une place secondaire ou technique dans le droit administratif, dont la systématisation fait appel à d'autres notions ; c'est le cas de la Belgique, du Luxembourg, de l'Italie, de l'Espagne et du Portugal, ainsi que de la Grèce ; cependant elle a pu donner lieu à des débats doctrinaux importants, et elle est fréquemment invoquée dans la législation et la jurisprudence (Espagne, Portugal, Grèce).

Mais la diversité des interprétations juridiques de la réalité, et des rapports sociaux fixés par le droit, ne doit pas faire oublier que toutes les sociétés connaissent la socialisation d'un certain nombre de fonctions, qui, à un moment donné, sont jugées indispensables alors qu'elle ne paraissent plus pouvoir être satisfaites par la famille, plus ou moins largement comprise, par les institutions religieuses ou par les activités économiques privées sur le marché. C'est en raison de la capacité de ces institutions, familiales, communautaires, religieuses ou économiques, à répondre ou à ne pas répondre à ces fonctions que naissent les institutions juridiques par lesquelles le besoin de socialisation trouve une réponse politique, c'est-à-dire une réponse qui est apportée par l'État. *C'est ce qui constitue le domaine du service public, entendu dans un sens matériel.* En outre, l'État doit être entendu ici dans un sens large, comme l'ensemble des manifestations du pouvoir dans la société qui prennent un caractère public car elles ne procèdent ni de la dépendance familiale, ni d'une église ni de la propriété privée[1]. Une telle évolution n'exclut d'ailleurs pas que des institutions rattachées aux églises ou le secteur privé continuent de participer à l'accomplissement de ces fonctions, mais désormais sous le contrôle de l'État et selon les normes qu'il fixe. Il ne faut donc pas s'étonner que dans la plupart des pays, et bien au-delà du cadre de l'Union européenne, les finalités d'intérêt général, les modes d'organisation et les modes de gestion qui naissent de ce besoin de socialisation justifient l'application de règles particulières, même si les activités et les règles en cause peuvent varier de manière considérable selon les pays, et selon les périodes.

---

[1] Il existe des formes d'État patrimoniales ou théocratiques, mais on s'accorde à reconnaître que, dans les sociétés occidentales, l'État moderne s'est détaché de ces formes.

Telle est la base de l'idée de service public dans les États de l'Union européenne. Comme telle, elle est présente dans tous les systèmes juridiques nationaux, mais à des degrés et sous des formes très différentes, sous la notion même de service public, ou sous d'autres notions juridiques, ou encore de manière diffuse et sans que les règles particulières que l'on peut identifier comme expression positive de l'idée de service public aient donné lieu à une quelconque conceptualisation. Ces différences d'approche ne présentent aucun rapport avec l'importance du secteur public ou le développement des services publics. L'Espagne, le Portugal et la Grèce, dont le droit administratif a assimilé la notion de service public, se sont pendant longtemps distingués par un bas niveau des dépenses publiques qui reflétait le retard des services publics, bien qu'ils se soient rapidement rapprochés de la moyenne européenne depuis les années soixante-dix. A l'inverse, les pays scandinaves, où les services publics sont très développés et le secteur public étendu, n'ont guère utilisé la notion de service public.

En recherchant si l'on peut identifier dans le droit des États européens une idée de service public, on fait l'hypothèse que cette idée est capable de rendre compte à la fois des domaines d'activité dans lesquels l'État répond aux besoins de socialisation, et des règles particulières qu'il est amené à produire à cette fin. L'existence de règles particulières aux service publics et la grande convergence que l'on observe quant aux secteurs concernés, malgré la diversité des institutions entre les différents pays européens, justifie qu'on leur recherche un fondement commun. On le découvrira dans la convergence des règles particulières en ce qu'elles concourent à la détermination des caractéristiques de l'offre (**I**) ; même sur un marché cela suffit à identifier le domaine du service public, comme le montrent les institutions issues de la libéralisation des secteurs ayant fait l'objet des directives communautaires pour la mise en place du marché unique. La comparaison des régimes juridiques permettra ensuite de dégager les variables en fonction desquelles s'ordonnent les différences entre les pays européens (**II**).

I. Le domaine du service public

L'idée de service public se traduit dans des réalités et des institutions fort différentes d'un pays à l'autre, et dans un même pays d'un secteur à l'autre, sans qu'on puisse donner de cette diversité une explication autre qu'historique. Les convergences liées à l'influence du droit communautaire dans les domaines qu'il concerne sont encore récentes et superficielles. On est donc en présence d'une stratification d'institutions et de représentations juridiques liée à l'histoire de chaque pays, c'est-à-dire aux continuités et aux ruptures qui caractérisent cette dernière[2]. Cela explique sans doute la faiblesse ou l'absence fréquentes des synthèses juridiques en ce domaine.

Essayons d'abord d'identifier les activités en cause, de manière empirique, puis en analysant la reprise de l'idée de service public dans la notion de service d'intérêt général en train de se former en droit communautaire. On pourra alors rechercher un critère permettant d'identifier les services d'intérêt général dans les divers systèmes nationaux.

A) Les activités

1. Le domaine matériel

Dans les grandes lignes, le domaine des services publics, au sens matériel, varie peu d'un pays à l'autre. On pourrait en dresser le tableau suivant :
- la défense nationale et la justice ;
- la police et la sécurité ;
- l'assistance, et la protection sociale ;
- le logement social ;
- les communications, depuis les routes (bien qu'il s'agisse davantage d'une affectation au public en général que d'un service public à proprement parler) et la poste, depuis longtemps, jusqu'aux moyens

[2] Dans ce qui suit, les références aux pays étudiés renvoient aux études par pays réunies dans ce volume, à moins qu'une note n'indique une autre source.

modernes de transports collectifs et aux télécommunications aujourd'hui ;
- la production et/ou la distribution d'eau, d'énergie ;
- l'assainissement ;
- l'enseignement ;
- la culture et la science ;
- la santé.

On pourrait y ajouter la collecte des ressources fiscales et la gestion des dépenses publiques, mais il s'agit là plutôt de fonctions intermédiaires, en ce sens qu'elles sont au service des fonctions que l'État doit remplir, et c'est à ce titre seulement qu'elles relèvent du domaine du service public ; c'est ce que René Chapus appelle les « activités de plus grand profit », qu'il distingue des « activités de plus grand service »[3], celles qui expriment directement la finalité du service public.

Il ne s'agit, en outre, que d'un tableau dont la grande généralité masque le caractère très contingent du domaine des services publics ; il ne tient pas compte des particularités de nombreux pays ou de choix politiques qui ont, à un moment donné, imposé un périmètre défini du service public. Ainsi, dans les pays qui ont une Eglise d'État, les cultes peuvent être considérés comme un service public au sens organique (cas des pays nordiques notamment), et la participation des églises à des fonctions de service public peut se traduire par des prélèvements fiscaux au bénéfice de ces églises, comme c'est le cas en Allemagne. En Allemagne encore, les caisses d'épargne, dont les collectivités locales sont propriétaires, doivent être considérées comme faisant partie du domaine du service public en raison de leur mission traditionnelle de crédit local, même si elles doivent aujourd'hui respecter les règles du marché. Aux Pays-Bas, le contrôle des eaux a donné lieu depuis la fin du Moyen Âge à la formation de collectivité publiques spécifiques, les wateringues, ou autorités de contrôle des eaux (*waterschappen*), pour assurer cette fonction vitale, aujourd'hui encore consacrée par la constitution (art. 133). On peut en rapprocher en Espagne les tribunaux des eaux dans la région de Valence.

[3] R. CHAPUS, *Droit administratif général*, Montchrestien, T. 1, 14ème éd., 2000, n°754 suiv.

En outre dans les domaines énumérés, le champ du service public peut varier considérablement d'un pays à l'autre. Un bon exemple est celui de la santé. Au Royaume-Uni, le service de santé (*National Health Service*) englobe tous les éléments du système de soin, du médecin généraliste de quartier, point de passage obligé de l'accès aux soins, jusqu'à l'hôpital. En France, au contraire, le service public ne comprend que le service public hospitalier, la protection maternelle et infantile et le système de prévention, auquel peuvent s'ajouter les dispensaires parfois créés par les collectivités locales. Au Danemark le secteur hospitalier est un monopole public[4], alors qu'en France la loi réglemente la coexistence et organise la complémentarité entre le secteur public et le secteur privé hospitaliers. Le domaine de la culture permet aussi d'observer de grandes différences : tous les pays ont une télévision publique, plus ou moins forte sur le marché face à la concurrence des télévisions privées, mais la France paraît être le seul pays à avoir fait du soutien à la création et à la production cinématographiques et audiovisuelles un service public fondé sur des institutions publiques et des obligations imposées au secteur privé. En revanche, contrairement à ce que l'on serait tenté de penser, les secteurs des communications et de l'énergie, aux implications industrielles les plus importantes, révèlent la plus grande homogénéité, au moins jusqu'aux réformes des années quatre-vingt. La poste a fait l'objet d'un monopole public dans tous les pays depuis longtemps ; quant aux autres secteurs, malgré des modes d'organisation très divers, notamment quant à la participation du secteur privé, ils sont passés progressivement sous le contrôle de l'État.

Ces derniers exemples nous rappellent que le domaine du service public est contingent et surtout qu'il n'est pas immuable ; il est aujourd'hui plus incertain que jamais. Cela n'avait déjà pas échappé à Duguit, qui, en son temps, comparait les cultes aux chemins de fer, pour illustrer l'évolution du domaine du service public : les cultes avaient cessé d'en faire partie, tandis que les chemins de fer représentaient à ses yeux le type même des services publics des temps

---

[4] Peter GJØRTLER, « Règles de concurrence applicables aux autorités publiques danoises exerçant des activités commerciales », *Annales de l'Université des Sciences sociales de Toulouse*, 1997, p. 220-221.

modernes[5]. Aujourd'hui le transport aérien est totalement ouvert à la concurrence et le service public se réduit à des liaisons d'intérêt régional subventionnées attribuées sur appel d'offres[6], alors qu'au début des années quatre-vingt il faisait l'objet, dans tous les États membres, d'un monopole public ; l'évolution des télécommunications va dans le même sens, autant sous la pression des bouleversements technologiques que par l'effet de la réglementation communautaire. Des services publics nouveaux peuvent apparaître : c'est le cas du service des données juridiques publiques, organisé en dernier lieu, en France, par le décret n°96-481 du 31 mai 1996, sous la forme de bases de données informatisées accessibles par consultation électronique.

Peut-on, de ces observations empiriques, dégager les critères généraux qui permettraient d'identifier le domaine du service public ? Sans doute pas directement. Il convient de se tourner d'abord vers le droit communautaire dont l'élaboration, en ce domaine, représente à la fois un renouvellement et un effort pour monter en généralité, de manière à produire des notions juridiques acceptables par les États membres. Selon un processus aujourd'hui bien connu, les institutions communautaires partent des droits nationaux pour élaborer des notions nouvelles, propres au droit communautaire[7].

2. *La reprise de l'idée de service public dans la notion de service d'intérêt général*

On peut en effet relever de nombreux signes de l'élaboration en droit communautaire d'une nouvelle notion de service public, si ce n'est « unitaire », du moins synthétique, et pouvant servir de référence aussi bien aux décisions des instances communautaires qu'à l'exercice par les États membres de leur liberté de décision en la matière. On le relève dans le fait que les occurrences des expressions qui s'y rattachent deviennent plus fréquentes, dans le droit dérivé[8], et dans

---

[5] L. DUGUIT, *Les transformations du droit public,* 1913.

[6] Règlement du Conseil n°2408/92, art. 4 ; en France : L. n°95-115 du 4 février 1995, art. 35, D. 95-698 du 9 mai 1995, mod. par D. n°99-830 du 17 septembre 1999 (appl. L. de finances pour 1999, art. 75).

[7] M. P. CHITI, *Diritto amministrativo europeo*, Milan, Giuffrè, 1999, p. 107 et 145.

[8] Citons notamment le règlement 1191/69 modifié par le règlement 1893/91 en ce qui concerne les « contrats de service public » en matière de transports ; la directive 96/92

l'évolution de la jurisprudence de la Cour de Justice. D'une part, la Cour a commencé à marquer des limites à l'extension des activités économiques soumises aux règles de concurrence : en sont exclues « la gestion du service public de la sécurité sociale »[9], le contrôle de la navigation aérienne, dans la mesure où il comporte l'exercice de prérogatives relatives aux contrôles et à la police de l'espace aérien[10], la surveillance antipollution dans un port de mer, même par un organisme privé habilité[11]. D'autre part, elle a précisé de manière moins restrictive qu'auparavant les conditions dans lesquels on peut appliquer à un service d'intérêt économique général un régime dérogatoire aux règles de concurrence : une entreprise chargée de la gestion d'un service d'intérêt économique général est soumise au droit de la concurrence, mais les conditions dans lesquelles elle doit accomplir la mission peuvent justifier des restrictions aux règles de concurrence, si cela s'avère nécessaire à l'accomplissement de cette mission, en tenant compte des conditions économiques dans lesquelles l'entreprise se trouve ainsi placée[12] ; c'est en outre à la Commission d'apporter la preuve que les restrictions à la concurrence excèdent ce qui aurait été nécessaire et que la mission d'intérêt économique général aurait pu être accomplie sans ces restrictions[13] ; enfin, la mission particulière dont l'entreprise est chargée peut justifier des

du 19 décembre 1996 relative aux règles communes pour le marché intérieur de l'électricité, la directive 98/30 relative aux règles communes pour le marché intérieur du gaz naturel, les directives prévoyant formellement un service universel, pour les télécommunications (96/19, 13 mars 1996, dite « pleine concurrence »), et les services postaux (97/67, JOCE L15, 21 janvier 1998), notamment.

[9] Aff. 159 et 160/91, 17 février 1993, *Christian Poucetc/ AGF* et *Camulac et Pistre c/ CANCAVA*, *Europe* avril 1993, n°172.

[10] Aff. 364/92, 19 janvier 1994, *SAT Fluggesellschaft GmbH c/ Eurocontrol*, rec. p. 43.

[11] Aff. 343/95, 18 mars 1997, *Diego Cali e figli c. Servizi ecologici Porto di Genova*, rec. p. I-1547, *Europe*, 1997, n°160, note L. Idot.

[12] Aff. 320/91, 19 mai 1993, *Paul Corbeau*, *AJDA*, 1993, p. 865 ; 393/92, 27 avril 1994, *Commune d'Almelo* , *AJDA*, 1994, p. 637, avec les notes de F. Hamon sous ces deux arrêts.

[13] Aff. 159/94, 23 octobre 1997, *Commission c. France*, et trois autres arrêts 157/94, 158/94 et 160/94, *AJDA* 1997, p. 991, note F. Hamon.

aides publiques à condition que leur montant soit en rapport avec les coûts imputables à cette mission[14].

Enfin, le nouvel article 16, issu du traité d'Amsterdam, déclare que chacun, la Communauté et les États membres, veille, dans les limites de ses compétences à ce que les services d'intérêt économique général « fonctionnent sur la base de principes et dans des conditions qui leur permettent d'accomplir leurs missions », sans préjudice toutefois des dispositions du traité en matière de concurrence.

Toutefois la diversité des formulations utilisées et le développement de la jurisprudence ont conduit la Commission, dans le cadre de discussions qui ont été poussées par certains États, dont la France, à tenter de faire une synthèse de la doctrine communautaire, ce qui a pris la forme de deux communications sur les « services d'intérêt général en Europe », en septembre 1996 et en septembre 2000. Cette expression, qui se présente comme une généralisation à partir de la formule figurant à l'article 86.2, vise à offrir un cadre conceptuel général à toutes les activités classées plus haut dans le domaine du service public. Dans la communication du 11 septembre 1996 la Commission définit les « services d'intérêt général » comme des activités de service, du secteur marchand ou du secteur non marchand, « considérées d'intérêt général par les autorités publiques, et soumises pour cette raison à des obligations spécifiques de service public ». Elle reconnaissait ainsi l'existence de ce type d'activité dans tous les États membres, leur soumission à des règles particulières, leur importance parmi les « valeurs communes » de la Communauté. Déjà entrés dans les domaines d'action de la Communauté, les services d'intérêt général resteraient néanmoins un domaine d'action privilégié des États membres[15].

Le nouvel article 16 du traité consacre cette orientation ; la communication de la Commission du 20 septembre 2000 la confirme[16]. Elle reconnaît la « liberté de définition » dont disposent les États membres à l'égard de ce qu'ils considèrent comme des services d'intérêt économique général, sous réserve d'un contrôle de l'erreur

[14] TPI aff. T-106/95, 3ème chambre, 27 février 1997, *Commission c. France* (à propos des avantages fiscaux accordés à La Poste), rec. p. II-229.

[15] COM, *Les services d'intérêt général en Europe*, 1996, 443 final, notamment par.1 à 4, 6 et 74.

[16] COM, *Les services d'intérêt général en Europe*, 2000, 580 final.

manifeste (par. 22). Mais surtout, elle développe les conséquences qui s'attachent au fait que les règles de concurrences ne visent que les activités économiques : les services d'intérêt général qui ne présentent pas le caractère d'activités économiques ne sauraient être soumis aux règles de concurrence ; la communication cite l'éducation nationale et la sécurité sociale (par. 29), mais cela ne paraît pas limitatif : « nombre d'activités exercées par des organismes dont les fonctions sont essentiellement sociales, qui ne réalisent pas de profits et n'ont pas pour objectif de pratiquer une activité industrielle ou commerciale, seront normalement exclues de l'application des règles com— munautaires relatives à la concurrence et au marché intérieur » (par. 30). Toutefois, la communication rappelle que si ces organismes s'engagent dans des activités économiques, les règles de concurrence deviennent applicables, et surtout, l'argument de la communication, notamment dans la quatrième partie consacrée à l'« expérience acquise », est de démontrer que la libéralisation a permis une amélioration du service rendu dans les secteurs économiques où elle a été mise en œuvre.

Enfin, la communication retrouve la logique du service public lorsque, se référant au nouvel article 16 du traité, elle se prononce pour la reconnaissance du « lien qui existe entre l'accès aux services d'intérêt général et la citoyenneté européenne »; « une conception centrale commune de ce que constitue l'intérêt général peut être nécessaire pour garantir l'attachement à l'Union » (par. 64). Un certain nombre de dispositions de la Charte des droits fondamentaux de l'Union européenne font écho à ces orientations, notamment celles sur le droit à la sécurité sociale (art. 34), la protection de la santé (art. 35), l'accès aux services d'intérêt économique général (art. 36).

On voit donc se former une notion communautaire du service public, sous l'appellation de service d'intérêt général, et son élaboration paraît associée à la constitution de l'Union européenne comme nouvelle collectivité politique. Mais cette notion diffère de celle du droit administratif français moderne, même si elle en est aussi l'héritière, en raison du statut reconnu aux libertés économiques par le traité ; elle s'inscrit dans les rapports marchands plutôt que dans l'interdépendance sociale[17]. Il en résulte qu'aucune activité ne peut plus être considérée comme appartenant à la compétence de l'État seulement parce que celui-ci aurait décidé de l'assumer, et de l'exercer par ses propres institutions ou sur la base d'un contrat de concession ; toute activité économique est au contraire un droit pour tout sujet économique[18]. Une césure, qui n'existe pas dans le droit administratif français, apparaît ainsi entre les services d'intérêt général qui n'ont pas un caractère économique et ceux qui seraient créés dans des activités à caractère économique. Elle n'est pas sans lien avec l'ancienne distinction des services qui sont « de la nature, de l'essence même de l'État » et de ceux qui sont de nature privée, et ne sont entrepris par l'État « qu'occasionnellement, accidentellement », selon les mots du commissaire du gouvernement Matter dans l'affaire du Bac d'Eloka[19]. Mais cette fois, un juge est chargé par le traité d'imposer aux États membres le respect de l'ordre public économique fondé sur le marché et la concurrence, et, il faut le souligner, la définition de la notion d'entreprise ou d'activité économique lui appartient. Dans le vocabulaire communautaire l'expression « service public » est toujours associée à celle d'obligations, et non à la définition d'une activité matérielle déterminée[20] ; c'est que le service d'intérêt économique général est en principe assuré dans un cadre concurrentiel ; le service public ne caractérise pas l'activité exercée en raison de son but d'intérêt général mais les obligations imposées par la puissance publique aux opérateurs dans l'exercice de cette activité.

C'est cette orientation vers le marché qui nous indique dans quelle direction il convient de rechercher le fondement de la notion de service public en devenir à l'échelle communautaire ou, plus précisément, celui de la notion de service d'intérêt général, nouvelle expression de l'idée de service public, et le critère qui permet d'identifier le service public, notamment s'il s'agit d'une activité à caractère économique.

---

[17] G. J. GUGLIELMI et G. KOUBI, *Droit du service public*, Montchrestien, 2000, p. 91.

[18] N. RANGONE , *I servizi pubblici*, Milan, Il Mulino, 1999, p. 266-272.

[19] TC, 22 janvier 1921, *Société commerciale de l'Ouest africain*, n°39, dans *Les Grands Arrêts de la Jurisprudence Administrative*, Sirey, 12ème éd., 1999.

[20] Voir les définitions données par les deux communications précitées de la Commission

B) La recherche d'un critère

Soulignons qu'un critère n'est pas une définition. Ainsi, pour le droit administratif français, la notion de service public se définit à la fois par le but d'intérêt général de l'activité, par son rattachement direct ou indirect à une personne publique, et par l'application d'un minimum de règles de droit public (par exemple deSs règles d'organisation, ou des règles relatives aux missions et aux contrôles exercés) ; le nombre et l'importance de celles-ci varient selon la nature, les caractéristiques et le mode de gestion du service public[21]. Cette définition, qui connaît diverses variantes, serait transposable sans grandes difficultés aux activités relevant du domaine du service public dans d'autres pays européens. Si on ne l'y rencontre pas, c'est parce que la formation du droit administratif s'y est opérée sur d'autres bases, le plus souvent autour de la notion d'acte et des

---

[21] Voir en ce sens, notamment : A. De LAUBADERE, qu'il convient de citer dans une des dernières éditions de son vivant, *Traité élémentaire de droit administratif*, T. 1, 5ème éd., 1970, n°991s. ; G. DUPUIS, M. J. GUEDON et P. CHRETIEN, *Droit administratif*, A. Colin / Dalloz, 6ème éd., 1998, p. 476 et s. ; J. RIVERO et J. WALINE, *Droit administratif*, Dalloz, 17ème éd., 1998, p. 476 et s. J. MORAND-DEVILLER , *Cours de Droit administratif*, Montchrestien, 6ème éd., 1999, p. 460 et s. ; R. CHAPUS, *Droit administratif général*, T. 1, 14ème éd., 2000, n°748 et s. ; G. GUGLIELMI et G. KOUBI, *Droit du service public*, Montchrestien, 2000, n°145 s. ; il convient d'en rapprocher A. S. MESCHERIAKOFF, *Droit des services publics*, PUF « Droit fondamental », 1991, p. 60 et s., qui caractérise le service public par « l'usage public » de la prestation fournie et fait du droit des services publics l'ensemble des règles qui garantissent « la mise à disposition publique de la prestation » (p. 86). Toutefois d'autres auteurs soulignent les incertitudes de la définition pour réduire la portée de la notion : G. VEDEL et P. DELVOLVE, *Droit administratif*, PUF « Thémis », T. 2, 1992, p. 724 ; J. MOREAU, *Droit administratif*, PUF « Droit fondamental », 1989, p. 316 ; M. LOMBARD, *Droit administratif*, Dalloz, 2ème éd., 2000, qui souligne toutefois l'apport positif du droit communautaire à la notion de service public (p. 171 et s.). G. Dupuis et M. J. Guédon avaient bien mis en lumière le paradoxe de la notion de service public : celui « d'avoir une portée juridique considérable alors que son contenu est essentiellement politique », puisque ses applications procèdent de la volonté des gouvernants (*Institutions administratives et droit administratif*, A. Colin, 1ère éd., 1986, p. 400).

recours permettant d'en obtenir l'annulation[22], si bien que la notion de service public, lorsqu'elle existe, n'a pas eu d'autre portée que de désigner un type particulier d'activités de l'administration[23]. Dans la mesure où c'est bien le régime de ces activités qui nous intéresse ici, et non la structure du droit administratif national, le critère du service public doit être un marqueur objectif et neutre par rapport à celle-ci et doit permettre de les identifier indépendamment de la qualification juridique à laquelle ils peuvent donner lieu dans le droit national. Cette question est également distincte de celle du fondement de l'existence des services publics, qui peut se référer à la solidarité sociale (l'interdépendance sociale comme le disait Duguit) ou à la reconnaissance de droits fondamentaux. L'examen de différents critères, avant de retenir celui de l'offre, permettra aussi de faire ressortir la relativité de certaines distinctions.

1. Activités marchandes et non marchandes

Tout d'abord la distinction entre activités économiques ou non économiques (ou, si l'on préfère, marchandes et non marchandes) est inopérante pour identifier un service public, comme la Commission l'a bien reconnu, bien que le droit lui fasse produire des effets précis dans différents pays, et que cette distinction retrouve une importance pour déterminer si le droit de la concurrence est applicable aux activités en cause. On connaît en France la distinction entre les services publics administratifs et les services publics industriels et commerciaux ; en Allemagne cette distinction a son pendant avec la notion de services à caractère économique, pour lesquels les collectivités locales peuvent recourir librement aux formes d'organisation du droit privé, ce qui est

---

22 En ce sens, voir : G. MARCOU, « Introduction », dans G. MARCOU (dir.), *Les mutations du droit de l'administration en Europe. Pluralisme et convergences*, L'Harmattan, 1995, p. 36 et s.

23 Par exemple, selon Bernardo G. MATTARELLA, « il n'y a pas dans l'ordre juridique italien une notion juridique de service public », c'est une notion « économique », dont ni le contenu ni le régime ne sont « unitaires » ; c'est la notion de « funzione pubblica » qui exprime l'activité juridique de l'État, le « servizio pubblico » ne désigne que l'activité matérielle (« L'attività », dans S. CASSESE (a cura di), *Trattato di diritto amministrativo. Diritto amministrativo generale*, T. I, Milan, Giuffrè, 2000, p. 642-643).

exclu pour les autres services publics (par exemple l'assainissement, les établissements scolaires ou l'enlèvement des déchets). Dans tous les pays, et dans des termes assez voisins, la création de services à caractère économique, qui sont matériellement des entreprises quel que soit leur mode d'organisation, est soumise à des restrictions dont le but est de protéger l'économie privée. Malgré cela, on voit bien que le domaine du service public englobe aussi bien des activités marchandes que des activités non marchandes, et que les premières ne sont pas nécessairement moins caractéristiques du domaine du service public, ce dont témoigne aussi bien l'établissements de monopoles publics depuis le début du XXème siècle que la mise en place d'autorités spécifiques de régulation depuis que l'on ouvre les secteurs concernés à la concurrence. En droit communautaire, le critère de l'économique et du non économique permet de distinguer les services d'intérêt général soumis aux règles de concurrence de ceux qui ne le sont pas. En outre, la distinction entre le marchand et le non marchand est elle-même contingente : à vrai dire, en dehors de la défense nationale[24] aucun des secteurs énumérés n'est insusceptible d'une exploitation marchande, et le régime économique qui s'y applique dépend beaucoup plus des choix politiques et du cadre juridique que de la nature de l'activité. Non seulement il s'est développé un marché de la sécurité en dehors de la sécurité qu'assurent les forces de police, mais la question de la privatisation du contrôle aérien est en discussion, sous la pression, notamment, des compagnies aériennes[25], alors que, selon la Cour de Justice des Communautés européennes elle-même « l'exercice de prérogatives relatives aux contrôles et à la police de l'espace aérien, qui sont typiquement des prérogatives de puissance publique », « ne présente pas un caractère économique »[26].

2. Service public et monopole

Le domaine du service public ne correspond pas davantage à celui du monopole. Il est certes vrai que, historiquement, et dans tous les

[24] Du moins en Europe ; car hors d'Europe on trouverait bien des cas dans lesquels l'éclatement ou simplement la faiblesse des structures étatiques a conduit à la « privatisation » des forces armées, ou au recours à des forces militaires « privées ».
[25] *Le Monde*, 17 et 18 octobre 1999, p. 18.
[26] CJCE, 19 janvier 1994, *SAT Fluggesellschaft GmbH c/ Eurocontrol* , précité.

pays, le domaine du service public s'est construit, dans les secteurs essentiels, par éviction de la concurrence et par l'établissement d'une compétence publique dans un but d'intérêt général. La poste, le télégraphe et le téléphone, les chemins de fer, puis la distribution d'électricité, la distribution d'eau dans certains pays, la radio puis la télévision, ont ainsi donné lieu à l'organisation de monopoles publics, parfois exercés, d'ailleurs, sous un régime de concession, par des entreprises privées, bénéficiant de droits exclusifs mais soumises au contrôle plus ou moins étroit de la puissance publique ; cependant, la tendance générale a été en faveur de la propriété publique et de la gestion publique.

Pourtant, ni la compétence publique ni la reconnaissance du service public ne se sont jamais confondues, dans aucun pays, avec l'établissement d'un monopole public, fût-il exercé sous un régime de concession. Sans doute la réglementation communautaire visant à ouvrir à la concurrence des secteurs jusqu'alors monopolisés, et les controverses politiques qu'elle a en même temps déclenchées expliquent-elles, notamment en France, ainsi qu'en Espagne, et même en Allemagne, l'association qui s'est opérée entre l'idée de service public et celle de monopole. Mais d'autres secteurs, non moins caractéristiques du domaine du service public, n'ont en réalité jamais connu de situation de monopole public, à commencer par celui de l'enseignement. Dans aucun pays le développement de l'enseignement public n'a fait disparaître l'enseignement privé, lequel est même souvent aujourd'hui largement financé par l'État ; d'ailleurs, le protocole additionnel n°1 du 20 mars 1952 à la Convention européenne des droits de l'homme consacre un « pluralisme éducatif » qui, selon la Cour européenne des droits de l'homme, implique que les parents aient la liberté de choisir de placer leurs enfants dans des écoles privées plutôt que dans des écoles publiques, sans qu'il en résulte pour l'État l'obligation de financer les écoles privées[27]. Il en va de même dans le domaine de la santé publique, dans la plupart des pays.

En résumé, dans aucun pays l'existence d'une compétence publique ne se traduit nécessairement par un monopole public ; ce sont les conditions dans lesquels le service doit être assuré, en

[27] CEDH, 7 décembre 1976, *Kjelsen, Busk Madsen et Pedersen* , Série A, Vol. 23.

fonction de ses objectifs, qui peuvent justifier l'établissement d'un régime de monopole ; même le droit communautaire ne l'exclut pas, puisque, selon l'article 86, des droits exclusifs peuvent être justifiés par l'accomplissement de la « mission particulière » dont est investie une entreprise chargée d'un service d'intérêt économique général, et le régime de la concession n'est pas non plus, en lui-même, contraire au traité.

3. Service public et théorie économique : monopole naturel et biens publics

La théorie économique, peut-elle nous permettre de caractériser le domaine du service public de manière objective ? Selon la théorie économique, deux hypothèses peuvent justifier l'établissement d'un service public[28].

La première est celle du monopole naturel, caractérisé par un coût marginal décroissant, pour lequel on a pu montrer que le monopole public est plus favorable au consommateur. C'est sur cette analyse et sur la prise en compte des possibilités offertes par les technologies nouvelles que repose la conception mise en œuvre dans les directives communautaires, tendant à dissocier l'exploitation des services, qui doit être ouverte à la concurrence, et la gestion des infrastructures, qui peut constituer un monopole naturel (par exemple les réseaux ferroviaires et le réseau de transport d'énergie électrique).

La seconde est celle dans laquelle on est en présence d'un bien public. La notion de bien public, encore appelé bien collectif, résulte de la théorie économique des droits de propriété : un bien public est un bien caractérisé par la non rivalité et la non exclusion des consommateurs. Autrement dit, la consommation du service par les uns ne réduit pas la consommation disponible pour les autres (non divisibilité du bien), et l'imposition d'un prix d'accès ne permet pas d'exclure les consommateurs qui ne voudraient pas payer le prix. Des droits de propriété ne pouvant être établis sur de tels biens, ils ne peuvent être mis sur le marché. Les biens publics, dans la mesure où leur production est nécessaire, doivent donc être financés par l'impôt.

[28] Les notions économiques sont inspirées ici de l'exposé qu'en donne Xavier GREFFE, *Economie des politiques publiques*, Dalloz, 1994, p. 110-141.

En réalité, les biens publics « purs » sont très peu nombreux, et il est évident que le domaine du service public s'étend bien au-delà de ce que suggère la notion de bien public (par exemple la défense nationale, ou l'éclairage public). De nombreux biens publics ne peuvent être produits que sous la forme d'effets externes positifs ou de l'élimination d'effets externes négatifs associés à diverses activités auxquelles s'applique l'intervention publique : par exemple la pureté de l'air peut être améliorée à la fois par le développement des transports publics et par une réglementation tendant à réduire les émissions polluantes. Enfin et surtout, les caractéristiques qui définissent les biens publics sont le plus souvent une question de degré, ou même dépendent de décisions des autorités publiques. Par exemple, l'éducation peut tout à fait être organisée sous une forme marchande, c'est-à-dire comme un service à la fois divisible et exclusif. Mais il y a au moins deux raisons de ne pas le faire : l'une est économique, et tient au fait que l'éducation améliore l'offre de main d'œuvre pour l'ensemble de l'économie, si bien que le diplômé n'est pas le seul à bénéficier du service ; l'autre est d'ordre politique ou éthique : l'équité et la cohésion sociales commandent d'assurer l'accès de tous à l'éducation. De même en matière de culture : l'entreprise de spectacle ne s'intéresse qu'au spectateur qui lui apporte des recettes, mais la collectivité publique qui organise un festival vise à la fois la promotion des activités culturelles qui en sont l'objet et les retombées économiques qui résulteront de la fréquentation du festival. On voit ainsi que la notion de bien public elle-même n'est pas « purement » économique, et que la rigueur de l'analyse économique ne permet pas d'échapper aux responsabilités des choix politiques, ceux qui vont dégager ce qui constitue un intérêt général de nature à justifier la création d'un service public.

4. Retour à la notion d'intérêt général ?

Avec la notion d'intérêt général sommes-nous ramenés à la dimension subjective du service public, à laquelle se ralliait finalement la Commission européenne dans ses deux communications de 1996 et de 2000, celle à laquelle semblait aboutir, paradoxalement, l'interprétation positiviste de la pensée duguiste ? Là où Duguit concluait : « le service public est le fondement et la limite du pouvoir gouvernemental »[29], Jèze inversait pratiquement la proposition : « sont uniquement services publics les besoins d'intérêt général que les gouvernants d'un pays donné, à un moment donné, ont décidé de satisfaire par le procédé du service public »[30]. Pour Jèze, le service public n'est plus une nécessité, il est un procédé. Pour le droit communautaire, il est, dans le domaine des activités économiques, un procédé qui ne peut être utilisé que si sa nécessité est démontrée, dès lors qu'il déroge aux règles de concurrence.

Pourtant, l'intérêt général ne procède ni d'un caprice ni d'un acte souverain. Dans une société démocratique il ne peut être que le résultat d'un processus politique. On peut même soutenir que la raison d'être de la politique est justement de constituer cet intérêt général, en fonction duquel il paraîtra légitime, du côté de l'État, de satisfaire ou au contraire de rejeter certaines demandes – même si cette raison d'être est loin d'être toujours assumée.

Mais justement cet intérêt général a pu donner naissance à des institutions juridiques et à des politiques pour lesquelles il n'était pas besoin de donner une consistance particulière à un domaine spécifique qualifié de service public, peut-être parce que la question des limites de l'intervention publique ne se posait pas. On l'oublie trop souvent, la doctrine du service public qui a été incorporée par le droit administratif français et qui a été reprise à des degrés divers dans certains pays voisins, est aussi une doctrine de la limitation de l'État[31], à la différence de la doctrine qu'elle a supplantée, et qui distinguait entre la gestion privée et la gestion publique, mais laissait à la puissance publique la liberté de déterminer les domaines de son intervention, et c'est pourquoi on peut s'attendre à ce que le droit administratif français assimile sans difficulté la mutation du contenu de la notion de service public. Ce n'était pas une doctrine socialiste, et contrairement à une idée couramment admise, l'idée de service public ne se confond pas avec l'extension du secteur public, bien qu'en France elle y ait contribué dans une certaine mesure à partir

[29] L. DUGUIT, *Etudes de droit public*, 1901.

[30] G. JEZE, *Les principes généraux du droit administratif*, Paris, Giard & Brière, 2ème éd., 1914, p. 247.

[31] E. PISIER-KOUCHNER, *Le service public dans la théorie de l'État de Léon Duguit,* LGDJ, Paris, 1972.

du moment où, après la Seconde Guerre mondiale, elle a été assimilée par le discours socialiste ou même communiste.

Dans la plupart des autres pays européens, l'extension du secteur public a été portée par un projet politique, que l'on a souvent résumé par le vocable d'« État-providence », et dont l'ambition était à la fois de maîtriser la croissance économique, de permettre à tous de bénéficier de la prospérité et de protéger chacun contre les aléas de l'existence. Ce credo n'a été sérieusement contesté qu'à partir du début des années quatre-vingt, d'abord par les conservateurs britanniques. Jusque là il a justifié une extension importante du secteur public, aussi bien à des fins sociales qu'à des fins industrielles, ce dont témoignent notamment les exemples de la Suède, du Royaume-Uni aussi bien que de l'Autriche[32]. Cette extension ne s'est pas réalisée seulement au niveau de l'État, mais aussi, il faut le souligner en ce qui concerne les pays nordiques et le Royaume-Uni, au niveau des collectivités locales. Ajoutons que cette évolution a été longtemps consensuelle, les partis conservateurs ne la remettant pas en cause fondamentalement quand ils étaient au pouvoir, et ils ont été parfois eux-mêmes à l'origine de la création d'entreprises publiques importantes[33]. L'extension du secteur public s'est le plus souvent

[32] Voir en particulier le développement des entreprises publiques dans G. TIMSIT (dir.), *Les entreprises du secteur public dans les pays de la Communauté européenne*, Institut Européen d'Administration Publique, Bruxelles, Bruylant, 1988. En Autriche, où existait déjà dans l'Empire une tradition interventionniste, un vaste programme de nationalisation fut mis en œuvre à partir de 1946, à la fois sous l'influence socialiste et dans le but de prévenir l'assimilation des biens industriels à des propriétés « allemandes » ; voir H. SCHÄFFER, « Öffentliches Wirtschaftsrecht », p. 1149-1231, notamment p . 1197 et s., dans H. SCHAMBECK (Hrsg), *Parlamentarismus und öffentliches Recht in Österreich. Entwicklung und Gegenwartsprobleme*, Berlin, Duncker & Humblot, Vol . II, 1993. En Suède, l'expansion du secteur public est liée à la longue hégémonie du parti social-démocrate, qui a été au pouvoir pratiquement sans interruption, mais parfois avec une coalition, de 1932 à 1976 ; elle s'est traduite aussi par l'intégration aux rouages de l'État de nombreuses organisations nées de mouvements sociaux, dans le cadre du développement des missions de l'État ; voir M. MICHELETI, *Civil society and state relations in Sweden*, Avebury, Aldershot, 1995, notamment p. 2-37, 173 et s. ; A. LINDBECK, *The Swedish experiment*, Stockholm, SNS Förlag, 1997, notamment chapitres 1 et 2.

[33] Par exemple au Royaume-Uni la création en 1926 par un gouvernement conservateur du Central Electricity Board, chargé de mettre en place un réseau

accompagnée de politiques redistributives très actives visant à réduire les inégalités par la fiscalité et les prestations sociales[34]. D'autres pays ont cependant adopté des orientations plus libérales, comme l'Allemagne et les Pays-bas, où le secteur public est resté peu étendu dans le domaine industriel, mais s'est développé dans le secteur social et le secteur des services collectifs et, en Allemagne, au niveau des *Länder* même en matière industrielle.

Dans ce contexte, le projet politique fournissait une justification suffisante à l'intervention de l'État, qui n'était guère contestée, ni dans son principe, ni dans son objet et à peine dans son étendue. L'intérêt général s'identifiait, dans l'action de l'État, aux principes du *welfare state*. Cela s'est parfois reflété dans des dispositions constitutionnelles qui élargissaient la définition des droits de l'homme à certains droits sociaux, ou à des principes constitutionnels devant guider l'action des pouvoirs publics, comme en France les « principes politiques, économiques et sociaux » « particulièrement nécessaires à notre temps », ou en Allemagne la définition de la République fédérale comme un « État social de droit » dans la Loi fondamentale. En revanche les constitutions de la Suède ou de l'Autriche n'ont donné lieu à aucune modification en ce sens, et ce problème ne se posait pas au Royaume-Uni. Mais dans tous les cas, ce développement n'a eu que remarquablement peu d'influence directe sur le droit administratif, à l'exception paradoxale du Royaume-Uni, où il a donné naissance à une contestation du système de *common law* et à la multiplication de *tribunals* par la législation sociale pour résoudre des contentieux que l'on ne voulait pas voir porter devant les cours de *common law* ; le contrôle de leurs décisions par voie de *judicial review* n'a été établi que par une loi de 1957, après le retour au pouvoir des conservateurs. En Allemagne, il est vrai, la notion de *Daseinsvorsorge* représente une tentative doctrinale de renouvellement des bases du droit administratif, qui fait écho à la notion française de service public, mais son influence en droit positif

électrique national et la distribution d'électricité sur l'ensemble du territoire national (G. TIMSIT, *op. cit.*, p. 464).

[34] Pour la Suède voir A. BJÖRKLUND et R. B. FREEMAN, « Generating equality and eliminating poverty, the Swedish way », p. 33-78, dans R. B. FREEMAN, R. TOPEL et B. SWEDENBORG (ed.), *The welfare state in transition. Reforming the Swedish model*, University of Chicago Press, 1997.

est restée mineure en raison, notamment de la promotion constitutionnelle des bases de l'État de droit.

Si service public et secteur public ne se confondent pas, l'intérêt général peut encore recourir à d'autres procédés, qui se distinguent du service public. C'est le cas de la réglementation et des mesures de police. Par exemple en réglementant l'accès à certaines professions, ou en soumettant leur exercice à une autorisation, liée à certaines conditions, la puissance publique peut protéger les intérêts de ceux qui ont besoin de recourir à leurs services contre les risques que ces derniers peuvent comporter pour eux. La nature de cette intervention n'est pas différente de celle par laquelle la puissance publique impose certaines contraintes à des activités privées afin que qu'elles ne génèrent pas des dommages à des intérêts protégés, telles que les mesures limitant les émissions polluantes dans l'eau ou dans l'atmosphère afin de protéger l'environnement, ou encore afin de tenir compte des besoins d'autres intérêts protégés, comme par exemple des normes intéressant les entreprises de transport afin de faciliter l'accès des personnes handicapées. En présence des politiques tendant à privatiser les entreprises publiques et à ouvrir à la concurrence des secteurs jusqu'alors soumis à un régime de monopole, on est amené à se demander si la tendance n'est pas à la réduction du domaine du service public tandis que les fins d'intérêt général seraient davantage poursuivies par la réglementation et les mesures de police. Mais on ne peut apporter une réponse à cette question que si on est de mesure de définir en termes généraux ce qui caractérise les activités qui entrent dans le domaine du service public, au-delà de l'approche impressionniste fondée sur les exemples types et l'énumération.

5. Le critère de la détermination de l'offre

Si l'on tient compte à la fois des expériences passées et des réformes récentes dans les secteurs désormais ouverts à la concurrence, on peut sans doute proposer de retenir quelques caractéristiques qui sont relativement indépendantes du statut juridique sous lequel les activités en cause sont exercées. Le domaine du service public ne peut être caractérisé ni comme relatif à des activités hors marché, ni par un régime de monopole, ni par référence à la notion économique de bien public, impuissante à en fixer les limites, ni par l'intérêt général auquel il répond car cet intérêt général peut être poursuivi par d'autres procédés. Mais de l'ensemble des activités pour lesquelles l'appartenance au domaine du service public n'est guère discutée, et des régimes juridiques très divers auxquels elles sont soumises, y compris en cas d'ouverture à la concurrence, il se dégage qu'elles se distinguent des autres activités par le fait que *la puissance publique détermine l'offre, c'est-à-dire les caractéristiques du service offert et les conditions auxquelles il doit être offert.* Par ce moyen la puissance publique détermine le niveau de satisfaction de besoins qu'elle reconnaît comme essentiels, et elle met en œuvre des techniques d'intervention permettant d'assurer une offre conforme à cet objectif. Dans certains cas, cela conduit à placer le service en cause hors marché (par exemple l'enseignement élémentaire et secondaire dans la plupart des États membres, à l'exception d'un secteur privé libre – c'est-à-dire non subventionné – en général peu important) ; dans d'autres cas à établir un monopole sur le marché (par exemple pour le transport ferroviaire de voyageurs) ; dans d'autres cas encore, le secteur étant ouvert à la concurrence, l'État ne peut plus déterminer le niveau de l'offre, mais il en contrôle encore les caractéristiques et les conditions auxquelles est subordonnée l'entrée sur le marché d'une entreprise nouvelle. Le rôle des nouvelles autorités de régulation que la réglementation communautaire conduit à multiplier dans les secteurs de service public ouverts à la concurrence est justement de contrôler le respect des règles auxquelles l'offre doit satisfaire, dans des conditions qui assurent une égalité des conditions de concurrence sur le marché correspondant à ce service. *A contrario*, on remarquera que le transport aérien, aujourd'hui entièrement ouvert à la concurrence n'a conduit à la mise en place d'aucune régulation autre que le contrôle aérien et le contrôle des concentrations (qui sont deux polices), ni à l'échelle communautaire, ni dans aucun État membre, bien que des obligations ponctuelles de service public puissent être imposées aux compagnies ou offertes par appel d'offres (liaisons de service public).

Le critère de la détermination de l'offre permet de distinguer les interventions qui se rattachent à l'exercice d'un service public de celles qui correspondent à une mission de police, c'est-à-dire à une mission dont l'objet est de prévenir un trouble à l'ordre public, qu'il s'agisse de l'ordre public général ou d'un ordre public spécial, c'est-à-dire l'atteinte à des droits ou à des intérêts protégés. Ainsi en est-il des règles de concurrence ou des règles de sécurité, ou encore des règles imposées aux marchés financiers par les organismes de régulation de ces marchés. Par exemple les normes de sécurité qui conditionne la certification d'un aéronef n'ont aucun effet sur l'offre de transport aérien, et celles qui s'imposent au transport ferroviaire seraient les mêmes en l'absence de service public. Il en est de même de la vente par émission en bourse d'actions du capital d'un opérateur de télécommunications investi du service public en ce domaine ; cette entrée en bourse n'a par elle-même aucune incidence sur les caractéristiques et les conditions auxquelles le service public doit être assuré, lesquelles dont définies par la loi, ou en application de la loi.

On peut également mieux identifier le domaine du service public à l'intérieur du secteur public, bien que les politiques de privatisation poursuivies dans les États européens au cours des dernières années réduisent l'intérêt pratique de cette question. Le critère de la détermination de l'offre permet néanmoins de comprendre que si le secteur public industriel et financier permettait à l'État, dans un but d'intérêt général, de promouvoir l'emploi, ou la modernisation de l'industrie, ou un financement plus équilibré de l'économie, l'État ne déterminait pas, au moyen des entreprises publiques ou des participations qu'il détenait, le niveau et les caractéristiques de l'offre des produits ou des services de ces entreprises sur le marché. En ce sens, Renault, lorsqu'elle était une entreprise publique, n'a jamais été un service public ; en Italie, la situation était plus complexe dans la mesure où l'IRI contrôlait à la fois des entreprises du secteur public industriel et financier et des entreprises que l'on devrait ranger dans le domaine du service public (comme la RAI et les sociétés d'autoroute)[35].

La définition du domaine du service public par la détermination de l'offre s'écarte de la définition juridique du service public, telle qu'elle se dégage notamment de la jurisprudence et de la doctrine en

[35] L'IRI, créé en 1933, a joué un rôle fondamental dans l'économie italienne après la guerre ; établissement public (*ente pubblico*) depuis l'origine, il est transformé en société par actions en 1992 et mène une politique de privatisation des entreprises et des banques qu'il contrôle ; il est supprimé au terme de celle-ci le 28 juin 2000. Sur l'IRI, voir P. LE MIRE, « L'évolution du secteur public en Italie », dans G. TIMSIT (dir.), *op. cit.*, 1988.

France. Premièrement, elle y fait entrer des activités que l'on n'a pas coutume d'y admettre, telles que les taxis et les pharmacies : dans ces deux cas, en effet, il y a bien détermination de l'offre puisque le nombre de licences est limité par la puissance publique dans le premier cas, et dans le second l'autorisation d'ouverture est conditionnée par des critères démographiques. Deuxièmement elle en exclut des fonctions en raison desquelles la jurisprudence reconnaît l'exercice d'une mission de service public conduisant à la compétence du juge administratif dans le contentieux des contrats ; mais on doit souligner ici qu'en matière de contentieux de la responsabilité et en matière de contentieux de la légalité, ce n'est pas la mission de service public, mais l'exercice de prérogatives de puissance publique qui détermine la compétence du juge administratif[36]. Troisièmement, cette définition ne prend pas en compte le fait que, selon le droit administratif français on est en présence d'un service public dès lors qu'une activité d'intérêt général est exercée par une personne publique[37] : d'une part, en effet, l'intérêt général peut être poursuivi par des procédés de police et il ne se confond donc pas avec le service public ; d'autre part, la notion matérielle de service public est absorbée dans une notion organique qui se confond avec l'administration, et en perdant ses contours la notion de service public perd aussi sa valeur pour la comparaison. On rejoint, en revanche, l'interprétation que donne A. S. Mescheriakoff de la notion de service public, mettant au premier plan la prestation fournie: le service public

[36] Par exemple, en matière de contentieux de l'excès de pouvoir : CE 17 février 1992, *Sté Textron*, *AJDA*, juin 1992, p. 450, note Cl. Devès (une norme seulement enregistrée par l'AFNOR ne se rattache à l'exercice d'aucune prérogative de puissance publique et soulève un litige étranger à sa mission de service public, qui échappe donc à la compétence du juge administratif) ; en matière de responsabilité : TC 25 mars 1996, *Préfet de la Gironde*, *Dr. adm.*, 1996, n°305 (l'association chargée de la gestion de la réserve naturelle est bien investie d'une mission de service public, mais en l'absence de prérogatives de puissance publique, la juridiction judiciaire est seule compétente pour connaître d'une action en responsabilité).

[37] Selon G. BRAIBANT et B. STIRN, le service public se définit par la combinaison d'un but d'intérêt général et de la mise en œuvre de moyens spécifiques : « on se trouve en présence d'un service public, soit lorsqu'une mission d'intérêt général est assurée par une personne publique, soit lorsqu'une mission d'intérêt général est confiée à une personne privée qui est, à cette fin, dotée de prérogatives et soumises à des obligations » (*Le droit administratif français*, Presses de Sciences politiques, Dalloz, 4ème éd., 1997, p. 140).

se définirait ainsi par trois éléments, « une activité, une prestation, une relation de droit public » ; le service public serait ainsi « une entreprise des personnes publiques », au sens matériel du terme (activité d'entreprise)[38].

Cela nous rappelle, en tous cas, que dans le droit français la notion de service public est utilisée dans au moins trois sens juridiques différents. Premièrement, la qualification d'une activité comme service public a pour effet de déclencher l'application à cette activité d'un ensemble de règles particulières qui constituent le régime du service public. Elle n'a certes pas pour effet de soumettre cette activité dans son ensemble au droit administratif, et l'on sait bien que la gestion de nombreux services publics relève aujourd'hui du droit privé ; mais on ne saurait omettre que les règles qui constituent le régime de service public sont bien des règles de droit public et que l'usager peut toujours demander à l'autorité administrative à laquelle le service public est rattaché d'en imposer le respect à l'organisme gestionnaire en exerçant, selon les cas, son pouvoir hiérarchique, ou son pouvoir de tutelle. Deuxièmement, le service public conserve une fonction de technique contentieuse, et il est utilisé par les juges pour déterminer la compétence juridictionnelle. Troisièmement, enfin, l'expression est employée dans son sens organique, en visant les institutions ou entreprises qui constituent des services publics. Mais, ne l'oublions pas, la dimension organique est toujours présente au travers des prérogatives que conserve la collectivité publique envers les services publics qui lui sont rattachés, du fait de sa compétence initiale, ou par les pouvoirs de contrôle que l'État peut exercer s'il n'en est pas le titulaire.

Du point de vue de la comparaison qui nous retient ici, seuls le premier et le troisième sens de la notion de service public du droit français nous intéressent. Il s'agit d'apprécier si, au domaine du service public tel qu'on a proposé de le caractériser, correspondent bien des règles particulières, et quelle est la nature de celles-ci.

---

[38] A. S. MESCHERIAKOFF, *Droit des services publics*, PUF « Droit fondamental », 1991, p. 70.

II. Les régimes de service public

Dans la mesure où le domaine du service public se définit par l'intervention de l'État dans la détermination de l'offre, on conçoit que les États se différencient suivant l'étendue de ce domaine et suivant les caractéristiques de l'offre propre à chaque service public, lesquelles dépendent du niveau de satisfaction des besoins que l'État décide d'assurer et du coût qu'il estime devoir éventuellement laisser à la charge de l'usager, ce qui détermine l'intensité de l'intervention publique, sous réserve aujourd'hui du respect des règles communautaires. On en a un bon exemple avec les conditions d'accès aux autoroutes, gratuites dans certains pays, soumises à des péages dans d'autres. Mais les régimes de service public ne sont pas moins différents. Si quelques règles communes se dégagent, comme on le verra, il paraît difficile de synthétiser en un régime de service public les règles particulières aux différents pays. Du moins la nécessité de règles particulières n'est-elle jamais contestée, même lorsque la politique de l'État entend promouvoir le recours le plus large possible au secteur privé pour fournir les prestations des services publics, comme cela a été affirmé au Royaume-Uni. Ainsi que le rappelle J. Bell, le *Cabinet Office* reconnaissait en 1988 dans une déclaration relative à la réforme des services publics (*Service to the Public*), qu'il était impossible de réduire les services publics à la logique de l'économie privée : « En général, les raisons initiales pour offrir le service, la nature de ce service et la façon dont on le fournit ne sont pas dictées par le marché ».

On peut présenter, à grands traits, une comparaison entre les régimes de service public en distinguant, les modes d'organisation du service, d'une part, les règles de fonctionnement, d'autre part. La comparaison fera apparaître quelques regroupements entre les États européens, mais aussi que, de manière générale, le régime du service public a donné lieu à peu de réflexions d'ensemble.

A) Les modes d'organisation

On entend par modes d'organisation le régime des compétences relatif aux services publics, qui met en cause, notamment, les responsabilités respectives de l'État et des collectivités locales, les modes de gestion, qui peuvent révéler une préférence pour le secteur public ou le secteur privé, et enfin les modes de contrôle et de régulation, qui amènent à considérer les modes nouveaux d'organisation du service public apparus avec l'ouverture à la concurrence de certains secteurs naguère monopolisés, et réduire le service public aux obligations imposées à l'exercice d'un service d'intérêt économique général.

1. Le régime des compétences

Les États européens se différencient assez nettement quant aux niveaux de compétence dont relèvent les services publics.

Une activité ne peut entrer dans le domaine du service public que sur la base de l'exercice d'une compétence publique. Une telle compétence ne peut trouver sa source que dans la loi ou dans une habilitation législative. Mais elle est souvent exercée par les collectivités locales plutôt que par l'État lui-même ; dans les États fédéraux (Allemagne, Autriche et Belgique), les compétences des collectivités locales sont régies par le législateur de chaque entité fédérée[39] ; la constitution autrichienne est la seule qui comporte des dispositions sur le contenu et les limites des compétences locales (art. 116 et 118).

Aujourd'hui, il est admis dans le droit de tous les États membres que les collectivités locales ont compétence, au-delà des compétences attribuées par la loi, pour la gestion des affaires locales de leur ressort territorial[40]. Pourtant, avant même que cela ne soit le cas, on peut noter qu'un grand nombre des services publics parmi les plus importants aujourd'hui sont d'abord apparus au niveau des collectivités locales, puis ont été réglementés par l'État : assistance, hygiène, enseignement, logement social, divers services en réseau ; parfois

[39] Toutefois, en Belgique, c'est toujours une loi nationale qui fixe le régime des collectivités locales.

[40] C'est désormais le cas également pour le Royaume-Uni : alors que les autorités locales ne tiennent leurs pouvoirs que du Parlement, le nouveau *Local Government Act 2000 (c.22)* permet aux autorités locales d'entreprendre tout ce qui peut contribuer au bien-être économique, social ou environnemental de leur circonscription à moins qu'une loi ne l'interdise (sections 1 à 5).

encore ils ont été confiés aux autorités locales avant d'être transférés à des administrations ou à des organismes rattachés au pouvoir central. La recherche d'un plus grande égalité a été le principal moteur de cette évolution centralisatrice, en ce qui concerne notamment l'éducation, la santé, le logement. Cependant elle n'a pas été aussi poussée et elle n'a pas pris les mêmes formes dans tous les pays. Ainsi, au Royaume-Uni et dans les pays nordiques l'État a établi son contrôle par les finances et la réglementation, mais il a en général laissé la gestion aux autorités locales (le cas le plus typique étant celui de l'enseignement[41]) ; dans les années quatre-vingt la réglementation a été allégée dans les pays nordiques au profit de l'autonomie de la gestion locale, mais elle a été renforcée au Royaume-Uni. En revanche, en France, mais aussi en Allemagne et en Italie, l'État (c'est-à-dire aussi le *Land* en Allemagne) a eu tendance à créer des administrations nouvelles pour prendre en charge sur une base nationale (ou sub-nationale) ces nouvelles fonctions. Les évolutions n'ont pas été homogènes, comme on le voit au Royaume-Uni avec le service de santé, qui exclut toute compétence en la matière de la part des autorités locales (à la différence de la Suède ou du Danemark), ou la distribution d'eau qui a été centralisée au niveau régional, tandis qu'elle est restée une compétence locale en France.

En outre, dans les domaines les plus importants, la compétence locale pour le service public ne signifie pas que la détermination de l'offre relève exclusivement de celle-ci ; au contraire, l'État détermine souvent les standards auxquels le service doit répondre et les conditions d'accès, comme le montre l'exemple du logement social[42].

La comparaison du niveau des dépenses publiques entre les différents niveaux de gouvernement ne donne qu'une idée très approximative de cette répartition du domaine du service public entre l'État et les collectivités territoriales, car, d'une part elle surestime le

---

[41] Sous réserve de l'*Education Act* de 1989 qui a permis aux familles de demander l'autonomie de l'école par rapport à l'autorité locale, sous la tutelle du ministère.

[42] Pour une comparaison, par exemple entre la France et le Royaume-Uni, voir R. LAFORE, « Le droit au logement », p. 169-185, et N. JACKSON, « The allocation of social housing », p. 187-203, dans S. DUBOURG-LAVROFF et J. P. DUPRAT (dir.), *Droits et libertés en Grande-Bretagne et en France*, L'Harmattan, 1999. Les auteurs montrent en particulier l'intervention du législateur sur les priorités auxquelles doit répondre le logement social.

volume des responsabilités de ces collectivités lorsque celles-ci recourent beaucoup à la gestion directe par rapport aux autres pays, et d'autre part le gonflement des budgets des entités fédérées ou des autonomies régionales ne signifie pas nécessairement plus de décentralisation au niveau communal. Néanmoins, si on considère le niveau communal, on peut distinguer grossièrement trois groupes de pays : ceux dans lesquels l'essentiel des services publics est géré par les collectivités locales (Finlande, Suède, Danemark) ; ceux où une partie significative (mais pas toujours la même) du domaine du service public appartient à la compétence locale (Pays-Bas, Royaume-Uni, Autriche, et, à un moindre degré, Allemagne, France, Belgique, Italie) ; et enfin ceux dans lesquels une faible partie du domaine du service public appartient à la compétence locale (Espagne, Portugal, Grèce, Irlande)[43].

2. Secteur public ou secteur privé

C'est sur ce point que les évolutions sont les plus rapides, en raison des politiques de privatisation et de l'ouverture à la concurrence des secteurs naguère gérés par des monopoles publics. Mais ces évolutions ne peuvent être appréciées que par rapport au point de départ. Les États se différencient à cet égard sous deux aspects : l'alternative secteur public ou recours au secteur privé dans la fourniture des prestations du service public, et les formes d'organisation du secteur public. En règle générale, ces problèmes ne se posent que pour les services publics à caractère économique, c'est-à-dire dont les prestations individualisées sont offertes au public contre le paiement d'un prix.

Première observation, c'est dans les pays où le domaine du service public relève le plus largement des collectivités locales que le recours au secteur privé est le moins développé, et la gestion directe dans le cadre du secteur public la plus fréquente, au niveau local. C'est aussi dans ces pays au niveau local que la privatisation est la

[43] D'après G. MARCOU, *Financing municipal investments*, Banque mondiale / Agencja Rozwoju Komunalnego, Washington / Varsovie, p. 11 ss. (non publié) 1998 ; G. MARCOU, *La régionalisation en Europe*, Rapport pour le Parlement européen, Luxembourg, REGI 108 FR rév. 1, et tableaux par pays, 2000.

plus faible. Cela n'exclut pas le recours aux formes de droit privé, et notamment à la forme de la société commerciale, mais toujours sous le contrôle majoritaire de la puissance publique. Une telle situation se rencontre dans de nombreux pays. En Allemagne, où les régies communales ont été depuis longtemps le mode de gestion le plus caractéristique des services publics locaux, on a introduit la distinction entre privatisation matérielle et privatisation formelle : seule la première implique un transfert de propriété au secteur privé ; la seconde désigne seulement l'adoption de formes d'organisation et de gestion empruntées au secteur privé, mais sans que la collectivité publique abandonne la responsabilité de la gestion du service. Cette orientation est courante également en Finlande, en Suède et au Danemark. Le but est de parvenir à une gestion plus efficace, dans des pays où le secteur public local est très étendu. Au Royaume-Uni, malgré la politique des gouvernements conservateurs tendant à imposer aux autorités locales de mettre en concurrence leurs propres régies avec le secteur privé pour la fourniture des services publics (*Compulsory Competitive Tendering : Local Government Act 1988*), le secteur public est resté prépondérant, les régies locales emportant la plupart des appels d'offres (avec des variations importantes selon les secteurs)[44]. Ce système se heurtait à la résistance des autorités locales ; le *Local Government Act 1999* vient de l'abroger (section 21), en contrepartie d'un renforcement des exigences et des procédures tendant à assurer une bonne gestion. En revanche le recours au secteur privé pour la gestion des services publics locaux est plus fréquent dans les pays où les compétences des collectivités locales sont moins étendues (France, Italie, Espagne, Belgique). En Italie, le projet de loi sur les services publics locaux, toujours en cours d'examen au parlement[45], prévoit que la gestion directe deviendra l'exception, et la gestion par des sociétés commerciales la règle, à l'issue d'une mise en concurrence, à laquelle des organismes publics pourront participer ;

[44] E. SITBON, *La mise en concurrence dans les contrats de services publics locaux en France et au Royaume-Uni*, thèse pour le doctorat en droit, Université Lille 2 (dactyl.), 1999, p. 260 et s.

[45] Projet de loi modifiant le chapitre VII de la loi n°142 du 8 juin 1990, dans le dernier état de la procédure parlementaire : Camera dei Deputati n°7042, juin 2000 ; situation en décembre 2000 : Avis du comité de la législation de la Chambre des Députés, rapport n. 7042 – 5047 – A.

toutefois, les collectivités locales pourront créer des sociétés dont elles garderont le contrôle de la majorité du capital et auxquelles elles pourront confier directement la gestion d'un service public, à l'exception de la distribution d'énergie (sauf l'électricité), du cycle de l'eau, des déchets et des transports publics ; les régies locales devront être transformées en de telles sociétés ; toutefois, la voie de la privatisation, même formelle, rencontre les appréhensions des collectivités locales.

Cependant, le choix d'une gestion de type commercial ne peut que renforcer l'exigence du respect des règles de concurrence. De manière générale et depuis longtemps, le droit des différents États membres interdit aux collectivités locales de développer des activités économiques dans un but autre que celui de couvrir des besoins non satisfaits par l'initiative privée, et de livrer ainsi une concurrence déloyale aux entreprises privées, dans un but lucratif ou autre. Au Danemark, la loi le prévoit formellement et le conseil de la concurrence exerce son contrôle sur le comportement concurrentiel des autorités publiques[46]. Mais dans certains pays, allant plus loin, la loi permet aux entreprises privées de concurrencer le secteur public sur son propre terrain, comme on l'a vu au Royaume-Uni, et comme la loi italienne le prévoira bientôt ; la loi doit alors garantir les conditions d'une concurrence loyale.

L'étendue du secteur public local explique la vogue que connaît dans les pays nordiques, au Royaume-Uni, en Allemagne, aux Pays-Bas, la doctrine dite du New Public Management (NPM), issue des États-Unis puis d'autres pays anglo-saxons, et diffusée par l'OCDE et par divers réseaux internationaux[47]. Cette doctrine met l'accent sur l'introduction dans les administrations d'une culture de management tournée vers l'efficacité, et voit dans la décentralisation de la gestion et la privatisation des réformes de structure permettant d'améliorer le service rendu au public. Bien qu'on ne puisse entrer ici dans les détails, il est certain que ces réformes ont des conséquences sur l'organisation des services publics. Elles conduisent à un éclatement

[46] P. GJØRTLER, *op. cit.*, p. 225-226.

[47] Parmi les sources les plus représentatives de cette doctrine, voir OCDE (1987), *Administration as service. The public as client*, Paris ; PUMA (1995), *Governance in transition. Public management reforms in OECD countries. Conclusions of the Public Management Committee*, OCDE, Paris.

du secteur public, non seulement par l'abandon au secteur privé de certaines missions, mais aussi par de nouveaux modes d'organisation, beaucoup plus flexibles, comportant une autonomie de gestion par rapport à l'autorité politique, et tournés vers une meilleure adaptation du service aux attentes des usagers, lesquels sont en outre beaucoup plus sollicités par les gestionnaires, tandis que le centre réduit la réglementation tendant à uniformiser le contenu du service offert[48]. De telles réformes intéressent également les administrations centrales. L'interprétation du New Public Management varie d'ailleurs beaucoup d'un pays à l'autre, les pays nordiques ayant été moins sensibles à l'attrait des privatisations, et la Suède ayant suivi le nouveau modèle[49] plus que le Danemark ou la Norvège[50], l'Allemagne moins que le Royaume-Uni[51].

3. Ouverture à la concurrence et régulation

L'un des évènements majeurs pour les services publics au cours des dernières années a été l'ouverture progressive à la concurrence des grands réseaux qui avaient donné lieu à la constitution de monopoles publics dans tous les États européens. Cette mutation est due à la fois à des bouleversements technologiques et à la volonté de la Commission européenne d'accomplir la réalisation du marché

---

[48] Voir par exemple : P. BOGASON, « Ein disaggregeret offentlig sektor ? », *Politica*, Vol .7, n°1, n°spécial « Den locale velfærdsstat », 1995, p. 5-23, en particulier 11-14. L'auteur étudie notamment l'évolution de l'organisation des services publics locaux au Danemark, où de grandes communes sont dotées de très larges compétences de gestion, en distinguant le niveau de l'hôtel de ville, et le niveau « local », c'est-à-dire infra-communal ou sectoriel auprès des services publics proprement dits (écoles, services pour personnes âgées...).

[49] F. BOUCHER-HEDENSTRÖM, « Les services publics en Suède », notamment p. 242 s., dans Cl. QUIN et G. JEANNOT (dir.), *Un service public pour les européens ? Diversité des traditions et espaces de convergence*, Ministère de l'Equipement, des Transports et du Logement, La Documentation française, 1997.

[50] P. LŒGREIT, « Forvaltningspolitikk i Norden – samarbeidsmodellen på prøve », *Nordisk Administrativt Tiddskrift*, n°1, avril, 1997, p. 6-15 ; I. J. JOHANSEN, « Trekk ved norsk og svensk forvaltningspolitikk på åtti- og nittitallet », *Nordisk Administrativt Tiddskrift,* n°1, avril, 1998, p. 79-92.

[51] S. BISLEV et D. SALSKOV-IVERSEN, « Public sector reform and managerial discourses », Copenhagen Business School, Department of Intercultural Communication and Management, *Occasional Paper*, n°69, Frederiksberg, 1998.

intérieur dans chacun de ces secteurs. Elle a imposé aux opérateurs historiques un changement radical de stratégie et un changement de statut, tandis que de grands groupes privés se sont lancés dans la compétition, en fonction de leurs espérances de gain ; le cas des télécommunications est à cet égard le plus spectaculaire avec l'explosion des investissements dans le téléphone mobile. Mais en même temps, l'établissement d'une fonction de régulation sectorielle, dont les formes s'avèrent très diverses, témoignait du fait que l'on ne pouvait abandonner ces secteurs au libre jeu de la concurrence (pour le contrôle de laquelle les autorités de la concurrence auraient été suffisantes[52]), et il exprimait donc la reconnaissance de l'appartenance de ces secteurs, au moins pour une partie de leur activité, au domaine du service public. On peut y voir une redistribution des compétences nécessaires au fonctionnement du service public, assortie d'un changement de statut des entités gestionnaires[53].

On ne doit cependant pas sous-estimer le changement qui est introduit, du point de vue du service public. Dans la plupart de ces secteurs (les chemins de fer font exception), l'initiative privée est libre ; autrement dit, l'activité économique n'est plus réservée à l'État, elle correspond à l'exercice d'une liberté. Par conséquent, même si l'intérêt général qui s'attache au secteur est reconnu par la réglementation qui s'y applique, le service public ne porte plus sur l'activité économique elle-même, mais sur les obligations que la puissance publique est autorisée à imposer aux opérateurs, et c'est à elles que se limite sa compétence en matière de service public dans

---

[52] A titre d'exemple, l'Autorité de Régulation des Télécommunications établie par la loi française du 26 juillet 1996 se déclare incompétente pour statuer sur l'abus de position dominante allégué envers France Télécom par la société ICS France ayant passé avec elle un contrat de vente en gros de trafic téléphonique international, qui constituait pourtant un accord d'accès au sens de l'article L.34-8-II du code des postes et télécommunications, et dont l'ART peut être saisie du règlement des différents liés à l'exécution (décision n°2000-703, 7 juillet 2000, *JO*, 17 août, p. 12644).

[53] Si on se réfère à la distinction proposée par A. S. MESCHERIAKOFF des trois niveaux d'exécution des services publics (maîtrise du service, gestion du service et prestations de service public) (*Droit des services publics*, PUF, 1991, p. 262 s.), on considérera que les systèmes de régulation des secteur de service public ouverts à la concurrence constituent un nouveau mode d'organisation de la fonction de maîtrise du service, laquelle sera souvent partagée entre plusieurs autorités, notamment le régulateur indépendant et l'autorité gouvernementale.

ces secteurs. En ce sens , on peut dire que la responsabilité de l'État passe d'une « responsabilité de prestation », dans la mesure où des institutions publiques ou des entreprises privées concessionnaires assuraient le service, à une « responsabilité de garantie », portant sur le respect d'un certain nombre d'obligations[54].

Dans les principaux secteurs concernés, tels que les télécommunications, la poste, l'électricité, le gaz, la convergence entre les États européens est plus grande que dans d'autres puisque les directives communautaires expriment déjà l'accord des gouvernements sur les réformes de structure nécessaires à la constitution du grand marché, et fixent un cadre précis qui s'impose aux États. Pourtant, les différences de conception qui se sont affrontées dans la négociation des directives se retrouvent dans les modalités de mise en œuvre, si bien que le panorama européen demeure assez varié. En schématisant quelque peu, on pourrait dire que se sont opposés les partisans du maintien du service public, assorti d'une ouverture limitée et contrôlée à la concurrence, et les partisans de l'ouverture complète à la concurrence assortie de conditions tendant à garantir le service universel. Le compromis qui en est sorti diffère beaucoup d'un secteur à l'autre, par exemple proche de la première option dans les chemins de fer, et proche de la seconde dans les télécommunications[55]. La Commission et les autorités nationales de régulation doivent en assurer le respect, c'est-à-dire à la fois l'ouverture à la concurrence et le respect des obligations de service public.

La façon dont cette nouvelle régulation a été assumée dans les différents États membres mériterait à nouveau, compte tenu de l'importance des évolutions les plus récentes[56], à elle seule une étude approfondie. On ne peut ici qu'esquisser quelques pistes.

---

[54] P. GONÇALVES, *A concessão de serviços públicos*, Coimbra, Livraria almenida, 1999, p. 7-12.

[55] Cf. G. MARCOU, « I servizi pubblici tra regolazione e liberalizzazione : le esperienze francese, inglese e tedesca », *Rivista italiana di Diritto pubblico comunitario*, n°1, 2000.

[56] Cf. F. MODERNE, « Les modèles étrangers : étude comparée », p. 186-222, dans C. A. COLLIARD et G. TIMSIT (dir.), *Les autorités administratives indépendantes*, PUF, 1988.

La notion de régulation est d'une définition délicate et ne se confond pas avec les Autorités administratives indépendantes (AAI). D'une part, ces dernières sont plus anciennes que la notion de régulation à laquelle on se réfère ici et, d'autre part, la régulation peut être assurée sous d'autres formes que l'AAI. Les AAI sont nées, non pas de la volonté d'organiser ou de réguler le fonctionnement d'un secteur économique, mais de placer certaines fonctions à l'abri de toute immixtion du pouvoir exécutif ; par exemple, dans le domaine de l'audiovisuel, le recours à cette formule est antérieure, au moins en France (loi du 29 juillet 1982), à l'abandon du monopole public dans ce secteur. En revanche, dans le langage juridique, la notion de régulation s'est imposée avec la recherche de solutions permettant d'assurer le respect d'un ordre sur un marché dans un but d'intérêt public: par exemple les marchés financiers, par les autorités boursières, ou plus généralement le contrôle des concentrations et du respect des règles de concurrence. C'est pour ce type de fonction que l'exemple des agences fédérales indépendantes a souvent servi de référence, y compris les agences sectorielles, comme la FCC, chargée des télécommunications et de l'audiovisuel[57] ; mais on a voulu également en assurer la neutralité par rapport au pouvoir politique du moment.

Les systèmes de régulation mis en place dans les États européens s'éloignent souvent beaucoup du modèle américain qui les a parfois inspirés. On ne s'y intéresse ici que dans la mesure où ils prennent place dans l'organisation de certains secteurs qu'ils maintiennent ainsi au moins en partie dans le domaine du service public. On ne retiendra ici que deux aspects comme particulièrement dignes d'attention. Le premier est d'ordre institutionnel, et fait apparaître que le gouvernement n'est jamais exclu du système de régulation, où il conserve même parfois la première place ; le second porte sur la place du système de régulation dans la détermination de l'offre. On se

[57] Voir notamment : D. CUSTOS, *La Commission fédérale américaine des communications à l'heure de la régulation des autoroutes de l'information*, L'Harmattan, 1999.

référera brièvement aux exemples des chemins de fer, de l'électricité, et des télécommunications pour illustrer cette analyse[58].

La répartition des pouvoirs de régulation diffère significativement d'un secteur et d'un pays à l'autre. Dans le domaine des chemins de fer, où le secteur public reste généralement prédominant, on n'a généralement pas créé de régulateur indépendant, en dépit de la séparation de la gestion des infrastructures, pour lesquelles la directive n°91/440 autorise d'ailleurs le financement public (art. 7.3), et de l'exploitation des services. Le Royaume-Uni fait exception, ayant engagé une politique de privatisation des transports ferroviaires indépendamment de la politique communautaire : le *Railway Regulator* règle l'accès aux infrastructures et accorde les licences d'exploitation ; l'*Office of Passenger Rail Services* accorde les « franchises » d'exploitation de réseaux de transport de voyageurs aux entreprises candidates ; toutefois, ils exercent leurs missions dans le cadre des orientations fixées par le ministre[59]. Au contraire, dans le domaine des télécommunications, la formule de l'autorité indépendante s'est imposée de manière générale, mais le partage avec l'autorité gouvernementale est variable[60]. Ainsi, en Allemagne et en Italie les licences d'exploitation de services téléphoniques ouverts au public sont attribuées par le régulateur[61], tandis qu'en France et au Royaume-Uni ce pouvoir est partagé entre le régulateur, qui instruit les demandes et propose, et le ministre, auquel appartient la décision finale[62]. Dans tous les cas, les régulateurs exercent un pouvoir

---

[58] Pour une analyse plus approfondie, limitée aux chemins de fer et aux télécommunications, voir G. MARCOU, « I servizi pubblici tra regolazione e liberalizzazione… », *op. cit.*, 2000.

[59] *Railways Act 1993* ; un projet de loi soumis à consultations en juillet 1999 prévoit de les remplacer par un seul régulateur, la *Strategic Rail Authority*, dont la compétence s'étendrait au fret (*Railways Bill and Explanatory Notes*, Department of the Environment, Transport and the Regions, 27 juillet 1999).

[60] Rappelons que les directives communautaires relatives au secteur des télécommunications n'imposent aucune forme particulière à l'autorité réglementaire nationale, mais seulement d'être séparée des fonctions d'exploitation (n°92/44, 5 juin 1992, préambule n°14, et article 8).

[61] Allemagne : *Telekommunikationsgesetz*, 25 juillet 1996, § 8 ; Italie : loi n°249 du 31 juillet 1997, art. 4.1.

[62] Royaume-Uni : *Telecommunication Act 1984*, modifié (section 1) ; France : Code des Postes et Télécommunications, art. L.36-7.

réglementaire spécial plus ou moins étendu. La situation est encore plus contrastée en ce qui concerne le secteur de l'énergie. La loi allemande[63] ne crée aucun régulateur spécial pour la distribution de l'électricité et du gaz, et s'en remet à l'autorité surveillance de la concurrence (*Bundeskartellamt*), mais en réalité cette solution préserve les pouvoirs des gouvernements des *Länder*, compétents à l'égard de ce qui constitue un service public local. En revanche la loi française[64] institue une Commission de Régulation de l'Electricité inspirée du modèle de l'ART, mais dont le pouvoir réglementaire propre est plus réduit, tandis que le ministre conserve des pouvoirs plus larges. En Italie, un seul régulateur est institué pour le gaz et pour l'électricité[65] ; au Royaume-Uni, on a opté pour deux régulateurs distincts, et la loi réserve au ministre des pouvoirs plus étendus en matière d'électricité qu'en matière de gaz ou de télécommunications[66].

Ces différences de conception en ce qui concerne l'organisation de la régulation ne sont évidemment pas sans rapport avec la portée qu'on lui assigne. Dans un contexte d'ouverture à la concurrence, la régulation concourt à déterminer les caractéristiques de l'offre que les pouvoirs publics estiment devoir être satisfaite en toutes circonstances, et à garantir des règles de fonctionnement propres au domaine du service public. C'est alors sur l'étendue et les caractéristiques de ce qui relève du service public que se marqueront les différences entre les États.

B) Les caractéristiques de l'offre de service et les règles de fonctionnement

La comparaison des droits administratifs fait apparaître certaines convergences en ce qui concerne les règles traditionnellement applicables aux activités auxquelles un intérêt public était reconnu.

---

63 *Gesetz zur Neuregelung des Energiewirtschaftsrechts*, 24 avril 1998 (*BGBl.*I.23, 28 avril).

64 Loi n°2000-108 du 10 février 2000, relative à la modernisation et au développement du service public de l'électricité.

65 Loi n°481 du 14 novembre 1995, *Norme per la concorrenza e regolazione dei servizi di pubblica utilità.*

66 *Gas Act 1986* ; *Electricity Act 1989*. Voir l'analyse comparative des ces régimes par J. McELDOWNEY, *Public law*, Sweet & Maxwell, 1994, p. 387 et s.

Paradoxalement, c'est la remise en cause des modes traditionnels d'organisation des services publics qui a conduit les lois récentes à préciser la définition des règles particulières qui les caractérisent.

A vrai dire, s'il est évident que les activités de service public ont depuis longtemps donné lieu à l'application de règles particulières, il est frappant de constater qu'elles n'ont que rarement donné lieu à un effort de systématisation. On ne peut guère relever à cet égard que les « lois » du service public, ainsi qualifiées et présentées depuis l'expression qu'en a donnée Louis Rolland, dans les années trente[67]. Ces « lois » sont au nombre de trois : le principe de continuité, le principe d'adaptation, le principe d'égalité. A. de Laubadère en ajoutait un quatrième, le principe de neutralité, selon lequel le fonctionnement du service public ne doit être guidé que par les exigences de l'intérêt général[68]. Elles forment « un fonds commun de principes et de règles qui sauvegarde un minimum d'unité de la théorie du service public »[69], dans un contexte caractérisé par des régimes de plus en plus diversifiés, en fonction de l'importance des règles particulières que justifie l'intérêt général poursuivi. Ces « lois » ne forment ainsi que le noyau d'un régime de service public dont l'intensité est très variable. En fait, seuls le principe de continuité et le principe d'égalité sont une expression directe du droit positif, tirée de la jurisprudence ; les deux autres en sont plutôt une interprétation doctrinale dont le domaine et la portée varient selon les auteurs. Mais deux remarques s'imposent d'emblée. Le contenu du service lui-même, sa consistance, c'est-à-dire la définition matérielle de l'offre, ne tiennent aucun rôle dans la définition du régime juridique du service public ; ils s'inscrivent dans la finalité d'intérêt général qui légitime la création du service public, et à ce titre relèvent de l'appréciation souveraine de la puissance publique. Ni le niveau de satisfaction des besoins, ni la qualité du service rendu ni l'efficacité de

---

[67] L. ROLLAND, *Précis de droit administratif*, Dalloz, 9ème éd., 1947, p. 18.

[68] On le citera d'après l'une des éditions originales de son *Traité* : A De LAUBADERE, *Traité élémentaire de droit administratif*, T. 1, LGDJ, 5ème éd., 1970, p. 582, n°1059-3.

[69] *Ibid.*, p. 581-582, n°1059.

la gestion n'entrent dans la définition juridique du régime du service public[70].

Dans les autres pays, si le régime particulier applicable aux activités de service public ne se rattache pas à une théorie du service public, on n'en retrouve pas moins traditionnellement des principes semblables à ceux que l'on vient d'évoquer. En particulier, le principe d'égalité et le principe de continuité peuvent se rattacher à d'autres systématisations du droit administratif pour s'appliquer aux activités de service public, ou simplement trouver des expressions ponctuelles dans le droit positif, qu'il s'agisse de la jurisprudence ou de la loi.

Le Royaume-Uni, les Pays-Bas et les pays nordiques en sont sans doute les plus éloignés au départ. Cependant, bien que le droit anglais ne reconnaisse pas formellement un principe d'égalité, il sanctionne les discriminations révélant l'exercice déraisonnable d'un pouvoir ; bien qu'il ignore une notion juridique globale de service public, il reconnaît depuis le XVIIème siècle que le propriétaire d'un bien qui est nécessaire à l'usage du public ne peut l'exploiter comme un droit privé et doit appliquer un tarif raisonnable. Les multiples régimes spéciaux liés à la mise en place de l'État providence et au développement des *public utilities* ont également été soumis à un principe de non discrimination. Aux Pays-Bas, le droit administratif moderne a été marqué par la reconnaissance, après la Seconde Guerre mondiale, des « principes de bonne administration » (*beginselen van behoorlijk bestuur*), qui ont permis le développement du contrôle du pouvoir discrétionnaire ; ils ont pour objet les rapports juridiques entre les personnes privées et l'administration mais aucun n'a pour objet spécifique les activités de service public ; ils s'y appliquent cependant[71]. Toutefois, le principe de confiance (*vertrouwensbeginsel*)

[70] Seul A. DEMICHEL a présenté une interprétation des principes du service public qui s'écarte de la trilogie classique : il distinguait le « principe du fonctionnement équitable », le « principe du fonctionnement efficace » et le « principe du fonctionnement continu », le second étant son interprétation du principe classique d'adaptation (*Le droit administratif. Essai de réflexion théorique*, LGDJ, 1978, p. 98-99).

[71] Ces principes ont été codifiés dans la Loi générale sur l'administration (*Algemene wet bestuursrecht*), qui a été adoptée sous la forme de trois lois successives de 1992 à 1996 (sections 3.2 et 3.3) : ils s'agit essentiellement de règles de procédure, comportant l'obligation pour l'administration de s'informer des faits et des circonstances pertinents, le principe de proportionnalité, l'interdiction du

est de nature à faire obstacle à l'exercice par l'administration de ses prérogatives pour assurer l'adaptation du service public. La Suède est à l'origine d'un principe qui a fait fortune à la fin du XXème siècle, le principe de transparence, d'abord sous la forme du droit d'accès aux documents officiels, dont le champ d'application s'est étendu avec le domaine des services publics.

En Allemagne, si la notion de *Daseinsvorsorge* permet de fonder la compétence de la collectivité publique, la référence aux droits fondamentaux invite à vérifier que l'exercice des missions publiques en respecte bien les exigences, au premier rang desquelles le principe d'égalité.

En Italie et en Espagne également, le fondement constitutionnel des services publics, par rattachement aux droits fondamentaux, a pris une certaine importance avec l'interprétation qu'ont pu en donner les cours constitutionnelles. Mais la constitution comprend dans les deux pays une reconnaissance des services publics. La constitution italienne prévoit que la loi peut transférer à l'État ou à des institutions publiques ou collectives des entreprises ayant trait à des services publics essentiels » (art. 43), et la constitution espagnole énonce qu'une loi pourra réserver au secteur public des ressources ou des services essentiels (...) lorsque l'intérêt général l'exige » (art. 128.2), tandis que l'article 106, en posant le principe de la responsabilité du fait du « fonctionnement des services publics », admet la distinction entre deux catégories de services publics. Toutefois, il semble que la portée de cette distinction porte sur la légitimité de l'appropriation publique, qui se restreint aux services essentiels, mais non sur le régime du service public proprement dit, bien que l'on puisse penser que dans le premier cas la densité des règles spécifiques de service public serait plus grande. De plus, la portée de ces dispositions est aujourd'hui controversée, car elles paraissent contraires aux libertés économiques garanties par le traité relatif à la Communauté

---

détournement de pouvoir, le principe de spécialité, le respect des consultations légales ; s'y ajoute l'obligation de motivation des décisions (section 3.7). Ne sont pas codifiés le principe d'égalité, dont la formulation de référence est celle de l'article 1er de la Constitution, ainsi que le principe de sécurité juridique et le principe de confiance, dont la codification a paru trop délicate. Cf. P. J. J Van BUUREN et J. M. POLAK, *Algemene wet bestuursrecht. Tekst & Commentar*, Deventer, Kluwer, 1994, p. 26.

européenne[72]. Dans ces deux pays, l'importance des discussions doctrinales sur la notion de service public, au cours des dernières années contraste avec la place relativement faible qu'elle tient dans le droit positif et même dans la systématisation du droit administratif. Pourtant, on y retrouve sans difficulté les règles particulières que l'on a reconnues comme révélatrices des régimes de service public, et qui se résument par les principes d'égalité et de continuité, et par d'autres règles d'origine plus récente.

Cela étant dit, alors que l'ouverture à la concurrence de secteurs jusqu'alors réservés au service public paraissait amorcer le déclin de cette notion, on assiste dans la plupart des pays à la résurgence explicite des principes traditionnels propres aux régimes de service public et à l'énoncé de principes nouveaux. C'est désormais le législateur, et non plus le juge ou la doctrine, qui est à l'origine de ces formulations nouvelles. Tout se passe comme si, le domaine du service public étant désormais discuté et limité, il fallait en préciser le fondement, la matière et les principes.

Cette évolution est particulièrement perceptible en France, où toutes les grandes lois sectorielles des vingt dernières années se réfèrent à la notion de service public et en précisent les principes pour le secteur en cause, parfois en empruntant le langage des droits fondamentaux (droit à l'éducation dans la loi d'orientation de 1989, droit aux transports dans la loi d'orientation du 30 décembre 1982, « droit à l'électricité pour tous » dans la loi du 10 février 2000, etc.). A cette occasion les principes du service public sont souvent rappelés et précisés. Ainsi, la loi du 26 juillet 1996 sur les télécommunications définit-elle les missions et les prestations qui constituent le service public des télécommunications (code des postes et télécom—munications : art. L.35), et rappelle-t-elle que le service public est assuré « dans le respect des principes d'égalité, de continuité et d'adaptabilité ». France Télécom est « l'opérateur public chargé du service universel », et le cahier des charges du service universel comporte la couverture de l'ensemble du territoire national (art. L.35-2.I). En outre la loi prévoit la révision tous les quatre ans du champ du service universel et de la liste des services obligatoires pour tenir compte de l'évolution des technologies et des besoins de la société

72 N. RANGONE, *op. cit.*, p. 265 et s.

(art. L.35-7). Ainsi, dans cette mesure, le domaine du service public, en ce qui concerne les télécommunications, est-il défini par l'offre de télécommunications que l'État décide d'assurer par les règles imposées aux opérateurs, par le système de régulation mis en place par la loi et, de plus, par le maintien d'un opérateur public. La loi du 10 février 2000 est plus précise encore sur les principes auxquels doit satisfaire le service public de l'électricité. Dans les deux lois, des dispositions assurent, mieux que par le passé, la protection des personnes que leur insolvabilité expose à l'interruption du service. Enfin, la loi du 12 avril 2000 prévoit la création de « maisons des services publics », destinées à regrouper divers services publics afin d'en améliorer la « proximité » et de faciliter les démarches des usagers.

La France n'a cependant pas été la première à s'engager dans cette voie. Au Royaume-Uni, la politique de privatisation des services publics de années quatre-vingt s'est accompagnée d'une législation et d'une stratégie gouvernementale dont le but était d'améliorer le service rendu au public. Les lois relatives à l'électricité, au gaz, aux télécommunications, à la distribution d'eau établissent un régulateur dont la mission est non seulement d'assurer l'ouverture à la concurrence mais aussi le respect de cahiers des charges, qui définissent le contenu du service rendu aux usagers, et d'exercer un contrôle sur les tarifs ; le régulateur peut imposer des standards aux opérateurs, sous peine d'indemnités compensatoires aux usagers. En ce qui concerne les chemins de fer, c'est l'État qui définit les réseaux de transport de voyageurs qui sont « franchisés » à des opérateurs privés (à cette fin, British Rail a été divisé en 25 *Train Operating Units*), et le régulateur établit le cahier des charges que devront mettre en œuvre les opérateurs sélectionnés ; à défaut de candidat il assure lui-même l'exploitation du service[73]. Dans ce système l'offre n'est pas moins déterminée par l'État que dans un système de monopole public, mais la réforme du service public peut aussi servir une politique budgétaire restrictive. La *Citizen's Charter* de 1991, publiée par le gouvernement, a servi base à l'élaboration de chartes sectorielles ou

[73] Pour une analyse comparative des réformes mises en œuvre dans le secteur des transports ferroviaires, voir S. PIAM-BOBDA, *Les réseaux ferroviaires face à la construction européenne*, thèse de droit (dactyl.), Université de Lille 2, 1998.

par service, dont le principe était la formulation d'engagements sur les objectifs et les performances du service, assortis de critères d'évaluation, afin de promouvoir une amélioration du service rendu.

Le modèle anglais, ou plus généralement anglo-saxon, exerce depuis quelques années une très forte attraction en Italie[74], et plusieurs lois récentes tentent d'allier privatisation et réforme des services publics ; la mise en place des régulateurs est la pièce maîtresse de cette politique. La loi n°481 du 14 novembre 1995 sur les « normes de la concurrence et la régulation des services d'utilité publique », qui reprend l'expression de *public utilities*, témoigne de cette évolution. La capacité donnée au nouveau système de régulation de déterminer l'offre témoigne cependant du maintien des secteurs en cause dans le domaine du service public. La mission de l'Autorité de l'énergie électrique et du gaz est ainsi, non seulement de « promouvoir la concurrence et l'efficacité », mais aussi d'assurer un « niveau de qualité adéquat des services » ; cela comporte d'assurer « la jouissance et la diffusion homogène sur tout le territoire national » des services offerts, et une tarification qui concilie les objectifs « économico-financiers » des opérateurs avec des objectifs sociaux, « la protection de l'environnement et une exploitation efficace des ressources » (art. 1er)[75]. On trouve des dispositions du même ordre dans la loi n°249 du 31 juillet 1997 sur les communications, mais, si la qualité de service public de la radio-télévision est rappelée, les pouvoirs du régulateur sont moins étendus en matière de télécommunications. Enfin, dans le même esprit, le projet de loi en discussion sur les services publics locaux supprime la mention de services réservés exclusivement aux communes et aux provinces, mais précise les principes des services publics en permettant aux collectivités locales de créer des services publics locaux « quand le développement du régime de concurrence n'assure pas la régularité, la

---

[74] M. GNES, « The Italian independent administrative authorities : the transplantation of an American experience ? », *European Public Law*, Vol . 3, n°1, mars, 1997, p. 33-44.

[75] Cf. également E. PICOZZA, *Il diritto pubblico dell'economia nell'integrazione europea*, Rome, NIS, 1996, p. 198 s. Concrètement sur la détermination de l'offre, voir AUTORITÀ per l'ENERGIA ELETTRICA e il GAS, *Nota informativa sulla regolazione delle tariffe elettriche per la liberalizzazione del mercato*, Milan, 4 août 1999, 30 pages.

continuité, l'accessibilité, l'économie et la qualité du service offert dans des conditions d'égalité », et restreint, sauf exception, le rôle de la collectivité locale compétente à celui de régulateur[76].

On pourrait poursuivre la démonstration en analysant les lois récentes d'autres pays en matière de services publics, et on en trouvera des exemples dans les différentes contributions. On voit se dessiner un nouveau modèle de service public dans lequel la place du secteur public est réduite aux activités maintenues hors marché, et il convient de souligner à cet égard l'importance de la position adoptée par la communication de la Commission européenne de septembre 2000 en ce qui concerne l'éducation et la sécurité sociale (bien que l'on ne puisse exclure que la pression du marché s'exerce sur des segments importants de ces deux grands services publics), exceptionnellement à des entreprises publiques, mais susceptibles d'être exposées à la concurrence, et aux fonctions de régulation exercées sur un marché. Toutefois, ces fonctions de régulation ne prennent sens que dans la mesure où la régulation ne réduit pas à une mission de police économique, mais se définit par rapport à des finalités d'intérêt général en raison desquelles l'organisation du secteur n'est pas laissée au libre jeu des forces du marché et comporte la détermination d'une offre par l'intervention de la puissance publique afin de garantir un niveau déterminé, jugé souhaitable, de satisfaction des besoins.

Ces lois récentes transposent aussi, il convient de le souligner, des principes nouveaux directement issus du droit communautaire. En ce qui concerne les secteurs économiques, c'est aujourd'hui en effet au niveau communautaire que se définit le « droit des ensembles »[77], et de nouveaux principes apparaissent, comme la séparation de la régulation et de la gestion, les doits d'accès au réseau, les droits d'interconnexion, l'universalité des prestations, qui s'accompagne d'une définition substantielle du service, même si elle est minimum[78]. En outre, une analyse détaillée des traités et des dispositions du droit dérivé peut montrer que les services publics bénéficient d'« exceptions de droit public communautaire » justifiées par la nature

[76] CAMERA dei DEPUTATI, projet de loi n°7042, 2000, nouvel art. 22, paragraphes 2 et 10, de la loi n°142 du 8 juin 1990.

[77] N. RANGONE, *op. cit.*, p. 17, prolongeant ici la réflexion de B. JEANNEAU, *Droit des services publics et des entreprises nationales*, Dalloz, 1984, p. 9, 17 et s.

[78] *Ibid.*, p. 24-25.

du service public, ce qui intéresse aussi bien les services d'intérêt général à caractère économique que ceux à caractère non économique ; de telles exceptions portent, il est vrai sous des conditions assez restrictives, sur la liberté de circulation des marchandises, notamment pour un service public à caractère social, la liberté d'établissement, ou la libre prestation de services[79]. On peut y voir les éléments d'un régime communautaire de droit public pour les services publics en général.

L'intervention sur un marché est probablement la principale raison pour laquelle les lois récentes prévoient souvent la mise en place d'un régulateur indépendant. Il s'agit de garantir à de nouveaux entrants sur le marché l'égalité des conditions de concurrence et un traitement non discriminatoire, alors qu'il existe un opérateur historique en position dominante et des liens entre celui-ci et l'administration de tutelle. Ce contexte actualise un principe traditionnel du service public, que de nombreux auteurs ont eu tendance à rattacher au principe d'égalité ; il s'agit du principe de neutralité. Ce principe impose que le fonctionnement du service public ne soit pas faussé par des considérations étrangères à l'intérêt général[80]. Cela exclut les interventions partisanes, auxquelles on pense le plus souvent et en raison desquelles des autorités administratives indépendantes ont été instituées dans des secteurs où ces interventions peuvent être sensibles, comme l'audiovisuel. Mais cela peut aussi justifier le choix de cette formule pour assurer la neutralité du régulateur vis-à-vis des opérateurs en concurrence, à partir du moment où la loi fait de la concurrence régulée la meilleure façon de satisfaire les besoins sous réserve des obligations de service public. En ce sens, on peut voir dans l'autorité administrative indépendante une expression institutionnelle du principe de neutralité du service public.

Reste à savoir si cette organisation du service public répond toujours à ses finalités et parvient à établir avec les forces du marché un équilibre assez favorable au service public, ou si l'évolution économique et technologique le fera céder. Les enchères sur les licences de téléphonie mobile donnent à penser que dans certains

---

[79] S. RODRIGUES, *La nouvelle régulation des services publics en Europe. Energie, postes, télécommunications et transports*, Paris, Ed. Tec & Doc, 2000, p. 383-412.
[80] A. De LAUBADERE, *op. cit.*, p. 582.

secteurs cette dernière hypothèse est la plus vraisemblable, les impératifs de concurrence ou budgétaires l'emportant sur ceux du service public.

TABLE DES MATIÈRES

647586 - Avril 2016
Achevé d'imprimer par

1livre.com
du rêve à la réalité !